manuel

DROIT SOCIAL

MANUELS

Collection dirigée par
Bernard AUDIT et Yves GAUDEMET

Ph. Ardant : *Institutions politiques et droit constitutionnel, 6e éd., 1994.*

M. Bouvier, M.-C. Esclassan, J.-P. Lassale : *Finances publiques, 1993.*

B. Brachet : *Le Système fiscal français, 5e éd., 1993.*

Ph. Braud : *Sociologie politique, 2e éd., 1994.*

G. Burdeau, F. Hamon et M. Troper : *Droit constitutionnel, 24e éd., 1993.*

D. Carreau, Th. Flory et P. Juillard : *Droit international économique, 3e éd., 1990.*

J.-P. Chauchard : *Droit de la sécurité sociale, 1994.*

E. Derieux : *Droit de la communication, 2e éd., 1994.*

O. Gohin : *Institutions administratives, 1992.*

G. Goubeaux et P. Voirin : *Droit civil, 2 vol., 24e et 18e éd., 1993 et 1994.*

H. Jauffret et J. Mestre : *Droit commercial, 21e éd., 1993.*

H. Jauffret et J. Normand : *Procédure civile et voies d'exécution, en préparation.*

J.-C. Javillier : *Droit du travail, 4e éd., 1992.*

P.-J. Kinder-Gest : *Droit anglais, vol. 1 : Institutions politiques et judiciaires, 2e éd., 1993.*

A. de Laubadère, J.-C. Vénézia et Y. Gaudemet : *Droit administratif, 14e éd., 1992.*

G. Lyon-Caen et J. Tillhet-Pretnar : *Droit social, 5e éd., 1995.*

A. Martin-Pannetier : *Institutions et vie politique françaises de 1789 à nos jours, 2e éd., 1989.*

H. Maurer : *Droit administratif allemand, traduit par M. Fromont, 1995.*

F. Perochon : *Entreprises en difficulté, instruments de crédit et de paiement, 1992.*

S. Rideau : *Droit institutionnel de l'Union et des Communautés, 1994.*

Y. Saint-Jours : *Droit du travail dans le secteur public, 2e éd., 1986.*

J.-C. Soyer : *Droit pénal et procédure pénale, 11e éd., 1994.*

M. Tropper : *La séparation des pouvoirs et l'histoire constitutionnelle française, 1980.*

L. Trotabas et P. Isoart : *Droit public (droit constitutionnel, droit administratif, finances publiques, droit administratif spécial), 22e éd., 1992.*

D. Vidal : *Droit des sociétés, 1993.*

manuel

DROIT SOCIAL

Gérard Lyon-Caen

5e ÉDITION

par

Jeanne Tillhet-Pretnar
Professeur à l'Université de Paris-Nord

CAPACITÉ
DEUXIÈME ANNÉE

L.G.D.J

14 rue Pierre et Marie Curie – 75005 Paris.
I.S.B.N. 2-275-00321-5

Avant-propos

Ce manuel ne prétend pas être un ouvrage scientifique. Destiné aux étudiants de capacité pour lesquels n'existait jusqu'à présent aucun moyen de travail correspondant à leur programme, il se veut clair et complet. Mais il ne comporte que de rares références de principes. Il ne faut pas y chercher l'analyse de la jurisprudence, ni l'exposé des controverses doctrinales. Toute discussion abstraite a été écartée. Ce que l'auteur a souhaité, c'est de renseigner aussi objectivement que possible sur les institutions du travail et sur la Sécurité sociale, si nécessaires à connaître pour tout homme d'aujourd'hui.

L'étudiant ou le lecteur qui souhaiterait en savoir davantage pourrait se reporter aux instruments de travail suivants :

G. H. CAMERLYNCK : *Traité de Droit du travail,* 2e édition avec la collaboration de G. Lyon-Caen, N. Catala, N. Valticos, M. Despax, J.M. Verdier, H. Sinay (Dalloz).

G.H. CAMERLYNCK et G. LYON-CAEN et PÉLISSIER : *Précis de Droit du travail* (12e édit., 1984, Dalloz).

J.J. DUPEYROUX : *Précis de Sécurité sociale* (9e édit., 1984, Dalloz).

J.C. JAVILLIER : *Droit du travail* (L.GD.J.)

J. RIVERO et J. SAVATIER : *Droit du travail* (Thémis, 1984).

A. BRUN et H. GALLAND : *Droit du travail,* 2e édit. 1978 (Sirey).

G. LYON-CAEN et Jean PÉLISSIER : Les grands arrêts du droit du travail (Sirey, 2e édition 1980).

A. et G. LYON-CAEN : *Droit social international européen,* 6e édition 1985.

Encyclopédie Dalloz : *Répertoire de Droit social.*

Jurisclasseur du travail. Jurisclasseur de Sécurité sociale.

Les revues : Droit social (mensuel). Juri social, lamy social. *Liaisons sociales* (quotidien).

Introduction

1. *Unité du droit social.* — À partir du milieu du XIXe siècle, et en conséquence de la révolution industrielle, des lois furent adoptées pour protéger les travailleurs. Elles tendaient aussi bien à améliorer les rapports entre employeurs et salariés (telles les lois limitant la durée de la journée de travail), qu'à garantir les travailleurs contre les risques qui menaçaient leur force de travail et entraînaient la perte des ressources qui leur étaient nécessaires pour vivre (telles les lois sur la réparation des accidents du travail). Lois du travail et lois de prévoyance sociale n'étaient pas clairement distinguées. Et, à vrai dire, l'objectif était, dans les deux cas, le même : il était nécessaire que chacun puisse exercer son activité professionnelle et en tirer un revenu suffisant pour vivre et faire vivre sa famille. Si on prend l'exemple du congédiement, il peut de la sorte être envisagé soit du point de vue du rapport entre employeur et salarié (et on précisera les conditions dans lesquelles le congédiement peut intervenir), soit du point de vue de la situation du travailleur ainsi privé d'emploi, et comme un risque appelant une garantie (et on cherchera à le mettre à l'abri du besoin par une allocation). L'unité foncière du droit social n'a guère été mise en doute jusqu'en 1945.

2. *Séparation du Droit du Travail et de la Sécurité sociale. — À* partir de cette date, un divorce apparaît.

D'un côté, il existe des relations entre les entreprises et le personnel qu'elles emploient. Ces relations se situent dans le cadre d'un contrat de travail ; mais, de plus en plus, elles sont régies par les règles élaborées collectivement et de concert par les organisations professionnelles (syndicats). L'État ne se préoccupe plus, par ses interventions, que d'assurer à chacun un minimum (un salaire minimum, un congé annuel minimum). C'est le *Droit du Travail.*

D'un autre côté, les risques sociaux sont aperçus comme menaçant de plus en plus tous les citoyens et non plus les seuls salariés. D'où l'apparition d'un service public dont le rôle est, sur la base d'une solidarité financière plus ou moins élargie, d'accorder des prestations de substitution lorsqu'un accident, une maladie, le grand âge obligent à interrompre le travail. Ce service est responsable de la politique de la santé, de la politique familiale, de la politique de la vieillesse, lesquelles sont dorénavant envisagées en elles-mêmes et sans lien direct avec le travail. C'est la *Sécurité sociale.*

La rupture entre le Droit du Travail et le Droit de la Sécurité sociale était consommée.

3. *Rapprochement.* — Pourtant depuis lors, un rapprochement est sensible. Ce rapprochement découle de ce que la politique sociale est indivisible. Quand, par exemple, les pouvoirs publics poursuivent une *politique de l'emploi* (procurer aux entreprises la main-d'œuvre qui leur est nécessaire et aux individus un emploi lucratif conforme à leurs aptitudes), celle-ci a des implications aussi bien dans le Droit du Travail que dans celui de la Sécurité sociale.

Il suit que la Sécurité sociale esquisse un mouvement de retour vers le Droit du Travail. De plus en plus, elle s'efforce, elle aussi, de garantir aux assurés un *minimum* correspondant aux besoins élémentaires (par exemple, une pension de retraite minimum — une compensation minimum, en cas de maladie) ; des accords conclus entre le patronat et les syndicats des salariés ajoutent à cette allocation de base uniforme des compléments (pension de retraite complémentaire, versement du plein salaire en cas de maladie). C'est le phénomène dit des régimes complémentaires.

Parallèlement, le Droit du Travail poursuit des objectifs de plus en plus voisins de ceux de la Sécurité sociale : assurer aux travailleurs la *sécurité de l'emploi et du gain.* Quand le Fonds national de l'emploi se préoccupe de conserver au travailleur ses ressources pendant la période où il procède à sa reconversion professionnelle, consécutivement à la perte de son emploi, il opère comme une caisse de Sécurité sociale. Quand une entreprise garantit un salaire mensuel constant à son personnel, quel que soit le nombre d'heures travaillées, elle fait une politique de Sécurité sociale. Quand une entreprise verse une indemnité de licenciement à un salarié, en cas de perte de l'emploi, elle l'indemnise à la suite de la réalisation d'un risque.

Le tracé de la frontière est devenu si malaisé entre les deux branches du Droit, qu'il est préférable d'opter pour la fusion que pour la scission, quitte à marquer les particularités qui subsistent ici et là.

§1. Principes fondamentaux et sources du Droit du Travail

4. *Liberté du travail et souveraineté de l'employeur.* — Le Droit du Travail s'est construit à l'origine sur le fondement du grand principe de la *liberté du travail,* dégagé lors de la Révolution française. Ce principe signifie que tout individu est libre de travailler et de choisir son travail ; corrélativement, que tout propriétaire d'instruments de travail est libre de recruter le personnel qui lui convient. La liberté du travail s'oppose ainsi à toute obligation de travailler (travail forcé) et à toute interdiction de travailler.

À la même époque était affirmé le *droit de propriété,* droit individuel absolu, donnant à son titulaire — personne physique ou personne morale (société) — la pleine maîtrise sur les biens lui appartenant, y compris les instruments de production.

Simultanément, la loi civile consacrait la *liberté des contrats,* aux termes de laquelle les individus dans leur pleine autonomie pouvaient régler par leur seule volonté le contenu de leurs rapports juridiques.

À partir de là, le Droit du Travail moderne a pu se développer en ayant pour cadre le *contrat de louage de services,* rebaptisé ensuite contrat de travail, par lequel une personne à la recherche d'un emploi se plaçait librement sous l'autorité d'une autre personne, l'employeur, et travaillait pour celui-ci en échange d'un salaire. Subordination à l'employeur ; fixation de la rémunération par l'employeur caractérisaient ce régime individualiste et libéral. En outre, chaque partie au contrat pouvait mettre fin à chaque instant au rapport juridique : c'était la libre résiliation du contrat de louage de services, facilitant, certes, la mobilité des travailleurs, en fonction des besoins changeants de l'économie, mais plaçant le travailleur sous le signe de la précarité et de l'insécurité.

5. *Législation, Administration, Juridiction du travail.* — Assez vite l'État est intervenu. Cette intervention a, tout d'abord, consisté dans l'élaboration d'une *législation* du travail, limitant très partiellement et dans certains domaines restreints (excluant la libre conclusion

du contrat et la libre détermination des salaires), l'autonomie de l'employeur (durée journalière, hebdomadaire ou annuelle du travail ; sécurité et hygiène du travail). Cette législation a été en partie codifiée dans un Code du Travail (1910), et sa caractéristique est d'être fréquemment accompagnée de sanctions pénales.

Le caractère incomplet de cette législation a conduit, d'une part, à l'interpréter en fonction des principes généraux du droit civil, d'autre part, à la préciser à l'aide de règlements administratifs.

Une loi du 2 janvier 1973 a procédé à une nouvelle codification. La Constitution actuelle réserve à la loi la fixation des principes fondamentaux du Droit du Travail, le surplus des matières revêtant dorénavant un caractère réglementaire. Le Conseil constitutionnel, jugeant de cette répartition des matières entre le pouvoir législatif et le pouvoir réglementaire, a indiqué (décision du 11 juin 1963) que le principe selon lequel les rémunérations du travail sont fixées par voie de contrats librement passés entre employeurs et salariés, était un principe fondamental, ayant valeur législative.

L'intervention de l'État a consisté, en second lieu, à créer une *administration* du travail (ministère du Travail ; — Inspection du Travail chargée de veiller au respect des lois et règlements dans les entreprises ; — services de la main-d'œuvre chargés notamment d'aider au placement des travailleurs privés d'emploi).

Enfin, l'État est responsable de la *juridiction* chargée de trancher les conflits de travail. Mais, celle-ci, le conseil de prud'hommes, ne peut juger que les seuls conflits individuels opposant l'employeur au salarié. Placée sous le contrôle de la Cour de cassation, cette juridiction est à l'origine d'une *jurisprudence* qui est devenue une source non négligeable du Droit du Travail (ainsi en ce qui concerne la licéité ou les effets de la grève).

6. *Le syndicalisme et la négociation collective.* — À partir de 1936, pour la France (époque du gouvernement de Front populaire), le Droit du Travail subit une profonde mutation, consistant dans l'adjonction aux rapports individuels de travail se nouant dans le cadre du contrat de travail, de rapports collectifs. Le Droit Français reconnaît la *liberté syndicale ;* en application de cette liberté, des groupements professionnels tant d'employeurs que de travailleurs se sont constitués. Dans le prolongement de cette liberté collective, a été admise la libre négociation des conditions de travail et de salaire sur le

plan collectif, c'est-à-dire pour une branche d'activité (la métallurgie, le pétrole), soit sur un plan local, soit sur un plan national, soit même sur le plan limité d'une entreprise. De la sorte, une importante source du Droit du Travail a fait son apparition : la *convention collective du travail.* Celle-ci peut toujours accorder aux travailleurs des avantages supérieurs à ceux prévus par la loi (par exemple, des salaires supérieurs au salaire minimum, des congés payés plus longs que le congé légal). Aujourd'hui, le statut du travailleur découle principalement des accords collectifs dont il bénéficie, soit dans son entreprise, soit dans la branche d'activité dont il relève.

Il arrive fréquemment à la dernière période que les « partenaires sociaux » ne soient pas laissés en tête à tête, mais que s'établisse une *discussion triangulaire* avec les pouvoirs publics donnant naissance à une combinaison originale de la décision gouvernementale et de la négociation bilatérale. Typique à cet égard, le protocole d'accord de Grenelle de mai 1968, qui a donné un coup de fouet au développement du Droit du Travail : en procèdent tout à la fois une relance de la négociation paritaire (révision des conventions collectives, réduction conventionnelle progressive de la durée du travail, accord national sur la sécurité de l'emploi de février 1969), et une activité législative réformatrice (loi du 27 décembre 1968 sur l'exercice du droit syndical dans l'entreprise, donnant satisfaction à une importante revendication du mouvement syndical).

7. *Entreprise et participation.* — Les interventions de l'État, le développement du syndicalisme et la transposition des rapports du travail sur le plan collectif n'ont pas porté atteinte à la souveraineté économique du chef d'entreprise, liée à la structure capitaliste de l'économie. Tout progrès social se traduit par une diminution du profit dans la mesure où s'accroissent les charges sociales de l'entreprise, et se heurte donc à une résistance de celle-ci. Ainsi les problèmes les plus actuels de la politique sociale se situent-ils dans le cadre de *l'entreprise.* Jusqu'à présent, le personnel n'y avait reçu que des possibilités d'information (création des comités d'entreprise). La politique des pouvoirs publics a voulu plus récemment associer le personnel aux résultats de l'entreprise (intéressement, participation aux fruits). C'est une question hautement controversée que de savoir s'il est possible et souhaitable de l'associer aux décisions, car cette question est en définitive celle du pouvoir dans l'entreprise.

§ 2. Principes fondamentaux et sources du droit de la Sécurité sociale

8. *Accidents du travail. Assurances sociales. Charges de famille.* — Avant même qu'on ne parle de Sécurité sociale, l'insécurité économique des travailleurs était apparue dans trois hypothèses principales : la classe ouvrière était décimée par les accidents du travail ; toute interruption du travail, temporaire (maladie), ou définitive (vieillesse), privait le salarié de ses moyens d'existence ; le salaire n'était pas assez élevé pour permettre de faire face aux charges de famille. Les procédés traditionnels (appel à la solidarité familiale ou à l'épargne individuelle, à la charité privée ou à l'assistance publique) étaient évidemment impuissants devant l'ampleur de ces phénomènes.

La solution fut d'abord recherchée dans une adaptation des institutions existantes.

En matière *d'accidents du travail,* il était naturel de chercher à mettre la réparation à la charge de l'employeur, rendu responsable. La preuve d'une faute étant le plus souvent impossible, le législateur rendit l'employeur de plein droit *responsable* des accidents du travail, allégeant en contrepartie le poids de cette responsabilité en posant la règle d'une réparation forfaitaire (loi 2 avril 1898). L'employeur s'assurait le plus souvent contre les conséquences de cette responsabilité auprès d'une compagnie privée d'assurances.

En matière de *risques physiologiques,* les travailleurs avaient d'eux-mêmes frayé la voie en créant librement des mutuelles, alimentées par des cotisations et versant des prestations en cas de maladie, de décès, etc. Partant de là, les pouvoirs publics instituèrent les *assurances sociales,* (lois 5 avril 1928-30 avril 1930) ainsi nommées à raison de leur caractère obligatoire pour les salariés et de leur financement par des cotisations paritaires à charge des salariés et de leurs employeurs. C'était la technique de la mutualité élargie.

En matière de *charges de famille,* enfin, on avait d'abord songé à majorer le salaire en fonction du nombre des enfants (sursalaire). Puis, afin de répartir cette charge nouvelle, furent créées volontairement par les employeurs des *caisses de compensation,* alimentées par des cotisations et versant des allocations aux chefs de famille. L'affiliation des employeurs à ces caisses fut rendue obligatoire par une loi du 11 mars 1932.

Finalement, des organismes tiers (compagnies d'assurance, caisses d'assurances sociales ou mutuelles, caisses de compensation) étaient appelés à intervenir dans tous les cas. Aux rapports employeurs-salariés, étaient substitués des rapports triangulaires, l'institution compétente versant au travailleur une prestation se substituant au salaire perdu ou s'y ajoutant (allocation familiale). Le risque chômage faisait, cependant, cavalier seul : il ne donnait lieu qu'à une aide modique versée par les communes, puis par l'État (assistance).

9. *L'idée de Sécurité sociale.* — L'idée de *Sécurité sociale* triomphe en 1945. Le plan, alors élaboré, prévoyait la couverture de toute la population contre les principaux risques de l'existence entraînant réduction du revenu ou accroissement des dépenses, et la création d'un service public unifié assurant la sécurité du gain de chacun par une redistribution appropriée du revenu national (ord. 4 octobre 1945).

Les risques sociaux envisagés étaient ceux dégagés par l'organisation internationale du travail (convention n° 102). Ceux qui entraînent perte ou réduction du revenu, soit qu'ils aient un lien avec l'activité professionnelle (accident du travail, maladie professionnelle, perte de l'emploi avec les particularités indiquées) — soit qu'ils soient sans lien avec celle-ci (maladie, maternité, invalidité, vieillesse, décès, lequel est traité au point de vue des survivants). Ceux qui provoquent un accroissement de dépenses, dépenses de santé (médicales, pharmaceutiques, etc.), charges familiales.

Mais il s'en est fallu de beaucoup que ce plan puisse se réaliser. Ni la généralisation à toute la population (sauf en matière familiale) ni l'unification (survivance de régimes spéciaux et agricoles, à côté du régime général ; survivance des caisses d'Allocations familiales à côté de celles de Sécurité sociale), ni même l'efficacité de la protection (remboursement très partiel des frais de maladie) n'ont pu passer dans les faits.

Le projet de 1945 s'est soldé par un relatif échec, surtout dans les domaines de la santé et de la vieillesse.

Il fut nécessaire de se contenter de réorganiser les assurances sociales (ord. 19 octobre 1945) au profit des salariés de l'industrie et du commerce, alimentées par des cotisations paritaires et couvrant (imparfaitement) les risques maladie, maternité, invalidité, vieillesse, décès ; et d'y incorporer les risques professionnels : accidents du travail et maladies professionnelles, financés par des cotisations patronales (loi 30 octobre 1946). Ne connut une réelle expansion par le nombre des bénéficiaires et par la gamme des allocations, que le régime des prestations familiales (loi du 22 août 1946). L'ensemble fut ensuite incorporé dans un Code de la Sécurité sociale et fréquemment retouché. Un nouveau code de la Sécurité sociale a été publié le 21 décembre 1985.

10. *Les régimes complémentaires.* — Le progrès vint d'un retour à l'initiative privée. Pour permettre aux intéressés de bénéficier de prestations plus élevées, en matière de vieillesse, ou d'être couverts contre des risques demeurés extérieurs au régime légal de Sécurité sociale, tel le risque chômage, des *régimes dits complémentaires* furent créés, en général sur le plan interprofessionnel, par convention collective (régime de retraite des cadres : conv. collect. 14 mars 1947 ; régime de retraite des salariés : conv. collect. 8 décembre 1961 ; d'indemnisation complémentaire du chômage : conv. collect. 31 décembre 1958). Des caisses privées de retraite et d'assurance chômage coexistent ainsi avec les caisses de Sécurité sociale et d'allocations familiales ; des régimes privés complémentaires à côté des régimes légaux (régime général et régimes spéciaux). Aux sources légales du Droit de la Sécurité sociale sont venus s'ajouter les conventions collectives, les statuts et règlements intérieurs des régimes privés.

11. *Droit et Économie financière.* — À vrai dire, il serait inexact de ramener la Sécurité sociale à la seule dimension du Droit. Sans doute la législation de Sécurité sociale crée-t-elle des droits pour les bénéficiaires et des obligations corrélatives ; elle est interprétée comme toute autre par des juridictions : les *tribunaux de Sécurité sociale,* relevant du contrôle de la Cour de cassation, ce qui provoque l'éclosion, comme dans le reste du Droit, d'une *jurisprudence* (importante, par exemple, en matière de cotisations dues par les entreprises).

Mais bien plutôt que sur la législation de Sécurité sociale, il importe de mettre l'accent sur la *politique* ou sur le « *système* » de Sécurité sociale : la politique de Sécurité sociale, qui assigne à celle-ci ses fins (en France, par exemple, relever la natalité au moins autant qu'équilibrer les charges de famille, prévenir les accidents par un renforcement de la sécurité) ; le système de Sécurité sociale, qui organise au service de ces fins les prélèvements et les répartitions de fonds, c'est-à-dire la redistribution des revenus et utilise pour ce faire différents procédés. De ce dernier point de vue les implications économiques et financières de la Sécurité sociale ne sauraient être surestimées. La recherche de l'équilibre financier du système, le dégagement de nouvelles ressources et, surtout, la nécessité d'une limitation des dépenses, principalement des dépenses de santé, priment toute autre considération. La Sécurité sociale relève de l'économie ou de la science financière. Elle engage directement la politique de l'État.

Plan de l'exposé

L'exposé qui suit mènera du même pas l'étude du Droit du Travail et celui de la Sécurité sociale.

1° La première partie traitera du *travailleur,* envisagé à la fois comme *salarié* et comme *assuré social,* dans les différentes étapes de sa vie professionnelle.

Au chapitre premier, il sera question de *l'embauchage et du contrat de travail,* d'une part, de *l'affiliation à la Sécurité sociale,* d'autre part.

Au chapitre II, seront indiqués les avantages liés au travail *(salaire, congés ; prestations familiales).* Le statut du salarié.

Le chapitre III traitera des événements qui *interrompent temporairement l'activité du salarié* (accident, maladie), de leurs incidences sur le rapport de travail et des prestations sociales qui leur correspondent.

Le chapitre IV sera consacré à la *cessation du travail* (congédiement) et à *l'indemnisation de la perte de l'emploi* (chômage).

Enfin, le chapitre V portera sur la *retraite* et *les prestations de vieillesse.*

2° La deuxième partie sera consacrée à la *politique sociale de l'État,* dans le domaine du *travail* et de la *Sécurité sociale.*

Le chapitre premier exposera l'organisation et le rôle de l'Administration du travail et du service de la Sécurité sociale (Caisses, tutelle).

Le chapitre II sera consacré aux juridictions (conseils de prud'hommes, contentieux de la Sécurité sociale).

Le chapitre III portera sur la politique de l'emploi (formation professionnelle, réadaptation professionnelle, durée du travail, immigration, etc.).

3° La troisième partie sera intitulée *entreprise, syndicat et négociation collective.*

Le chapitre I sera consacré au rôle propre de la direction de l'entreprise : ses pouvoirs (règlement intérieur, discipline) ; ses obligations dans le domaine du travail et de la Sécurité sociale (cotisations et autres charges).

Le chapitre II sera intitulé : la représentation des travailleurs. Il traitera des syndicats, des comités d'entreprise, des délégués et de leurs droits collectifs dans l'entreprise.

Le chapitre III traitera des conflits dans l'entreprise (grèves, lockout).

Le chapitre IV portera sur la négociation collective.

Première partie

Le travailleur, en tant que salarié et assuré social

Chapitre 1
Embauchage et affiliation à la Sécurité sociale

L'embauchage du salarié s'accompagne de la conclusion d'un contrat de travail, et rend obligatoire l'affiliation à la Sécurité sociale.

Section 1
L'engagement du salarié

§1. L'insertion professionnelle des jeunes

L'insertion des jeunes dans la vie professionnelle s'est révélée difficile. Une série de mesures ont été prises pour la faciliter.

A L'apprentissage

12. *Définition et Législation.* — Aux yeux des rédacteurs du Code du Travail, il constituait le mode traditionnel d'accès de l'adolescent à la formation professionnelle ; aujourd'hui l'existence d'institutions collectives de formation technique constitue un complément nécessaire.

Selon la rédaction de l'article L.117-1 du Code du Travail modifié par la loi du 23 juillet 1987.

« Le contrat d'apprentissage est un contrat type particulier par lequel un employeur s'engage, outre le versement d'un salaire dans les conditions prévues par le présent titre, à assurer à un jeune travailleur une formation professionnelle méthodique et complète, dis-

pensée pour partie en entreprise et pour partie en centre de formation d'apprentissage. L'Apprenti s'oblige, en retour, en vue de sa formation, à travailler pour cet employeur, pendant la durée du contrat, et à suivre la formation dispensée en centre de formation d'apprentissage et en entreprise ».

À l'origine l'objet de ce contrat n'était pas la fourniture de travail — qui n'est que l'accessoire — mais la formation professionnelle.

13. *Le contrat d'apprentissage.* — Le contrat d'apprentissage est devenu une variété de contrat de travail, l'apprenti bénéficiant du statut de salarié, sous un certain nombre de réserves et de garanties. Le contrat d'apprentissage est un contrat de travail de type particulier par lequel un employeur s'engage, outre le versement d'un salaire, à assurer une formation professionnelle, méthodique et complète dispensée pour partie dans l'entreprise et pour partie dans un centre de formation d'apprentis à un jeune travailleur qui s'oblige, en retour, à travailler pour cet employeur pendant la durée du contrat. Ainsi sauf quelques réserves l'ensemble de la législation du travail et les conventions collectives de travail sont applicables aux apprentis.

Il a pour but de donner à des jeunes travailleurs, ayant satisfait l'obligation scolaire, une formation générale théorique et pratique en vue de l'obtention d'une qualification professionnelle sanctionnée par un des diplômes de l'enseignement technologique. Cette formation, qui fait l'objet d'un contrat, est *pour partie dispensée dans une entreprise, pour partie dans un centre de formation d'apprentis* conventionné et contrôlé par l'État. Le fonctionnement financier du système est assuré, outre les crédits budgétaires, par un accroissement des ressources provenant de la taxe d'apprentissage.

L'apprentissage doit débuter à une période de l'année compatible avec l'assiduité de l'apprenti aux enseignements du centre de formation (c'est-à-dire pas plus de trois mois avant ni deux mois après le début du cycle de formation que doit suivre l'apprenti). Sa durée est normalement de deux ans (exceptionnellement réduite à un an, ou portée à trois ans dans certains métiers).

Le contrat devra mentionner : la date du début de l'apprentissage et la durée du travail, la dénomination et l'adresse du centre de formation d'apprentis auquel a été inscrit le titulaire du contrat ainsi que l'identification de la section assurant la formation définie au contrat.

L'employeur doit laisser à l'apprenti toutes facilités pour suivre le cours que dispense le centre.

14. *Contenu du contrat.* — En raison de sa mission et de sa responsabilité, le *maître* doit présenter certaines garanties. Il doit être majeur, ne pas avoir subi certaines condamnations.

À l'égard du maître la nouvelle législation a ajouté aux exigences de majorité et de compétence l'obligation d'un *agrément* après avis, selon les cas, de la compagnie consulaire, de la chambre de métier, de la chambre d'agriculture ou du comité d'entreprise. L'agrément est accordé s'il est établi que l'équipement de l'entreprise, les techniques qu'elle utilise ainsi que les garanties de compétences et de moralité sont réunis par la personne responsable directement de la formation de l'apprenti.

La loi du 20 décembre 1993 codifiée sous l'article L. 117-5 a précisé que :

« toute entreprise peut engager un apprenti si l'employeur déclare prendre les mesures nécessaires à l'organisation de l'apprentissage et s'il garantit que l'équipement de l'entreprise, les techniques utilisées, les conditions de travail, d'hygiène et de sécurité, les compétences professionnelles et pédagogiques ainsi que la moralité des personnes qui sont responsables de la formation sont de nature à permettre une formation satisfaisante. »

Cette déclaration doit être notifiée au moment de l'enregistrement du 1er contrat d'apprentissage à l'administration chargée de l'application de la législation du travail et des lois sociales dans la branche d'activité concernée.

Le Préfet du département peut, par décision motivée, s'opposer à l'engagement d'apprentis par une entreprise, lorsqu'il est établi par les autorités chargées de l'exécution et du contrôle de l'exécution du contrat d'apprentissage que l'employeur méconnaît les obligations mises à sa charge.

Un recours est prévu devant le Directeur régional du travail et de l'emploi.

L'inspection de l'apprentissage est assurée par des fonctionnaires du corps d'inspection à compétence pédagogique ou, dans le cas de l'enseignement supérieur par des enseignants chercheurs (art. L. 119-1).

Le maître est le gardien de l'enfant. Il est tenu de se conduire en bon père de famille, de surveiller sa conduite et ses mœurs dans la maison et même en dehors. Mais il n'a reçu aucune délégation de la puissance paternelle, il doit donc avertir les parents des fautes de l'enfant ou de sa maladie. Est obligatoire l'inscription dans les conventions collectives susceptibles d'extension de clauses relatives à l'apprentissage. Le contrat lui-même précise la durée du contrat, le montant de la rémunération, les conditions de logement, de nourriture et de l'indemnité à payer en cas de rupture.

En contrepartie de l'autorité qu'il a reçue, il est *responsable du dommage* causé par l'apprenti pendant le temps où il est placé sous sa surveillance, selon les termes de l'article 1384, al. 5 du Code civil. Cependant, la présomption qui découle de ce texte ne constitue qu'une présomption simple dont l'artisan peut s'exonérer en démontrant qu'il ne pouvait empêcher le fait dommageable. Il convient de noter ainsi la différence de force de cette présomption et de celle qui concerne l'employeur commettant, qui, lui, voit peser sur lui une présomption absolue en cas de dommage causé par le salarié.

L'employeur a pour mission *d'enseigner* à l'apprenti progressivement et complètement l'art, le métier ou la profession. Il ne doit employer l'apprenti qu'aux travaux et services qui se rattachent à l'exercice de sa profession. L'enseignement qui est donné en atelier doit être complété par les cours professionnels organisés par l'enseignement technique que doivent suivre les jeunes travailleurs.

L'apprenti a droit à un salaire déterminé en pourcentage du salaire minimum de croissance et dont le montant, qui varie en fonction de l'âge du bénéficiaire, est fixé chaque année d'apprentissage par décret pris après avis de la commission permanente du Conseil National de la formation professionnelle de la promotion sociale et de l'emploi (voir art. D. 117-1 et D. 117-2 du Code du Travail).

Le contrat d'apprentissage doit être passé par écrit.

Sa signature par les deux parties contractantes est un préalable à l'emploi de l'apprenti (art. L. 117-12).

Le contrat fixe le début de l'apprentissage.

Il doit être adressé pour un enregistrement à l'administration chargée du contrôle de l'application de la législation du travail et des lois sociales dans la branche d'activité concernée.

L'enregistrement peut être refusé dans le délai de 15 jours si le contrat ne satisfait pas aux dispositions des articles L. 117-1 à L. 117-13 du Code du Travail.

Le refus d'enregistrement fait obstacle à ce que le contrat reçoive ou continue de recevoir exécution.

La non-réponse dans le délai de 15 jours vaut acceptation.

Le contrat d'apprentissage est parfois assorti d'une clause aux termes de laquelle l'apprenti s'engage à servir son employeur pendant un délai donné, à l'expiration du contrat. Cette clause est considérée comme licite par la jurisprudence.

L'apprenti doit être libéré de l'obligation scolaire, donc avoir atteint l'âge de seize ans, sauf dérogation exceptionnelle. Le contrat est obligatoirement signé par son représentant légal lorsque l'apprenti est mineur.

Il peut être dérogé à l'obligation d'âge (16 ans) en faveur des jeunes gens qui ont atteint l'âge de 15 ans, s'ils justifient avoir effectué la scolarité du premier cycle de l'enseignement secondaire.

Il est également prévu une limite d'âge à 20 ans.

— L'apprenti doit accomplir la prestation, dans la mesure de son aptitude et de ses forces.

— Il est tenu d'une obligation de *fidélité,* qui lui interdit de divulguer les secrets professionnels et de se laisser débaucher par un tiers avant l'expiration du contrat d'apprentissage ou sa résolution. En cas d'embauchage de l'apprenti par un tiers avant la fin de son contrat, le deuxième contrat est nul, solution qui n'a pas été retenue pour le salarié.

Enfin, l'apprenti doit au maître obéissance et respect.

L'inspecteur du travail doit veiller avec un soin particulier au respect des obligations de l'employeur en matière d'apprentissage. L'inobservation des règles protectrices fait encourir à l'employeur une sanction pénale.

15. *Conclusion et fin de l'apprentissage.* — Le contrat peut être résilié par l'une ou l'autre des parties, durant les deux premiers mois de l'apprentissage, sans indemnité à moins d'une stipulation contraire dans le contrat. Ultérieurement, la résiliation du contrat ne peut intervenir que sur accord exprès et bilatéral des cosignataires ou à défaut être prononcée par le conseil de prud'hommes en cas de faute grave ou de manquements répétés de l'une des parties à ses obligations ou en raison de l'inaptitude de l'apprenti à exercer le métier auquel il voulait se préparer, constatée dans les conditions fixées par le Décret d'application.

16. *Sécurité* sociale. — À l'égard de la législation sur les allocations familiales, les apprentis titulaires d'un contrat d'apprentissage valable et suivant les cours professionnels sont considérés comme à charge jusqu'à l'âge de dix-huit ans, si la rémunération qu'ils perçoivent est inférieure au chiffre servant de base au calcul des allocations familiales. L'enfant en apprentissage est également considéré comme enfant à charge jusqu'à l'âge de dix-huit ans au regard de la législation sur les assurances sociales.

En matière d'accidents du travail, la loi assimile le contrat d'apprentissage au contrat de travail et permet à l'apprenti de bénéficier de la législation dans ce domaine. La même protection a été reconnue aux élèves des établissements d'enseignement technique.

Des mesures de circonstance ont mis à charge de l'État les cotisations de Sécurité sociale des apprentis — ou exclu les apprentis des effectifs de l'entreprise afin d'éviter les « effets de seuil » qui peuvent freiner l'embauche.

B Contrat emploi-formation. Stages pratiques

17. *Formules nouvelles.* — Depuis 1977 une série de mesures en faveur de l'emploi des jeunes ont été prises. Elles ont été motivées par le double constat :

1° 650 000 jeunes arrivent chaque année sur le marché de l'emploi et doivent trouver leur place dans les entreprises.

2° Ces jeunes n'ont bien souvent reçu qu'une formation générale ou théorique. Il est donc nécessaire de leur permettre d'acquérir une formation et une expérience professionnelle.

Pour répondre à ces objectifs, les « pactes pour l'emploi » ont institué trois sortes de mesures : a) les stages pratiques en entreprises, b) les stages de formation, c) le contrat emploi-formation.

Puis la loi du 12 juillet 1980, remplacée par celle du 24 février 1984, a créé les formations professionnelles alternées qui associent des enseignements généraux et technologiques et des connaissances et savoir-faire acquis par l'exercice d'une activité sur les lieux du travail.

Certains contrats ont pour objet l'insertion, d'autres visent à donner une véritable qualification.

La loi du 4 juillet 1990 a posé un principe, que toute personne a droit à la qualification professionnelle et doit en conséquence pouvoir suivre une formation lui permettant de l'acquérir.

Les formations initiales sont destinées à assurer aux jeunes de 16 à 18 ans une formation professionnelle et à assurer leur insertion sociale.

Mais des mesures ont été prises également en faveur des jeunes de moins de 26 ans.

Pour attribuer ces objectifs, il est organisé :

1° des actions d'accueil, d'information et d'orientation ;

2° des stages d'orientation approfondie et stages de formation alternée.

3° Des contrats d'insertion en alternance.

Des réformes législatives successives sont venues modifier la réglementation de la formation en alternance dont l'objectif est défini par le nouvel article L. 980-1, à savoir « permettre aux jeunes d'acquérir une qualification professionnelle, de s'adapter à un emploi ou à un type d'emploi ou de faciliter l'insertion ou l'orientation professionnelle.

Elle associe des enseignements généraux professionnels et technologiques et l'acquisition d'un savoir-faire par l'exercice en entreprise d'une ou de plusieurs activités professionnelles en relation avec les enseignements reçus.

Elle peut être organisée dans le cadre :

— d'un contrat de travail de type particulier,

— de périodes de formation prévues dans un contrat de travail,

— de différents stages de formation professionnelle.

1. Contrat d'insertion en alternance

L'article L. 981-1 prévoit que les formations ayant pour objet l'acquisition d'une qualification professionnelle sont dispensées dans le cadre d'un contrat de travail à durée déterminée (entre 6 mois et 2 ans).

Il s'agit de contrat de travail de droit commun comportant des périodes de stages ou de formation, en principe égales à 25 % de la durée du contrat (sauf accord d'entreprise ou conventions étendues).

L'embauche d'un jeune par l'un de ces contrats ouvre droit à l'exonération des cotisations sociales au profit de l'employeur.

La loi du 20 décembre 1993 (codifiée sous l'article L. 981-9-1) prévoit que l'État peut passer avec des employeurs des conventions ayant pour objet de favoriser l'orientation et l'insertion professionnelle des jeunes rencontrant des difficultés particulières d'accès à l'emploi dans le cadre d'un contrat d'insertion professionnelle.

Le contrat est réservé aux jeunes de moins de 26 ans, d'un niveau de formation égal au niveau III et IV.

Il est assorti d'un tutorat obligatoire avec formations professionnelles (ou réalisation d'un projet professionnel pour les jeunes de niveau III).

Des exonérations sociales sont également prévues au profit des entreprises encadrant de tels contrats.

2. S'agissant de stages

Il faut distinguer :

a) *Les stages d'initiation à la vie professionnelle* qui ont pour objet l'acquisition d'une qualification, l'adaptation à l'emploi, l'insertion professionnelle, l'aide à l'orientation grâce à la formation en alternance.

L'entreprise d'accueil doit conclure une convention avec l'organisme de formation. Une autre convention est passée avec l'État qui assure le financement.

Les stages d'initiation à la vie professionnelle (S.I.V.P.), d'une durée de trois à six mois, intéressent les jeunes de 18 à 25 ans et leur confèrent le statut de stagiaire (non de salarié) avec rémunération par l'État et indemnité complémentaire versée par l'entreprise.

De nombreux litiges sont nés de l'ambiguïté qui existe, parfois, concernant la qualification de ce contrat qui peut masquer un véritable contrat de travail[1].

b) *Des stages de formation* (de préparation à la vie professionnelle avec aide de l'État) sont également proposés aux jeunes de 16 à 25 ans.

c) *Le contrat emploi-formation* est destiné à améliorer la qualification des jeunes et favoriser la transition entre la période scolaire et la vie professionnelle. C'est un contrat de travail mais qui comporte un « avenant » obligeant l'employeur à dispenser au jeune salarié une formation.

1. Voir notamment cass. du 8 novembre 1989 - 17 janvier 1990, JCP 1990-II 21445 - Note Blaise.

§2. Caractères et critère distinctif du contrat de travail

A Le contrat de travail et ses caractéristiques

18. *Rôle du contrat de travail.* —Pendant toute la période libérale, qui suivit la Révolution française, le contrat de travail considéré comme résultant du libre échange du consentement était, à peu près, la seule source de droit, qui définissait et déterminait les conditions de travail. Mais la liberté contractuelle a subi des atteintes importantes. Le législateur est intervenu et a défini des règles protectrices du salarié, qui s'imposent à l'employeur. En outre, aujourd'hui les conditions d'embauchage ne sont plus librement débattues par les parties, mais résultent le plus souvent de clauses définies par les conventions collectives, ou, lorsqu'il s'agit d'étrangers, de contrats types établis par l'office d'immigration. En outre, très exceptionnellement, l'employeur est dans l'obligation de contracter avec certaines catégories de salariés qui bénéficient de priorité d'embauchage (invalides de guerre, leurs veuves et orphelins mineurs, travailleurs handicapés) et qu'il est tenu d'embaucher dans la proportion de 6 % des effectifs de son personnel, lorsque celui-ci dépasse dix salariés (art. L. 323-1).

Le législateur est intervenu à plusieurs reprises pour interdire les discriminations fondées sur l'origine, le sexe, la situation de famille, l'état de santé, le handicap, les normes, les opinions politiques, les activités syndicales (art. 255-2 du Code Pénal). Ainsi l'offre d'embauchage ne peut être assortie d'une condition tenant à la race du postulant ou à son sexe ou à sa situation de famille.

Les atteintes ainsi portées à la liberté contractuelle ont conduit la doctrine à parler du déclin du contrat de travail.

Néanmoins, il ne faut pas négliger le rôle joué par le contrat de travail. En effet, il reste un acte libre, un échange de volontés.

1° Il demeure le mode normal d'acquisition de la qualité de salarié.

2° Le libre choix des parties subsiste, l'intervention facultative de l'agence nationale pour l'emploi étant subsidiaire.

3° C'est le contrat de travail qui définit la qualification du salarié et par là même, sa rémunération. Celle-ci est même déterminée, parfois, directement par le contrat, notamment pour les cadres supérieurs.

4° Enfin, le contrat individuel peut toujours comporter des dispositions plus avantageuses que la loi ou la convention collective.

19. *Sources et terminologie.* — Le louage de services figurait dans le Code Civil qui lui consacrait deux articles : l'article 1780 selon lequel on ne peut engager ses services qu'à temps ou pour une entreprise déterminée (cet article interdisait de rétablir contractuellement le servage), et l'article 1781, selon lequel, en cas de contestation sur le salaire, le maître devrait être cru sur son affirmation ; ce dernier article est aujourd'hui abrogé. Le Code du Travail consacre, lui aussi, un certain nombre de dispositions au contrat de travail (articles L. 120 et ss.).

On peut signaler un changement de terminologie à la fin du XIXe siècle, le louage de services est souvent appelé à partir de cette époque contrat de travail, expression que le Code du Travail lui-même emploie (art. L. 121-1 et ss.). Mais en France, les deux expressions demeurent synonymes.

20. *Définition et principaux caractères.* — Ni le Code du Travail, ni le Code civil n'ont défini le contrat de travail. C'est la Doctrine qui le définit comme « la convention par laquelle une personne s'engage à mettre son activité à la disposition d'une autre, sous la subordination de laquelle elle se place, moyennant une rémunération ».

Ainsi le contrat de travail apparaît comme un contrat *civil ou commercial* (selon la personne de l'employeur), conclu *intuitu personae,* tout au moins du côté du salarié, un changement dans la personne de l'employeur laissant, au contraire, subsister le contrat de travail au profit du travailleur. Il est *synallagmatique,* le salarié ayant à sa charge une obligation de faire, mettant sa force de travail au service d'un employeur, et l'employeur une obligation de payer le salaire. Le contrat de travail est un contrat *consensuel.* En principe aucune forme n'est requise.

Mais le droit communautaire exige que les États membres imposent qu'un écrit soit établi (Directive communautaire 91-553, 14 octobre 1991 applicable depuis le 30 juin 1993).

Le contrat de travail est un contrat *successif* ce qui explique les règles de rupture de ce contrat et la nécessité de réviser le salaire, au cours du contrat, pour l'adapter au coût de la vie.

Le contrat de travail est un contrat *d'adhésion ;* l'employeur pouvant facilement imposer ses conditions au salarié. C'est ce qui explique le développement des rapports collectifs du travail : le droit de négociation collective permet de rétablir, dans une certaine mesure, une plus grande égalité dans la discussion.

Le contrat de travail est un contrat à *titre onéreux :* il n'y a pas de contrat de travail lorsqu'aucune rémunération n'est stipulée. Il importe peu que la rémunération soit fournie en argent ou en nature, qu'elle soit calculée au temps passé ou au rendement, ou par une participation aux bénéfices.

B Le critère du contrat de travail

21. *Intérêts du choix d'un critère.* — Certaines conventions, ayant pour objet l'accomplissement au profit d'autrui d'une prestation de travail, sont à première vue assez proches du louage de services, mais elles relèvent du droit civil et du droit commercial : tel est le cas du mandat, du contrat d'entreprise, ou même du contrat de société.

De nombreux intérêts s'attachent à la distinction du contrat de travail des conventions voisines.

1° *Les règles protectrices* relatives à l'embauchage, au licenciement, au régime de travail : durée du travail, repos hebdomadaire, congés payés, sont applicables au contrat de travail seul, tandis que les autres contrats restent soumis au droit commun des contrats.

De même la *rémunération* du travailleur salarié n'est protégée par les règles relatives à la créance de salaire que lorsqu'il est lié à son employeur par un contrat de travail.

2° Au point de vue de la *procédure :* les litiges nés à l'occasion du contrat de travail sont de la compétence du conseil de prud'hommes, tandis que les litiges nés des autres contrats relèvent d'autres juridictions.

22. *Recherche du critère.* — Plusieurs critères ont été proposés. On a soutenu notamment que le *mode de rémunération* permettait de distinguer le contrat de travail. Le salaire au temps serait la marque du contrat de travail, tandis que la rémunération à la tâche constituerait le critère du contrat d'entreprise. Ce critère tiré du seul mode de rémunération apparaît comme erroné, les modes de rémunération les plus divers existant dans le contrat de travail : salaire au temps ou à la tâche, rémunération fixe ou à la commission.

Certains auteurs ont proposé un critère de *dépendance économique.* Il y aurait contrat de travail chaque fois que quelqu'un travaillerait pour le compte et le profit d'autrui, chaque fois que quelqu'un ne supporterait pas les risques et ne bénéficierait pas des profits de sa propre activité. Il y aurait contrat de travail dès l'instant que quelqu'un attendrait ses ressources d'un employeur. Ce critère trop imprécis a été écarté. Certes, il a parfois été retenu en matière d'affiliation à la Sécurité sociale, mais la jurisprudence aujourd'hui l'abandonne même dans ce domaine (voir *infra* n° 46), au demeurant il est possible d'être affilié à la Sécurité sociale sans être lié par un contrat de travail.

C'est donc le critère de *subordination juridique* qui permet de distinguer le salarié de tous autres travailleurs : le contrat de travail apparaît si le bénéficiaire de la prestation de travail a le droit de donner des ordres au salarié pour l'exécution de son travail et de prendre des sanctions contre lui en cas d'inexécution des ordres donnés.

Aujourd'hui la loi du 11 février 1994 relative à l'initiative et à l'entreprise individuelle codifiée sous l'article L. 120-3 du Code du Travail apporte une précision intéressante en précisant que les personnes physiques immatriculées au registre du Commerce et des Sociétés, au répertoire des Métiers, au registre des agents commerciaux ou auprès des unions pour le recouvrement des cotisations d'allocations familiales sont présumées ne pas être liées par un contrat de travail dans l'exécution de l'activité donnant lieu à cette immatriculation. Toutefois, poursuit le texte, l'existence d'un contrat de travail peut être établie lorsque les personnes ci-dessus mentionnées, fournissent directement ou par personne interposée des prestations à un donneur d'ouvrage dans des conditions qui les placent dans une lien de subordination juridique.

Ainsi se trouve consacré le seul critère de la subordination juridique.

23. *Éléments du critère de subordination juridique.* — La jurisprudence retient des éléments très divers, et, en général, exige la réunion de plusieurs circonstances pour reconnaître la subordination juridique.

1° La Cour de cassation examine *l'attitude des parties*[1]. Il est clair que l'employeur qui satisfait aux obligations que la loi a mises à sa charge en matière de contrat de travail : affiliation du salarié à la

1. Soc. 18 mars 1970, Bull. civ. V 162.
Soc. 7 octobre 1976, Bull. civ. V 394.

Sécurité sociale, délivrance de bulletins de paie ou d'un certificat de travail, admet qu'il est lié par un contrat de travail. Dans ces conditions, l'existence d'un contrat de travail sera présumée surtout si le salarié se trouve dans un état très net de dépendance.

Souvent, l'existence de *liens personnels* familiaux ou amicaux, entre les parties, rendra plus prudents les tribunaux dans la reconnaissance du contrat de travail[1]. Certes un contrat de travail peut être passé entre deux amis, ou entre un père et son fils, mais il conviendra d'examiner avec plus de soin les conditions d'exécution du travail. Le contrat de travail est également admis entre époux, mais on peut craindre, dans cette hypothèse, une fraude tendant à faire obtenir les avantages sociaux au conjoint fictivement titulaire d'un contrat de travail. Aussi, dans le domaine de la Sécurité sociale, l'article L. 243 du code de Sécurité sociale a subordonné l'affiliation à la Sécurité sociale du conjoint travaillant pour le compte de l'autre à certaines conditions (voir *infra* n° 47).

2° La jurisprudence recherche les *conditions d'exécution du travail :* dans le cas le plus général, le travail subordonné sera exécuté dans le *lieu* désigné par l'employeur (entreprise, dépôt, chantier), suivant *l'horaire* déterminé par lui, avec le *matériel* qu'il fournit au salarié, *sans l'aide d'auxiliaire rémunéré par le travailleur,* et sous le *contrôle* de l'employeur qui a le droit de donner des ordres sur les conditions mêmes de *l'exécution* du travail[2].

Toutefois, dans certaines professions, des difficultés fréquentes surgissent, qui obligent à tracer la limite entre le travail *subordonné* et le travail *indépendant* fourni dans le cadre d'un contrat d'entreprise, de mandat ou par un professionnel exerçant une activité libérale.

24. *Contrat de travail et contrat d'entreprise.* — L'entrepreneur qui a promis à son client l'exécution d'un travail déterminé telle la construction d'un immeuble demeure indépendant de celui pour qui il travaille. Sans doute recevra-t-il des instructions sur le *but* à atteindre, mais non sur la *façon d'exécuter* son travail. Dans ce cas, il n'y aura pas de contrat de travail. Mais, il existe un certain nombre de cas limites. Ainsi le bûcheron qui procède à l'abattage des arbres sous la

1. Civ. 14 mars 1967, Droit Social 1968. 277 note Voirin.
2. Cass. Ass. Plénière 4 mars 1983. Bull. civ. p. 5. Dalloz 1983, II, 381.

surveillance du propriétaire est un salarié, tandis qu'il sera considéré comme entrepreneur s'il n'est l'objet d'aucun contrôle[1].

Les médecins exercent une profession libérale exclusive, en principe, d'un lien de subordination. Toutefois, les tribunaux admettent, dans certains cas, qu'ils puissent être liés par un contrat de travail. Dans cette hypothèse, ils doivent garder, certes, toute indépendance pour l'exercice même de leur art (diagnostic, prescriptions), mais ils sont soumis à des obligations d'horaire, à des instructions strictes concernant leurs remplacements, ils utilisent le matériel mis à leur disposition par l'entreprise. Il en est ainsi pour les médecins du travail qui sont au service d'une entreprise[2].

Le *législateur* lui-même a tranché le problème en faveur de certaines catégories de travailleurs dont les conditions d'exercice de la profession pouvaient conduire à leur refuser le bénéfice du contrat de travail, à raison de leur indépendance apparente. C'est ainsi que la législation sociale a été étendue au *travailleur à domicile,* à condition qu'il exécute soit seul, soit avec son conjoint, ses enfants à charge, le travail confié par un donneur d'ouvrage, chef d'établissement industriel ou commercial (et non par un simple particulier) lui procurant les matières premières moyennant une rétribution forfaitaire. De même la loi du 29 mars 1935 (art. L. 7612 et ss. du Code du Travail) a conféré aux *journalistes* professionnels un statut particulier de salarié leur accordant une indemnité spéciale de licenciement et de congés payés.

Dans ces hypothèses il y a ce qu'on appelle assimilation légale au salariat.

25. *Contrat de travail et mandat.* —Le mandataire dispose, en principe, d'une indépendance inconnue du salarié, encore qu'il reçoive des ordres du mandant. En outre on distingue parfois les deux types de contrat par l'objet : le mandat a pour objet l'accomplissement d'actes juridiques pour le compte du mandant, tandis que le contrat de travail met à la charge du salarié l'obligation d'effectuer des actes matériels.

Le problème de la distinction du contrat de travail et du mandat s'est posé avec une acuité particulière pour les *représentants de commerce.* Devaient-ils être considérés comme des mandataires des mai-

1. Soc. 8 juillet 1960, Bull. civ. IV 587.
2. Soc. 5 février 1960, Bull. civ. IV 112.

sons qu'ils représentaient, ou des salariés, spécialement lorsqu'ils travaillaient exclusivement pour une maison de commerce ? La loi du 18 juillet 1937, complétée par la loi du 7 mars 1957 (art. L. 751-1 du Code du Travail) a décidé qu'ils étaient unis à celui pour qui ils travaillaient par un contrat de travail. Mais pour bénéficier de ce statut, le représentant doit exercer en fait sa profession de manière exclusive et constante, ne pas faire effectivement d'opération commerciale pour son compte personnel. Son contrat doit indiquer la nature des marchandises ou prestations de service, le secteur d'exercice de l'activité et le taux de rémunération. Cette réglementation a été complétée par une convention collective interprofessionnelle signée le 3 octobre 1975.

Le représentant indépendant est un agent commercial, régi par un statut professionnel différent.

Il arrive parfois que le *mandataire d'une société* (Président-directeur général, administrateur de Société anonyme, ou gérant de S.A.R.L.) cumule ses fonctions de mandataire avec celles découlant d'un contrat de travail. Ce cumul est parfois permis, à certaines conditions, mais dans ce cas le mandataire social reste révocable *ad nutum,* en sa qualité de mandataire, mais bénéficie des règles du Droit du Travail pour la partie de son activité régie par le contrat de travail.

§3. Les différentes formes d'emploi

26. Longtemps, le contrat de travail à durée indéterminée a constitué le régime normal du travail salarié.

Dans quelques hypothèses, cependant, les parties avaient recours au contrat à durée déterminée.

Mais la nécessité de rentabiliser les entreprises, la crise économique ont conduit les entreprises à faire appel au travail indépendant pour échapper à la réglementation du travail salarié et ont donné naissance à différentes formes d'emploi précaire. Le législateur a donné un statut à certaines catégories de travailleurs précaires, tandis que d'autres sont encore peu ou pas protégées.

A Le contrat à durée déterminée

27. Le recours au contrat à durée déterminée était devenu si fréquent que le législateur a tenté d'enrayer ce type d'emploi précaire en promulguant plusieurs textes successifs destinés, dans un premier

temps, à limiter les cas de recours autorisé au contrat à durée déterminée puis à assouplir la rigueur de la réglementation (loi du 25 juillet 1985).

L'ordonnance du 11 août 1986 a apporté de nouvelles simplifications et supprimé la liste limitative des cas de recours. Mais la loi du 12 juillet 1990 a rétabli la liste des cas de recours (art; L. 122-11).

28. *Contrats à durée déterminée.* — L'article L. 122-1 pose ce principe, que le contrat à durée déterminée ne peut avoir ni pour objet, ni pour effet de pourvoir durablement un emploi lié à une activité normale et permanente de l'entreprise. Il est interdit d'y recourir en cas de conflit collectif. Il ne peut donc être conclu que pour une tâche précise et temporaire et seulement pour les cas énumérés par les articles : L. 122-1 et 122-2, il s'agit :

1. Du remplacement d'un salarié en cas d'absence, de suspension de son contrat de travail, de départ définitif précédant la suppression de son poste de travail, de l'attente de l'entrée effective d'un salarié recruté par contrat à durée indéterminée pour le remplacer.

2. De l'accroissement temporaire de l'activité.

3. Des emplois à caractère saisonnier ou pour lesquels il est d'usage constant de ne pas recourir au contrat à durée indéterminée en raison de la nature de l'activité exercée et du caractère par nature temporaire de ces emplois (art. L. 122-1-1 (3e) et D. 121-2).

Enfin à ces trois types de cas pour lesquels le contrat à durée déterminée est autorisé, il convient d'ajouter les contrats conclus au titre de dispositions législatives et réglementaires destinées à favoriser l'embauchage de certaines catégories de personnes sans emploi.

Et les contrats par lesquels l'employeur s'engage pour une durée et dans des conditions fixées par décret à assurer un complément de formation professionnelle au salarié (art. L. 122-2 et D. 121-1 du Code du Travail).

29. *La durée du contrat.* — La durée maximale du contrat à durée déterminée est fixée, en principe, compte tenu le cas échéant, de renouvellement à 18 mois.

Mais elle est ramenée à 9 mois en cas d'attente de l'entrée en service effective d'un salarié recruté par contrat à durée indéterminée ou lorsqu'il s'agit de travaux urgent.

Elle est, au contraire, portée à 24 mois en cas de départ d'un salarié précédant la suppression de son poste, ou en cas de contrat exécuté à l'étranger ou d'une commande exceptionnelle à l'exportation ou dont la réalisation implique la mise en œuvre de moyens quantitativement ou qualitativement exorbitants de ceux que l'entreprise utilise habituellement (art. L. 122-2 et 121-1).

30. *Conditions de forme.* — Le législateur a également cherché à protéger le salarié en imposant des conditions de forme. En effet, le contrat à durée déterminée doit être obligatoirement rédigé par écrit. À défaut d'écrit le contrat est réputé conclu à durée indéterminée.

Cette rédaction de la loi du 12 juillet 1990 ne permet plus le doute, la requalification est obligatoire.

Comme d'ailleurs en cas de violation des cas de recours ou de la durée maximale du contrat, des dispositions de l'article L. 122-2 ou de l'interdiction d'avoir recours au contrat à durée déterminée pour remplacer un gréviste ou effectuer un travail particulièrement dangereux figurant sur une liste établie par le ministère du Travail ou de l'Agriculture, ou encore de violation du délai d'attente entre deux contrats à durée déterminée, ou des règles d'embauchage sous contrat à durée déterminée d'un apprenti (v. art. L 122-3-13). En outre le contrat à durée déterminée doit comporter la définition précise de son objet ainsi qu'un certain nombre de mentions obligatoires. En effet, aux termes de l'article L. 122-3-1 doivent figurer dans tous les contrats à durée déterminée :

1° la désignation du poste de travail ou de l'emploi occupé ;

2° la durée d'échéance du terme, et le cas échéant, les clauses prévoyant le report du terme ;

3° diverses autres mentions ;

4° la loi du 25 juillet 1985 a supprimé le respect de certains délais de prévenance se rapportant à la poursuite éventuelle de la relation contractuelle après la fin du contrat. Mais en pratique, il est opportun de prévoir dans le contrat le délai dans lequel les parties se fixeront sur leurs intentions respectives à la fin du contrat :

Pour les contrats ne comportant pas de terme précis la durée minimale pour laquelle ils sont conclus.

Les parties ont la possibilité de prévoir une période d'essai qui devra être expressément mentionnée dans le contrat de travail ainsi que sa durée maximale. À défaut de cette mention, la période d'essai ne se présumant pas, l'employeur ne peut s'en prévaloir, même si la convention collective applicable à l'entreprise la prévoit.

Elle ne peut excéder un jour par semaine dans la limite de 2 semaines lorsque la durée du contrat est inférieure ou égale à 6 mois.

— Un mois de date à date lorsqu'elle est supérieure à 6 mois. La période d'essai ne peut, en principe, être renouvelée. Cependant, l'article L. 122-3-10 prévoit la possibilité d'une nouvelle période d'essai, lorsqu'un nouveau contrat à durée déterminée est signé, mais la durée du contrat primitif est éventuellement déduite de la période d'essai du nouveau contrat.

31. *Statut.* — Déjà l'ordonnance de 1982 avait réaffirmé le principe général d'égalité de traitement selon lequel les salariés titulaires d'un contrat à durée déterminée ont les mêmes droits et les mêmes obligations que ceux sous contrat à durée indéterminée, les seules exceptions à ce principe sont :

1° Les dispositions relatives à la rupture du contrat à durée indéterminée.

2° Les dispositions législatives expresses, qui prévoient des règles spécifiques aux contrats à durée déterminée ou qui les excluent de leur champ d'application : ainsi la loi sur la mensualisation exclut les saisonniers du bénéfice de ses dispositions. La loi du 7 janvier 1981 comporte des dispositions propres aux salariés sous contrat à durée déterminée victimes d'un accident du travail ou d'une maladie professionnelle. De même le statut des V.R.P. contient des règles propres aux contrats à durée déterminée (art. L. 751-5 et ss. du Code du Travail).

La loi du 12 juillet 1990 a, en outre, précisé que la rémunération que perçoit le salarié sous contrat à durée déterminée ne peut être inférieure au montant de la rémunération que percevrait dans la même entreprise, après une période d'essai, un salarié sous contrat de travail à durée indéterminée de qualification équivalente et occupant les mêmes fonctions.

Le salarié sous contrat à durée déterminée a également droit à une indemnité compensatrice de congés payés (art. L. 122-3-3).

En ce qui concerne les droits collectifs, les salariés sous contrat à durée déterminée sont compris dans l'effectif de l'entreprise, lorsqu'il s'agit de salariés « habituellement » occupés dans l'entreprise, tel est le cas des salariés saisonniers qui reviennent chaque année dans l'entreprise.

Les salariés liés à l'entreprise par un contrat à durée indéterminée peuvent être électeurs ou éligibles aux organismes de représentation du personnel, dès qu'ils remplissent les conditions d'ancienneté exigées par les textes. Cette ancienneté peut être acquise en vertu de plusieurs contrats successifs même séparés par des périodes d'inactivité.

B Travail à temps partiel

32. *Temps partiel.* — À côté de la limitation de la durée du contrat de travail, une autre limitation s'est peu à peu institutionnalisée ; c'est celle de la limitation de la durée du travail qui a donné naissance au travail à temps partiel, et au travail occasionnel.

Plusieurs textes visent soit le « personnel à temps partiel » (article L. 133-3 al. 12) soit « l'emploi à temps réduit » (article L. 133-4, al. 6), soit encore les emplois à « mi-temps » des handicapés (article L. 323-29).

Le législateur, par la loi du 28 janvier 1981, modifiée par l'ordonnance du 26 mars 1982 codifiée sous l'article L. 212-4-2 et suivants, a rebaptisé le travail à temps partiel en « temps choisi ».

La loi du 20 décembre 1993 a admis que sont considérés comme salariés à temps partiel les salariés occupés selon une alternance de périodes travaillées et non travaillées dont la durée de travail actuelle est inférieure d'un moins 1/5e à celle de la durée légale ou conventionnelle de travail pour la branche de l'entreprise concernée.

Le législateur a également dans un souci de protection du travailleur exigé que le contrat de travail à temps partiel soit écrit et a consacré le droit de ces salariés de bénéficier des droits reconnus aux travailleurs à temps plein.

En effet, le salaire des travailleurs à temps partiel est proportionnel au salaire des travailleurs à temps complet. Il en est de même des indemnités de licenciement et de départ à la retraite.

La prise en compte des travailleurs à temps partiel dans les effectifs de l'entreprise est prévue par l'article L. 212-4-4 au prorata du rapport entre les horaires inscrits au contrat à temps partiel et la durée légale de travail ou de la durée normale de travail dans l'établissement (article R. 212-1).

33. *Travail occasionnel et intermittent.* — Le travail occasionnel est pratiqué dans bon nombre d'entreprises, spécialement dans les sociétés de service pour l'accomplissement d'une tâche, ou pour effectuer un travail pendant une durée très limitée.

La loi quinquennale du 20 décembre 1993 a cherché à faciliter ce type d'emploi en l'assimilant juridiquement au travail à temps partiel.

C Travail temporaire

34. La précarisation de l'emploi peut être accompagnée d'une extériorisation de la main-d'œuvre. Dans cette hypothèse, l'entreprise a recours à la sous-traitance ou fait appel, dans certaines circonstances, à des salariés extérieurs à l'entreprise. Ce sont les intérimaires.

Le phénomène du travail temporaire, né du souci de flexibilité de la gestion du personnel, ayant pris une ampleur alarmante, il a été nécessaire tant de réglementer l'entreprise consacrée à ce type d'activité que de doter le salarié intérimaire d'un statut protecteur.

La loi du 3 janvier 1972 a posé, en principe, que le travail temporaire ne doit constituer qu'une technique complémentaire destinée à trouver une solution à certaines situations, sans fausser le marché de l'emploi. Elle a également cherché à assurer une certaine protection des travailleurs temporaires.

Devant le succès grandissant du travail temporaire et des abus qu'il engendrait, une réglementation plus précise est devenue indispensable. Ce fut l'objet de l'ordonnance du 5 février 1982 qu'il fut cependant nécessaire d'assouplir sur certains points par la loi du 25 juillet 1985 puis par l'ordonnance du 11 août 1986.

Mais la loi du 12 juillet 1990 est revenue à une réglementation plus stricte, semblable à celle adoptée pour le contrat de travail à durée déterminée.

35. *Les cas de recours.* — La loi pose, en principe, que le contrat de travail temporaire ne peut avoir pour objet de pourvoir durablement un emploi lié à l'activité normale et permanente de l'entreprise et ce type de travail ne peut concerner que l'exécution d'une tâche précise et temporaire nommée mission et seulement dans les cas énumérés par l'article L. 124-2-1 à savoir :

1. remplacement d'un salarié en cas d'absence, de suspension de son contrat de travail, de départ définitif précédant la suppression de son poste, ou en cas d'attente de l'entrée en service effective des salariés recrutés par contrat à durée indéterminée pour le remplacer ;

2. accroissement temporaire de l'activité de l'entreprise ;

3. emplois à caractère saisonnier ou pour lesquels, dans certains secteurs définis par décret ou par voie de convention ou d'accord collectif étendu, il est d'usage constant de ne pas recourir au contrat à

durée indéterminée en raison de la nature de l'activité exercée et du caractère par nature temporaire de ces emplois.

Il est interdit pour remplacer un gréviste ou pour effectuer des travaux particulièrement dangereux.

35bis. *La durée.* — La mission doit, en principe, comporter un temps fixé avec précision lors la conclusion du contrat de mise à disposition.

— Elle peut être renouvelée une fois.

— En principe, la durée totale du contrat, compte tenu le cas échéant du renouvellement, ne peut excéder 18 mois.

Mais elle est ramenée à 9 mois en cas d'attente de l'entrée en service effective d'un salarié recruté par contrat à durée indéterminée ou lorsque l'objet du contrat est la réalisation de travaux urgents nécessités par des mesures de sécurité.

Elle est portée à 24 mois lorsque la mission est exécutée à l'étranger ou dans le cas de départ définitif d'un salarié précédant la suppression de son poste, ou de la survenance dans l'entreprise d'une commande exceptionnelle à l'exportation dont l'importance nécessite la mise en œuvre de moyens quantitativement ou qualitativement exorbitants de ceux que l'entreprise utilise ordinairement, dans ce cas la durée ne peut être inférieure à six mois.

Lorsque le contrat est conclu pour le remplacement d'un salarié absent, il ne peut comporter un temps précis.

Il doit, alors, être conclu pour une durée minimale et il a pour terme la fin de l'absence (art. L. 124-2-2).

Le contrat doit être écrit et comporter un certain nombre de mentions obligatoires.

36. *Le statut des travailleurs intérimaires.* — Le contrat de mission lie l'entreprise de travail temporaire et le salarié dont elle reste l'employeur.

Un certain nombre de garanties ont été accordées au travailleur intérimaire, tant à l'égard de son employeur, l'entreprise de travail temporaire, que de l'entreprise utilisatrice.

En effet, en cas de rupture avant terme du contrat de mission par l'entreprise de travail temporaire, sans faute grave du salarié, elle doit lui proposer dans les trois jours un nouveau contrat sans modification substantielle. À défaut, elle doit continuer de verser au salarié sa rémunération jusqu'au terme prévu, y compris l'indemnité de précarité qui constitue un complément de salaires et varie en fonction de la durée de la mission et de la rémunération du travailleur.

Pendant le contrat de mission, le travailleur temporaire a droit à une rémunération équivalente à celle correspondant au poste de travail qu'il occupe dans l'entreprise.

Il a également droit à une indemnité de congés payés qui ne peut être inférieure au dixième de la rémunération totale.

En outre, l'article L. 124-4-6 prévoit que « pendant la durée de la mission, l'utilisateur est responsable des conditions d'exécution du travail telles qu'elles sont déterminées par celles des mesures législatives, réglementaires et conventionnelles applicables au lieu de travail, comprenant la durée du travail, les jours fériés ».

Les travailleurs intérimaires ont accès, dans les mêmes conditions que les travailleurs permanents de l'entreprise utilisatrice, aux moyens de transport et aux installations collectives, notamment de restauration.

Enfin le travailleur intérimaire, à l'issue de la mission, a le droit de s'engager de façon permanente dans l'entreprise utilisatrice.

37. *Le délit de marchandage et le trafic de main-d'œuvre* — Le travail intérimaire est le monopole des entreprises de travail temporaire. Mais celles-ci doivent respecter strictement la loi :

En effet, aux termes de l'article L. 125-1 est punie toute opération à but lucratif de fourniture de main-d'œuvre qui a pour effet de causer un préjudice au salarié, ou d'éluder l'application de la loi. C'est le délit de marchandage.

En outre est également punie toute opération à but lucratif ayant pour objet exclusif le prêt de main-d'œuvre dès lors qu'elle n'est pas réalisée dans le respect de la loi.

Cette incrimination vise, d'une part, les entreprises de travail temporaire qui violent la loi[1], d'autre part, la sous-traitance ou la prestation de services qui, en réalité, masquent un placement illicite de main-d'œuvre subordonné à l'autorité du prétendu donneur d'ordre[2].

1. v. crim. 2 décembre 1980 D. 1981-346 note Pelissier.
2. v. crim. 5 février 1980. Droit ouvrier 1981. p. 149.

D Travail noir

38. Le travail clandestin apporte une sérieuse perturbation au marché de l'emploi.

Le Code du Travail tente de lutter contre ce phénomène qui constitue une fraude tant à l'égard du fisc que de la Sécurité sociale, en l'interdisant sous peine de sanctions pénales (article L. 324-9 et 362-3 du Code du Travail).

De même, le travail indépendant clandestin exercé sans immatriculation aux registres du commerce ou des métiers et sans règlement des charges sociales ou fiscales (article L. 324-10).

On peut rapprocher de cette législation les diverses dispositions interdisant ou limitant le cumul d'activités, ou de retraite et d'activités[1]. Mais cette réglementation a souvent généré le travail clandestin des salariés soumis à ces interdictions.

§4. La conclusion du contrat de travail

A Conditions de fond

39. *Application des principes généraux.* — Le contrat de travail obéit aux règles générales des contrats civils. Sa conclusion implique donc le consentement des parties, un objet et une cause licites des parties jouissant de leur capacité juridique.

On signalera :

a) à propos du consentement, qu'il est fréquemment fait appel à des intermédiaires, soit que le demandeur d'emploi se soit fait inscrire à l'A.N.P.E., soit que l'offre d'emploi soit publiée dans la presse ;

b) à propos de l'objet que certains travaux sont interdits à certaines catégories de salariés (travaux de nuit pour les femmes et les mineurs de moins de 18 ans) ;

c) à propos de la capacité, que le mineur de 16 ans, soumis à l'obligation scolaire, ne peut être embauché comme salarié. Cepen-

1. voir article L. 324 1 et ss.
Décret 29 octobre 136
Ordonnance du 30 mars 1982 relative au cumul retraite-emploi.

dant l'article L. 211-1 du Code du Travail autorise les adolescents âgés de quatorze et quinze ans à exercer de manière exceptionnelle une activité rémunérée. Ainsi les adolescents âgés de plus de quatorze ans peuvent effectuer des travaux légers pendant leurs vacances scolaires, à condition que leur soit assuré un repos effectif d'une durée au moins égale à la moitié de chaque période de congé. Des décrets d'application fixent la nature des travaux, la durée et la période pendant lesquels ils pourront être effectués, ainsi que les conditions dans lesquelles sera assurée la couverture en matière de Sécurité sociale de ces jeunes travailleurs. Les employeurs sont tenus d'adresser une déclaration préalable à l'inspecteur du travail qui dispose d'un délai de huit jours pour notifier son désaccord éventuel. Au-dessus de 16 ans, le mineur s'embauche seul, l'autorisation du père ou tuteur étant en la matière considérée comme implicite.

La liberté contractuelle en matière d'embauchage comporte quelques exceptions :

— Tout d'abord des priorités d'emploi en faveur de certains salariés protégés tels que les handicapés.

— En outre, interdiction de discrimination, c'est ainsi que la loi du 13 juillet 1983 a pour objectif de réaliser l'égalité des droits et l'égalité des chances entre les hommes et les femmes face à la vie professionnelle.

Cette égalité est spécialement affirmée par la loi en matière d'accès à l'emploi et de façon générale en ce qui concerne l'ensemble des aspects de la vie professionnelle.

La discrimination à raison de la race ou de la religion est également interdite (article 225-1 à 225-4 du Nouveau Code Pénal).

B La période d'essai

40. *Généralités et sources* — Au lieu de s'engager de façon définitive immédiatement, les parties peuvent décider de conclure une période d'essai pendant laquelle l'employeur peut juger des qualités du salarié et le salarié pourra se rendre compte des conditions du travail. Si la période d'essai se révèle satisfaisante, le contrat deviendra définitif.

Il ne faut pas confondre la période d'essai avec *l'essai professionnel* qui précédera l'embauchage. L'essai professionnel, souvent imposé aux travailleurs, est destiné à vérifier leur qualification. À l'égard de la Sécurité sociale la Cour de cassation l'analyse comme un

« contrat de travail particulier » antérieur au contrat de travail proprement dit et faisant naître, en conséquence, à la charge de l'employeur l'obligation de cotiser pour les travailleurs effectuant un essai professionnel. La période d'essai, au contraire, est postérieure à l'embauchage et elle s'étend sur une certaine durée.

— *La loi* n'a pas réglementé de manière générale la période d'essai.

Certains textes particuliers existent :

— La loi du 18 juillet 1937 sur les représentants de commerce a simplement prévu dans l'article L. 751-6 du Code du Travail : « Il peut être stipulé une période d'essai dont la durée ne saurait être supérieure à trois mois. »

— Le législateur a également prévu qu'en matière de contrat d'apprentissage, les deux premiers mois sont considérés comme période d'essai (voir *supra* n° 15).

— Ce sont *les conventions collectives* qui constituent la source essentielle de la période d'essai. Un régime différent est prévu pour chaque catégorie de salariés, ouvriers, employés et cadres.

— *Le contrat individuel* de travail peut toujours prévoir une période d'essai, mais il doit stipuler expressément que l'engagement définitif sera précédé d'une période d'essai. Si le contrat ne prévoit rien et que la convention collective ne rende pas obligatoire la période d'essai, le contrat est présumé définitif dès l'engagement. En l'absence de contrat écrit, de nombreux procès naissent au sujet de l'existence de la période d'essai, aussi certaines conventions collectives prévoient-elles l'exigence d'un écrit confirmant les conditions de l'essai. Dans ce cas, en l'absence d'écrit, il n'y a pas de période d'essai.

41. *Nature juridique.* — Pour certains auteurs, la période d'essai constitue un contrat distinct du contrat de travail qui sera conclu ultérieurement ; pour d'autres, au contraire, il n'existe qu'un seul contrat englobant la période d'essai et la convention définitive, mais pendant la période d'essai le contrat serait soumis à une condition suspensive ou résolutoire.

En pratique, on considère que les relations du travail se nouent immédiatement entre les parties. Aussi la réglementation du travail et la législation de Sécurité sociale sont immédiatement applicables.

42. *Effets de la période d'essai.* — 1° *La durée* de la période d'essai est, en principe, *fixée librement par les parties.* Cependant, le

droit contractuel limite sérieusement, en la matière, la liberté des cocontractants car souvent les conventions prévoient un *délai maximum que les parties ne peuvent dépasser.*

La durée prévue par les conventions collectives est très variable suivant les catégories professionnelles. Elle n'est généralement que de quelques jours pour les ouvriers, souvent d'un mois pour les employés, mais parfois de plusieurs mois renouvelables pour les cadres et les cadres supérieurs.

En principe, également, les parties ont la possibilité de renouveler la période d'essai. Mais sur ce point aussi les conventions collectives ont prévu des règles protectrices, soit en interdisant tout renouvellement, soit en limitant le renouvellement à une seule fois.

En cas de silence des conventions collectives, la jurisprudence a exercé un contrôle sérieux sur le renouvellement et elle a qualifié, parfois, d'abusif le renouvellement qui n'était pas justifié par la difficulté particulière de la profession ou de la qualification du salarié.

2° *La rémunération :* pendant la période d'essai, le salarié perçoit une rémunération, mais parfois inférieure au salaire qu'il percevra après l'engagement définitif. Certaines conventions collectives précisent que le salarié devra percevoir une rémunération au moins équivalente au minimum prévu pour sa catégorie.

43. *La libre rupture.* — Le principe même de la période d'essai est de permettre à chacune des parties de se libérer sans indemnité, sans aucun préavis. C'est la règle de la liberté totale de rupture. Mais le droit conventionnel prévoit, parfois, un délai-congé réduit lorsque la rupture de la période d'essai est intervenue après l'écoulement d'un certain temps. Et les arrêts admettent qu'il peut y avoir faute pour l'employeur à rompre en prétextant l'insuffisante aptitude du salarié à l'essai, alors que le motif réel est différent (grossesse par ex.).

C Règles de forme

44. *Absence de formalisme.* — Le contrat de travail est un contrat consensuel. Selon l'article L. 121-1 du Code du Travail, il peut être constaté dans les formes qu'il convient aux parties contractantes d'adopter. Aucun écrit n'est exigé pour la validité même du contrat. Il peut être verbal. Mais le contrat à durée déterminée doit être constaté par écrit.

Les règles du Droit Civil sont en principe applicables au Droit du Travail ; aussi les règles résultant de l'article 1341 du Code civil exigeant un écrit pour prouver l'existence d'une obligation au-dessus de 5 000 francs doivent donc être normalement respectées dans le contrat de travail.

En fait, le contrat de travail est rarement constaté par écrit. La jurisprudence a dû résoudre cette contradiction existant entre le droit et les faits. Tout d'abord elle considère que le chiffre de 5 000 francs visé à l'article 1341 du Code civil doit s'entendre ici, non du chiffre du salaire, mais du chiffre de la demande en justice. En second lieu, elle dispense les parties de la formalité du double, bien qu'il s'agisse d'un contrat synallagmatique. En troisième lieu, elle voit dans le contrat de travail un acte de commerce par accessoire, si l'employeur est un commerçant ; le salarié qui agit contre son patron peut donc invoquer à son profit l'article 109 du Code de Commerce, c'est-à-dire utiliser, alors, la preuve par témoins ou par présomptions. En quatrième lieu, la jurisprudence fait une application très libérale de l'article 1348 du Code civil, en considérant que si le travailleur a été dans l'impossibilité morale de se procurer un écrit, il pourra recourir alors à la preuve testimoniale.

Cependant, l'absence d'écrit entraîne des incertitudes sur la qualification, la date de commencement, l'existence même de la période d'essai ; aussi certains statuts et conventions collectives prévoient-ils l'obligation de constater le contrat par écrit (pratique de la lettre d'engagement). En outre, l'écrit est exigé en matière de contrat à durée déterminée (voir *supra* n° 30).

Section 2
L'affiliation à la Sécurité sociale

45. *Principe de l'affiliation obligatoire au régime général.* — De même que la Sécurité sociale tend à garantir les particuliers contre des risques de plus en plus nombreux, de même elle bénéficie à des catégories sociales de plus en plus larges et son objectif final est de profiter à toute la population. Il ne s'agit plus d'une législation spécifique

des seuls travailleurs. Bien que certaines catégories sociales se soient défendues vivement contre la tendance envahissante de la Sécurité sociale, l'extension s'est réalisée peu à peu. La loi du 4 juillet 1975 a posé le principe de la généralisation de l'assurance maladie, assurance-vieillesse et prestations familiales pour le 1er janvier 1978.

Aujourd'hui, la généralisation de l'assurance-vieillesse a été réalisée au profit de toute personne qui exerce une activité professionnelle.

Concernant l'assurance maladie-maternité, la généralisation est devenue effective depuis la loi du 2 janvier 1978.

À titre d'exemple de couverture d'une catégorie sociale restée jusqu'ici en marge de la Sécurité sociale, une deuxième loi du 2 janvier 1978, promulguée dans le cadre de la généralisation de la Sécurité sociale garantit, désormais, tous les ministres du culte et les membres des congrégations et collectivités religieuses, qui ne relèvent pas déjà à titre obligatoire d'un régime de Sécurité sociale.

Ces divers textes ont réalisé la généralisation, mais non l'unification de la Sécurité sociale, aussi l'affiliation s'effectue-t-elle, tantôt dans le cadre du régime dit *général,* celui des salariés du commerce et de l'industrie, tantôt dans le cadre des régimes *distincts.* Ceux-ci, qui concernent le plus souvent les indépendants (exploitants agricoles, commerçants et artisans, etc.) ne seront pas exposés ici. Notons simplement qu'aujourd'hui les travailleurs indépendants bénéficient non seulement des allocations familiales, qui ont été dès l'origine étendues à presque toute la population active salariée ou exerçant une activité professionnelle indépendante, mais encore d'un régime d'assurance-vieillesse par l'effet de la loi du 17 janvier 1948, et, en principe, de l'assurance-maladie-maternité (loi du 12 juillet 1966, modif. lois des 3 juillet 1972, 27 décembre 1973, 24 décembre 1974, décret du 26 juillet 1977).

Les textes de base concernant le régime général sont l'article L. 311-2 du Code de la Sécurité sociale pour les assurances sociales, l'article L. 411-1 définissant l'accident du travail et l'article L. 511-1 sur les prestations familiales.

Le premier de ces textes pose en principe : « sont affiliées obligatoirement aux assurances sociales, quel que soit leur âge et même si elles sont titulaires d'une pension, toutes les personnes de nationalité française de l'un ou l'autre sexe, salariés ou travaillant à quelque titre que ce soit pour un ou plusieurs employeurs et quels que soient le montant et la nature de leur rémunération, la forme, la nature ou la validité de leur convention. » Les articles L. 411-1 et L. 511-1 n'apportent aucune précision supplémentaire.

46. *Le critère jurisprudentiel* — La jurisprudence a été dans l'obligation de trancher un certain nombre de cas douteux et de rechercher le critère de l'affiliation obligatoire. Certes, le législateur a voulu viser dans l'article L. 311-2 le travailleur dépendant. Mais il a renoncé à exiger l'existence d'un véritable contrat de travail valable puisqu'il précise « quelle que soit... la nature ou la validité de leur convention ». On a donc soutenu que le critère qui devait être retenu en matière d'affiliation à la Sécurité sociale était, à la différence de celui admis en matière de contrat de travail, celui de la dépendance économique. Quelques décisions l'ont consacré ; mais le reproche d'imprécision qui lui a été opposé en Droit du Travail, peut également lui être fait en matière de Sécurité sociale, et il paraît aujourd'hui abandonné des tribunaux. Ceux-ci ont pratiquement unifié le critère du contrat de travail et celui de l'affiliation au régime général. Mais ce dernier est interprété de façon beaucoup plus extensive.

La Cour de cassation s'est référée à un lien de dépendance juridique ; interprétant les termes de l'article L. 311-2, elle exige la réunion des trois conditions :

a) un lien de dépendance,

b) une rémunération,

c) une convention.

a) Elle a évolué dans sa conception de ce lien de dépendance. Dès lors que des directives, des contrôles, si légers soient-ils existent, elle considère que l'indépendance n'est pas totale et qu'ainsi le lien de dépendance existe. L'arrêt de l'Assemblée plénière du 18 juin 1976 a dégagé un nouvel indice, celui du « service organisé ». Ainsi doivent être affiliés au régime général comme travailleurs dépendants, ceux qui exercent leurs fonctions « dans le cadre d'un service organisé », ou même plus simplement « dans le cadre d'une organisation »[1]. Elle complète cette interprétation par celui de « l'activité profitable au cocontractant »; elle relève, en effet, fréquemment que l'activité du tra-

1. Assemblée plénière, 18 juin 1976, D. 1477-173 note Jeammaud.

vailleur est exercée pour le compte d'une entreprise ou qu'elle lui est profitable[1]. Se trouvent ainsi relever du régime général ceux qui exercent leur activité, selon des directives données par une entreprise, pour le profit de celle-ci dans le cadre d'un service organisé.

b) Le travail dépendant doit être rémunéré, quel que soit la nature ou le montant de cette rémunération.

c) Une convention doit exister entre le travailleur dépendant et son employeur. Cette exigence avait soulevé quelques difficultés concernant l'affiliation des religieux aujourd'hui résolue par la loi du 2 janvier 1978 (voir *supra* n° 45). Mais il importe peu que les parties aient donné à leur convention une dénomination quelconque (mandat).

47. *Applications.* —La jurisprudence a admis que le lien conjugal n'était pas exclusif du contrat de travail (voir *supra* n° 23). Le mari ou la femme peut donc être salarié de son conjoint travailleur indépendant. Dans ce cas, il pourra être affilié à la Sécurité sociale et bénéficiera ainsi (et fera bénéficier ses enfants) des prestations sociales. Mais, la fraude était possible, aussi l'article 16 de la loi du 14 avril 1952, modifié par la loi du 4 juillet 1975 (art. L. 311-6 du Code de Sécurité sociale) a-t-il subordonné à deux conditions l'affiliation du conjoint ; il doit :

1° Participer effectivement à l'activité professionnelle du travailleur indépendant.

2° Bénéficier d'une rémunération, telle qu'elle serait acquise par un travailleur de la même profession pendant la durée du travail, effectivement accomplie par le conjoint et correspondant, le cas échéant, au salaire normal de sa catégorie professionnelle. Indépendamment de ce cas, la jurisprudence impose l'affiliation de prétendus démarcheurs, courtiers, mandataires, déguisés en indépendants par application du critère cité au n° 46. De même les pompistes des stations-service unis aux sociétés distributrices par un contrat de fourniture exclusive.

48. *Les extensions légales du critère.* — Un certain nombre de textes codifiés dans les articles L. 311-3 et ss., du Code de Sécurité

1. Soc. 26 octobre 1979.

sociale ont étendu le bénéfice du régime général de Sécurité sociale à des catégories de travailleurs dont la qualité de salarié restait douteuse.

Généralement, ils sont considérés comme travailleurs dépendants, tant au regard des assurances sociales que des accidents du travail, ou des prestations familiales.

Ainsi sont obligatoirement assujettis à la Sécurité sociale :

1° *Les travailleurs à domicile.* — 2° *Les voyageurs, représentants de commerce.* — 3° *Les courtiers, inspecteurs et autres agents non patentés des entreprises d'assurance* de toute nature qui effectuent d'une façon habituelle et suivie des opérations de représentations d'assurance pour un ou plusieurs employeurs. — 4° *Les membres des sociétés coopératives ouvrières de production.* — 5° *Les gérants non salariés de coopérative et les gérants de dépôts de sociétés à succursales multiples.* — 6° *Les employés d'hôtels, cafés restaurants.* — 7° *Les conducteurs de voitures publiques non propriétaires de leurs voitures* et dont l'exploitation est assujettie à des tarifs de transports fixés par l'autorité publique. — 8° *Les porteurs de bagages dans les gares* liés par un contrat avec l'exploitation ou un concessionnaire. — 9° *Les ouvreuses de théâtre, cinémas et autres établissements de spectacles* et tous autres employés préposés au vestiaire ou à la vente aux spectateurs de divers objets. — 10° *Les personnes assurant habituellement à leur domicile la garde et l'entretien des enfants* et qui sont soumises au contrôle de ceux qui les leur confient. —11° *Les dirigeants de société* qui ne sont certainement pas des salariés. Les *gérants* de S.A.R.L. sont affiliés à la Sécurité sociale à condition qu'ils ne possèdent pas ensemble plus de la moitié du capital social. Les gérants majoritaires sont, au contraire, exclus. — 12° *Les présidents directeurs et directeurs généraux* des sociétés anonymes et des sociétés d'exercice libéral à forme anonyme. — 13° *Les membres* des sociétés coopératives ouvrières de protection et leurs dirigeants, à condition qu'ils perçoivent une rémunération. — 14° *Les délégués* à la sécurité des ouvriers de carrière (à condition qu'ils ne relèvent pas du régime spécial des mines). — 15° *Les artistes de spectacle et les mannequins* relevant des articles L. 764-1 et 2 du Code du Travail. — 16° *Les journalistes professionnels pigistes.* — 17° *Les personnes agréées* qui accueillent des personnes âgées ou handicapées ayant passé un contrat avec ces personnes conformément à l'article 6 de la loi du 10 juillet 1989. — 18° *Les vendeurs colporteurs et porteurs* de presse visés aux paragraphes I et II de l'article 22 de la loi du 3 janvier 1991, tendant au développement de l'emploi, des formations professionnelles et l'aménagement du temps de travail, pour l'application du 3e plan pour l'emploi, non immatriculés au registre du Commerce ou des Métiers. — 19° *Les avocats salariés* sauf pour les risques gérés par la Caisse Nationale des Bureaux Français. — 20° *Les vendeurs* à domicile non immatriculés au registre du Commerce ou le registre Spécial des agents commerciaux.

Aux termes de la loi du 18 janvier 1994, les détenus affiliés obligatoirement aux assurances maladie et maternité du régime général à compter d'une incarcération (art. L. 381-30).

49. *Conditions de l'extension.* — Ces diverses catégories de travailleurs ne bénéficient de la Sécurité sociale que s'ils remplissent les conditions définies par l'article L. 311-2 qui constitue le texte de base en matière d'affiliation (voir *supra* n° 45). Aussi une décision des chambres réunies de la Cour de cassation en date du 24 juin 1966 a conduit à refuser l'assujettissement à la Sécurité sociale aux dirigeants de société non rémunérés, l'article L. 311-2 exigeant une rémunération pour que le travailleur soit obligatoirement affilié à la Sécurité sociale.

50. *L'immatriculation.* — Il ne faut pas confondre l'affiliation et l'immatriculation. L'affiliation désigne la situation de droit et le rattachement de l'assuré social à une caisse déterminée. L'immatriculation est l'opération technique qui permet à la caisse de le prendre en charge : elle consiste dans une inscription donnant à l'assujetti la condition d'assuré social et lui permettant d'obtenir les prestations. Le salarié reçoit un numéro et une carte. L'immatriculation incombe à l'employeur qui doit remettre, dans les huit jours qui suivent l'embauchage, une déclaration d'emploi à la Caisse Primaire de Sécurité sociale du lieu de la résidence principale (art. L. 312-1 et R. 312-3 du Code de Sécurité sociale). Cette obligation est sanctionnée pénalement et civilement. Et une procédure d'immatriculation d'office est prévue pour ceux qui auraient été omis. Ces règles sont d'ordre public, il n'est donc pas possible de faire procéder à l'immatriculation de celui dont l'activité ne répondrait pas aux conditions exigées par les textes relatifs à l'affiliation. Il existe une procédure de radiation et de mutation d'une caisse à une autre.

51. *L'assurance volontaire.* — L'assurance volontaire permet l'affiliation de diverses catégories de personnes qui ne remplissent pas

les conditions pour être couvertes par l'assurance obligatoire (art. L. 742-1 et ss. et R. 742-1 et ss.).

Le droit de s'affilier volontairement pour la couverture des *risques vieillesse et invalidité* est ouvert notamment :

1° Aux anciens assurés obligatoires qui ont été affiliés pendant six mois au moins au régime général ou à un régime spécial, mais ont cessé de remplir les conditions de l'affiliation obligatoire.

2° Aux travailleurs de nationalité française exerçant ou ayant exercé une activité salariée dans divers États ou territoires d'outre-mer et à l'étranger en général.

L'assurance personnelle pour *les risques maladie et maternité* a été ouverte par l'ordonnance n° 67-709 du 21 août 1967 à l'ensemble des personnes résidant en France et qui soit à titre personnel, soit à titre d'ayants droit ne relèvent pas pour ces risques d'un régime d'assurance-maladie obligatoire (art. L. 741-3 et ss.).

Chapitre 2
Le statut de salarié

52. Le contrat de travail confère au travailleur le statut de salarié qui lui assure une sécurité et une durée de l'emploi par un certain nombre de règles tendant à éviter la rupture du contrat de travail : tel l'article L. 122-12 (voir *infra* n° 128) ou la suspension du contrat de travail (voir *infra* n° *99* et ss.), ou encore les textes relatifs au licenciement (voir *infra* n° 135 et ss.).

En outre, le travailleur reçoit un salaire dont le paiement effectif est garanti par un certain nombre de textes (voir *infra* n°s 69 et ss., Section I). Il a droit à des congés payés (Section II). Il a droit à des allocations familiales (voir *infra* Section III).

Il bénéficie également d'un droit à la formation permanente (voir *infra* Section IV).

53. *Obligations des parties dans le contrat de travail.* — Il naît du contrat de travail deux obligations corrélatives. Le salarié doit fournir le travail promis. En échange de sa prestation, il recevra de son employeur le salaire prévu, et pourra bénéficier de la législation sur les congés payés. Son activité professionnelle lui ouvrira, en outre, droit aux prestations familiales.

a) Le salarié doit fournir la prestation de travail. C'est une obligation de faire qui n'est pas susceptible d'exécution forcée. L'exécution doit être personnelle et le salarié ne saurait, en principe, se substituer un tiers ou un auxiliaire. C'est le contrat qui définit la nature du travail à accomplir : manuel ou intellectuel. La prestation doit être fournie selon le critère du bon père de famille, c'est-à-dire du bon ouvrier moyen.

Si l'exécution du travail est défectueuse, la responsabilité du salarié peut être recherchée. Mais il résulte de la jurisprudence que la *responsabilité pécuniaire* du salarié ne peut être, en principe, engagée vis-à-vis de son employeur pour malfaçon, qu'en cas de *faute lourde*[1]. La position ainsi adoptée sur ce point par les tribunaux trouve sa justification dans le principe de l'organisation de l'entreprise capitaliste : l'employeur perçoit les profits, mais il supporte en contrepartie les risques, et plus spécialement les malfaçons lorsqu'elles résultent des négligences ou des fautes légères du salarié.

Il ne faut pas, cependant, oublier que si l'employeur est rarement en droit de réclamer des dommages-intérêts à son salarié, il conserve la faculté de sanctionner les fautes sérieuses de ce dernier, par le licenciement (voir *infra* n° 140).

Le salarié est tenu, en outre, d'une obligation *d'obéissance* aux ordres de son employeur, à raison de sa position de subordination.

Il est tenu de *ne pas révéler les secrets de fabrication* (art. 226-13 Nouveau code pénal). Il lui est interdit d'accepter des tiers une *rémunération occulte, sous* réserve du pourboire[2].

L'exécution du travail doit être *consciencieuse et loyale.* Le salarié qui a réservé sa force de travail à l'employeur ne peut, sans faute, travailler à son insu pour un tiers.

b) En contrepartie, l'employeur est tenu de procurer au salarié le travail convenu, et de lui fournir les moyens de l'exécuter. Mais l'obligation principale qui pèse sur lui est le paiement du salaire.

Section 1
Le salaire

Le paiement du salaire fait l'objet d'une réglementation précise dominée par un souci de protection du travailleur pour lequel le salaire constitue le principal, sinon l'unique moyen d'existence.

§1. Le salaire de base

54. *Les différentes modalités du salaire.* — Le salaire qui est la

1. Soc. 19 mai 1958 (2 décisions) D-1959 note R. Lindon 27 novembre 1958 JCP 1958 11 143 note Brethe de la Gressaye.
2. Cass. Soc. 20 novembre 1975 D-1975 inf. rap. p. 254.

rémunération reçue par le salarié en échange de son travail ou de sa disponibilité est susceptible de diverses modalités :

a) *Le salaire au temps* est « celui perçu par un salarié sans qu'il soit fait référence à une production quantitativement déterminée », selon l'expression de conventions collectives. L'unité de temps varie suivant la hiérarchie professionnelle. Les *ouvriers* étaient généralement payés à l'heure. *Les employés, techniciens, agents de maîtrise et cadres* sont payés au mois.

b) *La mensualisation :* c'est la technique qui — en substituant le mois à l'heure comme unité de calcul du salaire — tend à placer les ouvriers sous le même statut que les employés. La mensualisation a été opérée entre 1970 et 1978.

1° *Les techniques de mensualisation :*

Aujourd'hui 75 à 85 % d'ouvriers horaires sont mensualisés. Mais *d'importantes divergences de conception et de réalisation* existent encore selon les branches d'activité. En effet dans un sens très étroit, la mensualisation ne recouvre qu'une *opération à caractère comptable,* consistant à effectuer le versement de la paie individuelle, une fois par mois au lieu du paiement par quinzaine exigé par le Code du Travail. Une deuxième pratique consiste à verser un *salaire mensuel de base,* calculé sur un horaire de référence établi lors de l'embauchage du salarié, mais indépendamment du nombre de jours ouvrables dans le mois. Il ne s'agit pas d'un paiement forfaitaire car il est tenu compte à la fois des heures supplémentaires et des journées d'absences.

Mais la véritable mensualisation n'apparaît que lorsqu'elle assure au moins une certaine stabilité de rémunération, voire même d'emploi. Il s'agit alors, en fait, d'un rapprochement, puis d'une assimilation du statut d'ouvrier et du statut d'employé ou de collaborateur[1].

Quoi qu'il en soit la mensualisation a été réalisée par étapes, ou par l'octroi d'avantages successifs à tous les horaires, ou par l'intégra-

1. Une loi, 24 juin 1971, relative au paiement du salaire définit la mensualisation comme « une convention ou un accord collectif prévoyant le paiement mensuel des salaires et étendant aux ouvriers tout ou partie des avantages accordés auparavant aux salariés payés mensuellement ».

tion dans le statut mensuel des couches successives d'ouvriers (les plus qualifiés, puis les plus anciens).

La mensualisation est apparue longtemps comme la terre d'élection de la négociation collective. De nombreux accords ont été signés dans diverses professions. Cependant, dans certains secteurs, aucune solution n'avait été trouvée pour remédier à cette situation. Un accord national interprofessionnel a été signé le 10 décembre 1977. Et la loi du 19 janvier 1978 a donné valeur législative aux droits nouveaux ouverts par l'accord national interprofessionnel et a généralisé la mensualisation.

2° *Le contenu de la mensualisation :*

1) La première série d'avantages accordés par voie de mensualisation porte sur le salaire et la stabilité de la rémunération : octroi du plein salaire en cas de maladie, assorti d'un contrôle patronal de l'absence pour maladie, progression des ressources en cours de carrière, paiement des jours fériés chômés, maintien d'un minimum de ressources annuelles ou semestrielles même si les circonstances imposent un ralentissement de l'activité ou un arrêt temporaire (ou encore indemnisation du chômage partiel).

2) La garantie de l'emploi est renforcée par les clauses relatives à la suspension du contrat de travail admise de façon plus généreuse que pour les « horaires », et par celles relatives aux indemnités de rupture, qui rendent plus chère la rupture du contrat (indemnités de licenciement).

c) La rémunération au rendement varie en fonction du nombre de pièces fabriquées ou des tâches réalisées. Ce mode de fixation du salaire fait l'objet de nombreuses critiques. Il tend à être abandonné pour la détermination du salaire principal, mais réapparaît sous forme de primes individuelles ou collectives (voir *infra* n° 66).

Le salaire est parfois composé d'un élément fixe et d'un élément variable tel qu'un pourcentage sur les ventes pour certains employés de commerce, ou les commissions pour les représentants de commerce.

55. *Liberté des salaires et minimum de salaire.* — La loi du 11 février 1950 a rétabli la liberté des salaires (principe abandonné en 1939 date où s'ouvre une période de blocage des salaires, et non rétabli en 1946 : régime de la fixation des salaires par arrêtés, dits arrêtés

Parodi). — Cette liberté s'exerce principalement par voie de négociation collective et non plus, comme au temps du libéralisme, dans le cadre du contrat individuel. Mais les pouvoirs publics se sont réservés :

1° Le droit de fixer le salaire minimum interprofessionnel garanti (S.M.I.G.) remplacé ultérieurement par le salaire minimum interprofessionnel de croissance (S.M.I.C.).

Si bien que, quelle que soit la forme du salaire choisie par les parties, le salaire bien que libre doit être au moins égal au salaire minimum interprofessionnel de croissance, et, le cas échéant, au minimum prévu par la convention collective.

2° Le droit de décider le nombre d'heures de travail au-dessus duquel la rémunération doit être majorée.

3° La réglementation des clauses d'indexation des salaires. En effet, la loi interdit toutes clauses prévoyant des indexations fondées sur le S.M.I.C., sur le niveau général des prix ou des salaires, ou sur le prix des biens, produits ou services n'ayant pas de relation directe avec l'objet du statut ou de la convention, ou avec l'activité de l'une des parties.

A Le S.M.I.C.

56. Du *S.M.I.G. au S.M.I.C.* — Lorsque le législateur a rétabli la liberté des salaires, il a institué un salaire minimum interprofessionnel garanti (S.M.I.G.) destiné à assurer le minimum vital à tout travailleur.

Mais peu à peu un écart s'est fait jour entre les salaires réels et le salaire minimum. Le protocole de Grenelle en constatant cet écart a mis en lumière l'échec du rôle social du S.M.I.G.

Une loi du 2 janvier 1970, codifiée dans les articles L. 141-2 et ss. du Code du Travail a créé le *S.M.I.C.* (salaire minimum de croissance) qui se substitue au S.M.I.G., tout au moins en partie. En effet le S.M.I.G. servait de base à un certain nombre de prestations sociales. Dans ce domaine le législateur a voulu éviter la substitution brutale du S.M.I.C. au S.M.I.G., aussi celui-ci est-il maintenu dans tous les cas où des prestations sont calculées en fonction du S.M.I.G., sous le nom de *minimum garanti.*

Le S.M.I.C. est conçu comme un plancher mobile progressant avec l'expansion économique.

Ce nouveau salaire minimum est fonction de deux idées :

1° Il doit comme par le passé garantir un *pouvoir d'achat constant.*

2° Il doit, également, permettre aux travailleurs les moins favorisés de participer à la croissance économique, aux fruits de l'expansion.

Pour remplir ces fonctions le S.M.I.C. est indexé sur le coût de la vie : un changement en hausse de 2 % de l'indice de référence entraîne automatiquement la hausse proportionnelle du salaire dans le mois qui suit. Cette indexation est faite sur une liste d'articles nécessaires à la consommation familiale (il s'est agi successivement des 213, 179, puis 259 articles. Aujourd'hui l'I.N.S.E.E. a mis au point un nouvel instrument de mesure. Il s'agit des 295 *articles).*

Mais, en outre, un décret pris en Conseil des ministres fixe chaque année le S.M.I.C. en tenant compte de *l'augmentation des salaires réels moyens.*

57. *Rémunération mensuelle minimale.* — La loi du 23 décembre 1972 marque un nouveau pas dans la garantie des ressources des travailleurs rémunérés au S.M.I.C. en « mensualisant » cette rémunération. Cependant le taux du S.M.I.C. continue à être fixé à l'heure. Ce texte prévoit que la rémunération mensuelle minimale est égale au produit du montant du salaire de croissance par le nombre d'heures correspondant à la durée légale du travail pour le mois considéré, sans pouvoir excéder, après déduction des cotisations obligatoires retenues par l'employeur la rémunération nette qui aurait été perçue pour un travail effectif de même durée payé au taux du salaire minimum de croissance.

L'objectif de la loi est de garantir les travailleurs rémunérés au salaire minimum contre la réduction d'horaire pour des causes autres que celles résultant du fait du salarié telles que l'absence, la maladie, l'accident, la maternité ou la grève.

En effet dans ces dernières hypothèses le salaire minimum mensuel subit une amputation des heures de travail non effectuées.

Au contraire, lorsqu'il s'agit d'une réduction de travail pour d'autres causes le minimum lui est assuré par le mécanisme suivant : il perçoit le salaire auquel il a droit, ainsi que les allocations légales ou conventionnelles pour privation d'emploi ou les indemnités pour intempéries instituées par la loi du 21 octobre 1946. Il lui est alloué, en outre, une allocation complémentaire égale à la différence entre la rémunération minimale et la somme qu'il a effectivement perçue. Cette allocation est à la charge de l'employeur. Mais l'État rembourse à l'employeur une fraction de cette allocation. Il s'agit donc d'une garantie de ressources en cas de chômage partiel.

B La négociation des salaires

58. *La négociation des salaires. Rôle des conventions collectives.* — Le principe de la liberté des salaires (sous réserve du S.M.I.C.) permet aux partenaires sociaux de fixer les salaires par voie d'accords. Les accords peuvent être des *conventions collectives ordinaires, des conventions susceptibles d'extension, des accords collectifs d'établissement ou de simples accords de salaires.*

Les conventions nationales fixent aussi le salaire minimum national professionnel. Les conventions locales et les accords d'établissements adaptent ce minimum, ou fixent le salaire directement à défaut de convention nationale. Elles déterminent également les coefficients hiérarchiques afférents aux diverses qualifications professionnelles, les majorations pour travaux pénibles ou insalubres. En outre, les conventions collectives doivent prévoir les modalités d'application du principe : à travail égal, salaire égal, pour les femmes et les jeunes. Des clauses relatives aux primes d'ancienneté, d'assiduité, des indemnités pour frais professionnels ou de déplacement peuvent figurer également dans les accords collectifs.

Le contrat de travail peut toujours accorder un salaire plus élevé que celui prévu dans les conventions collectives, ce qu'il sera en cas de pénurie de main-d'œuvre.

59. *Variation du salaire en fonction de la qualification du travail.* — La qualification permet de déterminer par le jeu des coefficients le salaire du travailleur qui est fixé dans les conventions collectives.

À chaque qualification *définie par la convention* correspond un coefficient hiérarchique qui, appliqué au salaire minimum de base de la profession, commande le montant du salaire.

La qualification peut être définie comme l'aptitude que possède un salarié de fournir un travail déterminé. Elle est fixée librement par le contrat de travail et peut ne pas correspondre aux diplômes du salarié. On distingue trois grandes catégories de travailleurs : *les ouvriers, les employés* et techniciens (ou collaborateurs) et les *cadres.* Chacune de ces catégories se subdivise en diverses sous-catégories correspondant à une classification hiérarchique en fonction de laquelle varie la rémunération. Ainsi les ouvriers peuvent être classés en manœuvres ordinaires, manœuvres de force et spécialisés, ouvriers qualifiés et ouvriers hautement qualifiés. Les collaborateurs sont divisés en employés *stricto sensu,* agents de maîtrise et techniciens. La mensualisation tend, cependant, à atténuer la différence de statut entre ouvriers et employés (voir *supra* n° 54). Une hiérarchie existe également entre les différentes catégories de cadres.

C'est, en principe, à l'embauchage, que le salarié se trouve affecté d'un certain coefficient de qualification. Mais des conflits fréquents s'élèvent au sujet de cette qualification, d'où souvent de délicates questions de preuve. La *preuve* est normalement faite par la lettre d'engagement, lorsqu'elle existe, ou encore par le bulletin de paye ou le certificat de travail. Mais il ne résulte de ces documents qu'une présomption que le salarié est en droit d'invoquer si elle lui est favorable, mais qu'il peut combattre s'il estime qu'elle constitue un déclassement. Il doit alors démontrer par tous moyens de preuves, devant le juge, que les *fonctions qu'il exerce réellement lui* donnent le droit de réclamer une qualification supérieure.

Si des fonctions nécessitant une *aptitude supérieure* sont confiées ultérieurement au salarié, sa rémunération doit se trouver, en principe, majorée, ou tout au moins complétée par des indemnités parfois prévues par la convention collective au cas de délégation temporaire dans des fonctions supérieures à la qualification du salarié.

La qualification primitive peut également être modifiée par *avancement,* ce qui donnera au salarié le droit de percevoir un salaire supérieur. Un *déclassement ou rétrogradation* peut aussi intervenir, mais il s'agit, alors, d'une résiliation conditionnelle du contrat. Le salarié a le choix entre perdre son emploi ou accepter la modification.

60. *Égalité des salaires féminins et masculins.* — Enfin il convient de noter que, en vue de respecter les traités internationaux liant la France, le législateur a promulgué une loi n° 72-1143 du 22 décembre 1972 puis une loi du 13 juillet 1983 qui posent le principe de l'égalité de rémunération entre les hommes et les femmes. L'article L 140-2 du Code du Travail précise que « par rémunération au sens de la présente loi il faut entendre le salaire ou traitement ordinaire de base ou minimum et tous les autres avantages et accessoires payés

directement ou indirectement, en espèces ou en nature, par l'employeur au travailleur en raison de l'emploi de ce dernier ». Mais les emplois confiés aux hommes et aux femmes ne sont pas toujours identiques. La loi était souvent inappliquée. Aussi un nouveau texte a-t-il été promulgué.

La loi du 13 juillet 1983 sur l'égalité des droits et des chances entre les hommes et les femmes prévoit l'égalité en matière de qualification, classification, promotion, de rémunération et de licenciement. Le texte fait obligation à l'employeur de présenter au comité d'entreprise — ou à défaut aux délégués du personnel — un rapport écrit faisant apparaître la situation comparée des hommes et des femmes dans l'entreprise et qui devra recenser « les mesures prises au cours de l'année écoulée, en vue d'assurer l'égalité professionnelle, les objectifs prévus pour l'année à venir et la définition des actions à mener à ce titre. »

Un conseil supérieur de l'égalité professionnelle est créé. Il est chargé de participer à la mise en œuvre de la politique d'égalité professionnelle.

C Les heures supplémentaires

61. *Variation du salaire en fonction de la durée du travail.* — La loi du 21 juin 1936 a posé le principe de la semaine de quarante heures de travail par semaine réparties soit en cinq journées de huit heures, soit en six journées de six heures quarante de travail, soit en d'autres combinaisons prévues souvent par le règlement intérieur. Après une suspension temporaire consécutive au décret-loi du 1er septembre 1939, la loi des 40 heures fut remise en vigueur après la Libération et la loi du 25 février 1946 a réglementé la rémunération des heures supplémentaires, et institué un plafond de 60 heures de travail par semaine.

Ce plafond ou limite maximale a été progressivement réduit à 48 heures et l'article L. 212-7 prévoit que la durée moyenne hebdomadaire ne peut sur une période de 12 semaines dépasser 46 heures.

Puis l'ordonnance du 16 janvier 1982 a ramené la semaine légale de travail à 39 heures. Désormais, les heures supplémentaires effectuées au-delà de 39 heures ou de la durée considérée comme équivalente donnent lieu à une majoration de salaire de 25 % pour les huit premières heures, c'est-à-dire jusqu'à la 47e heure incluse, 50 % pour les heures suivantes (c'est-à-dire au-delà de la 47e heure).

Un décret n° 82.101 du 27 janvier 1982 (J.O. 28 janvier 1982) a déterminé un contingent annuel d'heures supplémentaires pouvant être effectuées après information de l'inspection du travail et des comités d'entreprise, ou à défaut des délégués du personnel. Ce contingent a été fixé à 130 heures par an et par salarié.

Un contingent supérieur ou inférieur peut être fixé par une convention collective ou un accord collectif étendu.

À défaut de détermination du contingent d'heures supplémentaires par voie conventionnelle les modalités de son utilisation doivent donner lieu au moins une fois par an à consultation du comité d'entreprise ou des délégués du personnel s'ils existent.

Les heures supplémentaires effectuées au-delà du contingent annuel doivent être soumises à l'autorisation de l'inspecteur du travail, après avis du comité d'entreprise, ou à défaut des délégués du personnel. En cas de chômage, l'inspecteur du travail peut interdire le recours aux heures supplémentaires, au-delà du contingent annuel, en vue de permettre l'embauchage des travailleurs sans emploi.

Dans toutes les entreprises, les heures supplémentaires effectuées au-delà du contingent annuel ouvrent droit à un repos compensateur obligatoire dont la durée est égale à 50 % de ces heures supplémentaires pour les entreprises de 10 salariés au plus et à 100 % pour les entreprises de plus de 10 salariés. Cette disposition nouvelle ne se cumule pas avec le repos compensateur antérieur, qui demeure applicable, dans les entreprises de plus de 10 salariés, dans la limite du contingent annuel d'heures supplémentaires prévu dans la profession (50 % des heures effectuées au-delà de 42 heures).

En outre la loi du 28 décembre 1993 (art. L 212-5.1) du Code du Travail prévoit l'aménagement du temps de travail et permet de fixer par convention collective la durée annuelle du travail (art. L 212-8). Le nouveau texte génère également un repos compensateur de 50 % pour chaque heure effectuée au-delà de la durée annuelle.

62. *La rémunération majorée des heures supplémentaires.* – Le travail effectué au-delà des trente-neuf heures donne lieu à une majoration de salaire qui ne peut être inférieure à 25 % du salaire horaire jusqu'à quarante-sept heures et à 50 % au-delà de quarante-sept heures. Cette législation d'ordre public est applicable à toutes les professions. Toutefois, un régime spécial est prévu pour l'agriculture (v. articles 992 et 994 du code rural).

La majoration pour heures supplémentaires est due que le salarié soit rémunéré à l'heure, à la tâche ou au mois. Mais la jurisprudence refuse le bénéfice de cette législation aux cadres, lorsqu'il est impossible de déterminer ou de contrôler leur horaire de travail de façon précise.

Le salaire qui subit la majoration pour heures supplémentaires comprend non seulement le salaire de base, mais encore les accessoires de la rémunération ayant le caractère juridique de salaire, notamment les primes et indemnités inhérentes à la nature du travail (voir *infra* nos 66 et ss.).

En outre, l'article L. 212-5-1 institue un repos compensateur pour heure supplémentaire (voir *supra* n° 61).

63. *Les conventions de forfait.* — Employeurs et salariés peuvent se mettre d'accord sur un salaire forfaitaire correspondant à l'horaire de travail effectif, y compris les heures supplémentaires. Dans ce cas, la majoration légale prévue par la loi du 25 février 1946 ne sera pas applicable. Il faut que le salarié ait *accepté au moins tacitement* cette convention de forfait. La preuve de l'accord incombe à l'employeur. Sa validité est subordonnée par la jurisprudence à une condition : il faut que le salaire forfaitaire soit au moins égal au salaire minimum prévu par la loi (S.M.I.C.) ou la convention collective augmenté de la majoration pour heures supplémentaires.

64. *Heures d'équivalence, de dérogation, de récupération, de modulation.* — Le travail régi par la loi des 39 heures est le travail effectif et non la simple présence sur les lieux du travail. Or, dans certaines professions, il existe *habituellement* des temps morts, des heures creuses. Le temps de présence est alors supérieur au temps de travail effectif. Dans ce cas, une durée hebdomadaire de présence de quarante-deux à quarante-six heures est considérée comme équivalente à quarante heures, et rémunérée, *sans majoration* pour heures supplémentaires. Tel est le cas des gardiens, garçons de café, infirmiers.

65. Dans le cadre de la politique de réduction du temps de travail le régime des équivalences est également revu branche par branche. Ainsi un accord en date du 23 juillet 1981 conclu entre la chambre syndicale des entreprises de gardiennage de France et les entreprises de prévention et sécurité prévoit que l'équivalence passe de 54 à 52

heures par semaine, puis à 50 heures au 1er janvier 1982. Dans certaines professions les heures d'équivalence ont été supprimées.

Les décrets pris en application de la législation de 1936 ont établi dans certaines professions des *dérogations permanentes* au principe de la semaine de 39 heures. Les dérogations ainsi instituées permettent de plein droit, sans autorisation, l'accomplissement de travaux préparatoires ou complémentaires du travail de production, ou de travaux urgents : exemple, nettoyage de machines. Elles sont généralement effectuées en dehors de l'horaire normal et les salariés qui y sont soumis accomplissent plus de quarante heures de travail (souvent quarante-deux heures). Pendant longtemps, elles ont été rémunérées comme des heures de travail normales. Mais depuis 1960, la Cour de cassation affirme que la loi du 25 février 1946 ne fait aucune distinction suivant la nature des travaux effectués au-delà de quarante heures (aujourd'hui trente-neuf) et qu'en conséquence toute heure de travail effectif accomplie au-delà de quarante heures doit être rémunérée au *taux majoré* des heures supplémentaires, qu'il s'agisse d'heures supplémentaires *stricto sensu, ou* d'heures de dérogation[1].

Il se peut, au cours d'une semaine, qu'un événement (intempérie, coupure du courant électrique à raison d'une grève de l'E.D.F., par exemple) ait entraîné la réduction des heures de travail dans une entreprise. L'employeur est alors autorisé (à condition d'informer l'inspecteur du travail, en précisant les modalités) à transférer les heures de travail qui n'ont pas été effectuées dans une semaine, dans le cours d'une autre semaine. Dans ce cas, les salariés travailleront plus de trente-neuf heures pendant la semaine où les heures perdues seront récupérées, mais ils ne seront *pas en droit de réclamer la majoration* pour heures supplémentaires pour ces heures dites de récupération.

Les lois du 28 février 1986 et 19 juin 1987 ayant autorisé la modulation de la durée du travail par voie d'accords collectifs et permis la mise en place d'horaire annuel, les heures modulées ne sont pas des heures supplémentaires.

1. Soc. 7 juillet 1960 D 1960-555

§2. Les accessoires du salaire

65. *Intérêts de la notion juridique de salaire.* — La lecture d'un bulletin de paie révèle que le travailleur perçoit en plus de son salaire de base, diverses sommes qualifiées de gratifications, primes, indemnités. Il reçoit parfois des pourboires. Il peut enfin bénéficier d'avantages en nature ou remboursements de frais. Il s'agit, alors, de savoir parmi les différentes sommes quelles sont celles qui ont la nature juridique de salaire. En effet, les sommes ayant la qualification de salaires entreront dans l'assiette de calcul des heures supplémentaires (voir *supra* n° 62), de l'indemnité de congés payés, des indemnités de rupture. Elles bénéficieront du privilège du salaire. Elles sont prises en considération lorsqu'il faut vérifier si le salarié perçoit effectivement le S.M.I.C.

L'intérêt de la détermination du salaire ne se limite pas au droit du travail. Le droit fiscal et celui de la Sécurité sociale s'attachent également à délimiter les contours du salaire lorsqu'il s'agit de rechercher l'assiette de l'impôt sur les salaires, des cotisations de Sécurité sociale ou des indemnités journalières versées au salarié malade ou accidenté (voir *infra* n° 112).

66. *Les gratifications et primes.* — Les gratifications peuvent être définies comme des sommes d'argent que l'employeur remet à certains de ses salariés pour marquer la satisfaction qu'il éprouve de leur comportement.

Le principe est que ce sont de pures *libéralités.* Mais si ces gratifications sont, soit à raison des *usages* de la profession, soit en vertu d'une *convention collective,* devenues obligatoires, comme dans le cas de la gratification dite du 13e mois, dans certaines entreprises, on se trouve en présence d'un véritable *salaire.* La charge de la preuve qu'une gratification constitue en réalité un complément de salaire pèse sur le salarié. Si la gratification n'a pas été prévue par la convention collective ou par le contrat individuel, le salarié devra démontrer l'existence d'un usage. Celui-ci résulte d'une pratique répétée de nature à entraîner de la part du personnel la conviction que la gratification lui est due. L'usage se reconnaît à la régularité du versement, à la fixité de la gratification (c'est-à-dire sinon un chiffre fixe du moins des bases de calcul déterminées : ex. un certain pourcentage du salaire) et à la généralité (c'est-à-dire versement à l'ensemble du personnel ou à une catégorie).

Lorsque la gratification est considérée comme un salaire, le régime juridique du salaire lui est applicable (voir *supra* n° 65). Elle devient, alors, obligatoire et l'employeur ne peut en refuser le versement au salarié qui aura droit, notamment, au prorata de la gratification annuelle au cas de départ en cours d'année (à moins que l'octroi de la gratification ne soit expressément subordonné à la présence dans l'entreprise au 31 décembre).

Dans la jurisprudence actuelle, la gratification libéralité marque un net recul, beaucoup plus accentué encore dans le droit de la Sécurité sociale (voir *infra* n° 314).

Les primes tendent à introduire une certaine variabilité dans la rémunération en fonction de la qualité ou de l'intensité du travail fourni, exemples : primes de technicité, de pénibilité, à l'économie, à la régularité, d'ancienneté, etc. Elles ont incontestablement la nature d'un *salaire.* Cependant la pratique utilise souvent une terminologie défectueuse et qualifie de primes le remboursement de certains débours. Exemple : prime de transport ou de panier. Dans ce cas, il s'agit *d'indemnités compensatrices de frais,* lesquelles n'ont pas le caractère juridique d'un salaire.

67. *Les pourboires.* — Il s'agit de sommes remises non plus par l'employeur, mais par un client de l'employeur. Lorsque le pourboire est purement facultatif, il constitue une libéralité. Mais l'usage en a rendu la pratique fréquemment obligatoire. Le pourboire constitue, alors, un supplément de *salaire* s'ajoutant au salaire fixe, si ce n'est même parfois, le seul salaire touché par le travailleur. Une série de textes est venue protéger le versement des pourboires au salarié, en exigeant le versement intégral des pourboires au personnel au contact de la clientèle, dans le cas où le pourboire est directement versé à l'employeur (art. L. 147-1 du Code du Travail), et en interdisant à celui-ci de conserver les pourboires à titre de retenue (art. L. 147-1 et R. 147-1 du Code du Travail).

68. *Avantages en nature.* — Il arrive que, en complément du salaire, le contrat prévoie des avantages en nature accessoires : fourniture de nourriture ou de logement aux domestiques et aux ouvriers agricoles. Différents textes font une évaluation forfaitaire de ces avantages (notamment pour la détermination du S.M.I.C.) qui ont la nature juridique de *salaire.* Il faut donc en tenir compte pour l'évaluation des indemnités de rupture ou de congés payés.

§3. La protection du salaire

La réglementation du paiement du salaire (voir art. L. 143-1 et R. 143-1 et ss. du Code du Travail) est dominée par un souci de protection du travailleur, à raison du caractère alimentaire du salaire. Elle tend à assurer le paiement effectif et ponctuel du salaire, à restreindre le champ d'application des autres modes d'extinction de la créance de salaire tels que compensation ou prescription, à assurer aux salariés des garanties supérieures à celles accordées aux autres créanciers notamment en cas de faillite de l'employeur. La loi protège le salaire non seulement contre l'employeur ou les créanciers de celui-ci, mais encore contre les propres créanciers du salarié.

A Le paiement normal

69. *Les règles du paiement* :

a) *Époque, lieu et modes du paiement :* la première règle et la plus élémentaire est d'assurer au paiement du salaire une certaine périodicité ; dès lors que le salaire a une fonction alimentaire, il doit être payé à intervalles brefs, d'autant plus brefs que le salarié a moins de ressources. Selon l'article L. 143-2 du Code du Travail, le salaire des ouvriers doit être payé au moins deux fois par mois, et à intervalle maximum de seize jours. Cependant pour les ouvriers bénéficiaires d'un accord de mensualisation, le paiement sera effectué une fois par mois, mais des acomptes pourront être versés ; pour les employés, la périodicité est d'un mois (voir mensualisation *supra* n° 54) : les gages des domestiques sont également versés mensuellement. Les commissions des représentants doivent leur être réglées tous les trois mois. Cc paiement nc doit pas intervenir le jour du repos hebdomadaire.

b) *Lieu du paiement :* le salaire doit être payé au domicile de l'employeur, soit au lieu de l'établissement. Il est interdit de payer le salaire dans un débit de boissons ou dans un magasin de vente.

c) *Modes de paiement :* selon l'article L. 143-1 du Code du Travail, les salaires doivent être payés en monnaie métallique ou fiduciaire ayant cours légal. Cette réglementation a pour objectif de lutter contre une pratique du siècle dernier : certains chefs d'entreprise remettaient au travailleur, à titre de salaire, des jetons ou des bons qui permettaient d'acheter des marchandises dans des économats appartenant à l'entreprise.

Mais les interdictions résultant de l'article L. 143-1 ne s'étendent pas au règlement par *chèque, ou virement postal,* qui est même obligatoire pour les salaires excédant 10 000 francs (décret 7 octobre 1985).

70. *Justification du paiement. Bulletin et livre de paie.* — Pour permettre au salarié de vérifier son dû, l'employeur est tenu de lui délivrer une pièce portant décompte des sommes versées, le *bulletin de paie.* Il doit mentionner le nom et l'adresse de l'employeur, la référence de l'organisme de Sécurité sociale et le numéro d'immatriculation, le nom et l'emploi du travailleur, la période de salaire, la rémunération brute avec distinction des heures normales et des heures supplémentaires, les primes, les retenues opérées sur le salaire (cotisation ouvrière aux assurances sociales, par exemple). Après ces déductions, la rémunération nette est indiquée. Le bulletin doit également porter la date du paiement. Une amende sanctionne la violation des obligations de l'employeur en matière de bulletin de paie (art. R. 154-3 du Code du Travail). Le bulletin de paie est d'une grande utilité pour la perception des prestations de Sécurité sociale. L'employeur doit également avoir un livre de paie, permettant les contrôles de l'inspection du travail.

71. *La prescription du salaire.* — Le Code du Travail ne consacre à la prescription de la créance de salaire que l'article L. 143-14 du Code du Travail, qui renvoie au Code civil.

La loi du 16 juillet 1971 a profondément modifié la prescription spéciale du salaire. Une prescription d'une durée de 5 ans est substituée à la courte prescription de six mois, reposant sur une *présomption de paiement* qui datait de 1804.

La nouvelle prescription ne repose plus sur une présomption de paiement. Elle a donc un *caractère libératoire* à son échéance. Il s'agit d'une prescription véritable correspondant à celle déjà prévue pour la prescription des sommes payables à intervalles réguliers (art. 2277 du Code civil) pour la conservation des livres de paie et l'ancienne prescription des cotisations de Sécurité sociale (art. L. 149 et L. 153 de l'ancien Code de la Sécurité sociale) aujourd'hui ramenée à trois ans (voir *infra* n° 323) (v. art L 244-3 du nouveau Code de Sécurité sociale).

Ce régime de prescription *s'applique à tous les salariés,* sans qu'il y ait lieu d'opérer une distinction, suivant les modalités du paiement de la rémunération et à *toutes les sommes* ayant leur cause dans la prestation de travail et qui ont la nature juridique d'une rémunération, notamment salaire de base, rémunération des heures supplémentaires, pourboires, commissions des V.R.P., primes et gratifications, salaires, indemnités de congés payés. Il a pour effet de faire perdre au salarié tout droit à réclamer les sommes qui lui seraient dues.

La prescription quinquennale est également étendue aux réclamations des *travailleurs à domicile* touchant le tarif appliqué au travail exécuté par eux, les frais d'atelier et les frais accessoires, les congés payés.

72. *La compensation.* — L'employeur peut devenir créancier du salarié. Peut-il, dans cette hypothèse, compenser cette créance avec le salaire qu'il peut devoir à son employé ? Le législateur a réglementé ce mode d'extinction de la créance de salaire, pour en restreindre l'application (art. L. 144-1 du Code du Travail).

a) *Les avances en argent* (qu'il ne faut pas confondre avec les acomptes sur les salaires) peuvent faire l'objet de retenues sur salaire dans la proportion à chaque échéance d'un dixième du salaire (ce dixième ne se confond pas avec la quotité saisissable par les autres créanciers du salarié, voir *infra* n° 75). Au contraire, les *acomptes* qui constituent un paiement anticipé du salaire sont entièrement déductibles de ce dernier.

b) Les sommes dues au patron pour *fournitures diverses* ne donnent lieu à aucune compensation (interdiction découlant de la prohibition des économats patronaux, voir *supra* n° 69).

c) La compensation est, au contraire, possible, s'agissant des dettes résultant de la fourniture à l'ouvrier *d'outils et d'instruments nécessaires au travail, de matériaux* dont l'ouvrier a l'usage, et pour les sommes avancées pour l'acquisition de ces mêmes objets. Dans cette hypothèse, la compensation joue entre les dettes et la totalité du salaire.

En dehors des cas prévus expressément par la loi, si le salarié devient débiteur de son employeur (ex. : au cas de brusque démission sans préavis, détournement commis par lui), la tendance de la jurisprudence est de n'admettre la compensation que dans les limites de la partie saisissable du salaire (voir *infra* n° 75). Cependant certaines décisions ont admis plus largement la compensation au cas de préavis non effectué.

B Protection contre l'insolvabilité de l'employeur

73. *Privilège et superprivilège.* — Le caractère alimentaire du salaire commande que le salarié soit mis à l'abri du risque d'insolvabilité de l'employeur et des créanciers de ce dernier. Il doit être ainsi protégé contre la faillite de ce dernier et bénéficier d'une situation privilégiée. Tel est l'objet du privilège et du superprivilège.

a) *Le privilège* est prévu par l'article 2101-4° du Code civil (auquel renvoie l'article L. 143-7 du Code du Travail).

Limité initialement aux seuls gens de maison, étendu ensuite aux salariés des commerçants en cas de faillite, le privilège bénéficie à tous ceux qui louent leurs services, c'est-à-dire à *tous les salariés.* La nature des travaux accomplis est indifférente : travail manuel ou intellectuel.

Peu importe également le mode de rémunération, à l'heure, à la journée, à la tâche, aux pièces, à la commission. Il suffit que le salarié soit lié à l'employeur par un contrat de travail. La même tendance à l'extension existe en ce qui concerne les *sommes protégées.*

Il est clair que le privilège protège en premier lieu le salaire de base du travailleur quelle que soit la terminologie employée : salaire, appointement, traitement, commissions. Il s'étend également aux accessoires de la rémunération ayant la nature juridique de salaire. Enfin, le législateur a expressément prévu qu'il garantissait le paiement de l'indemnité de préavis, de dommages-intérêts pour rupture abusive et de l'indemnité de licenciement (dans la limite d'un plafond).

Les créances protégées par le privilège sont celles qui sont acquises pendant les six derniers mois de salaire.

La Cour de Cassation infirmant sa jurisprudence antérieure a précisé que la créance de salaires est privilégiée pour six mois de travail restés impayés et non des six mois précédant le jour du jugement ouvrant la procédure collective[1]

Pour les gens de maison, le privilège s'étend aux salaires de l'année échue et de l'année en cours.

(1) Soc. 18 mars 1983. Bull. civ. V 159.

Le privilège des salaires est un *privilège général ;* il porte sur les meubles, et à défaut de mobilier, précise l'article 2105, sur les immeubles.

Dans l'énumération de l'article 2101 du Code civil, le privilège des salaires vient au 4e *rang* des privilèges civils, après les frais de justice, les frais funéraires et les frais de dernière maladie. Mais, il faut, en outre, préciser que les privilèges spéciaux passent sur les meubles avant les privilèges généraux : ainsi le bailleur, le vendeur de meubles, le créancier nanti viendront avant les salariés.

Enfin, le privilège des caisses de Sécurité sociale vient en concurrence avec lui.

En outre, le privilège général du Trésor prime tous les autres privilèges généraux, y compris celui des salariés.

Ainsi, l'efficacité du privilège des salaires demeure limitée. Mais la création d'un superprivilège a renforcé la garantie de paiement du salarié.

b) *Superprivilège :* Le législateur a accordé un traitement de faveur en cas de règlement judiciaire ou liquidation de biens à une fraction de rémunération, pour une brève période, généralement désigné sous le nom de superprivilège. Aux termes de ce texte, le superprivilège s'applique dans la limite d'un plafond mensuel égal à deux fois le plafond retenu pour le calcul des cotisations de Sécurité sociale, aux salaires dus pour les 60 derniers jours de travail (90 jours pour les commissions de VRP) aux accessoires de salaire, congés payés, indemnités de préavis, de fin de contrat, de précarité d'emploi et celle prévue par l'article L. 122-32-6 pour accident du travail (article L. 143-10).

Les sommes bénéficiant du superprivilège doivent être réglées par le syndic *avant toute autre dette de l'entreprise,* sur les fonds disponibles (art. L. 143-11).

74. *L'assurance garantie des salaires.* — En cas de règlement judiciaire ou de liquidation de biens, le privilège général et le superprivilège se révélaient souvent insuffisants et les travailleurs ne percevaient, en fait, qu'une partie des sommes qui leur étaient dues.

Aussi, une loi très importante du 27 décembre 1973 (modifiée par une loi du 27 décembre 1975) a-t-elle institué une assurance garantie des salaires.

La loi du 25 janvier 1985 a étendu le champ d'application de ce texte.

Aux termes de l'article 1er de ce texte, tout employeur est tenu d'assurer ses salariés contre le non paiement des sommes qui leur sont dues, en exécution du contrat de travail, à la date de la décision prononçant le règlement judiciaire ou la liquidation de biens.

Cette assurance couvre non seulement les salaires et accessoires, mais encore les indemnités de préavis, de congés payés, de licenciement, les sommes dues en application d'accords d'intéressement ou de participation, et les arrérages échus ou à échoir de préretraite ou de complément de salaire. Cependant, certaines sommes dues en vertu d'accords contractuels, concernant surtout les indemnités de licenciement, étaient considérables. Le législateur a donc prévu une limitation fixée par décret en référence au plafond mensuel retenu pour le calcul des contributions du régime d'assurance chômage (art . L. 143-11-6, sur le montant de ce plafond, v. art. D. 143-1 et D. 143.2).

Pour la mise en œuvre de ce régime d'assurance, une association (A.G.S.) a été créée par les organisations nationales professionnelles d'employeurs les plus représentatives, et agréée par le ministère du Travail. Elle a passé une convention de gestion avec les A.S.S.E.D.I.C. et l'U.N.E.D.I.C. Le financement est assuré par les cotisations des employeurs. Le droit des salariés à l'égard de l'A.G.S. est indépendant du respect par l'employeur de ses obligations vis-à-vis du régime.

Le règlement des sommes doit intervenir dans les délais fixés par la loi (art. L. 143-11-7).

La loi du 25 janvier 1985 a étendu le bénéfice de l'A.G.S., jusque-là limité aux sommes dues au jour du jugement d'ouverture des procédures collectives, aux créances résultant de la rupture des contrats de travail intervenant pendant la période d'observation ou dans le mois suivant le jugement de liquidation et pendant le maintien provisoire de l'activité autorisé par le jugement de liquidation judiciaire.

Sont également prises en charge par l'A.G.S. les sommes dues en cas de liquidation judiciaire au cours de la période d'observation, dans les 15 jours suivant le jugement de liquidation et pendant le maintien provisoire de l'activité si ce maintien a été autorisé.

Il est important de préciser et de montrer que le salarié bénéficie d'une procédure nouvelle pour l'établissement de sa créance au cas de procédure de redressement judiciaire ou de liquidation de l'entreprise. Il n'est plus obligé de produire auprès du syndic.

La loi du 25 janvier 1985 organise une procédure particulière de vérification. Le relevé des créances résultant des contrats du travail est établi par le représentant des créanciers sous le contrôle du représentant des salariés désigné par les ouvriers dès le jugement d'ouverture. En cas de contestation, le salarié peut saisir le conseil des prud'hommes qui statue en formation de jugement, après avoir cité le représentant des créanciers et le représentant de l'Association pour la gestion du régime d'assurance des créanciers et des salariés (A.G.S.).

C Protection du salaire contre les créanciers du salarié

75. *L'insaisissabilité partielle du salaire.* — Des règles particulières limitent la possibilité de saisir ou de céder le salaire. La loi ne va pas jusqu'à édicter la totale insaisissabilité pour laisser au salarié une possibilité d'acheter à crédit. Mais seule une partie du salaire peut être saisie ou cédée : c'est la *quotité saisissable.* La réglementation de la quotité saisissable s'applique à tous les travailleurs, quels que soient la nature, le montant et la forme de la rémunération. Elle repose sur le principe de la progressivité, la quotité saisissable variant pour chaque tranche de salaire.

Les rémunérations annuelles sont saisissables ou cessibles jusqu'à concurrence du :

— 1/20 sur la tranche de rémunération inférieure ou égale à 17 000 F ;

— 1/10 sur la tranche supérieure à 17 000 F et inférieure ou égale à 34 000F ;

— 1/5 sur la tranche supérieure à 34 000 F et inférieure ou égale à 51 000 F ;

— 1/4 sur la tranche supérieure à 51 000 F et inférieure ou égale à 68 000F ;

— 1/3 sur la tranche supérieure à 68 000 F et inférieure ou égale à 85 000 F ;

— 2/3 sur la tranche supérieure à 85 000 F et inférieure ou égale à 102 000 F ;

Totalité sur la tranche supérieure à 102 000 F.

Chacune des tranches de 17 000 F est majorée de 6 000 F par enfant à charge (art. R 145.2 du Code du travail).

76. La loi a, en outre, simplifié la *procédure de saisie-arrêt* sur salaire devant le tribunal d'instance afin de limiter les frais : emploi de la convocation par le greffier et tentative de conciliation obligatoire.

La loi édicte l'incessibilité partielle du salaire et ses dispositions sont strictement parallèles à celles qui régissent l'insaisissabilité. Cette restriction à la cessibilité est destinée à mettre le travailleur à l'abri de sa propre imprévoyance. La cession, lorsqu'elle est possible, est de plus entourée de conditions de forme (cession par acte authentique devant le greffier du tribunal d'instance).

Section 2
Les congés payés

77. *Évolution de la législation.* — Le salarié a droit à son salaire, même au cours de son congé légal et bien qu'alors il soit inactif.

La législation des congés payés est relativement récente. C'est la loi du 20 juin 1936 qui les a créés. Auparavant, il n'existait rien d'équivalent, sauf ici et là quelques exceptions résultant d'initiatives privées. La législation a évolué dans le sens d'un accroissement du nombre des bénéficiaires, d'un assouplissement dans les conditions d'octroi des congés et dans le sens de l'allongement de la durée même de ces congés.

Les conventions collectives précisent, dans le cadre de la profession, les modalités d'application de la législation (art. L. 133-3 du Code du Travail). Et souvent elles ont prévu des avantages supplémentaires en faveur des salariés, montrant parfois la voie au législateur : tel l'accord Renault qui a institué la 4e semaine de congés payés, qui a été généralisée par la loi du 16 mai 1969.

L'ordonnance du 16 janvier 1982 généralise aujourd'hui la 5e semaine de congés payés.

Aux termes de ce nouveau texte le travailleur qui au cours de l'année de référence justifie avoir travaillé pendant une période équivalente à un minimum d'un mois de travail effectif, a droit à un congé annuel principal dont la durée est déterminée à raison de deux jours et demi ouvrables par mois de travail, sans que la durée totale du congé exigible puisse excéder trente jours ouvrables (art. L. 223-2).

Mais l'ordonnance précise que la durée légale des congés pouvant être pris en une seule fois ne peut excéder vingt-quatre jours ouvrables. La cinquième semaine ne peut pas être prise à la suite des vingt-quatre jours.

78. *Conditions d'octroi* — À droit aux congés payés tout salarié lié à une entreprise industrielle, commerciale, artisanale ou à un employeur exerçant une profession libérale par un *contrat de travail* (des dispositions spéciales existent pour les gens de maison, l'agriculture et les travailleurs à domicile).

Le travailleur doit avoir été occupé au cours de l'année de référence (c'est-à-dire du 1er juin de l'année précédente au 31 mai de l'année en cours) dans une *même entreprise* pendant un minimum d'un *mois de travail effectif.* Sont assimilés au travail effectif : les périodes de congés payés de l'année antérieure, de repos des femmes en couches, de suspension pour cause d'accident du travail ou de maladie professionnelle, de rappel ou de maintien sous les drapeaux.

79. *Durée et époque du congé.* — Depuis l'ordonnance du 16 janvier 1982, la *durée* du congé est de deux jours et demi ouvrables par mois de travail, sans que la durée totale puisse excéder 30 jours ouvrables.

La *date* des congés est fixée librement par les conventions collectives ou les contrats individuels, à l'intérieur de la période comprise entre le 1er mai et le 31 octobre. L'employeur choisit entre le *roulement* et la *fermeture temporaire* de l'établissement.

Le *fractionnement* peut être décidé par accord entre employeurs et salariés, si le congé est supérieur à 12 jours ouvrables. Il donne droit à des jours de congé supplémentaires dans le cas prévu par l'article L 223.8 du Code du Travail.

La 5e semaine de congé ne peut être prise à la suite des quatre premières. L'indemnité afférente au congé prévu par l'article L 223.2 est égale au 1/10 de la rémunération totale perçue par le travailleur au cours de la période de référence. L'article L. 223-11 dispose, en outre, que l'indemnité ainsi calculée ne pourra être inférieure au montant de la rémunération, qui aurait été perçue pendant la période de congé, si le salarié avait continué à travailler. Celui-ci doit donc bénéficier de la formule la plus favorable. L'indemnité versée au salarié pendant les congés a la nature juridique de salaire.

Lorsque le contrat de travail est résilié au cours de l'année de référence avant que le salarié ait pu bénéficier de son congé, il doit, alors, recevoir pour la fraction de congé correspondant à la période de travail effectué une *indemnité compensatrice,* sans qu'il y ait lieu de distinguer suivant que cette résiliation résulte du fait du salarié ou de l'employeur.

Elle est égale à cc qu'aurait dû recevoir le salarié s'il avait pris ses congés au moment de la résiliation. Mais la *faute lourde* du salarié le prive de son droit à l'indemnité compensatrice (art. L. 223-14 du Code du Travail).

Section 3
Les prestations familiales

80. *Politique familiale et démographique.* — Les premières formes de législation familiale procédaient essenticllement d'un souci de plus grande équité dans la distribution des salaires. Elle était donc réservée aux travailleurs subordonnés, ayant des enfants à charge. Les allocations étaient à la charge des employeurs par l'intermédiaire des caisses de compensation. Elles pouvaient s'analyser comme un sursalaire, un avantage, s'ajoutant à la rémunération du salarié, lorsque celui-ci avait des charges de famille.

Cette conception est dépassée. Aujourd'hui, en effet, la législation française possède un système de prestations familiales très complet, répondant à différents objectifs : compenser les charges familiales, favoriser la natalité, améliorer la protection sanitaire de la mère et de l'enfant. Pour répondre à ces objectifs, le législateur a généralisé les prestations familiales, les a détachées du salaire, en a fait un outil de la politique familiale et démographique.

81. *Conditions d'octroi.* — En matière de prestations familiales la généralisation a été presque parfaite dès la mise en place de la Sécurité sociale. En effet, l'article L 512-1 du Code de Sécurité sociale utilise, quant aux bénéficiaires, une formule très large, puisqu'il dispose « toute personne française ou étrangère résidant en France, ayant à sa charge, comme chef de famille ou autrement, un ou plusieurs enfants

résidant en France, bénéficie, pour ces enfants, des prestations familiales, dans les conditions prévues par le présent livre ». Une condition d'activité professionnelle avait été exigée à l'origine, à l'exception, cependant, de personnes qui étaient dans l'impossibilité de travailler (femmes vivant seules et ayant des enfants à charge, veuves d'allocataires, chômeurs).

La loi du 4 juillet 1975, en modifiant les articles L. 512-1 et L. 513-1 du Code de Sécurité sociale, a supprimé la condition d'exercice d'une activité professionnelle pour l'ouverture du droit aux prestations familiales.

Désormais, le droit aux prestations familiales est ouvert sous deux conditions :

1° L'allocataire doit assumer la charge effective et permanente de l'enfant bénéficiaire. Cette charge doit être appréciée au regard de différents critères (frais d'entretien et responsabilité éducative et affective de l'enfant) et non pas seulement de la charge financière.

2° L'allocataire doit résider en France ainsi que l'enfant. Cependant, certaines dérogations à la condition de résidence en France sont admises, notamment en cas de séjour à l'étranger rendu nécessaire pour l'apprentissage d'une langue étrangère.

À compter du 1er janvier 1979, les deux membres du couple décident d'un commun accord lequel d'entre eux aura la qualité d'allocataire. À défaut d'une telle désignation, c'est l'épouse ou la compagne qui est allocataire.

82. *Nature juridique des prestations familiales.* — Le législateur et la jurisprudence ont contribué à détacher les prestations familiales du salaire, afin d'en assurer, en cas de nécessité, le bénéfice au véritable destinataire, l'enfant. Elles ne peuvent pas être considérées comme un salaire. Le chef de famille n'est pas le propriétaire exclusif des prestations familiales. S'il abuse des sommes qui lui sont remises en faveur de sa famille, il pourra faire l'objet d'une mesure de tutelle aux allocations familiales.

Comme les salaires, les prestations familiales font l'objet de mesures protectrices : elles sont incessibles et insaisissables, sauf pour le paiement des dettes alimentaires prévues à l'article 203 du Code civil.

§1. Les allocations d'entretien

83. *Enfants à charge.* — Elles sont attribuées à partir de la naissance du *deuxième* enfant. Le taux est fixé en pourcentage d'un salaire mensuel de base. Il varie avec le nombre d'enfants. Il faut y ajouter une majoration tenant compte de l'âge des enfants.

Elles sont dues pour les enfants à charge (cette notion d'enfant à charge ne suppose pas de lien juridique de filiation), c'est-à-dire pour les enfants d'âge scolaire (moins de 16 ans). Aux termes de l'article R. 512-2 du Code de la Sécurité sociale, les allocations continuent à être versées au profit de l'enfant jusqu'à 18 ans lorsque sa rémunération n'excède pas 55 % du S.M.I.C. Les apprentis sont considérés comme à charge jusqu'à 18 ans, et ceux qui poursuivent leurs études jusqu'à l'âge de 20 ans, ainsi que ceux incapables de se livrer à une activité professionnelle.

Les allocations d'entretien sont versées *sans condition de ressources.*

En outre, une *allocation de rentrée scolaire* est attribuée aux familles bénéficiaires d'une prestation familiale pour chaque enfant scolarisé. Elle n'est accordée que si le montant des ressources du ménage ou de la personne allocataire n'a pas dépassé pour l'année un certain plafond variable en fonction du nombre d'enfants.

La base mensuelle de calcul des allocations est révisée chaque année et le taux de base des allocations familiales applicables à la base mensuelle prévu par l'article L 511-1 est de :

— 32 % pour le deuxième enfant à charge ;

— 41 % pour le troisième enfant et chacun des enfants suivants.

Les majorations sont fixées à 9 % de la base mensuelle pour quatre enfants à charge de plus de dix ans et à 16 % pour les enfants de plus de quinze ans.

§2. Les allocations spécialisées

A Complément familial et mesures en faveur de la famille

84. *Le complément familial* — À compter du 1er janvier 1978, cinq allocations ont été remplacées par le complément familial, à savoir : allocation de salaire unique et sa majoration, l'allocation de la mère au foyer et sa majoration, l'allocation pour frais de garde.

Cependant, ces allocations sont maintenues au titre des droits acquis pour les anciens bénéficiaires non susceptibles de bénéficier du complément familial, ou qui cumulaient l'allocation de salaire unique et l'allocation pour frais de garde. Ce maintien des allocations supprimées a pris fin lorsque le montant du complément familial a atteint le même montant que celui des allocations antérieures.

Le complément familial est attribué aux ménages ou personnes qui, remplissant les conditions d'ouverture du droit aux prestations familiales, assument la charge d'au moins 3 enfants ayant tous atteint l'âge de trois ans (voir art. L. 522-1 et R. 522-1 et ss. du Code de Sécurité sociale). Le versement du complément est subordonné à un *plafond de ressources* qui sera relevé chaque année au 1er juillet.

Le montant mensuel du complément familial est fixé à 41,65 % de la base mensuelle de calcul des prestations familiales.

Une allocation différentielle est versée aux ménages ou personnes dont les ressources annuelles dépassent le plafond mais d'une somme inférieure à douze fois le montant mensuel du complément familial en vigueur au 1er juillet de l'année de référence.

85. *Application à l'assurance vieillesse des mères.* — Les mères de famille et les femmes bénéficiaires du complément familial isolées ou n'exerçant pas d'activité professionnelle sont affiliées obligatoirement à l'assurance vieillesse du régime général de la Sécurité sociale, sous réserve que leurs ressources ou celles du ménage soient inférieures à un plafond fixé à 2 130 fois le taux horaire du S.M.I.C. majoré de 25 % par enfant à charge.

Sont également affiliées obligatoirement à l'assurance vieillesse, les mères de famille ayant à leur charge au moins trois enfants et dont les ressources du ménage ne dépassent pas le plafond tenu pour l'octroi du complément familial, à condition que leurs revenus professionnels propres n'excèdent pas six fois la base mensuelle de calcul des prestations familiales pendant l'année de référence. Dans ces hypothèses les cotisations d'assurance vieillesse sont à la charge exclusive des organismes débiteurs des prestations familiales et calculées sur une base forfaitaire.

86. *Familles nombreuses.* — Dans le cadre d'une politique nataliste, il faut signaler qu'une loi du 17 juillet 1980 a prévu diverses mesures en vue d'améliorer la situation des familles nombreuses. Elle complète la législation déjà existante en favorisant les familles qui

atteignent ou dépassent le seuil des trois enfants. Elle comporte diverses dispositions en faveur des mères de famille nombreuse (trois enfants et plus) : allongement du congé de maternité (voir *infra* n° 102), majoration de l'allocation post-natale (voir *infra* n° 90), facilité d'accès aux équipements collectifs accueillant les enfants de plus de deux ans.

87. *L'allocation de parent isolé.* — La loi du 9 juillet 1976 a institué au profit des personnes isolées (veuves, divorcées, séparées, abandonnées ou célibataires) assumant seules la charge d'un ou de plusieurs enfants, une allocation de parent isolé lui assurant un revenu familial (à fixer par décret par référence à la base mensuelle de calcul des allocations familiales, variant avec le nombre d'enfants). Cette allocation familiale ouvre droit pour ceux qui ne peuvent y prétendre à un autre titre, au bénéfice de l'assurance maladie et maternité. Elle est subordonnée à certaines conditions :

1° résider en France,

2° avoir un ou plusieurs enfants à charge ou être en état de grossesse,

3° vivre seul,

4° avoir des ressources inférieures à certains plafonds.

(Article L. 524-3 et 524-5 du Code Sécurité sociale.)

88. *L'allocation parentale d'éducation (A.P.E.).* — La loi n° 85-17 du 4 janvier 1985 relative aux mesures en faveur des jeunes familles et des familles nombreuses a créé l'allocation parentale d'éducation destinée à renforcer le dispositif du congé parental d'éducation tel qu'il résulte de la loi du 4 janvier 1984 (art. L 532-1 et ss).

Elle compense partiellement et forfaitairement la perte de revenus liée à l'arrêt ou à la réduction de l'activité professionnelle d'un parent à l'occasion d'une naissance ou de l'adoption ou de l'accueil d'un enfant de moins de trois ans portant à 3 ou plus le nombre d'enfants à charge au sens des prestations familiales (art. R 532-1).

L'ouverture du droit est subordonnée à l'exercice de deux années d'activité professionnelle dans les trente mois qui précèdent la naissance ou la demande d'allocation parentale d'éducation, si cette demande est postérieure à la naissance (art. R 532-2).

Les décrets d'application précisent le taux de l'allocation et les conditions de cessation ou de réduction de l'activité permettant l'attribution de l'allocation à plein taux ou à mi-taux.

B Aides à la naissance

Elles ont pour objet de favoriser la naissance et renforcer la politique sanitaire.

89. *Conditions d'attribution de l'allocation au jeune enfant.* — Depuis le 31 décembre 1984, l'allocation au jeune enfant est applicable pour les enfants nés ou à naître lorsque les conditions relatives à la grossesse de la mère ou à l'âge de l'enfant précisées par l'article L 531-1 du Code de Sécurité sociale sont remplies :

Elle est due sans condition de ressources pendant la grossesse et jusqu'au troisième mois après la naissance.

Ultérieurement et jusqu'aux trois ans de l'enfant, elle est attribuée sous certaines conditions de ressources (art. R 531-1 et R 331-7 et ss.).

90. *Formalités.* — L'allocation est attribuée à toute femme en état de grossesse sans condition de ressources. Les conditions d'attribution révèlent un souci de contrôle de la santé de la mère et de l'enfant, puisque le versement des allocations est subordonné aux examens médicaux prescrits.

En effet, dans les 15 premières semaines de la grossesse, le volet n° 1 du feuillet d'examen médical doit être adressé à la caisse.

Un 1er examen médical prénatal doit être passé avant la fin du 3e mois de grossesse et suivi de l'envoi du volet n° 2.

Un 2e examen doit être passé au cours du 6e mois et un 3e au cours de la première quinzaine du 8e mois. Des dérogations aux délais de passation des examens sont admises au cas de « circonstances indépendantes de la volonté ». En outre un 4e examen est prévu dans les quinze premiers jours du 9e mois mais ce dernier examen n'est pas pris en considération pour l'attribution de l'allocation.

Après la naissance, l'attribution de l'allocation obéit aux conditions générales d'attribution de l'ensemble des prestations familiales à savoir : l'allocataire doit résider en France et assumer la charge de l'enfant.

Les textes nouveaux ajoutent des conditions spéciales :

a) l'enfant doit être né viable (l'enfant dont le nom figure sur le registre des naissances est présumé viable à défaut de preuve par le médecin accoucheur ou de la sage-femme) ;

b) l'enfant peut être légitime ou naturel. La filiation maternelle peut très bien n'être pas légalement établie. Le droit peut être ouvert pour tout enfant à charge, quelle que soit la nature des liens juridiques ou sa situation de fait vis-à-vis de sa mère ;

c) la mère peut être française ou étrangère (dans ce cas la mère doit être en possession d'un titre de séjour régulier) mais elle doit résider régulièrement en France.

A partir du 4e mois, l'allocation est soumise à un plafond de ressources variable en fonction du nombre d'enfants.

Le droit à ces allocations est subordonné « à la délivrance des certificats de santé » prévus à l'article L. 164-1 du Code de la santé publique, dans le cadre de la surveillance sanitaire préventive, à laquelle l'enfant du premier âge est soumis ; trois examens préventifs sont imposés :

— dans les huit jours de la naissance ;

— au cours du neuvième mois ou dixième mois ;

— au cours du vingt-quatrième mois ou du vingt-cinquième mois.

Les allocations sont majorées en cas de naissances, ou d'adoptions multiples, ou de naissance ou d'adoption d'un troisième enfant (ou d'un rang supérieur).

Le versement fractionné devient effectif après chacun de ces examens médicaux obligatoires.

Cette mesure devrait avoir pour effet indirect de renforcer la politique sanitaire entreprise pour le dépistage des anomalies chez les enfants du premier âge.

L'allocation est versée à la mère, ou, si celle-ci n'a pas la charge effective et permanente de l'enfant, à la personne qui a cette charge (art. L. 521-2 nouveau du Code de la Sécurité sociale).

En cas de décès de la mère ou de la défaillance de celle-ci, le droit aux allocations postnatales est reconnu à la personne physique, qui assume effectivement la charge de l'enfant, à la date de l'examen médical.

On notera que la notion de « charge de l'enfant » est plus large que la notion de « garde » : toute personne qui assure d'une manière générale le logement, la nourriture, l'habillement, l'éducation de l'enfant, qu'il y ait ou non lien juridique entre eux est considérée comme ayant la charge de cet enfant : le fait de ne pas avoir la garde de l'enfant, au sens juridique, n'implique pas nécessairement que cet enfant ne soit pas à sa charge.

Il est précisé que les allocations seront incessibles ; elles ne pourront faire l'objet de saisie, que lorsqu'il s'agit des dépenses faites dans l'intérêt exclusif de l'enfant, soit avant, soit après la naissance de celui-ci.

C Aide aux handicapés

91. *L'allocation aux handicapés mineurs.* — Une allocation d'éducation spéciale, attribuée par la commission d'éducation spéciale, se substitue à l'ancienne allocation d'éducation spécialisée, l'allocation aux mineurs handicapés et l'allocation spéciale aux parents pour tout enfant jusqu'à l'âge de 20 ans, grands infirmes. Elle est versée comme une prestation familiale pour les enfants dont l'incapacité est au moins égale à un pourcentage fixé par décret (80 % et 50 % dans les conditions prévues dans R541-1 ou du Code de Sécurité sociale).

Les mères ayant un enfant handicapé non admis en internat et dont l'incapacité est au moins égale à 80 % et ayant, par ailleurs, des ressources inférieures à un certain plafond sont affiliées automatiquement à l'assurance vieillesse des mères de famille.

92. *L'allocation aux adultes handicapés.* Une allocation aux adultes handicapés est créée :

— Pour pouvoir prétendre au bénéfice de cette allocation, six conditions doivent être remplies :

être de nationalité française (ou ressortissant d'un pays ayant conclu une convention de réciprocité en matière d'attribution d'allocation aux handicapés adultes) ;

résider sur le territoire métropolitain ou dans un département d'outre-mer ;

avoir dépassé l'âge d'attribution de l'allocation d'éducation spéciale (20 ans) ;

justifier d'une capacité permanente au moins égale à un minimum (fixée par décret : 80 %) ou, si ce minimum n'est pas atteint, être reconnu, même temporairement, dans l'impossibilité de se procurer un emploi par la nouvelle commission technique ;

ne pas bénéficier de ressources personnelles — dégagées de toute référence à l'obligation alimentaire — excédant un plafond qui sera fixé par décret ;

ne pas percevoir un avantage vieillesse ou d'invalidité dont le montant serait égal ou supérieur à celui de l'allocation ; si ce montant est inférieur, il y aura versement d'une allocation différentielle.

L'allocation aux adultes handicapés est servie et financée comme une prestation familiale. Elle est versée par les caisses d'allocations familiales (art. L. 821-1 du Code de Sécurité sociale).

93. *Loi d'orientation sur les handicapés.* — Il convient de noter qu'une loi d'orientation en date du 30 juin 1975 a été promulguée en faveur des personnes handicapées. Elle pose un certain nombre de principes en matière de dépistage, de soins, d'éducation, de formalité et de sports.

La loi associe les familles, l'État, les collectivités locales, les établissements publics, les organismes de Sécurité sociale, les associations, les groupements, organismes et entreprises publics et privés en vue notamment d'assurer aux personnes handicapées, toute l'autonomie dont elles sont capables... La loi substitue, ainsi, à la notion d'assistance celle de la solidarité. Elle affirme le droit à l'éducation, assortie de la prise en charge intégrale par les régimes obligatoires de l'assurance-maladie, des frais d'hébergement et des frais de traitement réalisé dans la limite de certains tarifs.

D Décès des parents

94. *Allocation de soutien familial.* — Une loi du 23 décembre 1970, modifiée par la loi du 3 janvier 1975, a créé une allocation d'orphelin. Le droit à l'allocation est ouvert en faveur de tout orphelin de père et de mère, tout enfant dont la filiation n'est établie qu'à l'égard de l'un des parents, tout enfant dont l'un des parents est « absent au sens de l'article 115 du Code civil, tout enfant manifestement abandonné par son père et par sa mère ou par le parent duquel la filiation a été établie ».

Est assimilé à un orphelin de père ou de mère :

— tout enfant abandonné par son père ou par sa mère ;

— tout enfant dont l'un des parents est décédé.

Les bénéficiaires sont :

a) toute personne physique qui assume la charge effective de l'enfant ;

b) le père ou la mère qui assume la charge effective de l'enfant ;

c) la mère célibataire dont l'enfant est assimilé à l'orphelin de père ;

d) les femmes seules n'exerçant aucune activité professionnelle et ayant un seul enfant à charge, lorsque celui-ci se trouve dans une situation ouvrant droit à l'allocation d'orphelin.

La prestation est versée dans les conditions habituelles des prestations familiales. Son taux est fixé en pourcentage du salaire servant de base pour le calcul des allocations familiales.

E Logement

95. *Les allocations de logement.* — Née de l'initiative privée, l'allocation de logement a été rendue obligatoire par la loi du 1er septembre 1948. Deux buts lui ont été assignés : aider les familles à se loger, et contribuer à l'amélioration de la qualité des logements. Son calcul est très complexe et varie notamment en fonction des ressources de la famille. L'allocation de logement est accordée :

1) aux personnes qui perçoivent à un titre quelconque des allocations familiales ;

2) aux ménages ou personnes qui, n'ayant pas droit à l'une des prestations mentionnées au 1), ont un enfant à charge au sens des articles L. 512-3 du Code de Sécurité sociale ;

3) aux chefs de famille qui n'ont pas d'enfants à charge, pendant une durée de cinq ans à compter du mariage, à la condition que celui-ci ait été célébré avant que les époux aient, l'un et l'autre, atteint l'âge de 40 ans ;

4) aux ménages ou personnes qui ont à leur charge un ascendant âgé de plus de 65 ans ou de 60 ans en cas d'inaptitude au travail et vivant au foyer ; aux ménages ou personnes, qui ont à leur charge un ascendant ou descendant ou un collatéral au 2e ou au 3e degré vivant au foyer, atteint d'une infirmité le rendant inapte au travail et entraînant une incapacité égale ou supérieure à un pourcentage fixé par décret ;

5) aux personnes âgées, aux handicapés et aux jeunes travailleurs, de moins de 25 ans.

La loi du 3 janvier 1977 a institué, dans le cadre d'une réforme générale du financement des aides au logement social, une aide personnalisée au logement. Cette aide est accordée aux personnes qui occupent des logements appartenant à des catégories énumérées par la loi et, comme pour l'allocation de logement, qui consacrent à se loger une part importante de leurs ressources.

Ces diverses mesures sont complétées par des primes de déménagement et des prêts pour l'amélioration de l'habitat, ayant pour but d'encourager les familles à mieux se loger.

Section 4
La formation permanente

96. *Objectifs.* — Pour faciliter la réinsertion des chômeurs, il a paru nécessaire de leur assurer une nouvelle formation professionnelle. Ainsi est née en 1936 la formation professionnelle accélérée (FPA), ultérieurement rebaptisée formation professionnelle d'adultes.

Cette institution a connu une fortune nouvelle avec la crise économique, tout en s'insérant dans le cadre plus général de la Formation professionnelle.

En outre, il a paru nécessaire de permettre au salarié de progresser dans sa carrière, en lui permettant d'accéder à un poste supérieur. C'est l'objet de la promotion sociale qui peut être assurée au sein de l'entreprise, mais se trouve aujourd'hui le plus souvent complétée par une formation plus générale permettant d'accéder soit au CAP d'ouvrier spécialisé, soit aux brevets d'agents techniques et de techniciens, soit à la qualification de techniciens supérieurs, ou de cadres.

97. *Régime.* — L'accord national interprofessionnel du 9 juillet 1970 sur la formation et le perfectionnement professionnels a organisé la première formation des jeunes salariés et apprentis, ainsi que les formations complémentaires au projet soit de salariés victimes de licenciement collectif soit de salariés désireux d'acquérir une formation complémentaire.

Les lois du 16 juillet 1971, du 17 juillet 1978 et du 24 février 1984 ont consacré et favorisé la formation continue en définissant les conditions des congés formation, en prévoyant la participation des entreprises et le contrôle de la formation donnée.

Le financement de la formation professionnelle et de promotion sociale est assuré grâce, d'une part, à une aide de l'État et des régimes pour la création de centres et le fonctionnement des stages, d'autre part à une taxe de formation payée par les entreprises.

98. *Le congé formation.* — L'article L. 930-1 du Code du Travail dispose : « le congé de formation a pour objet de permettre à tout travailleur au cours de sa vie professionnelle de suivre à son initiative et à titre individuel, des actions de formation, indépendamment de sa participation aux stages compris dans le plan de formation de l'entreprise dans laquelle il exerce son activité ».

Ces actions de formation doivent permettre aux travailleurs d'accéder à un niveau supérieur de qualification, de changer d'activité ou de profession, et de s'ouvrir plus largement à la culture et à la vie sociale. Elles s'accomplissent en tout ou en partie pendant le temps de travail.

Les différents types de formation sont définis par l'article L. 900-2.

Pour bénéficier du congé formation, le salarié doit justifier de 24 mois d'ancienneté dans la profession dont six dans l'entreprise. Mais la condition d'ancienneté est écartée au profit des salariés licenciés économiquement.

Un salarié précédemment bénéficiaire d'un congé formation ne peut prétendre à un nouveau congé qu'après un délai de franchise variable suivant la durée des stages (voir article R. 930-7).

Le congé est donné pour la durée du stage, sans pouvoir excéder un an s'il s'agit d'un stage continu à temps plein ou 1 200 heures s'il s'agit de stages constituant un cycle pédagogique comportant des enseignements discontinus ou à temps partiel (article L. 9301-4).

L'employeur conserve le droit de différer le stage afin que le pourcentage des salariés bénéficiaires ne dépasse pas 2 % soit du nombre total des travailleurs de l'établissement lorsque celui-ci comporte 200 salariés ou plus, soit du nombre total des heures de travail effectuées dans l'année pour les établissements n'occupant qu'un nombre inférieur de salariés.

Pendant le congé, le contrat de travail est suspendu, mais aux termes de l'article L. 931-7, la durée du congé est assimilée à une période de travail pour le calcul de l'ancienneté du salarié.

En outre, le salarié a droit, pendant le congé, à une rémunération prise en charge par les organismes paritaires agréés (article L. 961-1 et suivants), auxquels les entreprises d'au moins 10 salariés versent chaque année 0,1 % de la masse salariale.

Chapitre 3
L'interruption temporaire du travail

99. *Comment éviter perte d'emploi et perte de salaire ?* — Dans une conception traditionnelle et civiliste du contrat, tout fait qui met l'une des parties dans l'impossibilité d'exécuter ses obligations permet à l'autre d'invoquer la rupture du contrat. S'agissant du contrat de travail, ce principe est parfois écarté. Dans un souci de protection du salarié, pour lui assurer une certaine stabilité de l'emploi, la loi, les conventions collectives et la jurisprudence ont admis la simple suspension du contrat, lorsque l'activité du salarié est momentanément interrompue par un accident, ou la maladie. Toutefois, si le salarié ne fournit plus de prestations de travail, l'employeur est dispensé de payer le salaire ; la théorie de la suspension protège le salarié contre la rupture du contrat, mais ne lui assure, en principe, aucune indemnisation de la perte de salaire. Aussi la législation de la Sécurité sociale et les accords collectifs ont-ils institué un régime de prestations sociales destinées à compenser le manque à gagner consécutif à la suspension ; celles-ci constituent une sorte de salaire de substitution.

Section 1
La suspension du contrat de travail

§1. Les causes de suspension

100. *La maladie du salarié.* — Le législateur n'a pris, concernant la maladie du salarié, aucune disposition générale. On peut signaler,

cependant, quelques textes particuliers qui consacrent incidemment la suspension au cas de maladie professionnelle, de repos des femmes en couches ; exemple : L. 223-4 et D. 223-5 du Code du Travail relatif aux congés payés. C'est donc la jurisprudence et les conventions collectives qui sont les sources essentielles en la matière. Elles ont posé des limites strictes à la suspension du contrat au cas de maladie. Il faut donc distinguer :

1° la maladie, cause de suspension du contrat ;

2° la maladie justifiant le licenciement du salarié ;

1° *La maladie est une cause de suspension du contrat de travail :* le licenciement fondé sur la maladie aurait un caractère abusif, tel est le principe dégagé par la jurisprudence. Mais, il faut que certaines conditions soient réunies pour que la suspension soit acquise :

a) La maladie doit être temporaire. Le salarié malade doit s'abstenir de travailler. Et si le salarié en arrêt de maladie exerce une autre activité, l'employeur dont la confiance a été trompée pourra se prévaloir de la faute grave pour licencier le travailleur. La jurisprudence en la matière est, cependant, nuancée. En effet, les juges sont, parfois, indulgents si l'activité a été exercée de manière accessoire.

Lorsque le salarié est atteint d'une inaptitude physique définitive, l'employeur a l'obligation de lui proposer un autre emploi approprié à ses capacités, compte-tenu des conclusions écrites du médecin du travail, aussi comparable que possible à l'emploi précédemment occupé, au besoin par la mise en œuvre de mesures telles que mutations ou transformations de poste de travail.

En cas de non-reclassement, l'employeur licencie le travailleur, mais si, dans le délai d'un mois à compter de l'examen médical de reprise du travail, ni le reclassement, ni le licenciement n'est intervenu, l'employeur est tenu, alors, de verser au salarié le salaire correspondant à l'emploi qu'il occupait avant la suspension de son contrat de travail (art. L. 122-24-4).

On peut regretter la rédaction de ce nouveau texte, dans la mesure où le délai d'un mois, qu'il prévoit, peut être de nature à inciter l'employeur à procéder au licenciement rapidement pour éviter d'avoir à verser le salaire au travailleur devenu inapte (pour l'accident du travail, voir *infra* n° 101).

En cas d'accident du travail, des dispositions spéciales protègent le salarié (voir *infra* n° 101 et 114 et ss.).

b) La maladie doit être, en outre, de courte durée (sans qu'il soit possible de définir avec précision cette durée), sinon la maladie deviendra une cause de rupture.

c) Le salarié doit avertir l'employeur de sa maladie dans un délai bref, souvent précisé par les conventions collectives, et justifier son absence, en adressant à l'entreprise un certificat médical.

Les conséquences du retard apporté à la justification de la maladie par un certificat médical sont diversement appréciées par les tribunaux. Certes, ils affirment clairement que le salarié a l'obligation de justifier son absence par la production d'un certificat médical d'arrêt de travail. Mais si l'employeur, connaissant la maladie du salarié, prend prétexte avec précipitation de l'absence d'envoi d'un certificat médical pour licencier le salarié, la responsabilité de la rupture sera mise à sa charge[1] et la faute grave du salarié sera écartée. Toutefois, si la négligence du salarié est trop longue, son licenciement sera reconnu fondé[2].

Aux termes de la loi du 19 janvier 1978 donnant valeur législative à l'accord du 10 décembre 1977 sur la mensualisation, l'employeur est en droit, en échange du maintien du salaire, d'imposer au salarié la contre-visite d'un médecin.

Il ne faut pas croire que le principe de suspension du contrat prive l'employeur de tout droit de licenciement, en cas de maladie. Il lui est seulement interdit d'invoquer celle-ci pour congédier le salarié. Il peut, en revanche, licencier le travailleur malade pour une cause étrangère à la maladie. Ainsi, il est admis que la faute grave du salarié commise antérieurement à sa maladie, ou une incapacité technique, ou des raisons économiques peuvent justifier le licenciement.

2° *La maladie prolongée qui entraîne une gêne pour le service, et rend nécessaire le remplacement du salarié, devient une cause de licenciement légitime,* souvent réglementé par les conventions collectives, qui précisent que l'employeur devra régler les indemnités de rupture.

Pendant de nombreuses années, la Cour de cassation a jugé que la maladie prolongée entraînait la rupture du contrat, sans indemnité, par force majeure.

1. Soc. 7 février 1980. Bulletin V, 89. Soc. 28 mars 1985, Législation sociale, 8 juillet 1985.
2. Soc. 19 mars 1981, Bulletin V, 179. Soc. 28 mars 1985, op. cit. note 1.

Depuis deux arrêts essentiels en date du 29 juin 1977 et du 19 octobre 1977, la Cour de cassation a estimé que la rupture du contrat en suite d'une maladie prolongée était intervenue à l'initiative de l'employeur, qui devait donc respecter la procédure prévue par la loi du 13 juillet 1973 et payer les indemnités légales de rupture (sous réserve du caractère de délai préfix du préavis qui prive le salarié qui n'a pu travailler pendant cette période de l'indemnité compensatrice de préavis, v. *infra* n° 157)[1].

101. *L'accident du travail.* — L'accident du travail est également une cause de suspension du contrat assorti de quelques règles plus protectrices pour le salarié.

En effet, aux termes de l'article L. 122-32-1 du Code du Travail, tout travailleur victime d'un accident du travail — à l'exception d'un accident de trajet — bénéficie de la suspension de son contrat, pendant toute la durée de son arrêt de travail ainsi que pendant le délai d'attente et de la durée du stage de réadaptation, de rééducation ou de la formation professionnelle décidée par la Cotorep.

Cependant, cette suspension ne fait pas obstacle à l'arrivée du terme du contrat à durée déterminée.

Pendant la période de suspension, le licenciement est interdit à peine de nullité.

Toutefois, la rupture peut intervenir si elle a pour cause une faute grave du salarié ou l'impossibilité où se trouve l'employeur de maintenir le contrat pour une cause non liée à l'accident du travail ou à la maladie professionnelle.

Si une inaptitude professionnelle subsiste après la consolidation, l'employeur est tenu de proposer au salarié un autre emploi approprié à ses capacités et aussi comparable que possible à l'ancien emploi et tenant compte des conclusions écrites du médecin du travail. Le cas échéant, des mesures telles que mutation, transformation de postes ou aménagement du temps de travail peuvent être mises en œuvre. (Une aide financière de l'État peut être obtenue au titre de l'insertion professionnelles des travailleurs handicapés.)

1. Concernant les indemnités conventionnelles, v. Soc. 13 juin 1990 et 14 juin 1990, Bull. civ. V n° 281, Droit social 1991, 109 note J. Savatin..

Lorsque l'employeur ne peut proposer un autre emploi, il est tenu de faire connaître, par écrit, les motifs qui s'opposent au reclassement. Il peut décider le licenciement à condition de justifier soit de l'impossibilité de proposer un emploi, soit du refus de l'emploi par le salarié. Le salarié licencié a droit à l'indemnité compensatrice ou préavis et à une indemnité spéciale égale au double de l'indemnité de licenciement prévue par l'article L. 122-9, sauf disposition conventionnelle plus favorable à l'indemnité légale, sauf si l'employeur établit que le refus ou reclassement est abusif.

102. *La maternité.* — L'article L. 122-26 du Code du Travail (modifié par la loi du 30 décembre 1966, décret d'application du 9 juillet 1968) et ultérieurement, différents textes ont soit renforcé les droits de la femme enceinte, soit établi de nouvelles mesures en faveur de la maternité (loi des 11 juillet 1975, 12 juillet 1977, 12 juillet 1978. Loi du 17 juillet 1980).

1. La femme a le droit de suspendre son contrat de travail, six semaines avant et dix semaines après l'accouchement. Ce délai peut être augmenté, au cas de maladie consécutive à la grossesse ou à l'accouchement, sans pouvoir excéder deux semaines avant la date présumée de l'accouchement et quatre semaines après.

Quand l'accouchement a lieu avant la date présumée, la période de suspension du contrat de travail pourra être prolongée jusqu'à l'accomplissement de seize semaines de suspension ou, le cas échéant, 18, 26 ou 28 semaines (voir art. L. 122-26).

Le congé de maternité est prolongé de deux semaines au cas de naissances multiples[1].

En outre le droit de suspension du contrat de travail de la femme enceinte est porté à vingt-six semaines pour la naissance d'un troisième enfant ou d'un enfant de rang supérieur. Cette période commence huit semaines avant la date présumée de l'accouchement et se termine dix-huit semaines après la date de celui-ci (art. L. 122-26). Ce nouveau texte permet une certaine souplesse dans la répartition des

1. Le législateur a étendu à l'adoption certaines mesures prises en faveur de la maternité. En effet, la loi du 9 juillet 1976, modifiée par la loi du 12 juillet 1978, crée au profit des femmes salariées, qui adoptent un enfant un congé de dix semaines analogue à celui dont bénéficie la femme qui vient de mettre au monde un enfant. Ce congé bénéficie de la protection légale créée par la loi du 30 décembre 1966, complétée par la loi du 11 juillet 1975 et de l'indemnisation assurée par la Sécurité sociale.

congés pré et post-natals : les femmes ont la possibilité de faire varier de huit à dix semaines la durée du congé prénatal, la période postérieure à l'accouchement est alors réduite d'autant.

Pour bénéficier de cette suspension, la femme a l'obligation d'avertir l'employeur de son absence et de la date à laquelle elle reprendra son travail.

2. Principe de *l'interdiction de licenciement :* Cette suspension est assortie d'une double garantie importante : l'employeur ne conserve le droit de rompre le contrat de travail que pour une faute grave de la femme, ou s'il justifie de l'impossibilité où il se trouve, pour un motif étranger à la grossesse, de maintenir le contrat.

La faute grave, autorisant le licenciement de la femme enceinte, doit être étrangère à l'état de grossesse, car l'état de fatigue et de nervosité lié à cet état provoque, parfois, des incidents qui n'arriveraient pas en temps normal.

Au surplus, la résiliation du contrat de travail par l'employeur pour l'un des motifs autorisés *ne peut prendre effet ou être signifiée pendant la période de suspension* prévue par l'article L. 222-26.

De son côté, la femme, quand la grossesse est apparente, a le droit de rompre le contrat sans délai-congé à observer, ni indemnité à payer. Et même, elle a la faculté, en vue d'élever son enfant, de signifier par lettre recommandée à son employeur, quinze jours avant la fin de la suspension, son intention de ne pas reprendre son emploi. Dans ce cas, elle bénéficie d'une priorité de réembauchage pendant un an.

102. *In fine* — La loi du 3 janvier 1991, codifiée sous l'article L. 122-28-1 a réglementé le congé parental d'éducation reconnu à tous salariés justifiant d'une ancienneté minimale d'une année à la date de naissance de l'enfant.

Le congé prend fin au plus tard au 3e anniversaire de l'enfant.

Il est d'une durée initiale d'un an au plus, deux fois renouvelable — Le père, comme la mère ou l'adoptant peuvent en bénéficier. L'intéressé peut, s'il le souhaite, se borner à réduire sa durée de travail d'au moins 1/5 de celle applicable à l'établissement.

Dans toutes les hypothèses, le salarié doit informer l'employeur de son intention, par lettre recommandée avec accusé de réception au moins un mois avant le terme du congé de maternité ou adoption.

Toutefois, cette loi n'est obligatoire que dans les entreprises occupant au moins 100 salariés. Dans les entreprises de moindre importance, l'employeur peut refuser au salarié le bénéfice de ce congé parental, s'il estime, après avis du comité d'entreprise (ou des délégués du personnel), que cette mesure, ou le travail à temps partiel, aurait des conséquences préjudiciables à la production et à la bonne marche de l'entreprise.

Le dispositif est complété par l'institution de l'allocation parentale d'éducation (v. supra n° 88).

103. *Autres mesures en faveur de la femme enceinte.* — En matière d'embauchage et d'affectation, le législateur pose le principe de l'interdiction pour l'employeur de prendre en considération l'état de grossesse pour refuser d'embaucher, licencier en période d'essai ou muter (art. L. 122-25). Il assortit ce principe de mesures concrètes, de façon que cette disposition ne reste pas lettre morte : interdiction pour l'employeur de rechercher ou faire rechercher toute information sur l'état de grossesse de l'intéressée et autorisation pour la femme de ne pas révéler son état, sauf bien sûr quand elle demande le bénéfice des dispositions législatives et réglementaires de protection de la femme enceinte.

Seule est possible l'affectation temporaire à un autre poste, fondée sur l'état de santé médicalement constaté, à l'initiative de l'employeur avec l'accord de la femme ou à l'initiative de l'intéressée avec attestation du médecin de la nécessité de changer d'emploi et d'aptitude à occuper celui qui est proposé.

Cette affectation est temporaire et prend fin, en principe, à la fin de la période de suspension du contrat par le congé maternité et quand son état de santé lui permet de reprendre son emploi initial.

Cette disposition protectrice de la santé de la femme ne doit, cependant, pas entraîner une charge pour l'intéressée, ni une diminution de salaire.

104. *Service militaire et services publics.* — *Le service militaire légal* entraîne la *rupture* du contrat de travail. Mais le salarié a un droit de réintégration, après sa libération, sauf si son emploi a été supprimé. En revanche, en cas de *rappel sous les drapeaux* ou d'obligations résultant du *service préparatoire,* le contrat est *suspendu.*

De même, l'exercice des fonctions de *conseillers prud'hommes,* de *juré,* d'un *mandat électif* au conseil municipal, au conseil général ou au conseil d'administration d'un organisme de Sécurité sociale, constitue une cause de suspension du contrat.

105. *Autres hypothèses de suspension :*

a) *Le congé pour convenance personnelle.* — Certaines conventions collectives prévoient que le congé pour convenance personnelle, en cas de naissance, mariage, ou décès, justifie la suspension du contrat de travail.

b) *La grève.* — La loi du 11 février 1950 a précisé expressément que la grève entraînait la suspension du contrat de travail (sur la notion de grève licite voir *infra* n° 391). À la fin d'une grève, l'employeur a l'obligation de reprendre les salariés. S'il ne satisfait pas à cette obligation, il se rend coupable de rupture abusive du contrat.

c) *La mise à pied.* — La mise à pied, sanction disciplinaire infligée par l'employeur, constitue également une suspension du contrat (voir *infra* n° 289).

§2. Les effets de la suspension

106. *Conservation de l'emploi. Calcul de l'ancienneté.* — La suspension du contrat de travail signifie que les prestations des parties sont suspendues, l'appartenance du salarié à l'entreprise restant acquise. Une difficulté apparaît concernant le calcul de l'ancienneté du salarié. En effet, un certain nombre de droits sont attachés à l'ancienneté du travailleur : congés payés augmentés par le jeu des conventions collectives, droit à l'indemnité de licenciement, à un délai-congé plus important. L'ancienneté est également prise en considération pour le calcul du montant des indemnités de rupture (voir *infra* n°s 159 et 162 et ss.). Dans ces conditions, il est important de savoir si, en règle générale, les périodes de suspension du contrat de travail doivent être comprises dans l'ancienneté du salarié, comme des périodes de travail.

La solution de cette difficulté varie suivant la cause de la suspension et les effets attachés à l'ancienneté.

La cause : Certaines conventions collectives prévoient, en effet, que le temps de suspension du contrat pour *maladie, maternité ou obligations militaires* doit entrer dans le calcul de l'ancienneté. La jurisprudence adopte très souvent une solution identique. Il découle de divers textes que la suspension trouvant sa cause dans une *faute de l'employeur* (ex. : infraction à la législation sur les prix) ou dans des *perturbations économiques* doit être assimilée à une période de travail.

En revanche, en l'absence de dispositions expresses, la période de suspension consécutive à la *grève* n'est pas, en règle générale, comprise dans le calcul de l'ancienneté.

Les effets : L'ordonnance du 13 juillet 1967 relative aux mesures applicables en *cas de licenciement* dispose, en principe, que les circonstances qui, en vertu soit des dispositions législatives ou réglementaires, soit de conventions collectives, soit d'usage, soit de stipulations contractuelles entraînent la suspension du contrat de travail, ne sont pas regardées, comme interrompant l'ancienneté du salarié, pour le calcul des indemnités de rupture, mais n'admet pas que la période de suspension soit incluse dans le calcul de l'ancienneté .

Au contraire, l'article L 223-4 du Code du Travail, concernant les *congés payés,* assimile aux périodes de travail effectif les périodes de suspension pour cause de maladie professionnelle, d'accident de travail, grossesse, rappel ou maintien sous les drapeaux.

Section 2
Les prestations légales en cas de maladie, maternité et accident de travail

107. *Généralités.* — La maladie, l'accident de travail et la maternité, même s'ils ne comportent pas perte de l'emploi, entraînent une perte de gain et sont une source de frais importants (d'ordre médical ou pharmaceutique). La législation de Sécurité sociale a donc organisé la prise en charge de ces risques, en instituant :

1° des prestations destinées à rembourser les frais exposés par l'assuré, parfois appelées « prestations en nature » ;

2° des prestations ayant pour objet d'indemniser le salarié de son manque à gagner. Elles sont parfois désignées sous le nom de « prestations en espèces ».

Mais ces différentes prestations varient, suivant qu'elles sont versées à l'occasion d'une maladie, d'un accouchement, ou d'un accident du travail. Elles n'assurent généralement qu'une indemnisation partielle, complétée parfois par des indemnités complémentaires, mises à la charge de l'employeur par des accords collectifs. Si la suspension du contrat est consécutive à un accident dont un tiers est responsable, le complément d'indemnisation pourra être réclamé à ce tiers.

§1. Les prestations de maladie

A Les prestations en nature

108. *Bénéficiaires.* — Les prestations en nature sont allouées non seulement au cas de maladie de *l'assuré social,* mais encore de celle du *conjoint,* des *enfants à charge* (qu'ils soient légitimes, adoptifs, naturels reconnus ou non, recueillis ou pupilles de la nation dont l'assuré est tuteur) pourvu qu'ils ne soient pas salariés et qu'ils n'aient pas dépassé l'âge de seize ans, s'ils sont apprentis qu'ils aient moins de dix-huit ans, et de vingt ans s'ils poursuivent leurs études. Sont également bénéficiaires des prestations en nature de l'assurance-maladie, les *ascendants, descendants* (autre que les enfants), les *collatéraux ou alliés jusqu'au 3e degré,* qui vivent sous le toit de l'assuré et se consacrent aux travaux du ménage et à l'éducation de deux enfants de moins de quatorze ans à la charge de l'assuré. Aucune durée d'immatriculation n'est nécessaire pour les prestations en nature de l'assurance-maladie ou maternité (mais une durée d'emploi est nécessaire 1 400 heures par an, ou 200 heures par trimestre ou 120 heures par mois précédant les soins).

Des dispositions particulières ont été prises en faveur des demandeurs d'emploi (v. art. L 311-5 du Code de Sécurité sociale).

109. *Rapports des médecins et de la Sécurité sociale.* — Le risque maladie est techniquement le plus difficile à assurer car sa fréquence est malaisée à prévoir. En effet, il existe une tendance à l'augmentation du coût de l'assurance-maladie tenant, d'une part, à la meilleure connaissance dans la population de l'utilité du traitement médical, d'autre part, au perfectionnement des moyens de diagnostic et de traitement.

Enfin, l'ordonnateur des dépenses du régime maladie est le médecin qui reste, en principe, étranger à la Sécurité sociale. L'organisation des assurances sociales va donc rendre nécessaire la définition des rapports entre les médecins, les assurés sociaux et la Sécurité sociale.

Une solution radicale consiste à instituer un service national de santé ou à intégrer le corps médical à la Sécurité sociale. Elle n'a pas été retenue. En France, la médecine demeure une *profession libérale* dominée par trois grands principes : libre choix, liberté thérapeutique, entente directe, qui sont parfois difficilement compatibles avec l'organisation financière de l'assurance-maladie. En effet, *le libre choix* signifie que le malade est libre de s'adresser au médecin qu'il choisira, quels que soient les honoraires pratiqués par lui, et celui-ci reste libre d'accepter ou de refuser de donner ses soins à tel ou tel malade ; la *liberté thérapeutique* laisse le médecin maître des moyens propres à assurer la guérison, sans qu'il puisse être contrôlé dans le choix du traitement ; *l'entente directe* implique la liberté de fixation des honoraires par accord entre les parties, et le paiement direct par le malade au médecin, et non par un intermédiaire. Le dernier aspect de ce principe est la règle de la rémunération à *l'acte,* ce qui s'oppose à toute rémunération forfaitaire.

Ces trois principes vont être nécessairement infléchis par l'existence de l'assurance-maladie, mais leur respect par la corporation médicale pèsera lourd sur le fonctionnement de celle-ci.

a) *Le libre choix* subsiste, bien qu'une atteinte indirecte lui soit portée par l'existence de médecins conventionnés dont les honoraires sont remboursés dans une plus large proportion que ceux des médecins non conventionnés (v. *infra* n° 110).

b) *La liberté thérapeutique* est à peine altérée. Dès l'apparition de la législation de la Sécurité sociale, l'article 9 de l'ordonnance du 19 octobre 1945 a enjoint au médecin de prescrire des médicaments de manière aussi économique que possible, à condition de ne pas compromettre l'efficacité du traitement (art. L 162-4, Code de Sécurité sociale). En outre, un effort a même été fait pour limiter le nombre de produits pharmaceutiques remboursables, puisque seuls ceux figurant sur les *listes* établies par arrêté du ministre, sur propositions d'une commission spécialisée, donnent droit à prestation.

Il existe un risque de fraudes et d'abus dans la prescription médicale, qui a rendu nécessaire un *contrôle médical,* qui peut apporter une limitation à la liberté thérapeutique. Aux termes du décret du 30 avril 1968, le contrôle médical porte notamment : sur l'appréciation faite par le médecin traitant de l'état de santé de l'assuré ou de sa capacité de travail, sur la constatation des abus en matière de soin, d'interruption de travail et d'application de la tarification des honoraires, sur la prévention de l'invalidité et les possibilités de réadaptation professionnelle. Le contrôle doit également donner son avis sur le traitement applicable aux affections de longue durée et sur la limitation ou la suppression éventuelle du ticket modérateur.

c) *L'entente directe* est le principe qui pourrait se trouver le plus directement menacé par l'organisation de la Sécurité sociale. Deux conceptions sont possibles : la conception dite du *tiers payant,* selon laquelle le patient n'a pas à payer le médecin, qui est intégralement réglé de ses honoraires par la caisse de Sécurité sociale, et celle du *paiement direct* par le malade. Sauf en matière d'accidents du travail (voir *infra* n° 121), la législation française de Sécurité sociale s'est refusée à instituer le régime du tiers payant. Le malade assuré règle directement les honoraires au médecin, il est ensuite remboursé (en partie) par la caisse de Sécurité sociale. Mais alors, se pose le problème de la fixation des tarifs médicaux, la Sécurité sociale ne pouvant admettre le remboursement automatique d'honoraires arbitrairement fixés par les praticiens.

110. *Le problème des honoraires médicaux.* — Dès 1945 fut posé le principe de la fixation des tarifs, par voie de conventions collectives conclues entre les syndicats de médecins et des organismes de Sécurité sociale. À défaut de conclusion de ces conventions, les honoraires étaient fixés par voie d'autorité par une commission nationale et le remboursement était effectué sur la base de ces tarifs. Le système était très défectueux et aboutissait à laisser une part importante des honoraires à la charge de l'assuré, les tarifs médicaux étant, en pratique, toujours supérieurs aux tarifs dits de responsabilité, fixés par voie d'autorité. Après une première tentative de réforme par décret du 12 mai 1960, qui ouvrait aux médecins dans les départements où il n'existait pas de convention collective une faculté d'adhésion individuelle à une convention-type, les rapports entre médecins et caisses ont été réaménagés par une convention collective conclue au niveau national le 1er novembre 1971. Elle s'impose, en principe, à tous. Mais les médecins qui ne veulent pas la respecter peuvent « se dégager dans le délai d'un mois ».

Deux traits importants de la convention sont à signaler :

1° Les dépassements de tarifs en raison de l'autorité du médecin notamment ou de l'importance de la consultation doivent être accordés plus facilement que par le passé.

2° En principe les médecins doivent recevoir chaque trimestre un tableau statistique sur les prescriptions et actes médicaux qui indiquera, outre son propre « profil », le profil moyen dans le département des médecins exerçant dans la même discipline. En cas d'abus importants, l'intéressé pourra s'expliquer devant des confrères, qui siégeront dans une commission médicale. Si ces explications sont jugées insuffisantes, il pourra après un délai de six mois « être dégagé » par la Caisse.

En application de l'article L. 261 modifié du Code de la Sécurité sociale une nouvelle convention nationale en date du 3 février 1976 a été signée entre les caisses nationales d'assurance-maladie (Caisse nationale de l'assurance-maladie des travailleurs salariés, Caisse centrale de secours mutuels agricoles, Caisse nationale d'assurance-maladie et maternité des travailleurs non salariés des professions non agricoles) et les organisations syndicales nationales les plus représentatives des médecins.

Deux dispositions nouvelles essentielles ont été introduites dans cette convention :

1° *Dispense de l'avance des frais :* Le principe du règlement direct par le malade est maintenu. Mais des modalités particulières sont introduites qui atténuent le principe : lorsque la nature ou le coût des soins le justifient, le règlement des honoraires du praticien peut être effectué sans que l'assuré ait à faire l'avance des frais correspondant à la part garantie par la caisse.

2° *Centres collectifs de soins expérimentaux :* Il est prévu un nombre limité d'opérations expérimentales destinées à mieux connaître la formation des coûts et à tester les nouvelles modalités d'exercice de la médecine. Les organisations médicales s'engagent à ne pas s'opposer, systématiquement, à la création de centres médicaux à condition qu'il s'agisse d'expériences. Quant au droit permanent à dépassement d'honoraires, il a été réformé. Deux catégories de praticiens ont vocation à ce privilège : a) ceux qui peuvent invoquer une qualité particulière résultant de titres universitaires, ou hospitaliers ; b) ceux qui peuvent invoquer une autorité médicale accrue résultant soit de fonctions hospitalières, soit de travaux personnels.

En 1980 une convention a été signée entre les médecins et les caisses d'assurance-maladie. Elle a été agréée par arrêté ministériel du 5 juin 1980. Elle était conclue pour 5 ans, renouvelable par expresse reconduction. Trois points importants caractérisent cette convention :

1° Un comité médical paritaire est institué, regroupant des médecins conseils, des représentants des médecins et un représentant du Conseil de l'Ordre. Il a pour rôle le suivi de l'activité des prescriptions des médecins par l'exploitation des tableaux statistiques d'activité des praticiens et des autres données statistiques en sa possession. Il étudie la consommation médicale.

En cas de comportement inhabituel d'un médecin, le comité lui adresse une mise en garde. Il a aussi une mission d'information auprès des caisses, des praticiens et des assurés sociaux.

2° La convention renforce le dispositif statistique de l'assurance-maladie pour permettre une meilleure prévision des dépenses.

3° Désormais, au regard de l'assurance-maladie, on peut distinguer quatre catégories de médecins libéraux :

a) les médecins conventionnés optant pour les tarifs conventionnels ;
b) les médecins conventionnés optant pour les honoraires libres ;
c) les médecins conventionnés continuant à bénéficier du droit permanent à dépassement ;
d) les médecins hors convention.

Les caisses primaires d'assurance-maladie ont adressé à chaque médecin le texte de la convention et chaque médecin a dû choisir dans le délai d'un mois la position qu'il entendait adopter au regard de la convention. Tout médecin, ayant choisi d'être conventionné, pourra modifier son option dans le mois suivant l'expiration de la première année d'application de la convention ou à l'occasion du bilan général prévu à l'issue de la seconde année.

Le Conseil d'État a annulé la convention entre les médecins et la Sécurité sociale au motif que la convention laissant aux médecins conventionnés bénéficiant d'honoraires libres la charge entière de leur couverture sociale (maladie et retraite) était illégale.

Le Conseil d'État a considéré que la convention était indivisible. Il l'a donc annulée toute entière. Mais le Gouvernement a fait adopter par l'Assemblée nationale un projet de loi pour combler le vide juridique.

Ainsi, il a été possible d'attendre la signature de la nouvelle convention : le 1er juillet 1985. Elle a été agréée par un arrêté du 4 juillet 1985. Elle est conclue pour quatre ans et non plus pour cinq ans. Elle est renouvelable par tacite reconduction, par périodes d'égale durée, sauf dénonciation, six mois au moins avant sa date d'échéance, par les parties signataires.

La convention de 1985 n'a pas remis en cause les trois innovations importantes de la convention de 1980, ci-dessus rappelées.

Il faut, cependant, préciser qu'elle ouvre des perspectives nouvelles en ce qui concerne l'extension des champs d'activité de la médecine générale, la formation continue des médecins et la place des organismes paritaires locaux chargés de suivre l'application de la convention.

En effet, un groupe de travail a été mis en place afin d'analyser les modalités actuelles de l'exercice et du rôle du médecin généraliste dans l'urgence, la permanence et la continuité des soins, les alternatives à l'hospitalisation, la prévention, l'éducation sanitaire, l'épidémiologie, la formation.

Le médecin pourra modifier la position qu'il a prise initialement, au regard de la convention, entre le 1er et le 31 décembre des années au cours desquelles des bilans prévus à l'article 36 de la convention sont dressés ou en cas de modification de ces conditions d'exercice. (Un bilan sera dressé au cours du second semestre 1986, puis tous les deux ans.)

La 5e convention a été signée le 9 mars 1990 avec une seule organisation syndicale pour 4 ans. On peut mentionner la promotion de la médecine générale et l'invitation à la formation médicale continue.

Après de longues discussions, un accord caisses-syndicats est intervenue le 18 janvier 1995 concernant la maîtrise des dépenses de santé et fixe la revalorisation des honoraires médicaux.

Ticket modérateur. — Le système français de Sécurité sociale n'a pas consacré le principe du tiers payant, sauf en matière d'accident de travail ; l'assuré doit donc avancer les frais qui lui seront remboursés. Mais il gardera à sa charge une partie des dépenses. Cette mesure est destinée à freiner la consommation médicale. Les dispositions initiales de l'article L. 286 du Code de la Sécurité sociale prévoyaient que la participation (ou ticket modérateur) laissée à la charge des assurés sociaux ou de leurs ayants droit était fixée à 20 %, sous réserve de quelques exceptions ; l'ordonnance du 21 août 1967 a porté ce ticket modérateur en principe à 30 %, mais des exceptions sont prévues. Cette réforme destinée à limiter l'accroissement des dépenses médicales et pharmaceutiques a été accueillie très défavorablement par les assurés et remise en question lors des grèves de mai 1968.

À compter du 1er mai 1980, un ticket modérateur d'ordre public a été institué. Il n'a pratiquement pas été mis en œuvre et a été, d'ailleurs, abrogé (art. 4 de la loi n° 82-1 du 4 janvier 1982 et décret du 21 octobre 1982).

En cas de maladie comportant un traitement prolongé et une thérapeutique coûteuse, l'assuré ne reste exonéré du ticket modérateur que si la thérapeutique laisse à sa charge une participation supérieure à un chiffre révisé chaque année au 1er juillet.

Le ticket modérateur est également écarté en raison de la situation de l'assuré, tel est le cas du titulaire d'une pension d'invalidité, ou d'une pension de vieillesse substituée à une pension d'invalidité, ou du titulaire de l'allocation supplémentaire du fonds national de solidarité (ce dernier bénéficie, soit d'une exonération, soit d'une réduction du ticket modérateur).

L'exonération du ticket modérateur est également accordée par la loi du 12 juillet 1978, pour les soins données aux femmes pendant les 4 derniers mois de la grossesse, pour ceux donnés aux nouveau-nés hospitalisés pendant une durée d'un mois, ainsi que le diagnostic et le traitement de la stérilité.

Les médicaments donnent également droit à un remboursement partiel, assorti d'un ticket modérateur de 30 %, en principe.

Le ticket modérateur est supprimé pour certains médicaments reconnus comme irremplaçables et particulièrement coûteux. En revanche, le ticket modérateur est porté de 30 à 60 % pour les médicaments principalement destinés aux troubles ou affections habituellement sans gravité.

Le remboursement est subordonné à la présentation de *vignettes,* qui doivent être collées à l'ordonnance.

Si l'état de l'assuré rend nécessaire son *hospitalisation,* il a le choix de l'établissement. S'il est hospitalisé dans un établissement public, la caisse verse directement sa contribution à l'hôpital, l'assuré n'étant personnellement débiteur que du ticket modérateur. Si l'assuré choisit un établissement privé, il n'est remboursé que s'il s'agit d'un établissement autorisé. Ce remboursement est effectué, suivant les cas, sur la base soit du tarif conventionnel, si l'établissement est « conventionné », soit du tarif d'autorité fixé par la caisse régionale (et qui peut être inférieur au tarif conventionnel).

Souvent les assurés sont affiliés à des mutuelles organisées dans le cadre professionnel, qui remboursent la portion des frais laissés à la charge des assurés par la Sécurité sociale (voir *infra* n° 125).

A Les prestations en espèces

112. *Conditions d'octroi et montant.* — Lorsque l'assuré social se trouve, du fait de sa maladie, hors d'état de travailler (sauf si la maladie ou l'accident ont été intentionnellement causés par l'assuré), la caisse à laquelle il est affilié lui verse, à partir du 4e jour d'indisponibilité (délai de carence), des *indemnités journalières* dont le montant est fixé, en principe, à la moitié du gain journalier de l'assuré. Mais le salaire servant de base au calcul des indemnités ne correspond pas, toujours, au salaire réel de l'assuré. En effet, le salaire pris en considération est celui retenu pour le calcul des cotisations (voir *infra* n° 3I4). Or, il existe un *plafond* qui limite le montant de ce salaire. Pour la fixation des prestations en espèces, le principe du plafond joue également et le décret du 17 février 1968 a précisé que le montant de l'indemnité journalière de demi-salaire ne peut être supérieur au 1/720 du plafond annuel.

Cette indemnité est *majorée* aux deux tiers du salaire ainsi défini, au bout de 31 jours après la cessation du travail, si l'intéressé a au moins trois enfants à charge. Elle est, au contraire, *diminuée,* dans une proportion variable avec la situation de famille de l'assuré lorsque celui-ci est hospitalisé. Elle peut être versée pendant trois ans, en principe ; passé ce délai, l'assuré peut, le cas échéant, bénéficier de l'assurance-invalidité sous certaines conditions (voir *infra* n°S 194 et ss.).

Les indemnités journalières de Sécurité sociale peuvent se cumuler avec le versement d'une partie du salaire que l'employeur serait dans l'obligation de payer au salarié malade, en vertu des dispositions d'une convention collective (voir *infra* n° 193).

La trop grande facilité avec laquelle les médecins accordent, parfois, des arrêts de travail est souvent critiquée. Avec le coût des médicaments et l'accroissement de la consommation médicale, elle figure parmi les causes du déficit de la Sécurité sociale.

§2. Les prestations de maternité

113. *Conditions d'attribution et prestations.* — Le droit aux prestations d'assurance-maternité est subordonné à une durée minimum d'immatriculation et d'emploi : l'assuré doit avoir *10 mois d'immatriculation* au moment de la date présumée de la naissance.

L'assuré doit, en outre, avoir travaillé au moins *200 heures* au cours des 3 mois précédant le 9e mois antérieur à la date présumée de l'accouchement, ou *120 heures* au cours du mois ayant précédé cette date.

Les *bénéficiaires* de l'assurance-maternité sont la femme elle-même assurée, l'épouse de l'assuré ou sa fille dans les cas où elles auraient droit à l'assurance-maladie (voir *supra* n° 108).

Les prestations sont dues pour la grossesse elle-même, pour l'accouchement et pour les soins qui pourraient être nécessaires postérieurement à l'accouchement. Les règles applicables sont les mêmes que celles de l'assurance-maladie. Mais le *ticket modérateur est supprimé* pour le remboursement des prestations en nature de l'assurance-maternité et l'indemnité journalière est ici de 90 %. La femme est tenue de se soumettre à une surveillance médicale, elle doit subir trois examens prénataux et un examen postnatal qui lui ouvrent droit aux allocations prénatales (voir *supra* n° 90).

Les prestations en espèces, destinées à compenser la perte de salaire pendant la période du repos maternité, ne sont versées que lorsque la femme est personnellement assurée sociale.

§3. Les prestations d'accident du travail

114. *Évolution du droit.* — La loi du 9 avril 1898 relative aux accidents du travail avait posé, en principe, une responsabilité automatique du chef d'entreprise. C'était la consécration du risque professionnel. Le domaine d'application de ce texte était relativement restreint puisqu'il ne visait que les entreprises industrielles, et ne protégeait que les travailleurs liés par un contrat de travail.

Une garantie supplémentaire fut donnée aux salariés en 1945 lors de l'institution de la Sécurité sociale. La loi du 30 octobre 1946 complétée par une loi du 23 juillet 1957 dispose que les caisses du régime général sont substituées aux employeurs de l'industrie et du commerce pour le service des prestations. Ce *principe de substitution* est essentiel et interdit à la victime d'intenter une action en responsabilité contre son employeur, suivant le droit commun au cas d'accident du travail. Deux situations exceptionnelles doivent, cependant, être réservées : il s'agit de la faute intentionnelle et de la faute inexcusable de l'employeur (voir *infra* n° 123).

Le texte de 1946 eut pour deuxième effet d'élargir le champ d'application de la législation réparatrice des accidents du travail, quant aux personnes protégées et quant aux risques couverts.

115. *Bénéficiaires.* — La législation de Sécurité sociale de 1945-1946 a eu pour conséquence de détacher les accidents du travail du contrat de travail *stricto sensu.*

En effet, l'article L. 411-1 du Code de Sécurité sociale dispose : « est considéré comme accident du travail, quelle qu'en soit la cause, l'accident survenu par le fait ou à l'occasion du travail à toute personne salariée ou travaillant à quelque titre que ce soit ou en quelque lieu que ce soit, pour un ou plusieurs employeurs ou chefs d'entreprise ». Ce texte est donc proche de celui plus général sur l'affiliation à la Sécurité sociale et a eu pour effet de substituer la notion de travailleur dépendant, que nous avons déjà définie, à celle de travailleur salarié (voir *supra* n° 46 et ss.). L'interprétation jurisprudentielle de ces deux catégories de textes est également identique.

Toutefois, le *champ d'application* de la réparation des accidents du travail et des assurances sociales n'est pas tout à fait identique. Il se révèle, parfois, plus étroit. C'est ainsi que les personnes qui assurent habituellement à leur domicile, moyennant rémunération, la garde d'enfants et les écrivains non salariés ont vocation aux assurances sociales, mais non aux accidents du travail. En revanche, la législation sur les accidents du travail est, parfois, plus compréhensive : les délégués à la sécurité des mineurs, les élèves des établissements d'enseignement technique, les pupilles de l'éducation surveillée, les détenus des établissements pénitentiaires, les personnes qui participent bénévolement au fonctionnement d'organismes à objet social sont protégés par la loi sur les accidents du travail, sans avoir vocation aux assurances sociales.

L'assurance volontaire pour le risque accident du travail est également possible.

116. *Risques garantis.* — La notion d'accident du travail a été élargie par des textes successifs et par l'interprétation de la jurispru-

dence. Au terme de cette évolution, il faut distinguer l'accident de travail proprement dit, l'accident de trajet, la maladie professionnelle.

117. *L'accident de travail stricto sensu.* — La notion d'accident du travail a été dégagée par une jurisprudence abondante et très nuancée.

Il a fallu *distinguer, tout d'abord, l'accident de la maladie.* Il a fallu ensuite définir le *lien avec le travail.*

Selon la jurisprudence, il existe deux caractères de l'accident :

1° L'accident est un *fait soudain :* c'est ainsi que l'inhalation soudaine et massive de gaz toxique constitue un accident, tandis que l'absorption répétée de substances toxiques est de nature à provoquer une maladie, non un accident.

2° L'accident résulte d'un *fait extérieur à l'organisme.* Mais, ces deux caractères sont, parfois, interprétés de façon extensive. C'est ainsi qu'un pilote d'avion atteint brutalement d'une thrombo-embolie avec infarctus pulmonaire a été considéré par la Cour de cassation dans un arrêt du 19 juillet 1962[1] comme victime d'un accident du travail, et non atteint d'une maladie. On peut observer que si cette décision retient la soudaineté, elle abandonne le critère d'extériorité. Dans plusieurs décisions, la jurisprudence avait manifesté son intention de faire prévaloir la soudaineté et de donner une moindre importance à l'extériorité. Mais une nouvelle décision de l'assemblée plénière de la Cour de cassation en date du 19 mars 1969[2], remet en question l'extension de la notion d'accident du travail. Il s'agissait d'un médecin, interne des hôpitaux, qui fut atteint de poliomyélite, après avoir soigné un malade hospitalisé frappé de cette maladie. Les juges du fond admirent l'accident du travail, en soulignant que le virus responsable de cette maladie devait être considéré comme un agent extérieur se manifestant dans l'organisme par une intrusion violente et nocive. Mais la Cour de cassation casse cette décision et rappelle que l'accident doit résulter d'un traumatisme.

Il faut, en outre, établir le *lien de l'accident et du travail,* car l'accident de droit commun n'ouvre droit qu'aux prestations de l'assurance-maladie. En d'autres termes, il faut que l'accident soit survenu

1. JCP 1962, II 2894, note RL.
2. Affaire Gendre D 1969-531.

par le fait ou à l'occasion du travail. La jurisprudence a fait, dans ce domaine, œuvre créatrice en établissant une présomption. Elle admet, en effet, qu'est présumé être un accident résultant du travail tout accident survenu au *temps et au lieu du travail*[1]. Toutefois, il reste possible de prouver que l'accident reste étranger au travail. Et l'application de cette présomption se révèle très délicate, au cas de missions à l'extérieur de l'entreprise.

118. *L'accident de trajet* ouvre également droit à réparation. Il est essentiel de le distinguer de l'accident du travail proprement dit pour deux raisons :

1° Il est sans influence sur la fixation des cotisations de l'employeur, tandis que les accidents du travail survenus dans une entreprise ont pour conséquence de faire augmenter le montant des cotisations de cette entreprise (voir *infra* n° 320).

2° La victime d'un accident de travail ne peut demander à un copréposé de l'entreprise à laquelle il appartient un complément d'indemnisation au cas d'accident du travail ; en revanche elle peut se retourner contre lui au cas d'accident du trajet, depuis une loi du 6 août 1963.

La notion d'accident de trajet a fait l'objet de textes successifs qui l'ont élargie, et qui ont tenu compte de l'interprétation jurisprudentielle dont elle avait fait l'objet.

Aux termes de l'ordonnance du 21 août 1967, il y a accident de trajet lorsqu'il s'agit du trajet aller-retour que le salarié effectue entre :

a) sa résidence principale ou une résidence secondaire présentant un caractère de stabilité ou tout autre lieu où le travailleur se rend pour des motifs d'ordre familial, et le lieu du travail ;

b) le lieu du travail et le restaurant, la cantine ou d'une manière plus générale le lieu où le travailleur prend habituellement ses repas et dans la mesure où le parcours n'a pas été interrompu ou détourné par un motif dicté par l'intérêt personnel et étranger aux nécessités essentielles de la vie courante ou indépendant de l'emploi.

1. Soc. 31 janvier 1979.

119. *Maladies professionnelles.* — Les maladies considérées comme maladies professionnelles et entraînant l'application de la législation sur les maladies professionnelles (qui assimile la maladie professionnelle non à une maladie mais à l'accident du travail), sont, tout d'abord, celles qui figurent sur une *liste limitative* publiée sous forme de tableaux, par voie de règlement d'administration publique.

La victime doit établir, d'une part, qu'elle est atteinte de l'une des maladies considérées comme professionnelles, d'autre part, qu'elle a exercé une des activités susceptibles, selon les tableaux, de provoquer la maladie et que le délai d'incubation n'est pas dépassé. Mais elle n'a pas l'obligation d'établir le lien de causalité entre le travail et la maladie. Il est *présumé.* La présomption est susceptible de preuve contraire. Il existe trois catégories de maladies professionnelles prévues par les listes :

1° celles qui se manifestent par des intoxications aiguës ou chroniques sous l'action de certains produits (exemple : le saturnisme professionnel causé par le plomb) ;

2° celles qui sont des affections microbiennes (exemple : le charbon gastro-intestinal ou pulmonaire) ;

3° les affections résultant de l'ambiance ou d'attitudes particulières (exemple : affections ostéo-articulaires professionnelles consécutives à l'emploi de marteaux pneumatiques). Enfin, il faut ajouter la silicose provoquée par les poussières provenant des mines et des carrières, qui fait l'objet d'une réglementation spéciale.

Mais la loi du 27 janvier 1993 a élargi la notion de maladie professionnelle (art. L. 461-1).

En effet, tout en rappelant que les maladies figurant sur la liste et contractées dans les conditions mentionnées à ce tableau sont présumées être d'origine professionnelle, elle dispose également que si une ou plusieurs conditions tenant au délai de prise en charge, à la durée d'exposition ou à la liste limitative des travaux ne sont pas remplies, la maladie telle qu'elle est désignée dans le tableau peut être reconnue d'origine professionnelle lorsqu'il est établi qu'elle est directement causée par le travail habituel de la victime.

Elle ajoute également que peut être reconnue d'origine professionnelle une maladie caractérisée, non désignée dans le tableau des maladies professionnelles, lorsqu'il est établi qu'elle est essentiellement et directement causée par le travail habituel de la victime et qu'elle entraîne le décès de celle-ci ou une incapacité permanente d'un taux évalué dans les conditions prévues à l'article L. 434-2 du Code de la Sécurité sociale au moins égal à 66,66 %.

Dans ces deux cas, c'est la Caisse Primaire qui reconnaît l'origine professionnelle après avis motivé d'un comité régional de reconnaissance des maladies professionnelles.

120. *Procédure de déclaration d'accident.* — Pour éviter les fraudes, la loi exige une déclaration très rapide de l'accident du travail. La victime d'un accident du travail doit, dans les 24 heures de l'accident, sauf cas de force majeure, en informer l'employeur. Celui-ci doit, dans les 48 heures, en informer la Caisse Primaire (sous peine de remboursement des prestations que la Caisse serait appelée à verser), laquelle donne avis de l'accident à l'inspecteur du travail [1]. En même temps, l'employeur est tenu de délivrer à la caisse une feuille d'accident que celle-ci présentera au médecin de son choix. Lorsque l'accident a entraîné la mort de la victime, ou lorsqu'il y a risque de mort ou d'incapacité permanente, ou accident de trajet, une enquête doit être faite par un agent assermenté de la Caisse (art. L. 442-1).

La Caisse, au vu des renseignements recueillis, va opérer le versement des prestations. En cas de contestations, c'est le contentieux général de la Sécurité sociale qui est compétent (voir *infra* n° 234). Mais, s'il s'agit d'une difficulté portant sur le degré d'incapacité, elle relève du contentieux technique de la Sécurité sociale (voir *infra* n° 238).

121. *Prestations :*

a) *En nature.* — Les modalités d'indemnisation sont plus favorables à l'assuré que celles prévues par les assurances sociales. En effet la victime conserve le libre choix du praticien, mais le principe du tiers payant est consacré et le ticket modérateur est supprimé.

b) *En espèces.* — Concernant les prestations en espèces, il n'y a pas de délai de carence comme dans le régime maladie (voir *supra*

1. La loi du 3 janvier 1985 a précisé que la caisse régionale d'assurance maladie pourra autoriser un employeur à remplacer la déclaration des accidents n'entraînant ni arrêt de travail, ni soins médicaux, par une inscription sur un registre ouvert à cet effet.

n° 112) ; les indemnités journalières sont calculées suivant des modalités plus favorables qu'en matière d'assurances sociales, parce qu'elles sont établies sur la base d'un salaire dont le plafond est plus élevé que celui des assurances sociales : en assurances sociales, le plafond est, nous l'avons vu, 1/720 ; en cas d'accident du travail le plafond journalier est 0,834 % du plafond annuel des cotisations de Sécurité sociale (art. R. 433-3).

122. *Prestations d'incapacité permanente.* — L'accident du travail (comme tout accident) provoque une incapacité de travail, qui peut être totale ou partielle. *Les prestations d'incapacité permanente* sont allouées, à partir de la consolidation de la blessure, jusqu'au décès. Elles consistent en une rente calculée en fonction du salaire réel de l'intéressé pendant l'année précédant l'accident, et du taux d'incapacité. La rente est allouée dès que l'incapacité est supérieure à 10 %.

En cas de décès consécutif à un accident du travail, le conjoint survivant, les enfants ou descendants *à charge* bénéficient d'une rente. Les ascendants, de leur côté, peuvent également prétendre à une rente, mais dans deux hypothèses :

1° si la victime ne laisse ni conjoint ni enfant ou descendant, et que l'ascendant peut prouver qu'il aurait pu obtenir de la victime une pension alimentaire ;

2° si l'ascendant prouve qu'il était à la charge effective de la victime.

La réparation de l'accident du travail étant forfaitaire, *si un tiers* est responsable de l'accident, la victime est en droit de lui réclamer un complément d'indemnisation de telle sorte que le préjudice total, évalué suivant les règles du droit commun, soit réparé par le concours de la Sécurité sociale et du tiers.

123. *Fautes de l'employeur :*

a) En cas de *faute intentionnelle de l'employeur,* la victime d'un accident du travail ou ses ayants droit gardent le droit d'agir contre lui en réparation du préjudice total, sous réserve évidemment des prestations servies par la Sécurité sociale, et la Caisse de Sécurité sociale a aussi le droit de recourir contre l'employeur pour obtenir le remboursement des prestations versées par elle. En d'autres termes, c'est le retour au droit commun.

b) En cas de *faute inexcusable de l'employeur,* la victime a droit à à un *complément d'indemnisation* (majoration de rente). Cette majoration est payée par la Caisse à la victime, mais donne lieu à une majoration des cotisations que l'employeur doit, au titre des accidents du travail (voir *infra* n° 320).

En outre l'intéressé peut demander à l'employeur la réparation du préjudice causé par les souffrances physiques et morales par lui endurées, de ses préjudices esthétiques, et d'agrément ainsi que de la perte ou de la diminution de ses possibilités de promotion professionnelle.

La faute inexcusable est caractérisée selon la Cour de cassation (arrêt de principe des Chambres réunies, 16 juillet 1941) par : 1° l'absence d'élément intentionnel (c'est ce qui la distingue de la faute intentionnelle) ; 2° l'existence d'un acte ou d'une omission volontaire ; 3° la gravité exceptionnelle de la faute ; 4° la conscience du danger que l'employeur ou celui qui lui est substitué doit avoir. Elle s'apprécie en raison des circonstances, de la formation et l'expérience professionnelle des intéressés, de la réglementation et habitude de la profession, de l'existence également d'une faute de la victime[1].

La preuve de la conscience du danger est aujourd'hui facilité par la loi du 23 décembre 1982 relative à l'hygiène et à la sécurité des travailleurs. En effet, aux termes de l'article L. 231-8-1 du Code du Travail, « aucune sanction, aucune retenue de salaire ne peut être prise à l'encontre d'un salarié ou d'un groupe de salariés qui se sont retirés d'une situation de travail dont ils avaient un motif raisonnable de penser qu'elle présentait un danger grave et imminent pour la vie ou pour la santé de chacun d'eux. Le bénéfice de la faute inexcusable de l'employeur est de droit pour le salarié ou les salariés qui seraient victimes d'un accident du travail ou d'une maladie professionnelle alors qu'eux-mêmes ou un membre CHSCT avaient signalé à l'employeur le risque qui s'est matérialisé ».

Pour que la faute inexcusable soit retenue, encore faut-il qu'elle ait un caractère déterminant dans la survenance de l'accident[2].

1. Cass. Soc. 7 juillet 1982. Bull. civ. V 347.
L'appréciation de la conscience du danger se fait « in abstracto », 27 février 1985, Bull. civ. V, p. 95, n° 131.
2. Cass. Soc. 29 avril 1985, inédit pourvoi n° 8317004.

Section 3
Les prestations complémentaires

124. *Les indemnités différentielles de maladie.* — De nombreuses conventions collectives ont institué en faveur des salariés malades ayant une certaine ancienneté, le maintien pendant un certain délai (3 mois ou 6 mois, généralement, ou 3 mois plein salaire, 3 mois demi-salaire) de tout ou partie du salaire. Dans ce cas l'employeur paie au salarié le plein salaire et celui-ci lui reverse les indemnités journalières, qui lui sont allouées par la Sécurité sociale. L'employeur garde ainsi à sa charge la différence entre le plein salaire et les indemnités journalières de la Sécurité sociale. Cette part de rémunération assurée par l'employeur est souvent désignée sous le nom d'indemnités différentielles de maladie.

La *nature juridique* de ces indemnités a fait l'objet de vives controverses. Il a été jugé finalement qu'elles devaient être considérées comme un salaire, bien qu'elles soient versées pendant l'inactivité du salarié. Il faut observer, cependant, que cette jurisprudence est intervenue en matière de détermination de l'assiette des cotisations de Sécurité sociale (voir *infra* n° 314), et que la notion de salaire est plus extensive dans le droit de la Sécurité sociale que dans le droit du travail. La solution peut-elle être différente en droit du travail ? Nous ne le pensons pas, le versement de ces indemnités par l'employeur lui-même conduit à leur reconnaître le caractère de salaire. Lorsque le salarié est tombé malade pendant les congés payés, il ne peut pas cumuler l'indemnité compensatrice de congés payés due avec l'indemnité différentielle de maladie due, en vertu de la convention collective. Le seul cumul autorisé, selon la jurisprudence, est celui de l'indemnité de congé payé avec les prestations en espèces (indemnités journalières) de la Sécurité sociale.

125. *Les mutuelles.* — De nombreux assurés bénéficient également des prestations versées par des Sociétés mutuelles organisées souvent sur le plan professionnel. Ainsi les frais médicaux et pharmaceutiques, non remboursés par la Sécurité sociale, sont pris en charge par les mutuelles.

Les sociétés de secours mutuel, qui tantôt se substituent aux Caisses de Sécurité sociale, tantôt ajoutent à leurs versements, sont fédérées au sein de la mutualité. Une ordonnance du 19 octobre 1945 devenue code de la Mutualité définit leur statut.

Chapitre 4
La cessation du travail et l'indemnisation de la perte de l'emploi

126. *Rupture du contrat à durée déterminée et du contrat à durée indéterminée.* — Il existe de nombreuses causes qui mettent fin au contrat de travail, entraînant pour le salarié la perte de l'emploi, ce qui constitue pour lui le risque le plus grave de sa vie professionnelle. Le Droit du Travail a établi un certain nombre de règles destinées à protéger le travailleur contre la brutalité d'une rupture inopinée du contrat. Le problème se pose très différemment, suivant qu'il s'agit d'un contrat à durée déterminée ou à durée indéterminée. La rupture de ce dernier type de contrat est, en effet, susceptible d'intervenir à tout moment, c'est-à-dire à une date inconnue des parties, tandis que la fin du contrat à durée déterminée est fixée à l'avance. Dans ce dernier cas le salarié peut donc chercher un nouvel emploi, et l'employeur peut prévoir le remplacement du salarié, puisqu'ils connaissent le moment de la rupture.

Après la rupture du contrat le salarié sera, peut-être, dans l'impossibilité de trouver un nouvel emploi. L'indemnisation du chômage devra, alors, être organisée, sous forme d'assurance ou d'assistance, la Sécurité sociale n'ayant pas en France pris ce risque à sa charge.

127. *Certaines causes secondaires de rupture sont communes au contrat de travail à durée déterminée et indéterminée :*

a) *La force majeure :* La force majeure, lorsqu'elle a un caractère définitif, entraîne la cessation du contrat de travail (lorsqu'elle a un caractère temporaire il s'agit, alors, d'une simple cause de suspension, voir *supra* n° 100). C'est ainsi que l'incendie d'une usine, par exemple, ou encore la destruction de cette usine par un fait de guerre, mettant les parties dans l'impossibilité définitive d'accomplir leurs obligations, met fin au contrat. Il en sera de même pour un fait du prince, tel que l'interdiction législative de fabriquer un produit, dans la fabrication duquel s'était spécialisée une entreprise donnée, ou encore une réquisition.

En revanche, il est prévu expressément par le législateur que la fermeture définitive de l'entreprise, par suite de la cessation de l'exploitation ne constitue pas un cas de force majeure, et qu'en conséquence, en cas de rupture du contrat, le préavis devra être respecté.

La faillite ne constitue pas non plus un cas de force majeure ; l'administrateur, s'il ne continue pas l'exploitation, ou s'il juge nécessaire de se séparer d'une partie du personnel, devra procéder au licenciement des salariés, qui auront droit aux indemnités de rupture. Mais si la faillite ne s'analyse pas comme un cas de force majeure, elle constitue généralement un motif légitime de rupture, même si le dépôt du bilan est consécutif à des fautes de l'employeur dans la gestion (affaire *Brinon Soc.,* 31 mai 1956).

La force majeure peut également tenir à la *personne du salarié.*

Ainsi l'interdiction de participer à des travaux de défense nationale, prévue par l'autorité publique à l'encontre d'un salarié, est susceptible d'être invoquée comme force majeure.

b) *Le décès du salarié :* Le décès du salarié, à la différence du décès de l'employeur, met fin au contrat de travail.

c) *La nullité du contrat :* Le cas le plus fréquent est celui du travailleur étranger ne possédant pas de carte de travail valable. En principe, la nullité du contrat de travail opère rétroactivement. Logiquement, le salarié dont le contrat est nul doit être considéré comme n'ayant jamais été salarié. Il devrait donc perdre, non seulement, le droit au salaire pour le travail fourni, mais encore le droit au bénéfice de la législation du travail, notamment le droit à obtenir réparation d'un accident du travail. À raison du caractère successif du contrat, il était difficile de maintenir ici, intégralement, le principe de la rétroactivité. En fait, la nullité opère comme une résiliation. La législation sur la Sécurité sociale ne fait plus dépendre le droit à réparation, en cas d'accident du travail, de la validité du contrat. Quant au salaire, s'il n'a pas été versé, le travailleur est en droit d'en réclamer le montant pour le travail fourni, sur la base sinon du contrat de travail, du moins de l'enrichissement sans cause.

La jurisprudence avait même franchi un pas de plus, dans l'assimilation de la nullité du contrat à la résiliation, en accordant le bénéfice du préavis et des indemnités de rupture au salarié dont le contrat était nul[1]. Le législateur a tranché le problème.

La loi du 17 octobre 1981, comporte 4 dispositions concernant les conséquences de la nullité du contrat de travail du salarié en situation irrégulière :

1° assimilation de l'étranger irrégulièrement engagé au salarié en règle,

2° prise en compte de la période d'emploi illicite dans le calcul de l'ancienneté,

3° obligation pour l'employeur de payer le salaire conventionnel ou le S.M.I.C. et les accessoires de salaire,

4° droit pour le salarié à une indemnité forfaitaire de rupture égale à 1 mois de salaire, sauf dispositions conventionnelles plus favorables, et droit à des dommages-intérêts éventuels.

Section 1
L'article L. 122-12 : la recherche de la stabilité de l'emploi

128. Selon le droit commun des contrats, l'employeur pourrait céder son entreprise sans que l'acquéreur ait l'obligation de continuer les contrats de travail conclus par son prédécesseur. Mais, dans un souci de recherche de stabilité de l'emploi, le législateur a posé une règle différente dans l'article L. 122-12 du Code du Travail. En effet, selon ce texte, s'il survient une modification dans la personne de l'employeur, tous les contrats de travail subsistent entre les salariés et le nouvel acquéreur de l'entreprise. Le nouveau principe s'applique, en cas de décès de l'employeur, à l'encontre de ses héritiers, en cas de vente de l'entreprise, à l'encontre de l'acquéreur, en cas de fusion de l'entreprise, en cas de mise en société d'un fonds de commerce ou la location-gérance de celui-ci. Il résulte de ce principe que le salarié est,

1. En fait hésitation de la Cour de cassation, v. Soc. 9 février 1966. Droit social 1966-926 mais contrat Soc. 15 février 1978 D-1980-30, note g Lyon Caen.

en quelque sorte, au service d'une entreprise, plutôt qu'au service d'un entrepreneur déterminé. Son poste de travail semble échapper aux vicissitudes subies par l'entreprise.

a) *Extension :* On a pu se demander si l'énumération de l'article L. 122-12 était ou non limitative. La jurisprudence a répondu négativement et interprété largement le texte. Elle n'exige même pas, pour que le texte soit applicable que le nouveau chef d'entreprise ait des liens contractuels avec son prédécesseur. En d'autres termes, il n'est pas nécessaire que le nouvel employeur soit l'ayant cause du précédent ; ainsi elle en a fait bénéficier : les salariés d'une entreprise concessionnaire de service public, en cas de changement du concessionnaire ; le personnel d'une entreprise dont la propriété était transférée à l'État, à la suite d'une mesure de nationalisation ; les travailleurs d'une entreprise tombée en faillite, lorsque l'administrateur a décidé de maintenir l'exploitation. La seule condition, à l'application du texte, est que l'activité de l'entreprise soit restée la même. Si l'entreprise cesse son activité et si elle est remplacée par une entreprise dont l'objet est différent, l'article L. 122-12 cessera d'être applicable. Les tribunaux ont interprété cette condition de façon libérale : ils n'exigent pas la permanence de toute l'activité économique de l'entreprise : mais seulement de la part d'activité à laquelle était affecté le salarié qui réclame l'application de l'article L. 122-12. C'est ainsi, qu'un représentant de commerce chargé de présenter une marque bénéficie de ce texte si son employeur a cédé la marque à une autre entreprise : il suit, en quelque sorte, la marque.

Cependant la jurisprudence la plus récente est revenue vers une interprétation plus restrictive. Et les derniers arrêts restreignent, à la fois, le champ d'application du texte et ses effets[1].

En effet la Cour de cassation exige, aujourd'hui que la branche d'activité cédée ait une certaine importance, une existence, une autonomie et un personnel propre qui était bien affecté — exclusivement et en permanence — au travail relevant de l'activité cédée[2].

Il faut, en outre, en cas d'interruption d'activité entre la cession et la reprise effective du travail, que ce soit la même entreprise qui recommence et non une entreprise ayant des composantes différentes[3].

1. Cass. Ass. plénière, 16 mars 1990 D-1990-305, note A – Lyon Caen.
2. Soc. 5 juillet 1983, Bull. civ. n° 391.
3. Cass. Soc 4 mai 1984.

Il est également indispensable, selon la chambre sociale, que l'activité de l'entreprise soit exploitée dans les mêmes conditions, ou tout au moins dans des conditions analogues. Or les tribunaux estiment que cette condition fait défaut dès lors que le nouvel exploitant utilise des moyens très différents de l'ancien, apporte des changements importants.

De même lorsqu'une entreprise a décidé de reprendre la gestion directe d'un service, qu'elle avait donné en sous-traitance à une entreprise extérieure la chambre sociale écarte l'application de cet article, dans ce cas[1].

Mais une nouvelle fois cette jurisprudence pourrait être remise en cause, sous l'influence de la cour de justice des communautés qui a jugé que la directive relative au maintien de droits des travailleurs en cas de transfert d'entreprise s'applique au cas où un entrepreneur confie, par voie contractuelle à un autre entrepreneur la responsabilité d'exécuter les travaux de nettoyage assurés auparavant de manière directe par l'entreprise[2].

b) *Effets :* La règle découlant de ce texte a un effet automatique. Elle est d'ordre public et ne pourrait être écartée dans l'acte de cession de l'entreprise. Elle est réciproque et le salarié est tenu de la respecter, tout comme l'employeur.

La loi du 28 juin 1983 (nouvel art. L. 122-12-1) précise que le nouvel employeur est tenu à l'égard des salariés, dont les contrats subsistent, des obligations qui incombent à l'ancien employeur à la date de la modification (salaires, indemnités de congé payé) quitte à réclamer le remboursement au prorata au premier employeur.

En dépit de ces règles, l'article L 122-12 constitue, souvent, une protection illusoire pour le salarié dans la mesure où l'employeur primitif, comme le nouvel employeur continuent à disposer du droit de rupture unilatérale du contrat, sous couvert de réorganisation de l'entreprise.

La jurisprudence a réaffirmé ce principe et admis même que l'employeur primitif pouvait procéder à des licenciements légitimes[3].

1. Cass. Soc., 19 octobre 1983, op. cit., p. 3.
2. Voir rapport de l'arrêt Schmidt Droit social novembre 1994, p. 931.
3. Mais la jurisprudence la plus récente exige que l'employeur justifie la décision de licenciement, Cass. Soc 17 juillet 1990 Bull civ. V n° 372. Elle admet également que la décision de l'employeur primitif n'est pas légitimée par le seul désir du 2e employeur de supprimer des postes (Cass. Soc. 17 juillet 1990, inédit).

Le droit est seulement limité par l'hypothèse d'une collusion frauduleuse.

Tout au plus, si le nouvel employeur use correctement de son droit de licenciement, devra-t-il payer au salarié les indemnités de rupture, en tenant compte de l'ancienneté que le salarié aura acquise chez son employeur primitif.

La dernière jurisprudence admet également que la poursuite des contrats n'emporte pas automatiquement le maintien de tous les avantages acquis, qu'ils soient ou non essentiels. Dans cette hypothèse ou cas de refus d'acceptation par le salarié d'une modification essentielle, la rupture incombera à l'employeur ; mais le licenciement ne sera pas automatiquement considéré comme dépourvu de cause réelle et sérieuse.

Les effets de l'article L. 122-12 sont strictement limités au contrat individuel. Ce texte n'a pas pour conséquence de transmettre au nouvel employeur les obligations découlant d'autres sources que du contrat individuel. C'est ainsi que les accords collectifs, non étendus, qui liaient l'employeur primitif, ne créent pas d'obligations au nouvel employeur, ces accords ne pouvant être considérés comme ayant été incorporés dans le contrat de travail.

Mais l'article L. 132-8 dans sa dernière rédaction pallie cet inconvénient en imposant la survie de la convention ou de l'accord pendant un an et prévoit qu'une nouvelle négociation doit s'engager dans l'entreprise en cause.

Section 2
La rupture du contrat à durée déterminée

129. *La distinction du contrat à durée déterminée et indéterminée.* — La différence essentielle entre un contrat de travail à durée déterminée et un contrat de travail à durée indéterminée réside dans leur mode de dissolution.

Le contrat à durée déterminée doit, en principe, être maintenu jusqu'à l'arrivée du terme, ce terme étant constitué par une date fixe ou résultant d'un événement futur et certain, stipulé dès la signature du contrat, et dont la réalisation ne dépend pas exclusivement de la volonté d'une des parties. Le contrat à durée indéterminée, par contre, peut cesser à tout moment, par une résiliation unilatérale de chacune des parties, étant entendu que cette résiliation doit satisfaire à certaines conditions de forme et de fond (voir *infra* n° 137 et ss.).

La distinction entre ces deux sortes d'engagements présente donc un intérêt majeur.

130. *Expiration du contrat et arrivée du terme.* — Le contrat à durée déterminée prend normalement fin à l'arrivée du terme. Et les causes de suspension des contrats de travail ne font pas, en principe, obstacle à l'arrivée du terme. Toutefois, si le contrat prend fin pendant une période de suspension, l'employeur doit respecter le délai de prévenance, éventuellement prévu au contrat ou les dispositions relatives au report du terme.

Cependant, lorsque la suspension est consécutive à un accident du travail ou une maladie professionnelle, le contrat est suspendu pendant le délai d'attente ou la durée du stage de réadaptation de rééducation ou de formation professionnelle.

L'employeur ne peut, alors, le résilier que s'il justifie d'une faute grave ou d'un cas de force majeure (art. L. 122.32.1 al. 2). À défaut la résiliation est nulle et le contrat se poursuit jusqu'à l'arrivée du terme.

À l'issue de la période de suspension, lorsque le salarié reprend son travail avant l'expiration de son contrat, le salarié doit reprendre son emploi, ou un emploi aussi comparable que possible à son emploi antérieur. Au cas de refus de l'employeur de reclasser le salarié reconnu apte dans son emploi précédent, ou dans un emploi similaire, ou dans un emploi approprié, s'il est partiellement inapte et s'il ne peut justifier ni de l'impossibilité de proposer un tel emploi, ni du refus du salarié d'accepter une offre satisfaisante, le travailleur sera en droit de réclamer une indemnité correspondant au préjudice subi. L'article L. 211.32.9 al. 3 précise que cette indemnité ne pourra être inférieure au montant des salaires et avantages qu'il aurait perçus jusqu'au terme de son contrat.

Lorsque la suspension a pour origine la maternité ou l'adoption : l'employeur ne peut résilier le contrat de travail, s'il ne justifie pas d'une faute grave de l'intéressée non liée à la grossesse, ou de l'impossibilité où il se trouve, pour un motif étranger à la grossesse, à l'accouchement ou à l'adoption de maintenir ledit contrat. Tout licenciement pour une autre cause est nul. Mais il faut que la femme ait fait connaître son état, si elle ne l'a pas fait elle dispose d'un délai de 15 jours pour réparer cette omission à compter de l'envoi de la lettre recommandée (art. L. 122.25.2 al. 2). Cependant, ces dispositions ne mettent pas obstacle à l'arrivée du terme normal du contrat, ni à son non-renouvellement.

131. *Modification du contrat et résolution.* — La modification d'une condition essentielle du contrat de travail à durée déterminée n'est pas admise. En cas de modification essentielle du contrat, le recours au juge est en principe, obligatoire. C'est le conseil de prud'homme qui doit prononcer la résolution du contrat. Toutefois, si la modification unilatérale rend impossible la continuation du contrat, le co-contractant peut, alors, considérer le contrat comme résilié.

132. *Cessation du contrat.* — Le contrat à durée déterminée cesse de plein droit à l'échéance de son terme. Le préavis n'existant pas dans le contrat à durée déterminée et la loi du 25 juillet 1985 ayant supprimé le délai de prévenance, il est opportun en pratique de prévoir un délai conventionnel dans lequel les parties se fixeront sur leurs intentions respectives à la fin du contrat.

133. *Indemnités de fin de contrat.* — Le salarié a droit, dans certains cas, à une *indemnité de fin de contrat* de 5 % de la rémunération totale brute perçue par le salarié pendant son contrat analogue à l'indemnité de précarité d'emploi allouée au travailleur temporaire. Mais seuls bénéficient de l'indemnité de fin de contrat les salariés titulaires des contrats définis à l'article L. 122-1 et L. 122-1-1.

L'indemnité n'est pas due en cas de rupture anticipée à l'initiative du salarié, ou motivée par une faute grave de sa part, ou par un cas de force majeure. Elle n'est pas due non plus en cas de poursuite des relations contractuelles par contrat à durée indéterminée.

À la différence de l'indemnité de licenciement, l'indemnité de fin de contrat a le caractère de salaire. Elle est donc soumise aux charges sociales, à l'imposition sur le revenu et entre dans l'assiette de calcul des congés payés qui sont dus au salarié dès l'instant qu'il a travaillé au moins un mois au service de l'employeur.

134. La *rupture anticipée* du contrat peut être décidée d'un commun accord entre les parties.

— Les parties peuvent également prévoir dans le contrat certaines clauses relatives à la rupture anticipée du contrat ou à ses conséquences, à condition que la clause ne remette pas en cause la nature déterminée du contrat.

a) Elles peuvent, tout d'abord, insérer dans le contrat une clause pénale, aux termes de laquelle la partie qui rompra le contrat avant terme s'engage à verser à l'autre une somme d'argent dont le montant fixé à l'avance est indépendant du préjudice causé. Mais on peut s'interroger sur l'utilité d'une telle clause dans la mesure où si la rupture anticipée est provoquée par l'employeur, celui-ci aux termes de l'article L. 122-3-9 al. 2, doit verser au salarié des dommages-intérêts d'un montant au moins égal aux rémunérations qu'il aurait perçues jusqu'à la fin du contrat. Si au contraire, la rupture fautive est le fait du salarié, l'employeur aura droit à des dommages-intérêts correspondant au préjudice subi. La jurisprudence pourrait considérer dans ce cas la clause pénale comme illicite. Quoi qu'il en soit, la loi du 9 juillet 1975 permet au juge de modérer ou d'augmenter l'indemnité convenue si elle est manifestement excessive ou dérisoire.

b) Une clause résolutoire de plein droit peut également être prévue, si les parties peuvent convenir qu'un événement déterminé à l'avance mettra fin au contrat. Mais l'événement ne doit pas dépendre de la volonté des parties sinon la clause transformerait le contrat en contrat en durée indéterminée, en permettant la rupture unilatérale.

La faute grave et la force majeure peuvent permettre la rupture anticipée du contrat.

Le juge peut être amené à exercer son contrôle sur la qualification de la faute grave ou de la force majeure et s'il ne reconnaît pas leur existence, il condamnera l'auteur de la rupture à des dommages-intérêts.

En dehors de l'accord des parties ou de la rupture unilatérale pour faute grave ou force majeure, la rupture anticipée du contrat peut être judiciaire.

La résolution judiciaire n'est pas prévue expressément par la loi, mais elle résulte de l'article 1184 du Code civil.

La demande de résolution ne peut que reposer sur l'existence d'une faute d'une certaine gravité (cette faute doit en principe être la faute grave privative d'indemnités)[1].

1. Soc 20 mars 1990 Bull civ. V n° 121.

Des dommages-intérêts peuvent être alloués au profit de la partie victime de la faute grave.

134. *Renouvellements et contrats successifs.* — Le contrat de travail à durée déterminée peut poursuivre ses effets, au-delà du terme, soit par l'effet d'un renouvellement, soit par la conclusion de contrats successifs.

a) *Le renouvellement :* Le contrat à durée déterminée comportant un terme certain peut être renouvelé par l'effet d'une clause prévue expressément dans le contrat initial. Si le contrat initial est muet sur la question du renouvellement, la relation contractuelle qui se poursuit après l'échéance du terme ne peut que donner naissance à un contrat à durée indéterminée (article L. 122-3-11).

Cependant un avenant soumis au salarié avant le terme peut permettre le renouvellement. En outre un seul renouvellement est autorisé.

Le législateur ne permet pas que le renouvellement ait pour effet de dépasser la durée maximale du contrat à durée déterminé fixée par la loi.

b) *Contrats successifs :* si le même salarié reste au service de l'entreprise, après l'arrivée du terme, le principe est la transformation du contrat en contrat à durée indéterminée. Cependant, il est possible de conclure plusieurs contrats à durée déterminée dans le cas de remplacement, de travaux saisonniers, ou de contrats conclus dans le cadre d'usages professionnels. Mais dans ce cas on peut se demander si la jurisprudence ancienne qualifiant la succession ininterrompue d'engagements de « relations de travail d'une durée globale indéterminée » ne doit pas être appliquée[1].

— Si sur un même poste ou poste équivalent l'employeur fait appel à des salariés différents, il peut conclure des contrats de travail à durée déterminée dans les hypothèses suivantes :

a) s'il y a rupture anticipée, est imputable au seul salarié ou de refus du renouvellement par un salarié pour la durée du contrat non renouvelé,

1. En sens contraire v. Soc 16 février 1989 Bull civ. V n° 135.

b) si le salarié remplacé a une nouvelle absence.

Il est possible également de conclure des contrats successifs avec un même salarié pour des postes différents, lorsqu'il s'agit de contrats pour remplacer un absent, sans avoir à respecter un délai.

Dans les autres hypothèses, il ne peut être recouru pour pourvoir le poste du salarié dont le contrat a pris fin, à un contrat à durée déterminée avant l'expiration d'une période égale au tiers de la durée de ce contrat, renouvellement compris (art. L. 122-3-11).

Au cas de violation de cette obligation, le contrat sera réputé à durée indéterminée.

Le conseil de Prud'hommes saisi d'un problème de requalification statue immédiatement en Bureau de Jugement, sans qu'il soit nécessaire de procéder à une conciliation et le jugement rendu est exécutoire à titre provisoire.

Section 3
La rupture du contrat à durée indéterminée

135. *Démission et licenciement.* — La rupture du contrat peut émaner du salarié. On dit, alors, qu'il y a *démission.* Elle n'est soumise à aucune forme, ni procédure. Le salarié doit seulement respecter un préavis d'usage. Il arrive aussi (mais très exceptionnellement) que soit sanctionné l'abus dans l'exercice de ce droit de démission.

La rupture, lorsqu'elle provient de l'employeur s'appelle *licenciement.* Longtemps non réglementé par la loi, le licenciement a fait coup sur coup l'objet de deux grandes lois (loi 13 juillet 1973, loi 3 janvier 1975).

136. *Notions générales sur le licenciement.* — Selon la formule de l'article 1780 du Code civil, reprise par l'article L. 122-4 du Code du Travail, le louage de services fait sans détermination de durée peut toujours cesser par la volonté d'une des parties contractantes. Mais ce congé ne peut être inopiné car il faut que l'ouvrier ait le temps de rechercher un emploi et que l'employeur ait le temps de remplacer la main-d'œuvre défaillante, d'où la nécessité pour les parties de respecter un délai de préavis, appelé aussi délai-congé.

La perte de son emploi peut causer au salarié un préjudice important dont il est juste qu'il soit indemnisé. Tel est l'objectif de l'indemnité de licenciement ou d'ancienneté, qui vise également à récompenser les services rendus et la stabilité du salarié dans l'entreprise.

Enfin, le salarié doit être protégé contre l'arbitraire patronal. Il faut donc veiller à ce que le licenciement n'ait pas été prononcé dans le dessein de nuire au salarié, ou qu'il n'ait pas été décidé avec une légèreté blâmable par l'employeur. La loi du 13 juillet 1973 a posé l'exigence d'une cause réelle et sérieuse du licenciement, précisée par lettre recommandée et appréciée par le juge. De son côté, la loi du 3 janvier 1975 a consacré un statut spécial du licenciement pour cause économique qui a fait l'objet de réformes par la loi du 3 juillet 1986 supprimant l'autorisation administrative, et par la loi du 2 août 1989 définissant la notion de licenciement économique. Cependant, il reste important de distinguer soigneusement le licenciement pour motif personnel et le licenciement pour motif économique.

§1. Licenciement pour motif personnel

137. L'initiative de la rupture. — En pratique, il est parfois difficile de déterminer avec certitude l'auteur de la rupture. En effet l'une des parties, sans prendre explicitement l'initiative de la rupture, adopte certaines attitudes, ou prend certaines décisions, qui sont assimilées à un licenciement. Ainsi l'employeur est considéré comme l'auteur de la rupture, s'il a exercé une pression sur le salarié, ou l'a injurié pour le conduire à la démission, ou si le salarié a démissionné parce qu'il n'avait pas reçu sa rémunération.

Il en est de même si l'employeur *modifie unilatéralement les conditions essentielles du travail,* et si le salarié refuse d'accepter cette modification. Cette pratique est, parfois, appelée révision du contrat de travail. Il faut distinguer la révision prévue à l'avance par le contrat de travail, la convention collective, le règlement intérieur ou l'usage, et celle qui intervient en cours de contrat à l'initiative de l'employeur, sans qu'il s'en soit réservé la faculté dans le contrat et sans que la convention collective ou le règlement intérieur lui en accordent le droit.

Lorsqu'elle est prévue dès l'origine du contrat, le salarié est obligé de se soumettre aux modifications ultérieures ; s'il refuse, il doit être considéré comme démissionnaire[1]. C'est ainsi qu'il existe un usage concernant les employés de banque, qui permet de muter cette catégorie de salariés dans une succursale située dans une ville différente de celle où la signature du contrat est intervenue ; si l'employé refuse la mutation, il prend l'initiative de la rupture du contrat[2]. Dans cette hypothèse, il ne s'agit pas d'une véritable révision du contrat.

On désigne sous le terme de « révision » la modification non prévue d'une condition essentielle du contrat. Cette notion de condition essentielle est difficile à cerner et fait l'objet d'une jurisprudence nuancée : un changement important d'attribution, une rétrogradation, sont analysés comme une modification d'une condition essentielle. Il en est très souvent de même du changement de lieu de travail (mais sur ce dernier point les décisions jurisprudentielles nombreuses n'adoptent pas toujours des solutions semblables). En revanche, le changement de poste de travail ou d'horaire ne sont, généralement, pas considérés comme des modifications assez importantes pour entraîner le mécanisme de la révision du contrat.

Lorsqu'il s'agit d'une véritable révision, la jurisprudence considère que l'employeur est tenu d'offrir la révision et si le salarié la refuse, son refus est assimilé à une rupture du contrat, mais à l'initiative de l'employeur, qui devra payer les indemnités de rupture (voir *infra* n°s 154 et ss.).[3]

Au surplus, le licenciement consécutif à la révision reste un licenciement légitime si la révision a pour objectif l'intérêt de l'entreprise. Si elle est inspirée par une intention malveillante, ou si la décision a été prise sans motif réel et sérieux, elle peut justifier l'allocation de dommages-intérêts au profit du salarié, conformément à l'article L. 122-14-4 (voir *infra* n° 144).

A La procédure

138. Formalités successives. — L'employeur qui envisage une décision de licenciement doit respecter une certaine procédure dont il convient de préciser les différentes phases.

1. - 2. La jurisprudence la plus récente préfère considérer que la rupture est à l'initiative de l'employeur et que le salarié a commis une faute grave. Soc. 10 novembre 1992, Bull. civ. V n° 540.
3. Si la modification est intervenue pour motif économique, le silence du salarié pendant un mois vaut acceptation (art. L. 321-1-2).

a) *1re phase : avant la décision du licenciement.*

L'employeur ou son représentant qui envisage de licencier un salarié doit, avant toute décision, *convoquer* l'intéressé pour un entretien par lettre recommandée. La lettre doit mentionner son objet, c'est-à-dire préciser que l'entretien portera sur tel fait précis et que le salarié est autorisé à se faire assister d'une personne de son choix appartenant à l'entreprise.

Lorsqu'il n'y a pas d'institutions de représentation du personnel, il peut faire appel à un conseiller de son choix inscrit sur une liste par le représentant de l'État dans le département.

Le salarié doit disposer, alors, d'un délai de cinq jours avant l'entretien.

Au cours de l'entretien, l'employeur est tenu d'indiquer au salarié le ou les motifs de la décision envisagée. Les explications du salarié doivent être recueillies.

b) *2e phase : la décision de licenciement.*

Avant de procéder à la notification de la décision de licenciement, l'employeur doit attendre un jour franc. La forme imposée par la loi pour cette notification est la *lettre recommandée* avec accusé de réception. La lettre doit être motivée de façon précise. Le défaut de motifs est assimilé à une absence de cause réelle et sérieuse.

Les sanctions du défaut de procédure prévues par l'article L. 122-14-4 sont inapplicables lorsque le salarié a moins de 2 ans d'ancienneté ou appartient à une entreprise comptant moins de 11 salariés.

139. *Sanctions.* — On a pu se demander si l'inobservation des prescriptions légales par l'employeur ne pouvait pas permettre au salarié de recourir au référé pour la sauvegarde immédiate de ses droits. La Cour de cassation a condamné cette thèse et a estimé que le législateur n'avait envisagé la réintégration du salarié qu'en cas de rupture du contrat sans cause réelle et sérieuse, sans d'ailleurs l'imposer (voir infra n° 144).

En conséquence, seules les sanctions pécuniaires prévues par le législateur sont applicables et la réintégration du travailleur est exclue. La compétence du juge des référés n'est donc pas justifiée.

En revanche, la loi a prévu des sanctions et une réparation forfaitaire.

Lorsque le licenciement est régulier quant aux conditions de fond, mais irrégulier quant aux conditions de forme, le juge doit :

1° imposer à l'employeur d'accomplir la procédure prévue ;

2° accorder au salarié, à la charge de l'employeur, une indemnité qui ne peut être supérieure à un mois de salaire, à condition qu'il ait 2 ans d'ancienneté et que l'entreprise comprenne au moins 11 salariés.

Mais la jurisprudence a assoupli ces dispositions de l'article L. 12214-4 du Code du Travail. En effet, elle admet qu'il n'est pas indispensable pour le juge d'exiger de l'employeur qu'il accomplisse après coup la procédure violée, il peut accorder directement les dommages-intérêts prévus par le texte.

B Le Fond

140. *Exigence d'une cause réelle et sérieuse.* — Avant la réforme du licenciement par la loi du 13 juillet 1973, la rupture individuelle du contrat à durée indéterminée était un droit discrétionnaire et seul l'abus de droit pouvait donner lieu à sanction. Il suffisait donc pour l'employeur qui licenciait d'invoquer une faute même légère, ou un motif imprécis, ou encore l'employeur étant responsable de la bonne marche de l'entreprise et seul juge de son organisation et des aptitudes et qualités professionnelles de son salarié, il pouvait se prévaloir de l'insuffisance professionnelle ou de la réorganisation de l'entreprise, pour être irréprochable.

La législation de 1973 exige aujourd'hui que l'employeur invoque un motif réel et sérieux.

Le motif doit, tout d'abord, être concret et précis, sinon il ne revêt pas le caractère *réel* invoqué par la loi. Tel n'est pas le cas dans l'hypothèse d'inexactitude des motifs, ou d'allégations vagues portant, par exemple, sur la qualité du travail.

Le caractère *sérieux* du motif du licenciement a également permis de faire disparaître le caractère discrétionnaire du licenciement. Plusieurs décisions ont fait une analyse très poussée du dossier pour rechercher si les faits invoqués à l'appui du licenciement revêtaient une importance suffisante pour être qualifiés de sérieux.

141. *Licenciements justifiés.* — Le motif du licenciement sera notamment considéré comme réel et sérieux :

1° Sur le plan disciplinaire non seulement en cas de faute grave, rendant impossible toute continuation de l'exécution du contrat et privative des indemnités de rupture (voir *infra* n°s 159 et ss.), mais même au cas de faute « sérieuse » telle que : indiscipline, refus d'exécuter les ordres, absence injustifiée, indélicatesse, erreurs et négligences rendant impossible la bonne marche du service[1]. Seule la faute légère ne s'identifie pas au motif réel et sérieux.

---

1. Soc. 3 novembre 1976, Bull. civ. V, 447.

2° L'inaptitude ou l'insuffisance du salarié peuvent constituer un motif réel et sérieux mais aujourd'hui, les juges exigent la preuve de manifestations précises de cette insuffisance professionnelle. En d'autres termes, l'insuffisance professionnelle doit reposer sur des critères recherchés par le juge[1].

3° La mésentente peut constituer un motif réel et sérieux, lorsque les relations de travail impliquaient entre les deux parties une confiance mutuelle réciproque. Spécialement pour les cadres, un dissentiment avec la Direction générale a été qualifié de cause réelle et sérieuse[2].

Cependant la dernière jurisprudence estime que la perte de confiance, même à l'égard d'un cadre, doit reposer sur des faits précis pour constituer une cause réelle et sérieuse, en outre des « soupçons » sur l'honnêteté du salarié ne peuvent plus justifier un licenciement[3].

4° La maladie du salarié assez prolongée peut constituer une gêne pour le service et justifier le licenciement.

5° Un motif économique et technique peut être considéré comme réel et sérieux, dès l'instant où la mesure de réorganisation alléguée par l'employeur apparaît réelle et ne consiste pas en une simple affirmation (voir *infra* n° 146).

142. *Licenciements injustifiés.* — Les licenciements seront considérés comme injustifiés lorsqu'ils impliqueront :

1° Une atteinte à la liberté d'opinion, à la liberté syndicale ou à la vie privée du salarié (sauf si celle-ci apporte une gêne dans l'entreprise, au cas d'intempérance ou de scandale dans l'entreprise)[4].

1. Soc. 12 mars 1987, Droit ouvrier 1988-21. Soc 10 mars 1988 Bull civ. V n° 167.
2. Soc. 14 décembre 1983, D. 1984 IR 111.
3. Soc. 29 novembre 1990, D. 1991, p. 190, note Pelissier, Soc. 12 mars 1991, JCP 1991 E II 176.
4. Il convient de réserver les cas très exceptionnels où les fonctions du salarié exigent certains engagements philosophiques, religieux ou politiques. C'est ainsi que l'assemblée plénière de la Cour de cassation a été saisie de l'affaire d'une institutrice enseignant dans un établissement catholique, licenciée après son divorce, suivi d'un remariage au motif que son nouveau mariage était incompatible avec son emploi. La Cour suprême affirme, à cette occasion, qu'il ne peut être porté atteinte sans abus à la liberté du mariage par un employeur, que dans des cas très exceptionnels où les nécessités des fonctions l'exigent impérieusement, comme en l'espèce, où les convictions religieuses de l'intéressée avaient été prises en considération lors de la signature du contrat de travail. A. Plénière, 19 mai 1978, D. 1978, 541.

2° Comme dans la jurisprudence antérieure à la loi du 13 juillet 1973, les circonstances antérieures ou concomitantes de la rupture peuvent être considérées comme constitutives d'abus de droit : tel est le cas d'un embauchage intervenu à la suite de promesse d'emploi stable pour inciter un salarié à quitter son employeur primitif, suivi d'un licenciement intervenu dans un délai très bref au motif non justifié de réorganisation. Tel est encore le cas d'un licenciement d'un salarié juste avant qu'il puisse faire valoir ses droits à la retraite ou à l'indemnité de licenciement.

3° La jurisprudence ancienne admettant le renvoi abusif en raison des circonstances incorrectes ou vexatoires (renvoi brutal faisant suspecter l'honnêteté du salarié) doit être considérée comme maintenue.

143. *La charge de la preuve.* — La loi du 13 juillet 1973 a également modifié le régime de la preuve du licenciement abusif, sans en renverser complètement la charge. Avant 1973 il appartenait au seul salarié de faire la preuve qu'il était victime d'un abus de droit. On avait proposé de renverser la charge de la preuve, mais cette suggestion a été écartée par le législateur. La loi précise, en effet, qu'« en cas de litige, le juge à qui il appartient d'apprécier le caractère réel et sérieux des motifs invoqués par l'employeur forme sa conviction au vu *des éléments fournis par les parties* et au besoin après toutes mesures d'instructions qu'il estime utiles ». Le régime de la preuve tel qu'il est défini par l'article L. 122-14-3 ne fait reposer la charge de la preuve ni sur l'une, ni sur l'autre des parties.

L'employeur doit alléguer les faits sur lesquels il fonde le licenciement. Le salarié fournit, de son côté, les éléments nécessaires pour contredire les allégations de l'employeur, mais si un doute subsiste il profite au salarié[1].

Le nouveau caractère « inquisitorial » de la procédure civile a conféré au juge des pouvoirs accrus et lui permet de recourir, s'il l'estime nécessaire, à des mesures d'instruction : enquête, comparution des parties, expertise. Il n'est pas tenu d'ordonner de telles mesures même si l'une des parties le demande, mais il peut les décider, même si les plaideurs ne le demandent pas.

1. Soc. 16 juin 1993, Droit Social 1993-773.

144. *Sanctions de l'absence de cause réelle et sérieuse.* — Aux termes de l'article L. 122-14-4, alinéa 1er « ...si ce licenciement survient pour une cause ne répondant pas aux exigences de l'article L. 122-14-2 (cause réelle et sérieuse), le tribunal peut proposer la réintégration du salarié dans l'entreprise, avec maintien de ses avantages acquis ; en cas de refus par l'une ou l'autre des parties, le tribunal octroie au salarié une indemnité. Cette indemnité, qui ne peut être inférieure aux salaires des six derniers mois, est due sans préjudice, le cas échéant, de l'indemnité prévue à l'article L. 122-9 (indemnité de licenciement) ».

Ainsi, le tribunal a la faculté de proposer la réintégration. Mais le juge peut refuser de formuler cette proposition, même si le salarié la réclame. En toute hypothèse, il ne s'agit que d'une proposition, aussi la réintégration ne sera-t-elle réalisée que si les deux parties l'acceptent.

1° Si la réintégration est réalisée, on peut se demander si le salarié aura droit à des dommages-intérêts pour la période comprise entre le licenciement et la réintégration. La loi est silencieuse. Il n'existe donc aucune raison valable d'exclure une éventuelle condamnation à indemniser le salarié pour cette période.

2° Si l'une des parties refuse la réintégration, le tribunal accordera une « indemnité » en sus du préavis, de l'indemnité de licenciement et des congés payés. Cette indemnité ne peut être inférieure aux six derniers mois de salaire. La doctrine lui reconnaît généralement le caractère hybride d'une amende civile et d'une réparation forfaitaire au profit du salarié. Mais il ne s'agit que d'un minimum qui peut être dépassé, en cas de chômage prolongé par exemple.

3° On a pu se demander si le juge était obligé de proposer la réintégration au préalable pour pouvoir prononcer la condamnation à l'indemnité de six mois. La Cour de cassation, répondant négativement, a jugé que la condamnation à une indemnité minimale de six mois de salaires constitue une disposition de portée générale sanctionnant, en l'absence de réintégration, tout licenciement sans cause réelle et sérieuse[1].

4° Enfin il a été jugé que si l'employeur n'énonçait aucune cause dans la lettre de licenciement, celui-ci est présumé dépourvu de cause réelle et sérieuse[2].

1. Cass. Soc. 18 décembre 1975, D. 1976, 210.
2. L'article L. 122-14-2 exige la motivation Soc. 29 novembre 1990, Bull civ. V, n° 598.

145. *Remboursement des allocations de chômage.* — Aux termes de l'article L. 122-14-4, alinéa 2, le tribunal ordonne, également, le remboursement par l'employeur fautif aux organismes concernés des indemnités de chômage, payées au salarié licencié du jour de son licenciement au jour du jugement prononcé par le tribunal.

Ces dispositions soulèvent des difficultés d'interprétation. En effet, on peut se demander s'il est possible de prononcer une telle condamnation, en l'absence des parties intéressées (Administration et A.S.S.E.D.I.C.), qui souvent ignorent le procès, ou s'il n'est possible que de réserver le droit de ces organismes.

La loi du 18 janvier 1979 a définitivement tranché le problème en disposant que : « le remboursement est ordonné d'office par le tribunal dans le cas où les organismes concernés ne sont pas intervenus à l'instance, ou n'ont pas fait connaître le montant des indemnités versées ».

Une copie certifiée conforme du jugement est adressée par le secrétariat du tribunal à ces organismes. Sur le fondement de ce jugement et lorsque celui-ci est exécutoire, les institutions, qui versent les allocations de chômage, peuvent poursuivre le recouvrement des indemnités devant le tribunal d'instance du domicile de l'employeur et selon une procédure fixée par décret.

145bis. *Champ d'application restreint.* — Certains salariés sont exclus du champ d'application de l'article L. 122-14-4 (indemnité égale à six mois de salaire).

Tel est le cas des travailleurs appartenant à une entreprise occupant habituellement moins de onze salariés, ou ayant moins de deux ans d'ancienneté.

Ces salariés peuvent, cependant, prétendre, au cas de rupture abusive à une indemnité calculée en fonction du préjudice subi, conformément au régime applicable avant la loi du 13 juillet 1973.

En revanche, ils bénéficient des dispositions de l'article L. 12214-3, c'est-à-dire que l'exigence d'un motif réel et sérieux concerne tout licenciement (voir *supra* n° 124).

§2. Les licenciements pour motif économique

146. *Notion.* — Une loi importante en date du 3 janvier 1975 a donné un véritable statut à ce type de licenciement, réformée par la loi du 3 juillet 1986 et par la loi du 2 août 1989.

Ce texte a défini pour la première fois la notion de licenciement économique. En effet aux termes de l'article L. 321-1 « *constitue un licenciement pour motif économique, le licenciement effectué par un employeur pour un ou plusieurs motifs non inhérents à la personne d'un salarié, résultant d'une suppression ou transformation d'emploi ou d'une modification substantielle du contrat de travail, consécutives notamment à des difficultés économiques ou à des mutations technologiques* ».

Ainsi trois éléments doivent être désormais réunis pour qu'il y ait licenciement économique :

1° Le motif ne doit pas être inhérent à la personne du travailleur.

Il doit être extérieur au salarié c'est-à-dire ne concerner ni l'âge, ni l'aptitude physique ou professionnelle du salarié.

2° Il doit y avoir suppression de l'emploi.

Il peut s'agir d'une suppression pure et simple ou d'une modification substantielle.

Sur ce dernier point une controverse a existé dans la mesure où la mutation peut intervenir dans le cadre de difficultés économiques ou de mutations technologiques, ou pour d'autres raisons. Le texte de loi précise il est vrai, « consécutives notamment à des difficultés économiques ».

Certains auteurs et arrêts en ont déduit que toutes modifications substantielles, au cas de refus par le salarié, devaient donner lieu à un licenciement nécessairement économique.

Aujourd'hui, il est admis que le licenciement a le caractère économique à condition que la modification substantielle soit consécutive à des difficultés économiques ou des mutations technologiques.

147. *Généralités.* — La loi du 3 janvier 1975 avait institué une procédure de licenciement économique portant sur plus de 10 salariés comportant deux phases : une phase de consultation des organes de représentation du personnel et une phase d'autorisation administrative de licenciement.

Dans la majorité des cas, l'autorité administrative donnait l'autorisation sollicitée, mais celle-ci n'intervenait qu'après un délai assez important qui augmentait les difficultés financières de l'entreprise, sans pour autant sauver l'emploi des salariés.

Les employeurs faisaient valoir que la longueur de la procédure de licenciement constituait un frein à l'embauche.

Le législateur a finalement décidé la suppression de l'autorisation administrative à compter du 1er janvier 1987, tout en conservant la consultation du comité d'entreprise et des délégués du personnel et en privilégiant la négociation collective entre les parties concernant le licenciement économique lui-même, le reclassement et l'indemnisation des salariés victimes du licenciement.

La distinction entre le licenciement économique proprement dit et le licenciement dans les entreprises en redressement ou en liquidation judiciaire est maintenue.

La loi du 29 juillet 1992 a étendu le régime du licenciement économique à toute rupture répondant à la définition de l'article L. 321-1 al. 1 (voir *supra* n° 146).

148. *La procédure.* — Désormais la procédure varie peu suivant la taille de l'entreprise et le nombre de licenciements.

a) *Dans les entreprises où sont occupés plus de 10 et moins de 50 salariés,* les employeurs qui projettent d'y effectuer un licenciement pour motif économique d'ordre conjoncturel ou structurel sont tenus de réunir et de consulter les délégués du personnel lorsque le nombre de *licenciement envisagé est au moins égal à 10* dans une même période de trente jours.

Il doit leur adresser tous renseignements utiles sur le projet collectif (art. L. 321-4)

b) *Dans les entreprises où sont occupés habituellement au moins 50 salariés,* les employeurs qui projettent d'y effectuer un licenciement collectif d'au moins 10 salariés dans une période de trente jours sont tenus de réunir et de consulter le comité d'entreprise. Lorsqu'il n'existe pas de comité d'entreprise, le projet de licenciement collectif est soumis aux délégués du personnel.

Le comité d'entreprise tient deux réunions séparées par un délai qui ne peut excéder 14 jours lorsque le nombre de licenciement est inférieur à 100, 21 jours lorsque le nombre de licenciement est au moins égal à 100 et inférieur à 250 et 28 jours lorsque le nombre des licenciements est au moins égal à 250.

Il peut réclamer l'assistance d'un expert comptable (art. L. 321-7-1).

c) En toute hypothèse, même lorsque le licenciement concerne moins de 10 salariés, la consultation des représentants du personnel est obligatoire mais par application des articles L. 422-1 et L. 432-1 du Code du Travail, relatifs aux attributions et pouvoirs des représentants du personnel.

149. Dans les entreprises employant au moins 50 salariés lorsque le nombre de licenciements est au moins égal à 10 dans une même période de 30 jours l'employeur doit établir et mettre en œuvre un plan social pour éviter les licenciements ou en limiter le nombre et pour faciliter le reclassement du personnel.

La procédure de licenciement est nulle et de nul effet tant qu'un plan visant au reclassement s'intégrant au plan social n'est pas présenté par l'employeur aux représentants du personnel (art. L. 321-4-1).

L'employeur est tenu de notifier à l'autorité administrative compétente, tout projet de licenciement pour motif économique d'au moins 10 salariés dans une même période de trente jours.

Lorsque l'autorité administrative relève une irrégularité de procédure, elle adresse à l'employeur dans des délais prévus par l'article L. 321-7, un avis lui précisant la nature de l'irrégularité.

Elle peut également présenter des propositions pour compléter le plan social.

La loi a institué, en outre, l'obligation pour les employeurs de proposer aux salariés visés par la mesure de licenciement économique, une convention de conversion, sous peine d'une contravention égale à un mois de salaire brut (art. L. 321-13-1).

Le salarié dispose alors d'un délai de 21 jours pour accepter ou refuser la convention de conversion proposée.

S'il l'accepte, le contrat sera rompu d'un commun accord, donc sans préavis, mais avec l'indemnité prévue par l'article L. 321-6 alinéa 4.

Cette rupture prend effet à l'expiration du délai de réponse de 21 jours, dont dispose le salarié pour accepter ladite convention.

Dans ce cas l'employeur peut, cependant, convenir de poursuivre le contrat de travail, pour une durée maximale de deux mois à compter de la proposition de la convention de conversion faite lors de l'entretien préalable ou à l'issue de la dernière réunion du comité d'entreprise ou des délégués du personnel.

Les salariés concernés par un licenciement économique seront convoqués à un entretien préalable, conformément à l'article L. 122-14, mais cette convocation n'est pas obligatoire lorsqu'il s'agit d'un licenciement pour motif économique de 10 salariés ou plus, dans une période de 30 jours lorsqu'il existe un comité d'entreprise ou des délégués du personnel.

Aux termes de l'article L. 321-6, les lettres de licenciement ne peuvent être adressées aux salariés avant l'expiration d'un délai courant à compter de la notification du projet de licenciement à l'autorité administrative.

Le délai varie suivant l'importance du licenciement, de 30 à 60 jours.

150. *Licenciement et redressement judiciaire.* — Lorsqu'il s'agit d'un licenciement collectif consécutif à un redressement judiciaire d'entreprise, l'administrateur ou, à défaut, l'employeur ou le liquidateur suivant les cas, doit informer l'autorité administrative compétente avant de procéder aux licenciements.

En outre, la loi du 25 janvier 1985 relativement au redressement judiciaire des entreprises organisant un contrôle spécifique de l'emploi et cherchant à établir un équilibre entre les nécessités de réorganisation de l'entreprise et le maintien de l'emploi.

Tout d'abord, le nouveau texte réaffirme l'application de l'article L. 122-12 du Code du Travail en cas de modification dans la direction de l'entreprise. Mais le licenciement durant la période de redressement prévue n'est autorisé que dans des circonstances exceptionnelles. En effet, aux termes de l'article 45 de la loi, lorsque les licenciements présentent un caractère urgent, inévitable et indispensable pendant la période d'observation, l'administrateur peut être autorisé par le juge commissaire à procéder à des licenciements. Préalablement à la saisie des juges commissaires, l'administrateur informe et consulte le comité d'entreprise ou les délégués du personnel et l'autorité administrative compétente dans les conditions prévues aux articles L. 321.7-2 et 10 du Code du Travail. Il joint à l'appui de la demande qu'il adresse au juge commissaire les avis et les justifications de ses diligences en vue de faciliter l'indemnisation et le reclassement des salariés.

Ultérieurement, dans le cadre du plan de redressement ou de la liquidation judiciaire l'article 63 de la loi organise une procédure spécifique. L'administrateur n'est plus tenu de procéder à une demande d'autorisation particulière ; c'est le tribunal de commerce qui statuera sur le projet de licenciement dans le cadre du jugement arrêtant le plan, et le tribunal vérifiera si le Comité d'entreprise (ou à défaut les délégués du personnel) a été informé et consulté.

Au cas de liquidation judiciaire, c'est le liquidateur ou l'administrateur, lorsque le maintien de l'activité aura été autorisé par le tribunal, qui est chargé de procéder à la consultation, qui interviendra après le jugement du tribunal statuant sur la liquidation.

Le plan précise, notamment, les licenciements qui doivent intervenir dans le délai d'un mois après le jugement. Dans cette hypothèse, les licenciements interviennent sur simple notification de l'administrateur.

Les licenciements décidés postérieurement au délai d'un mois sont soumis à la procédure du droit commun.

Il convient de mentionner qu'aux termes de l'article 62 de la loi, la plan de redressement précise les conditions sociales envisagées pour la poursuite de l'activité.

Les conditions sociales peuvent consister en des licenciements mais également en des modifications des conditions de travail. Sur ces modifications, les représentants du personnel sont consultés, mais leur accord n'emporte pas l'accord individuel de chacun des intéressés. On peut penser qu'en cas de refus de consentement des salariés concernés par les modifications il y aura lieu d'appliquer les règles de la révision du contrat de travail (voir *supra* n° 131).

151. *L'ordre des licenciements collectifs.* — Dans la phase d'information et de consultation les salariés, qui feront l'objet du licenciement collectif, ne seront pas désignés nominativement. Seul le nombre des futurs licenciés est connu. Mais les travailleurs victimes de la mesure devront être choisis en tenant compte des dispositions de l'article L.321-2 du Code du Travail. Aux termes de ce texte, à défaut de dispositions dans la convention collective, l'employeur, après consultation du comité d'entreprise ou à défaut des délégués du personnel, définit les critères pour fixer l'ordre des licenciements, en prenant, notamment, en compte les charges des familles et en particulier celles des parents isolés, l'ancienneté des salariés dans l'entreprise, la situation des salariés qui présentent des caractéristiques sociales rendant leur insertion professionnelle particulièrement difficile, notamment les personnes âgées, handicapées, les qualités professionnelles par catégorie.

Lorsque les personnes âgées de 50 ans ou plus sont licenciées, l'employeur est tenu de verser aux organismes prévus à l'article L. 351-21 une cotisation dite « contribution Delalande » fixée à un mois de salaire brut pour le salarié âgé de 52 ans à 54 ans, quatre mois de 54 ans à 55 ans, cinq mois pour le salarié âgé de 55 à 56 ans, six mois pour le salarié âgé de 56 ans et plus (art. L. 321-8).

Dans quelques cas comme la faute grave, la cotisation n'est pas due (art. L. 321-8).

La cotisation supplémentaire est également exclue lorsque l'employeur conclut avec l'État une convention F.N.E. et en propose le bénéfice aux salariés concernés avec l'expiration du délai-congé prévu aux articles L. 122-5 et suivants du Code du Travail.

Elle peut être remboursée à l'employeur lorsque le salarié est reclassé par contrat à durée indéterminée dans les trois mois suivant la fin de la date du contrat de travail.

152. *Salariés protégés.* — Pour cette catégorie de travailleurs, le licenciement doit faire l'objet d'une autorisation administrative.

153. *Sanctions et contrôle judiciaire.* — Le non-respect de la consultation obligatoire des représentants du personnel est sanctionné par une amende de 25 000 francs, prononcée autant de fois qu'il y a de salariés concernés par l'infraction.

Le Conseil des Prudhommes est juge de la réalité du motif comme pour le licenciement individuel prononcé pour motif personnel.

Le défaut de procédure si la réalité et le sérieux du motif sont reconnus ouvre le droit au salarié à une indemnité qui ne peut être supérieure à un mois de salaire.

§3. Droits et obligations du salarié licencié

En dehors des sanctions éventuelles prévues au cas de licenciement abusif, ou intervenu sans cause réelle et sérieuse, ou encore sans respect des procédures prévues pour licenciement individuel ou pour licenciement collectif, le congédiement ouvre droit, sous certaines conditions, pour le salarié au respect du préavis, au paiement de l'indemnité du licenciement et à la remise de certains documents.

A Le délai-congé

154. *Sources.* — La réglementation du délai-congé relevait jadis des usages, du contrat individuel de travail et surtout des conventions collectives, qui, aux termes de l'article L. 133-5 du Code du Travail, doivent comporter obligatoirement des dispositions relatives au délai-congé, lorsqu'elles sont susceptibles d'extension. Longtemps, l'usage pratiqué dans la localité et la profession est resté une source essentielle du préavis. Cependant, le caractère supplétif de cette source permettait à l'employeur d'y déroger par une disposition expresse du contrat individuel ou du règlement intérieur. Un progrès a été apporté à ce régime par la loi du 19 juillet 1928, qui sanctionna par une nullité de plein droit toute clause fixant un délai-congé inférieur à celui de l'usage.

Les conventions collectives sont devenues rapidement la source primordiale du délai-congé, jusqu'à la promulgation de la loi du 19 février 1958, qui a institué un délai-congé minimum légal. Mais les dispositions légales ne sont applicables qu'en cas de licenciement et non de démission et si le salarié a une certaine ancienneté. Pour bénéficier des dispositions législatives, il doit justifier une présence de six mois dans l'entreprise et de deux ans pour prétendre à un congé de deux mois (art. L. 122-6).

Même après la promulgation de la loi du 19 février 1958, les conventions collectives conservent donc un rôle très important et demeurent la seule source du délai-congé :

1° Tout d'abord, lorsque les conditions du préavis légal ne sont pas remplies, ou lorsque le salarié a une ancienneté inférieure à six mois.

2° La convention collective s'applique par préférence à la loi, lorsqu'elle contient des règles plus favorables au salarié.

C'est la lettre recommandée avec accusé de réception notifiant le licenciement qui fixe le point de départ du préavis. Cette lettre ne peut être expédiée moins d'un jour franc, après la date pour laquelle le salarié a été convoqué en application des dispositions de l'article L. 122-14.

155. *Conditions du préavis.*

1° Pour que le préavis soit obligatoire il faut qu'il s'agisse d'un *contrat de travail à durée indéterminée* (concernant le contrat à durée déterminée voir *supra* n° 130 et ss.). Il faut, en outre, que l'on ne soit pas en présence d'une période d'essai même prolongée puisque l'intérêt même de la période d'essai est de permettre la rupture immédiate du contrat.

2° Le délai-congé ne doit être respecté que si *aucune faute grave* ne peut être relevée à l'encontre de la victime de la rupture ; la faute grave peut être définie comme celle qui rend impossible la continuation des relations contractuelles (absences répétées, altercations et injures publiques, incorrections, malversations, indélicatesses, insubordination, indiscipline et négligences graves, participation à une grève illicite, refus d'exécuter un ordre reçu, etc.).

L'appréciation de la gravité de la faute se fait en tenant compte de divers éléments concrets : ancienneté, qualités du salarié, attitude du chef hiérarchique. C'est la *partie* qui invoque la faute grave, qui doit en prouver l'existence et la gravité. On peut admettre l'existence de *faits justificatifs : il* peut en être ainsi, notamment, si l'attitude du salarié est justifiée par le non-paiement du salaire. Parfois les tribunaux refusent d'attacher à la faute invoquée le caractère de gravité du préavis, lorsque l'employeur n'a pas prononcé le licenciement immédiat.

156. *La durée du préavis.* — La durée du préavis réglementée par les *usages* et les *conventions collectives* est très variable suivant les catégories de salariés et parfois suivant les branches professionnelles. Il est de quelques jours pour les ouvriers, généralement d'un mois pour les employés, deux mois pour certains techniciens ou collaborateurs, trois mois pour les cadres, et même six mois pour les cadres supérieurs.

La loi du 19 février 1958 a établi la durée minima de préavis à un mois au profit de tous les salariés, en cas de *licenciement* et à condition qu'ils aient six mois au moins d'ancienneté. Cette durée ne constitue qu'un plancher auquel les contrats individuels, ou collectifs, peuvent déroger dans un sens favorable aux salariés. Aussi la convention collective est-elle applicable de préférence à la loi lorsqu'elle accorde un préavis plus important.

Aux termes de la loi du 13 juillet 1973 les salariés, ayant *deux ans d'ancienneté* au service de leur employeur, bénéficient au cas de licenciement d'un préavis de deux mois (art. L. 122-6).

157. *Nature du délai* — Le préavis s'analyse comme un délai préfix, non susceptible de suspension. Il continue donc à courir pendant la maladie du salarié, et celui-ci ne pourra pas prétendre au paiement de son salaire, s'il n'a pas pu fournir sa prestation de travail. Dans

cette hypothèse, le droit à une indemnité compensatrice du préavis lui sera également refusé, l'employeur n'étant pas responsable du non-respect du préavis. En revanche, le délai-congé ne court pas pendant les congés payés.

158. *Situation des parties pendant la période de préavis.*

1° Le contrat de travail poursuit ses effets. Chaque partie doit respecter ses obligations. Il en résulte que la faute grave commise pendant la période de préavis autorise la rupture immédiate du contrat.

2° En vertu d'un usage et des conventions collectives le salarié, en période de préavis, a droit à des moments de liberté pour rechercher un emploi. La durée de cette interruption de travail varie suivant la profession. En général, elle est de deux heures par jour. Ces heures de liberté sont payées au salarié. Mais cette faculté ayant pour source les usages ou les conventions collectives, la Cour de cassation estime qu'elle ne s'étend pas de plein droit aux salariés appelés à bénéficier du préavis légal d'un mois ou de deux mois.

159. *L'indemnité de brusque rupture.* — Il est permis à l'employeur de dispenser le salarié d'effectuer le préavis, à condition de lui verser une indemnité compensatrice forfaitaire égale au montant du salaire que le travailleur aurait perçu s'il avait travaillé (art. L. 122-8). Cette indemnité dite de préavis, ou parfois de brusque rupture, pèse aussi sur le salarié qui démissionne sans respecter le préavis. Pour le calcul de cette indemnité, il faut tenir compte de toutes les sommes ayant la nature de salaires auxquelles le travailleur aurait pu prétendre, y compris les heures supplémentaires habituellement effectuées dans l'entreprise. Si c'est le salarié qui est responsable de la brusque rupture, il devra verser à l'employeur une indemnité de brusque rupture calculée sur le salaire qu'il aurait dû percevoir, s'il avait respecté le délai-congé. Certaines conventions collectives permettent, cependant, au salarié qui a retrouvé un emploi de quitter l'entreprise sans avoir à respecter le préavis.

La détermination de la nature juridique de l'indemnité de préavis a suscité des controverses sérieuses. Peut-on lui reconnaître la nature de salaire, ou doit-on admettre qu'il s'agit d'une indemnité ? L'hésitation était permise. Aujourd'hui, il est jugé qu'il s'agit d'un salaire, du moins lorsque c'est l'employeur qui en est débiteur. L'analyse est différente si c'est le salarié qui doit la payer.

L'indemnité de brusque rupture est indépendante des dommages-intérêts pour rupture abusive, ou pour absence de cause réelle et sérieuse, ou pour non-respect de la procédure, dont elle doit être soigneusement distinguée, ainsi que de l'indemnité de licenciement avec laquelle elle se cumule éventuellement.

Il faut observer pour terminer que l'indemnité de préavis a un caractère forfaitaire. Elle ne prend nullement sa mesure dans le préjudice réellement subi, et serait due, même si le salarié avait immédiatement retrouvé un emploi.

B L'indemnité de licenciement

160. *Sources.* — La liberté de rupture du contrat à durée indéterminée, même si elle est exercée correctement par l'employeur, se révèle souvent préjudiciable pour le salarié resté de nombreuses années au service de l'entreprise, surtout si son âge rend plus difficile pour lui la recherche d'un emploi.

Aussi de nombreuses conventions collectives, surtout celles des collaborateurs et des cadres, prévoient l'octroi d'une indemnité spéciale de licenciement, abstraction faite de toute faute imputable à l'employeur, lorsque le licenciement émane de ce dernier.

Sauf dans quelques cas particuliers, le législateur a longtemps ignoré cette indemnité (journalistes professionnels congédiés, en vertu de l'article L. 761-5 du Code du Travail, et voyageurs de commerce, en vertu de l'article L. 751-7 du même code relatif à une indemnité de clientèle). Le législateur a, enfin, par l'ordonnance du 13 juillet 1967, puis de la loi du 13 juillet 1973 étendu à tous les salariés le bénéfice de l'indemnité de licenciement (art. L. 122-9).

161. *Conditions d'octroi.* — Répondant à l'objectif de protection contre le licenciement que nous venons de rappeler, l'indemnité de licenciement n'est due que dans l'hypothèse d'un licenciement et à condition que le salarié ne se soit pas rendu coupable d'une faute grave, et qu'il ait un minimum d'ancienneté.

Si le travailleur démissionne, on peut supposer qu'il n'attache pas de prix à la conservation de son emploi, et s'il a commis une faute grave, l'incorrection de son attitude justifie une sanction ; aussi dans ces conditions l'indemnité de licenciement lui sera-t-elle refusée.

162. *Bases de calcul.* — L'indemnité de licenciement est calculée sur la base de la rémunération habituelle du salarié, à raison d'une

fraction du dernier salaire, par exemple un mois par année de présence de l'intéressé.

Le salaire servant de base au calcul comprend tous les éléments de rémunération dont bénéficie le salarié, à l'exception des indemnités ou primes représentatives de frais. Ainsi, comme pour le préavis, elle doit comprendre les heures supplémentaires, qui constituent un élément stable et constant de l'emploi, les gratifications qui ont un caractère de salaire. Le montant de l'indemnité varie avec *l'ancienneté.* Malheureusement, les conventions collectives négligent souvent de définir l'ancienneté. On peut dégager, cependant, quelques règles : le délai commence à courir « depuis la date » ou le jour d'entrée dans l'entreprise ; le temps de l'apprentissage est exclu ; la période d'essai doit être, en revanche, comprise dans le calcul de l'ancienneté.

On pouvait également se demander s'il fallait ou non comprendre dans le calcul de l'ancienneté les périodes de suspension. L'ordonnance du 13 juillet 1967 précise que les diverses causes de suspension du contrat n'interrompent pas le cours de l'ancienneté, mais la période de suspension n'est pas incluse dans le calcul de l'indemnité. Au contraire certaines conventions collectives incluent dans ce calcul les périodes de maladie ou de service militaire.

163. *Nature juridique.* — La nature juridique de l'indemnité de licenciement a fait l'objet de vives controverses. Deux thèses se sont affrontées principalement : d'après la thèse du salaire différé, l'indemnité de licenciement constituerait à la fois une prime à l'ancienneté, et la rémunération d'un travail fourni dans le passé pour récompenser les travailleurs de leur fidélité à leur maison. Cette thèse admise, tout d'abord, par la jurisprudence est aujourd'hui abandonnée. Et l'indemnité de licenciement est considérée comme ayant un caractère indemnitaire. Les conditions d'octroi et les bases de calcul de l'indemnité de licenciement sont incompatibles avec la thèse du salaire différé. En effet, s'il s'agissait d'un salaire :

1° Il devrait être normalement calculé sur la base d'un pourcentage des salaires effectivement perçus, chaque année, dans le passé. Or il n'en est rien, l'indemnité est exclusivement déterminée à partir du salaire du travailleur lors de la résiliation du contrat.

2° Concernant le facteur ancienneté, seules devraient être considérées comme « temps dans l'entreprise » les périodes de travail effectif, ou tout au moins pendant lesquelles le travailleur a perçu son salaire. Or, souvent de longues périodes de suspension sont prises en considération, telles qu'une maladie.

Enfin le salarié ne perçoit pas l'indemnité en cas de licenciement par l'employeur, justifié par un cas de force majeure ou de faute grave.

Plusieurs conséquences découlent du caractère indemnitaire. La prescription de cinq ans applicable au salaire est écartée. Elle est exclue de l'assiette des cotisations de Sécurité sociale. Mais c'est dans l'hypothèse de la rupture du contrat après l'ouverture de la faillite de l'employeur, que le problème de la nature juridique va prendre toute son importance. En effet, s'il s'agit d'un salaire différé, la partie de l'indemnité de licenciement afférente à la période antérieure à la faillite sera née avant la faillite et tombera donc dans la masse des créances de l'employeur et subira la loi du dividende. Au contraire, s'il s'agit d'une indemnité, elle ne sera acquise au salarié que par le fait et au moment de la rupture ; dès lors, elle deviendra une dette de la masse. C'est en ce sens que s'est prononcée à plusieurs reprises la Cour de cassation.

C Règlements intervenant après la cessation du contrat de travail

164. Lors du congédiement (ou de l'arrivée du terme du contrat à durée déterminée) un règlement des comptes intervient entre les parties. Le versement du reliquat de salaire et des indemnités de rupture donne lieu à l'établissement de plusieurs écrits, outre le bulletin de paye, qui serviront aux parties à prouver l'accomplissement exact de leurs obligations respectives.

Enfin la cessation du contrat ne libère pas toujours le salarié de toute obligation, il est possible qu'il soit tenu de respecter une clause de non-concurrence.

165. *Le certificat de travail.* — L'article L. 122-16 du Code du Travail permet aux salariés d'exiger, à l'expiration du contrat, la remise d'un certificat de travail leur permettant de démontrer qu'ils sont libres de tout engagement. Le certificat doit porter la date d'entrée et la date de sortie du salarié, la nature de l'emploi occupé et le nom du salarié. Il ne doit mentionner aucune appréciation défavorable. Au cas où l'employeur refuserait de le délivrer, le salarié pourrait l'y contraindre, en prenant contre lui une condamnation sous astreinte, ou en réclamant des dommages-intérêts.

166. *Le reçu pour solde de tout compte.* — Le règlement du salaire et des diverses indemnités dues en cas de rupture s'accompagne, souvent, de la signature par le travailleur d'un reçu pour solde de tout compte, constatant le paiement du salaire et l'accomplissement des obligations de l'employeur et valant en principe renonciation définitive à toute contestations ultérieure.

Quant à la *forme,* le reçu doit porter la mention : « pour solde de tout compte » entièrement écrite de la main du travailleur et suivie de sa signature, la mention en caractères très apparents de la forclusion de deux mois. Il devra être établi en double exemplaire dont l'un devra être remis au travailleur. L'article L. 122-17 du Code du Travail permet au signataire de *dénoncer* l'accord signé dans un délai de deux mois. La dénonciation doit être dûment motivée et effectuée par lettre recommandée[1].

Après l'expiration de ce délai de deux mois, le salarié ne peut plus présenter de réclamation.

La mention portée sur le reçu de la main du salarié « sous réserve de tous mes droits passés, présents et futurs... » rend inopérant le délai de forclusion. Longtemps la jurisprudence a admis que cette forclusion ne frappait que les salaires ou les indemnités visés par le reçu. Le salarié demeurait donc libre de réclamer les sommes qui n'avaient pas été envisagées par les parties. C'est ainsi qu'il était en droit de demander en justice le paiement des dommages-intérêts pour rupture abusive, ces dommages-intérêts n'ayant fait l'objet d'aucune mention sur le reçu. Cependant dans certains cas, la Cour de cassation a estimé que la signature du reçu pour solde de tout compte visant toutes indemnités au titre de la cessation du contrat englobait les dommages-intérêts et interdisait donc toute action si le salarié n'avait pas dénoncé le reçu[2].

Il ne faut pas confondre le reçu pour solde de tout compte et la *transaction* relative aux droits du salarié, à l'expiration de son contrat de travail.

La transaction peut intervenir, en matière de contrat de travail, malgré l'existence du reçu pour solde de tout compte. La Cour de cassation juge que si l'idée de transaction peut être à la base d'un accord conclu pour solde de tout compte, ce dernier ne supprime pas pour

1. Aujourd'hui la jurisprudence admet que la convocation devant le conseil des Prud'hommes en conciliation vaut dénonciation, Soc. 1er mars 1989, Droit Soc. 1989-829.
2. Cass. Soc. 13 janvier 1983 B-ll civ. 1983 V-ll.

autant la possibilité entre employeur et employé d'une transaction obéissant aux règles des articles 2052 et 2053 du Code civil. Son effet est beaucoup plus radical que celui du reçu pour solde de tout compte, puisqu'aux termes de l'article 2052 du Code civil les transactions ont, entre les parties, l'autorité de la chose jugée en dernier ressort. Elles ne peuvent être attaquées pour cause d'erreur de droit ni pour cause de lésion. Il ne peut donc être question ici de dénonciation. La jurisprudence distingue soigneusement la transaction du reçu pour solde de tout compte. La transaction n'existe, selon elle, que dans la mesure où les parties ont consenti à des concessions réciproques[1].

Il ne faut pas confondre non plus le reçu pour solde de tout compte et *l'arrêté de compte* qui est l'acte par lequel une personne approuve un compte, qui lui est rendu par une autre. Aux termes de l'article 541 du Code de Procédure civile, ce compte arrêté ne peut être révisé. Seule subsiste la faculté pour les parties de former une demande de redressement pour omission, erreur, faux ou doubles emplois. La jurisprudence considère que l'exception de compte arrêté et réglé est applicable dans les rapports entre employeurs et salariés. Mais elle exige pour que le compte soit arrêté qu'il ait été discuté, approuvé, ou ratifié, dans des conditions qui impliquent, dans la commune intention des parties, la volonté de fixer définitivement leurs situations respectives. L'existence d'une discussion est le critère qui permet de distinguer l'arrêté de compte du reçu pour solde de tout compte.

167. *Les clauses de non-concurrence.* — Après la rupture du contrat, normalement le salarié recouvre sa liberté. Il peut engager ses services chez n'importe quel employeur. Cependant, en droit du travail, on admet dans l'intérêt de l'entreprise la licéité des clauses de non-concurrence (ou suivant une terminologie plus exacte, des clauses de non-réembauchage).

Il n'existe pas de dispositions législatives régissant ces clauses, mais la jurisprudence a subordonné leur validité à *certaines conditions* et les conventions collectives sont venues les réglementer dans certaines professions.

Les tribunaux annulent les clauses, lorsqu'elles imposent aux salariés une interdiction trop étendue. En effet, pour être licites les

1. Soc. 1er mars 1979. Droit Social 1980, 39, note H. Blaise.

clauses de non-concurrence doivent être limitées dans le temps et dans l'espace et relativement à l'activité professionnelle ; quelques décisions ont même admis que l'existence d'une seule de ces limitations était suffisante pour rendre la clause valable. Mais la jurisprudence s'est orientée dans une voie nouvelle : elle examine, dans chaque cas, si la clause laisse au salarié la possibilité de se reclasser et d'exercer normalement l'activité professionnelle, qui lui est propre. Parfois si la portée de la clause est excessive, elle ne l'annule pas elle la *réduit*[1].

Les *conventions collectives* de leur côté exigent dans la plupart des cas que la durée de la clause soit limitée à deux ans et que l'employeur verse, pendant ce délai, des indemnités proportionnelles aux salaires que le travailleur percevait dans son entreprise.

Dans certains contrats la *portée* de la clause est limitée au seul cas de démission du salarié. Et la jurisprudence a, parfois, écarté la clause au cas de licenciement abusif.

La clause de non-concurrence étant stipulée dans l'intérêt de l'entreprise, l'employeur peut y *renoncer*. Cette renonciation doit être expresse. Ainsi la mention portée sur le certificat de travail : « Libre de tout engagement » n'est pas obligatoirement interprétée comme une renonciation à la clause.

Au cas de *non-respect* de la clause, le salarié sera condamné à verser à son ancien employeur des dommages-intérêts. Mais le deuxième contrat de travail passé au mépris de la clause de non-concurrence n'est pas frappé de nullité. Cependant, si le deuxième employeur est complice de la violation de la clause, il peut être condamné à des dommages-intérêts envers le premier.

Section 4
Le chômage et son indemnisation

168. *Généralités.* — Après le licenciement, il est possible que le salarié ne puisse retrouver un emploi. Il sera, alors, en chômage. Le chômage peut être défini comme le fait pour un individu, qui a perdu

1. Cass. Soc. 7 juillet 1977, Bull. civ. V 377.

son emploi, de ne pas pouvoir, malgré ses efforts, en obtenir un autre alors que pourtant il est apte à travailler.

Il est nécessaire d'essayer de réintégrer le salarié dans le circuit du travail, ce sera l'objectif poursuivi par les services de l'emploi (voir *infra* n° 226 et ss.). Si ce reclassement se révèle impossible, il faudra indemniser le salarié.

L'indemnisation du chômage n'est pas assurée en France par la Sécurité sociale. Jusqu'à la loi du 16 janvier 1979, le chômage était indemnisé par un double système : une assistance (aide publique) et une assurance (A.S.S.E.D.I.C.). Le nouveau texte a opéré une fusion des deux régimes, posé le principe d'une gestion paritaire et étendu à tous les salariés le bénéfice des prestations.

La loi du 16 janvier 1979 n'est qu'une loi-cadre fixant les principes de la réforme. Des accords nationaux interprofessionnels successifs ont modifié et complété le régime national interprofessionnel d'allocations spéciales aux travailleurs sans emploi de l'industrie et du commerce créé par la convention du 31 décembre 1958. Le dernier protocole d'accord a été signé le 1er janvier 1994 agréé par arrêté du 4 janvier 1994 de base. Il détermine l'assiette et les taux de contribution des employeurs et des salariés au régime d'assurance chômage.

Il fixe également les périodes d'affiliations nécessaires pour pouvoir bénéficier de l'assurance chômage. Il définit aussi les durées d'indemnisation pendant lesquelles est versée l'allocation unique aux chômeurs.

Aujourd'hui le revenu de remplacement du chômeur revêt la forme, selon les cas, d'une allocation d'assurance, d'allocations de solidarité ou d'allocations de régimes particuliers.

169. Il est important d'assurer la réinsertion des salariés sans emploi. Tel est l'objectif commun que se sont fixées l'assurance chômage et la formation professionnelle.

La perception d'un revenu de remplacement pendant la période de chômage peut permettre d'entreprendre une action de formation permettant de facilité le reclassement.

§1. Champ d'application et organisation du régime

170. *Gestion et financement paritaire.* — L'assurance-chômage a été étendue à tout employeur et à tout travailleur titulaire d'un contrat

de travail (art. L. 351-3 du Code du Travail). Ainsi, le régime des agents non fonctionnaires de l'État, non titulaires des collectivités locales est aligné sur le nouveau régime. C'est l'existence d'un contrat de travail qui est le critère déterminant. Seuls, sont exclus les salariés âgés de 65 ans ou plus et les dirigeants de société, sauf s'ils bénéficient du cumul contrat de travail, contrat de mandat. En cas de doute sur leur situation, ils peuvent s'informer auprès des ASSEDIC pour connaître son avis, celui-ci engage la responsabilité de l'ASSEDIC. Les employeurs sont tenus de s'affilier dans les deux mois suivant la date à laquelle le régime leur est devenu applicable. Ce sont les caisses de chômage gérées par les associations pour l'emploi de l'industrie et le commerce (A.S.S.E.D.I.C.) fédérées au sein de l'Union nationale pour l'emploi dans l'industrie et le commerce (U.N.E.D.I.C.), qui sont les organismes gestionnaires du système. Ces caisses créées à l'origine par la convention collective du 30 décembre 1958 sont gérées paritairement.

Le financement du régime est assuré essentiellement par des cotisations paritaires.

Les cotisations sont assises sur les rémunérations brutes, c'est-à-dire sur l'ensemble des rémunérations entrant dans l'assiette des cotisations de sécurité sociales définie par les articles L. 242-1 et suivants du Code de Sécurité Sociale dans la limite d'un plafond (art. L. 351-3-1).

Le taux a été révisé périodiquement, le dernier en date a été déterminé par la loi quinquennale du 20 décembre 1993 et la convention du 1er janvier 1994, il fixe le taux à 6,60 % des rémunérations, limitées à 4 fois le plafond du régime général d'assurance vieillesse.

La répartition est de 4,18 % à la charge des employeurs et 2,42 % à la charge des salariés.

À cette part, il faut ajouter à la charge des salariés 0,55 % prélevé sur la tranche des rémunérations excédant le plafond du régime général d'assurance vieillesse de la Sécurité sociale visé à l'article L. 241-3 du Code de Sécurité Sociale et dans la limite de 4 fois ledit plafond.

En outre une contribution supplémentaire dite « Delalande » et due par l'employeur pour toute rupture de contrat de travail d'un salarié âgé de 50 ans ou plus (V. supra n° 149), et une cotisation pour non proposition d'une convention de conversion (voir n° 148).

L'État de son côté a conclu avec les partenaires sociaux, un protocole d'accord en date du 23 juillet 1993 qui prévoit, afin de procéder à un rééquilibre durable de l'Unedic, le versement par l'État, chaque année pendant 10 ans, d'une subvention globale d'un tiers du déficit Unedic y compris la charge d'amortissement de la dette. Cette subvention est plafonnée à 10 milliards de francs par an valeur 1993.

Les modalités de remboursement des dettes du régime sont également prévues par le protocole d'accord.

§2. Les différentes prestations

Le régime d'assurance chômage voit son déficit se creuser de façon inquiétante (de l'ordre de 38 milliards fin 1993), il a donc été nécessaire de réviser à la fois le régime d'assurance chômage et celui de solidarité qui prend le relai de l'assurance en faveur des salariés privés d'emploi, qui recherchent un emploi et qui ne peuvent pas ou ne peuvent plus bénéficier de régime Unedic.

Ils perçoivent, alors, un revenu de remplacement à la charge de l'État.

A Le régime d'assurance

171. *L'allocation unique dégressive* — Bénéficient de l'allocation unique dégressive, les salariés privés d'emploi et ceux qui ont démissionné pour un motif reconnu légitime (ex. le travailleur quitte son emploi pour suivre son conjoint muté, ou pour non paiement de salaire, d'autres cas sont prévus par la convention relative au chômage dont certains nécessitent un examen particulier).

Les départs négociés pour des motifs non inhérents à la personne des salariés sont considérés comme des licenciements économiques depuis la loi du 29 juillet 1992, modifiant l'article L. 321-1 du Code de Travail.

L'allocation unique dégressive remplace les anciennes allocations de base et de fin de droit ainsi que l'allocation de base exceptionnelle.

Pour avoir droit à l'allocation unique dégressive, il faut :

1° Que le salarié dont le contrat de travail est rompu dans les conditions qui viennent d'être énumérées, justifie d'une période d'affiliation préalable prévue par l'article L. 351-3 du Code du Travail et R. 351-1.

2° Que le salarié soit inscrit comme demandeur d'emploi auprès de l'agence locale de l'ANPE.

L'article L. 351-1 pose en outre, en principe, une condition de recherche d'emploi.

Il faut donc que les intéressés inscrits comme demandeurs d'emploi accomplissent des actes positifs de recherche d'emploi tant sur propositions des suivis de l'ANPE que de leur propre initiative.

Cependant les bénéficiaires de l'allocation âgés de 57 ans et demi ou plus sont dispensés à leur demande de la condition de recherche d'emploi.

Il en est de même de ceux qui sont âgés de plus de 55 ans et ne sont pas indemnisés (mais qui conservent la protection sociale).

3° Être âgé de moins de 60 ans, ou de 65 ans et ne pas bénéficier du nombre de trimestres d'assurance vieillesse requis pour bénéficier d'une pension vieillesse au taux plein.

4° Être apte physiquement à l'exercice d'un emploi. Lorsqu'ils remplissent les conditions requises, les salariés privés d'emploi perçoivent l'allocation unique dégressive qui est calculée soit en fonction de la rémunération antérieurement perçue dans la limite d'un plafond, soit en fonction de la rémunération ayant servi au calcul des contributions visées à l'article L. 351-3-1.

En toute hypothèse, elle ne peut excéder le montant net de la rémunération antérieurement perçue.

Elle comporte une partie proportionnelle au salaire journalier de référence fixé à 40,4 % de celui-ci et d'une partie fixe égale à 51,15 % (convention du 1er janvier 1994).

Elle peut être égale à 57,4 % du salaire de référence si ce calcul est plus avantageux.

L'allocation journalière est à partir d'une certaine période dégressive, la dégressivité variant suivant la période d'affiliation.

Cependant le montant de l'allocation ne peut être inférieur, par application du taux de dégressivité, à un certain montant de 83,50 francs par jour (convention 1er janvier 1994), porté à 115,74 francs pour les salariés privés d'emploi, âgés de plus de 52 ans.

Les coefficients de dégressivité ne sont pas applicables aux salariés âgés, justifiant d'un an de chômage et de 12 ans d'activité salariée relevant du régime, pour la période postérieure à la date à laquelle ils ont atteint 58 ans et 9 mois (à compter du 1er janvier 1994).

Il convient de noter que l'allocation n'est due qu'à l'expiration d'un délai de carence correspondant aux indemnités de congés payés et en cas d'indemnité de licenciement supérieure aux indemnités légales (plafonnée à 75 jours).

172. *Les allocations de formation-reclassement* — Le régime d'assurance chômage verse aux travailleurs privés d'emploi entrant en formation, à certaines conditions des allocations de formation reclassement.

Les intéressés doivent suivre une procédure d'évaluation orientation organisée par l'ANPE et suivre le stage conseillé qui est au moins de 40 heures et de 3 ans maximum. La durée de cette allocation correspond à la durée de l'allocation unique *dégressive,* son montant également.

Son versement est interrompu en cas :

1° de reprise d'une activité professionnelle ;

2° de prise en charge par la Sécurité sociale ;

3° d'abandon de la formation sans motif légitime.

Si les stagiaires ne relèvent pas du régime conventionnel, l'État et les régions garantissent le financement de leur rémunération s'ils suivent un stage agréé.

173. *Fonds sociaux* — Les ASSEDIC sont dotés de fonds sociaux destinés à apporter des solutions à des situations particulières échappant à une réglementation générale.

Les dossiers des chômeurs dont les droits sont expirés sont soumis, s'ils n'ont pas droit à une allocation de régime de solidarité, à l'examen des instances de gestion des fonds sociaux, lesquelles peuvent décider de l'octroi éventuel d'une aide dont elles fixent le montant.

Cette aide n'est jamais un droit.

Lorsqu'elle est accordée, elle prend la forme d'une aide financière non remboursable, mais une nouvelle demande peut être formulée ultérieurement.

174. *Le régime de solidarité* — Ce régime comporte 3 allocations :

1° *Une allocation d'insertion* qui depuis le 1er janvier 1992, n'est attribuée qu'aux détenus libérés et aux personnes en attente de réinsertion ou en instance de reclassement, qui sont inscrits comme demandeurs d'emploi et qui ont déposé une demande auprès de l'ASSEDIC.

Parmi les personnes en attente de réinsertion qui peuvent bénéficier de cette allocation, figurent les rapatriés, les apatrides, les réfugiés, les bénéficiaires du droit d'asile, les travailleurs salariés expatriés, les salariés victimes d'accident du travail ou de maladies professionnelles.

L'allocation est versée sous conditions de ressources (art. R. 351-11 du Code du Travail).

2° *Une allocation de solidarité* spécifique est attribuée aux chômeurs de longue durée qui ont épuisé leurs droits aux allocations d'assurance chômage et qui remplissent les conditions d'activité préalable exigées par l'article R. 351-13 du Code du Travail.

À savoir que l'intéressé ait exercé pendant :

a) 5 ans une activité salariée dans les 10 ans précédant la fin du contrat de travail, durée réduite en faveur des personnes qui ont interrompu leur activité professionnelle pour élever un enfant.

b) Qu'il soit effectivement à la recherche d'un emploi, cependant l'article R. 351-26 du Code du Travail dispense, à leur demande, de la recherche d'emploi les salariés âgés de 55 ans ou plus.

c) L'allocation n'est pas versée aux personnes âgées de 60 ans ou plus qui justifient d'un nombre de trimestre permettant de bénéficier d'une retraite à taux plein.

En tout état de cause, elle ne peut être versée au-delà du 65e anniversaire du chômeur.

d) Il faut enfin que le bénéficiaire de l'allocation de solidarité spécifique soit physiquement apte à l'exercice d'un emploi.

e) Enfin l'article R. 351-13 précise que l'allocataire doit justifier, à la date de la demande, de ressources inférieures à un plafond correspondant à 70 fois le montant journalier de l'allocation pour une personne seule et 140 fois le même montant pour un couple.

Le montant de l'allocation spécifique est fixé par décret. Ainsi le montant de l'allocation est depuis le 1er janvier 1993 fixé à 72,92 francs par jour, montant majoré de 31,81 francs pour les allocataires âgés de 55 ans ou plus et justifiant de 10 années d'activité salariée.

La durée de l'activité professionnelle est majorée si l'intéressé a élevé des enfants pendant au moins 9 ans avant leur 16e anniversaire.

Lorsque les ressources de l'intéressé excèdent le plafond de ressources, une allocation différentielle est versée.

L'allocation spécifique est attribuée par période de 6 mois renouvelable, mais l'allocation est attribuée pour une durée indéterminée aux bénéficiaires dispensés de recherches d'emploi.

En règle générale une reprise d'activité professionnelle entraîne l'interruption du versement des allocations de solidarité.

Toutefois sous certaines conditions et sous certaines limites, le cumul est admis pour une activité réduite (art. L. 351-20 et L. 351-23).

En matière d'assurance maladie, maternité, invalidité et décès, les chômeurs indemnisés conservent la qualité d'assuré social.

En fin d'indemnisation, ils bénéficient du maintien de leurs droits pendant 102 mois et ensuite des seules prestations en nature de l'assurance maladie-maternité, tant qu'ils restent à la recherche d'un emploi.

175. *Chômage partiel* — Des allocations d'aide publique sont attribuées par le préfet pour chaque heure de travail perdue en dessous de 39 heures.

En outre les salariés peuvent bénéficier d'une indemnisation complémentaire conventionnelle.

a) L'allocation spécifique d'aide publique

Elle peut être attribuée en cas de réduction ou de suspension temporaire d'activité imputable à la conjoncture économique, à des difficultés d'approvisionnement en matières premières ou en énergie, à un sinistre, à des intempéries à caractère exceptionnel, à une transformation, restructuration ou modernisation de l'entreprise, ou à tout autre circonstance de caractère exceptionnel.

Le caractère temporaire des difficultés est essentiel, l'attribution de l'allocation serait refusée à une entreprise qui déciderait de recourir systématiquement de manière répétée, voire permanente, au chômage partiel.

L'article R. 351-51 énumère les cas d'exclusion de l'allocation.

En outre en cas de suspension d'activité se prolongeant pendant plus de 4 semaines, les intéressés sont considérés comme étant à la recherche d'un emploi, même s'il n'ont pas fait l'objet d'une mesure de licenciement.

Si la suspension se poursuit au-delà de trois mois, le préfet du département décide, compte-tenu de la situation de l'entreprise, si les intéressés peuvent encore être considérés comme étant toujours à la recherche d'un emploi.

L'allocation est liquidée mensuellement, elle est versée aux salariés à la date normale de paie de l'employeur qui est lui-même remboursé par l'autorité administrative compétente.

b) *L'indemnisation conventionnelle*

Elle résulte soit de l'accord national interprofessionnel du 21 février 1968 qui s'applique dans les entreprises relevant d'une branche d'activité représentée au C.N.P.F., soit d'accords professionnels particuliers.

Pour bénéficier de l'allocation, le salarié ne doit pas avoir refusé un travail de remplacement comportant une rémunération équivalente offerte par l'entreprise, ni d'accomplir dans le délai d'un an, à compter de la dernière période de chômage partiel, les heures de récupération décidées par l'entreprise dans le cadre de la réglementation.

Aux termes de l'accord, chaque heure indemnisable donne lieu au versement par l'entreprise d'une indemnité horaire égale à 50 % de la rémunération brute (y compris l'indemnité spécifique d'aide publique).

L'article 6 de l'accord prévoit que le nombre d'heures maximales indemnisables sera celui déterminé au titre des allocations d'aide publique de chômage partiel (soit 700 heures pour 1993).

176. Le gouvernement a pris des mesures destinées à favoriser l'embauche des jeunes de 16 à 26 ans, en prévoyant des aides publiques à la formation.

Ces aides publiques revêtent diverses formes : primes forfaitaires à l'embauche, exonération des charges sociales, rémunération dérogatoire, aides financières à la formation.

Des contrats d'adaptation et d'orientation peuvent être conclus jusqu'au 29 juin 1995.

Le contrat d'insertion professionnelle qui devait remplacer ces derniers contrats à compter du 1er juillet 1994 a été remplacé par une aide au 1er emploi.

177. *La reconversion.* — Le Fonds national de l'emploi permet aux salariés dont le contrat de travail est rompu d'actions destinées à

favoriser leur reclassement et de percevoir des allocations de conversion (voir *infra* n°s 200 et ss.).

178. *Allocations temporaires dégressives.* — Certains salariés ne peuvent bénéficier d'un stage de formation et ne peuvent être temporairement occupés que dans des emplois entraînant un déclassement ; ils peuvent, dans le cadre des actions du Fonds national de l'emploi, recevoir des allocations temporaires dégressives (art. L. 322-4, voir *infra* n°s 200 et ss.).

Chapitre 5
La retraite, l'invalidité et le décès et les prestations correspondantes

Il s'agit d'événements qui mettent définitivement fin à l'activité professionnelle.

Section 1
La retraite

§1. La mise à la retraite

179. *Principes.* — En principe, en droit du travail, il n'existe pas d'âge impératif de mise à la retraite. L'âge de la retraite ne constitue que l'âge où l'on peut demander une pension de retraite en Sécurité sociale, ce qui est différent. Pendant longtemps, si l'employeur mettait fin au contrat de travail d'un salarié ayant atteint l'âge de la retraite, cette mesure était interprétée comme un licenciement sous réserve de quelques dispositions de conventions collectives qui comportaient des clauses particulières relatives à la mise à la retraite.

Désormais, le législateur est intervenu par la loi du 30 juillet 1987 pour réglementer la mise à la retraite (v. art L. 122-14-12 du code du Travail).

Il faut distinguer la retraite à l'initiative de l'employeur et la retraite démission du salarié.

1° *À l'initiative de l'employeur*, l'entreprise peut rompre le contrat de travail d'un salarié pour mise à la retraite, lorsqu'il peut bénéficier d'une retraite à taux plein, au sens du Code de Sécurité sociale et qu'il remplit les conditions d'ouverture à la pension de vieillesse ou, si elles existent, les conditions d'âge prévues par la convention collective ou le contrat de travail.

Le salarié percevra, en outre, l'indemnité de départ à la retraite prévue par la convention collective ou l'article 1.122-14-13 du Code du Travail, équivalent, alors à l'indemnité légale de licenciement.

Si les conditions de mise à la retraite ne sont pas remplies, la rupture du contrat de travail s'analyse, alors, comme un licenciement entraînant l'application de la procédure de licenciement, l'exigence d'une cause réelle et sérieuse, et ouvrant droit au paiement de l'indemnité de licenciement. La jurisprudence considère généralement que constitue un licenciement sans cause réelle et sérieuse, la décision prise par l'employeur qui ne pouvait bénéficier d'une pension à taux plein (soc. 25 mars 1992 Droit Social 1992-920).

180. *La retraite démission.* — De son côté le salarié peut prendre l'initiative de rompre le contrat de travail, par retraite démission.

Il bénéficie alors de l'indemnité de départ à la retraite de la convention collective, si elle existe, sinon de l'indemnité prévue par l'article 6 de l'accord du 10 décembre 1977 annexé à la loi du 19 janvier 1978, relative à la mensualisation, à savoir 1/2 mois de salaire après 10 ans d'indemnité, 1 mois après 15 ans, 1 mois et demi après 20 ans d'ancienneté, 2 mois après 30 ans.

181. *La « préretraite ».* — La loi du 18 décembre 1963 sur le Fonds national de l'emploi (voir *infra* n° 200) a créé une nouvelle institution en Droit du Travail : la préretraite. En effet, le reclassement des travailleurs âgés de soixante ans, qui ont été compris dans un licenciement collectif intervenu dans une région ou une profession atteinte d'un grave déséquilibre de l'emploi, s'avère, parfois, impossible. En outre, on ne saurait faire bénéficier cette catégorie de travailleurs de mesures de rééducation professionnelle, ou les inciter à envisager une réinstallation dans une région différente ; aussi leur sort a-t-il fait l'objet de dispositions spéciales dans la loi de 1963, qui a prévu la création d'allocations spéciales de départ, parfois désignées sous le nom de préretraites. Elles sont instituées par une convention conclue entre l'entreprise qui licencie et le fonds national de l'emploi, et à laquelle le futur licencié doit adhérer (art. L. 322-4-2° et R. 322-7).

La convention fixe le montant des ressources garanties et le montant de l'allocation spéciale.

La convention peut prévoir une allocation de préretraite progressive.

Les allocations sont destinées à permettre aux salariés âgés dont on peut imaginer qu'ils ne retrouveront plus d'emploi de percevoir un revenu de remplacement, jusqu'à ce qu'ils puissent bénéficier de leur pension retraite.

§2. Les prestations vieillesse

182. Le régime de l'assurance-vieillesse est complexe : cela tient en partie à ce que les prestations d'assurance-vieillesse profitent à des catégories plus étendues que les autres prestations. L'assurance-vieillesse a été, en effet, accordée à d'autres qu'aux travailleurs salariés, mais seule l'assurance-vieillesse des salariés sera étudiée ici. Une autre source de complication provient de l'existence d'un régime d'assistance suppléant les lacunes du régime contributif, et de régimes complémentaires créés en raison des insuffisances du régime général.

Les rentes ou pensions ne sont pas les seuls avantages accordés aux personnes âgées. Celles-ci ont souvent besoin de soins médicaux. Aussi les *prestations en nature* de l'assurance-maladie sont-elles dues aux bénéficiaires des pensions ou des rentes vieillesse et aux membres de leur famille qui auraient droit à ces prestations au titre de l'assurance-maladie (v. art. L. 311-10 du Code de Sécurité sociale).

A L'assurance-vieillesse des salariés

183. *Principes.* — L'assurance-vieillesse réglementée par le chapitre V, Titre II, Livre III du Code de Sécurité sociale est un régime contributif instituant une pension dont l'octroi est subordonné à une période minimum de cotisations et le montant proportionnel aux années d'assurance. Le système d'assurance est fondé sur la répartition et non sur la *capitalisation*, ce qui signifie que la pension de vieillesse est calculée non d'après les cotisations versées au nom du salarié, mais d'après le salaire moyen perçu par l'intéressé (dans la limite d'un plafond), et que les cotisations ne sont pas mises en réserve pour former un capital, mais utilisées chaque année pour payer les prestations de l'année en cours. Dans la capitalisation, au contraire, les cotisations sont mises en réserve pendant un certain nombre d'années et transformées en capital, ce capital permet de verser aux assurés des revenus.

Les bénéficiaires de l'assurance-vieillesse sont les personnes normalement assujetties aux assurances sociales.

a) Lorsque le salarié a cotisé un nombre suffisant d'années, il a droit à la pleine pension.

Il n'en est normalement ainsi qu'à l'âge de 65 ans (ou de 60 ans, voir *infra* n° 184). Sa pension est calculée sur le salaire moyen plafonné des 25 meilleures années ; le taux maximum est de 50 %.

b) Si l'assuré n'a pas cotisé pendant 40 ans, mais a, cependant, 15 années au moins d'assurance, il a droit à une *pension proportionnelle* : elle est égale à un taux minoré. Pour le déterminer il faut retrancher autant de fois 1,25 % qu'il manque de trimestres pour atteindre 150 (ultérieurement 160).

c) Les pensions étaient calculées sur le salaire plafonné ne dépassant pas un certain maximum. Un minimum est assuré par la loi, équivalant au taux de l'allocation des vieux travailleurs salariés, aujourd'hui exceptionnelle. La pension est, en outre, *majorée* si l'intéressé a eu au moins trois *enfants* (ou élevé trois enfants pendant 9 ans au moins et jusqu'à *seize ans* ; une majoration est également prévue pour *conjoint* à charge).

184. L'ordonnance du 26 mars 1982 relative à l'abaissement de l'âge de la retraite des assurés du régime général et du régime des assurances sociales agricoles n'abaisse pas en réalité l'âge de la retraite, puisqu'en droit du travail français il n'existe pas d'obligation de prendre sa retraite, mais modifie les articles L. 351-1 et suivants, du Code de Sécurité sociale, en précisant que l'assurance vieillesse garantit une pension de retraite à partir de l'âge de 60 ans à l'assuré qui en demande la liquidation. Mais le taux plein de la pension n'est assuré que pour 150 trimestres de cotisations qui progressivement seront portés à 160 trimestres. Si l'assuré a accompli une durée d'assurance inférieure à 150 trimestres, la pension est, d'abord, calculée sur la base de 150 trimestres, puis réduite, compte tenu de la durée réelle d'assurance.

185. Le nouvel article L. 351-8 du Code de Sécurité sociale dispose que bénéficient du taux plein même s'ils ne justifient pas de cette durée.

a) les assurés qui atteignent l'âge de 65 ans

b) les salariés reconnus inaptes dans les conditions prévues à l'article L. 351-7.

c) les anciens déportés ou internés titulaires de la carte de déporté, ou interné de la Résistance ou de la carte de déportation interné politique.

d) les mères ayant élevé trois enfants dans les conditions prévues à l'articlc L. 327 2e alinéa et qui ont exercé un travail manuel ouvrier pendant une durée fixée par voie réglementaire.

e) les anciens prisonniers de guerre sous certaines conditions de délai.

Les nouveaux textes tendent à prendre en compte des périodes où il n'y a pas eu cotisations versées (congé parental — demandeur d'emploi (art. L351.3, 351-4, 351-5). L'article 127 de la loi des finances pour 1991 a institué une contribution sociale généralisée assise sur l'ensemble des ressources perçues à compter du 1er février 1991.

Les pensions de vieillesse et de réversion servies par le régime général y sont également soumises.

Cependant sont exonérées l'allocation aux vieux travailleurs salariés, l'allocation aux mères de famille, la majoration prévue à l'article L.814.2 et l'allocation supplémentaire de l'article L.815-2 du Code de Sécurité Sociale.

Tout avantage contributif (droit propre et droit dérivé retraite progressive) versé par le régime général de Sécurité sociale est soumis à cotisation aux assurances maladie, maternité, invalidité et décès.

Toutefois la majoration pour enfant de 10 % et la majoration forfaitaire pour charge d'enfant des pensions de réversion sont exclues de l'assiette des cotisations. Il en est de même de l'allocation de veuvage.

Un accord a été signé le 4 février 1983 par l'ensemble des partenaires sociaux pour adapter les dispositions de l'ordonnance du 26 mars 1982 aux régimes de retraites complémentaires.

Depuis le 1er avril 1983, les salariés du régime général de la Sécurité sociale et du régime agricole peuvent prendre leur retraite à taux plein à partir de 60 ans, s'ils totalisent 150 trimestres (37 ans et demi) d'activité professionnelle ou assimilée. Peu à peu, ils devront totaliser 160 trimestres (40 ans) d'activité professionnelle.

En outre la loi du 30 mars 1983 a réglementé et restreint la possibilité de cumul d'une pension de retraite et de revenus d'activité.

Désormais les travailleurs peuvent faire liquider par les régimes de retraites complémentaires relevant de l'A.R.R.C.O. et de l'A.G.I.R.C., leur pension dans l'intégralité de leurs droits quel que soit le nombre des régimes dont ils relevaient.

186. *Les droits du conjoint survivant.* — 1° Le conjoint survivant a droit à une pension de veuf ou de veuve, lorsqu'il est atteint lui-même d'invalidité, sans pouvoir prétendre de son propre chef aux prestations des assurances sociales (art. L. 342-1).

2° L'article L. 353-1 du Code de Sécurité sociale accorde au survivant une pension de réversion, lorsqu'il remplit certaines conditions d'âge, de durée du mariage et de ressources. La pension est égale à la moitié de la rente attribuée au pensionné. Elle est assortie de majoration pour enfants. Depuis la loi du 3 janvier 1975 le cumul de la pension de réversion avec des avantages personnels de vieillesse est possible dans une certaine limite. Selon la loi du 11 juillet 1975 sur le divorce et le remariage, la pension de réversion pourra être partagée entre les conjoints successifs non remariés, au prorata de leur temps de mariage.

B Le régime d'assistance

Aux avantages « contributifs » que nous venons d'étudier s'opposent des « avantages non contributifs » constitués par des allocations destinées à combler les insuffisances de l'assurance-vieillesse et à assurer un minimum alimentaire aux vieillards indigents.

Il s'agit de : 1° l'allocation aux vieux travailleurs salariés ; 2° le secours viager ; 3° l'allocation aux mères de famille ; 4° la majoration de l'article L 814-2, L 815-2.

187. *L'allocation aux vieux travailleurs salariés.* — Cette allocation créée en 1941, concerne les assurés sociaux dont les revenus totaux sont inférieurs à un certain chiffre, majoré pour conjoint (il est tenu compte des ressources personnelles diverses de l'intéressé, de sa pension de Sécurité sociale ou de sa rente vieillesse, etc.).

Pour avoir droit à cette allocation l'intéressé doit avoir soixante-cinq ans ou soixante ans au cas d'inaptitude au travail, résider sur le territoire français, avoir la nationalité française (sauf accords internationaux). Il doit également justifier, de 5 années d'activité salariée après l'âge de cinquante ans, (art. D. 811-1 et ss. du code de Sécurité sociale).

Cette allocation est devenue aujourd'hui exceptionnelle.

En effet une lettre ministérielle du 3 décembre 1975 a recommandé d'attribuer en priorité la majoration de pension prévue à l'article L. 814-2 du Code de Sécurité sociale et qui est destinée à porter, sous certaines conditions d'âge et de ressources, les avantages de vieillesse au niveau du minimum de l'allocation aux vieux travailleurs salariés.

188. *Le secours viager.* — Au cas de décès du titulaire de l'allocation aux vieux travailleurs salariés, le conjoint survivant a droit à un secours viager s'il est marié depuis au moins deux ans à la date de décès et est âgé lui-même de 55 ans, et si ses ressources ne dépassent pas un certain montant.

189. *L'allocation aux mères de famille.* — Une allocation du même montant que celle accordée aux vieux travailleurs salariés a été créée au profit des mères de famille, conjointe, veuve ou divorcée d'un salarié, aux conditions suivantes :

1° que l'intéressée ait élevé au moins 5 enfants pendant 9 ans avant leur seizième anniversaire ;

2° qu'elle ne bénéficie pas elle-même de l'allocation des vieux travailleurs salariés ;

3° que son mari ait eu une activité salariée. Les conditions d'âge (soixante-cinq ans ou soixante ans au cas d'inaptitude au travail), de nationalité (française), de résidence sur le territoire métropolitain et de ressources, sont les mêmes que celles exigées des vieux travailleurs salariés.

Le montant est le même que l'allocation aux vieux travailleurs salariés. Une assurance volontaire a également été créée au profit des mères de famille, ou des femmes chargées de famille qui ne relèvent pas d'un régime obligatoire (loi 3 janvier 1975, décret 11 juin 1975).

190. *L'allocation supplémentaire du Fonds national de solidarité.* — La loi du 30 juin 1956 a institué le Fonds national de solidarité destiné à financer (primitivement exclusivement par l'impôt, aujourd'hui en partie seulement à charge de l'État), une allocation supplémentaire attribuée à tous les titulaires d'un avantage de vieillesse ou bénéficiaires de l'aide sociale. Toutes les personnes de nationalité française, résidant en France, âgées de plus de soixante-cinq ans et ne disposant pas d'un certain plafond de ressources, ont ainsi voca-

tion, qu'ils soient anciens salariés ou non, assurés sociaux ou non, à percevoir la dite allocation.

Cette allocation était destinée à compléter les avantages de base afin de former le minimum vieillesse fixé au 1er janvier 1994 à 38 323 F.

La loi au 22 juillet 1993 a supprimé le fonds national de solidarité et l'a remplacé par le fond de solidarité vieillesse ; nouvel organisme destiné à financer les avantages d'assurance vieillesse à caractère non contributive.

§3. Les retraites complémentaires

Les assurés sociaux ne bénéficient, dans le cadre de la Sécurité sociale, que de ressources assez faibles ; aussi un effort supplémentaire a-t-il été fait permettant d'assurer aux salariés des retraites complémentaires qui leur procurent des avantages souvent très supérieurs à ceux de la Sécurité sociale.

Les régimes complémentaires ont parfois pour cadre l'entreprise. Mais, souvent des accords interviennent entre employeurs et salariés pour instituer des régimes complémentaires au plan professionnel ou interprofessionnel. Une ordonnance du 4 février 1959 est venue donner un cadre légal aux accords ainsi signés.

191. *Les institutions de prévoyance.* — Les institutions de prévoyance qui gèrent les régimes complémentaires sont réglementées par les articles L. 731-1 et ss du code de Sécurité sociale et par les articles 43 et suivants du décret du 8 juin 1946. Il est prévu, notamment, que leur conseil d'administration doit comprendre au moins pour moitié des représentants des intéressés (travailleurs en activité et retraités : art. 53 du décret du 8 juin 1946). En fait, ils ont une composition paritaire : pour moitié des représentants des employeurs, pour moitié des représentants des travailleurs. Ces institutions sont soumises à une autorisation du ministre de la Santé et de la Sécurité sociale qui peut la retirer dans les cas prévus par les textes (v. art. 43 à 58 du décret du 8 juin 1946 et arrêté du 12 mars 1947).

Les ressources de ces institutions sont essentiellement assurées par des cotisations des employeurs et des salariés (les accords définissent la part mise à la charge de chacun).

Elles fonctionnent suivant le régime de la répartition. Elles sont soumises au contrôle du ministre de la Santé et de la Sécurité sociale auquel doit être adressé un état financier annuel.

192. *Les régimes complémentaires de retraite :*

1° *Le régime de retraites et de prévoyance des cadres* a été institué par la convention collective du 14 mars 1947, agréée par arrêté ministériel du 31 mars 1947, conclue pour 5 ans, et qui se renouvelle par tacite reconduction. Elle est applicable à toutes les entreprises des branches professionnelles représentées au C.N.P.F., à l'exclusion de celles qui possèdent un régime spécial de retraites (telles les Mines et l'E.D.F.). Les bénéficiaires sont les ingénieurs et cadres, tels que définis par les arrêtés de mise en ordre des salaires de 1945, ou par des conventions ou accords collectifs (art. 4 et 4 bis de la convention). L'article 36 de l'annexe I de la convention prévoit une extension éventuelle du bénéfice de la convention aux salariés dont les fonctions sont classées à un coefficient compris entre 200 et 300. Les entreprises employant du personnel visé par la convention du 14 mars 1947 doivent adhérer à une institution de retraite constituée et agréée dans les conditions fixées par l'article 4 du Code de Sécurité sociale et les articles 43 et suivants du R.A.P. du 8 juin 1946. Pour être agréées, elles doivent adhérer à l'Association générale des Institutions de Retraites des Cadres, A.G.I.R.C., administrée par un Conseil paritaire de 24 membres qui assume la compensation financière, établit un régime général auquel doit satisfaire la gestion des institutions, et fixe la valeur du point de retraite.

Droits du retraité et des survivants : La retraite est prise normalement à l'âge de soixante-cinq ans. Si elle est prise plus tard, elle n'est pas majorée. Si elle est prise à un âge inférieur, les points de l'intéressé se voient appliquer des coefficients d'anticipation, qui sont, cependant, écartés si l'intéressé a soixante ans et se trouve atteint d'inaptitude au travail.

Le montant de la retraite est fonction du nombre de points acquis par l'intéressé au cours de sa carrière et la valeur du point de retraite est fixée chaque année.

La veuve a droit à partir de cinquante ans à une allocation de retraite équivalant à 60 % des points de son mari. Et le veuf acquiert les mêmes droits à l'âge de soixante-quatre ans.

Les orphelins de père et mère reçoivent une allocation calculée sur 30 % des points du cadre décédé.

2° *Le régime de retraites des salariés non cadres :* Un régime facultatif fut établi le 15 mai 1957 pour les travailleurs non cadres : l'adhésion résultait d'un accord entre patrons et ouvriers soit au sein de l'entreprise, soit par voie de conventions collectives. Le développement des retraites complémentaires fut favorisé par la création de la Caisse de retraites interentreprises (C.R.I.) et l'institution du régime de l'Union nationale des Institutions de Retraites des Salariés (U.N.I.R.S.).

Mais, c'est l'accord du 8 décembre 1961 agréé par un arrêté du 27 mars 1962, qui a étendu et rendu obligatoire le bénéfice d'une retraite complémentaire à l'ensemble des salariés non cadres. L'accord vise les salariés de plus de vingt et un ans et de moins de soixante-cinq ans, à l'exclusion de ceux qui bénéficient du régime de cadres, ou qui relèvent d'un régime spécial de Sécurité sociale, ou encore des travailleurs à domicile. Les entreprises ont l'obligation de s'affilier à une institution de retraites soumise aux dispositions de l'article 4 du Code de la Sécurité sociale et articles 43 à 58 du R.A.P. du 8 juin 1946 et adhérant à l'Association des Régimes de Retraites complémentaires (A.R.R.C.O.) créée par l'accord du 8 décembre 1961.

Enfin la loi du 29 décembre 1972 a généralisé la retraite complémentaire à tous les salariés.

Section 2
L'invalidité

193. *Notion.* — Le travailleur peut devoir cesser son activité professionnelle, ou voir tout au moins sa capacité de gain réduite, en raison de son invalidité comme en raison de son âge. L'invalidité correspond à une incapacité de travail définitive, et on peut l'assimiler à une vieillesse prématurée.

Pour être considéré comme invalide l'assuré social doit être victime d'une réduction de deux tiers de sa capacité de travail ou de gain, c'est-à-dire être mis hors d'état de se procurer un salaire supérieur au tiers de la rémunération normale de la profession qu'il exerçait, appréciée par comparaison avec le salaire des travailleurs de la même catégorie, dans la même région. L'appréciation de l'incapacité doit être faite en fonction du gain que l'intéressé pourra se procurer, non seulement dans sa profession antérieure, mais dans une profession quelconque.

194. *Les prestations d'invalidité.* — L'invalide a droit à une pension d'invalidité et à des prestations annexes. L'incapacité permanente qui trouve sa cause dans un accident du travail ou une maladie professionnelle fait l'objet de dispositions beaucoup plus favorables (voir *supra* n° 99).

Pour avoir droit aux prestations l'assuré doit avoir été *immatriculé* depuis *12 mois* au moins et *justifier* d'au moins *800 heures* de travail salarié ou assimilé au cours des 12 mois précédant ou *200 heures* au cours des 3 premiers mois.

L'intéressé doit être âgé de moins de soixante ans. À cet âge, en effet, l'assuré percevra une pension de vieillesse au cas d'inaptitude au travail.

L'état d'invalidité doit faire l'objet d'une constatation médicale.

1° *La pension d'invalidité* comparable à la pension de vieillesse est fixée différemment suivant qu'il s'agit d'invalides qui, malgré leur incapacité, sont encore capables d'avoir une activité rémunérée, et ceux qui ne peuvent plus exercer aucune profession.

Dans le premier cas, les invalides ont droit à une pension fixée à 30 % de leurs salaires antérieurs, compte tenu d'un plafond.

Dans le deuxième cas, les invalides ont droit à une pension de 50 % avec un maximum. S'ils sont en outre obligés d'avoir recours aux services d'une tierce personne pour les actes de la vie courante, cette pension est majorée de 40 % dans les deux cas.

2° Le titulaire d'une pension d'invalidité peut bénéficier de l'*allocation supplémentaire* du Fonds national de solidarité.

Il bénéficie des prestations en nature de l'assurance-maladie pour lui et sa famille (sans ticket modérateur lorsqu'il s'agit de ses propres prestations).

Il peut bénéficier des dispositions relatives à la *rééducation professionnelle.*

Il perçoit les prestations familiales même s'il ne peut travailler.

Enfin au cas de décès d'un assuré titulaire de droits à une pension d'invalidité ou de vieillesse, son conjoint, lui-même atteint d'une invalidité, se voit reconnaître un droit à une pension de veuf ou de veuve d'un montant, en principe, de la moitié de celle du conjoint précédé.

Section 3
Le décès

195. *Le capital-décès.* — En cas de décès de l'assuré, ses ayants droit reçoivent un capital égal à 90 fois le salaire journalier de base (avec un maximum fixé au quart du plafond annuel des cotisations). Il ne peut être inférieur à 1 % du plafond annuel.

Cette *allocation en capital* est destinée à couvrir les frais de sépulture et de deuil.

Les bénéficiaires sont les personnes qui étaient à charge de l'assuré.

L'article L. 361-4, alinéa 1er, du Code de la Sécurité sociale précise même « à la charge effective totale et permanente de l'assuré ». Il y a eu controverse pour savoir s'il fallait y inclure la concubine. Aujourd'hui, le bénéfice de l'article L. 361-1 lui est refusé. À défaut de personnes pouvant invoquer ce texte, le capital est attribué au conjoint survivant non séparé de droit, ni de fait, ou, à défaut, aux descendants, ou, à défaut, aux ascendants. Lorsque plusieurs personnes peuvent invoquer l'article 364, alinéa ler, le capital doit être partagé également entre chacune d'elles.

Aucune rente n'est versée à la veuve ni aux orphelins.

Le *conjoint survivant* peut bénéficier le cas échéant, d'une *pension de réversion*, ou d'une *pension d'invalidité* (voir *supra* n° 186).

Deuxième partie
La politique sociale de l'État

Chapitre 1
L'administration du travail et de la Sécurité sociale

196. *Un ou deux ministères ?* — La France a connu à l'échelon central et successivement : un ministère du Travail et un ministère de la Santé publique ; un ministère des Affaires sociales (Travail et Sécurité sociale) et un ministère de la Santé publique ; un grand ministère unique des Affaires sociales ; un ministère du Travail et de l'Emploi, et un ministère de la Santé publique et de la Sécurité sociale. Aujourd'hui il existe un ministère du Travail, de l'Emploi et de la Formation professionnelle et un ministère chargé de la Sécurité sociale.

Section 1
L'organisation et le rôle de l'administration du travail

197. *Dualité de services.* — Les premières lois protectrices du Droit du Travail ne furent pas effectivement appliquées en l'absence *d'un corps de fonctionnaires spécialisés chargés d'en contrôler l'exécution.*

Ce corps fut créé par la loi du 19 mai 1874. Les inspecteurs étaient, à l'origine, des fonctionnaires départementaux et sont devenus des fonctionnaires d'État par l'effet de la loi du 2 novembre 1892.

En 1945, la création d'un monopole de placement au profit des services publics de main-d'œuvre a été effectuée par l'ordonnance du 24 mai 1945 afin d'assurer au mieux le rapprochement entre les offres et les demandes d'emploi et de favoriser le plein emploi. Il a donc fallu organiser les services de l'emploi (Agence nationale pour l'emploi, Délégation générale à l'emploi).

198. *L'Agence Nationale pour l'Emploi* a le monopole du placement des travailleurs.

En effet, tout travailleur recherchant un emploi est tenu de s'inscrire au bureau compétent de l'Agence pour l'Emploi. Et tout chef d'établissement est tenu de lui notifier tout emploi vacant dans son entreprise (art. L. 311-1 et L. 311-2).

L'Agence Nationale pour l'Emploi a été instituée par l'ordonnance du 13 juillet 1967. C'est un établissement public doté de la personnalité morale et de l'autonomie financière. Elle est placée sous l'autorité du ministre du Travail.

Elle est chargée de la prospection des emplois et du placement par contact avec les milieux professionnels, la bourse nationale pour l'emploi constituant un ensemble de moyens matériels permettant de centraliser et accélérer la communication des offres et des demandes d'emploi qui n'ont pu être satisfaites par des sections locales.

Mais l'efficacité de l'Agence se révèle relative.

En outre, les employeurs ayant la liberté de recourir à l'embauchage direct font souvent appel aux petites annonces ou aux conseils en recrutement.

199. *L'inspection du travail : organisation.* — Un corps interministériel d'inspection du travail a été créé par le décret du 21 avril 1975 et a remplacé le corps des inspecteurs du travail et de la main-d'œuvre, le corps des inspecteurs des lois sociales en agriculture, et le corps de l'inspection du travail et de la main-d'œuvre des transports, relevant respectivement suivant l'affectation des inspections du travail du ministère du Travail, du ministère de l'Agriculture ou du ministère de l'Équipement. Ce corps comprend : 1° des inspecteurs généraux chargés par délégation permanente du ministre, du contrôle supérieur des services extérieurs du travail et de l'emploi ; 2° des inspecteurs divisionnaires qui ont pour mission de contrôler et de coordonner l'activité et le fonctionnement des directions départementales de leur circonscription et d'assurer l'application des directives arrêtées au plan national en matière d'emploi, d'accès au travail des jeunes, des relations professionnelles de salaires et de règlements des conflits collectifs du travail ; 3° des directeurs départementaux, assistés de directeurs adjoints, qui représentent le ministre du Travail dans chaque

département et sont chargés des rapports avec les autorités administratives. Ils ont sous leur autorité directe les inspecteurs du travail, les services spécialisés à caractère départemental de l'emploi ; 4° des inspecteurs chargés soit de l'inspection d'une section territoriale, soit d'un service spécialisé ; 5° le cadre des chefs de centre et les contrôleurs du travail et de l'emploi comprend des agents chargés d'assister les inspecteurs divisionnaires, les directeurs départementaux et les inspecteurs soit dans leurs contrôles, enquêtes et missions, soit dans la gestion des services de l'emploi ; 6° les médecins inspecteurs du travail qui doivent veiller à l'application de la législation relative à l'hygiène et à la protection de la santé du travailleur.

200. *Compétence des inspecteurs du travail à l'égard des établissements.* — Il résulte des articles L 611-1 et ss. du Code du Travail que l'inspection du travail contrôle les établissements industriels, commerciaux, artisanaux, coopératifs, agricoles et leurs dépendances, de quelque nature qu'ils soient (publics ou privés, laïques ou religieux), même s'ils ont un caractère d'enseignement professionnel ou de bienfaisance. Leur compétence s'étend également aux offices publics et ministériels, aux professions libérales, aux sociétés civiles et aux syndicats professionnels et associations de quelque nature que ce soit, aux établissements de soins privés. Ils ont droit d'entrer dans les locaux visés par la réglementation de l'hygiène et de la sécurité du travail. Il s'agit de travaux présentant des dangers pour la santé des ouvriers et visés par un arrêté ministériel.

Aux termes de cette législation seuls échappent au contrôle des inspecteurs du travail : les domiciles des personnes employant des gens de maison, des locaux où s'effectuent certains travaux de recherche scientifique, qui n'ont aucun lien avec une entreprise industrielle, commerciale ou artisanale, les établissements publics qui revêtent un caractère purement administratif.

Pour faciliter le contrôle, une *déclaration préalable* des établissements est prévue par la loi.

a) Toute personne qui se propose d'occuper du personnel dans un établissement industriel ou commercial doit, en principe, en faire la déclaration préalable par lettre recommandée à l'inspecteur du travail.

b) La déclaration des chantiers et lieux de travail temporaires, où sont occupées 10 personnes au moins pendant plus d'une semaine, doit être adressée à l'inspecteur du travail.

c) La déclaration d'emploi des produits toxiques et irritants susceptibles de provoquer des maladies professionnelles est également obligatoire.

201. *Fonctions.* — L'inspecteur est tenu d'assurer et de contrôler l'application de la réglementation du travail. Ce *contrôle* revêt un caractère juridique, exemple : contrôle sur l'âge d'admission au travail, la durée du travail et le repos hebdomadaire, le travail de nuit, les congés payés annuels, le repos des femmes en couches, le mode de paiement des salaires et leur taux, l'apprentissage, l'emploi des étrangers. Mais ce contrôle peut également être *technique*, il concerne, alors, l'hygiène et la sécurité des travailleurs, la déclaration des accidents du travail et des maladies professionnelles. Il constate, en outre, les infractions aux dispositions des articles L. 431, 472, alinéa 2 et L. 473, alinéa 1er du Code de Sécurité sociale (art. L. 422-1, 441-2 et 441-5 du nouveau Code de Sécurité sociale, les infractions à la règle de l'égalité professionnelle, art. 461 du Code du Travail).

L'inspecteur doit donc effectuer de nombreuses visites dans les établissements soumis à sa compétence territoriale. Il donne, à cette occasion, des conseils, formule des observations, notifie des mises en demeure et dresse des procès-verbaux pour constater les infractions en matière de réglementation du travail. En ce qui concerne certaines prescriptions relatives à l'hygiène et à la sécurité du travail, le législateur a imposé à l'inspecteur du travail l'obligation de signifier à l'employeur avant de dresser procès-verbal une mise en demeure préalable. Les procès-verbaux ainsi dressés ne font pas foi jusqu'à inscription de faux, mais jusqu'à preuve contraire (art. L. 611-10 du Code du Travail). Ils sont transmis au Parquet qui engage les poursuites.

202. *Mission d'arbitrage et de tutelle.* — L'inspecteur joue un rôle au sein des entreprises pour arbitrer les désaccords se manifestant entre la direction et le personnel ou les représentants élus de celui-ci.

a) Le règlement intérieur qui doit être soumis à l'avis des délégués du personnel, ou du comité d'entreprise, doit recevoir en outre l'approbation préalable de l'inspecteur qui peut exiger l'abrogation des dispositions illégales (voir *infra* n° 287). Il peut obtenir amiablement la modification des dispositions qui sont contraires aux lois, règlements, conventions collectives ou portent atteinte aux libertés des travailleurs sans être justifiés par la nature ou la tâche du salarié.

b) La loi du 23 juillet 1957 instituant les congés d'éducation ouvrière a confié à l'inspecteur du travail la mission d'arbitrer le différend pouvant naître dans ce domaine entre l'employeur et le salarié demandeur. Il en est de même à propos de l'embauchage et de la fixation des salaires de certains travailleurs prioritaires d'emploi.

c) Son rôle est très important en ce qui concerne le fonctionnement des institutions créées pour la représentation du personnel (voir *infra* n° 355), l'inspecteur du travail intervient à l'occasion du licenciement d'un délégué du personnel ou d'un membre d'un comité d'entreprise.

d) L'inspecteur du travail de façon plus générale a un rôle de pacificateur social. Ce rôle est né de la pratique. Dès 1936 les organisations patronales et ouvrières, d'un commun accord, sollicitèrent le concours des inspecteurs du travail pour tenter de résoudre les différends et conclure des accords collectifs. En outre, en pratique, les inspecteurs tentent préalablement la conciliation des parties opposées, dans tous les domaines où le législateur leur a accordé compétence et même en dehors du cadre légal de leur compétence.

e) Les inspecteurs du travail sont des agents d'information du ministère du Travail. Ils établissent un rapport sur les conditions d'application de la législation du travail, dans leur section.

f) Ils peuvent être appelés à assurer les fonctions de chefs de services administratifs : services départementaux de l'emploi, formation professionnelle. Les directeurs départementaux du travail et de l'emploi créés par le décret du 17 avril 1946 sont choisis par les inspecteurs principaux.

203. *Moyens d'action des inspecteurs du travail :*

1° Ils disposent tout d'abord d'un droit d'entrée dans tous les établissements qu'ils surveillent (art. L. 611-1 du Code du Travail). Ils peuvent user inopinément de ce droit sans avertir l'employeur. Mais ils ne peuvent pénétrer dans les locaux servant à l'habitation. En principe, ils ne peuvent pas entrer la nuit dans les établissements.

2° Pour exercer d'une manière efficace leur contrôle, les inspecteurs jouissent d'un droit de surveillance et d'enquête leur permettant d'exiger de visiter les locaux et le matériel.

Les chefs d'entreprise sont tenus de présenter à l'inspecteur du travail les documents dont la tenue est obligatoire : registre du personnel, des salaires, techniques de sécurité, etc.

204. *Décisions des inspecteurs du travail.* — Les décisions qui sont prises par l'inspecteur du travail dans les différentes matières où il a reçu compétence (approbation du règlement intérieur, autorisation des licenciements, autorisation d'effectuer des heures supplémentaires, etc.) n'ont en aucun cas un caractère juridictionnel. Elles sont donc susceptibles de *recours hiérarchiques* qui doivent être portés devant le ministre du Travail.

Elles peuvent également (ainsi que celles prises éventuellement par le ministre) être déférées pour *excès de pouvoir* devant le Tribunal administratif et en appel devant le Conseil d'État.

L'employeur ou le salarié qui estiment avoir subi un préjudice du fait de la décision de l'autorité administrative, peut intenter un recours en indemnité contre l'administration.

Section 2
L'organisation du service de Sécurité sociale

205. *Évolution des conceptions.* — À la base du plan français de Sécurité sociale (ordonnance du 4 octobre 1945), il y avait essentiellement l'idée de fusionner en une organisation unique, sur le plan national et interprofessionnel, les anciennes caisses d'assurance sociales, les caisses de compensation en matière d'allocations familiales et les anciennes compagnies d'assurances, qui garantissaient les employeurs de leur responsabilité en matière d'accident du travail. Cette idée d'unification administrative, de regroupement dans une organisation unique des organismes existants, n'a pu être réalisée qu'en partie. En effet, d'une part, le principe de la séparation des caisses de Sécurité sociale et des caisses d'Allocations familiales a été retenu ; d'autre part, le législateur a créé des caisses autonomes chargées de la gestion

du risque vieillesse (auxquelles succède aujourd'hui un organisme unique : la Caisse Nationale d'Assurance Vieillesse). Enfin, de multiples régimes spéciaux de Sécurité sociale subsistent à côté du régime général.

Une autre idée du législateur de 1945 était de conférer la plus large *autonomie* possible aux organismes de gestion (qui restaient des organismes privés), en confiant l'administration aux seuls intéressés. Là encore, il n'a pas été possible d'aller jusqu'au bout du principe et la tendance actuelle est au contraire au renforcement du *contrôle* et de la *tutelle* des pouvoirs publics, notamment depuis la réforme réalisée par le décret du 12 mai 1960.

Ces deux tendances : séparation des organismes gérant les risques et renforcement du contrôle et de la tutelle ont été encore accentuées par les ordonnances du 21 août 1967. En effet, ces textes ont réformé les structures administratives et financières de la Sécurité sociale, en rendant indépendante la gestion des différentes branches de la Sécurité sociale et en confiant plus de pouvoir à l'administration.

206. *Principes directeurs.* — Le législateur de 1967 a voulu séparer les différents risques, en les isolant sur le plan comptable et administratif et en affectant à leur financement des ressources distinctes qui leur sont affectées.

Ainsi, on distingue aujourd'hui, au point de vue du financement (assurés par des cotisations distinctes) :

1° Les assurances-maladie, maternité, invalidité, décès.

2° Les accidents du travail et maladies professionnelles.

3° Les prestations familiales.

4° L'assurance-vieillesse.

La séparation administrative a été réalisée par la création de trois caisses nationales (remplaçant la caisse nationale unique préexistante).

1° La caisse nationale de l'assurance-maladie (gérant les risques maladie, maternité, invalidité, décès, accidents du travail, maladies professionnelles).

2° La caisse nationale allocations familiales.

3° La caisse nationale vieillesse.

Ces caisses nationales sont des établissements publics, alors que les caisses régionales, caisses primaires et caisses des prestations familiales, sont des organismes privés.

§1. Les caisses d'assurance-maladie

A La caisse nationale

207. *Caractères et structure.* — L'organisation administrative de l'assurance-maladie comporte trois échelons :

1° La caisse nationale.

2° Les caisses régionales.

3° Les caisses primaires.

Ainsi au sommet se trouve la *caisse nationale*, organisme public national à *caractère administratif*, jouissant de la personnalité juridique et de l'autonomie financière, gérée par un personnel de direction et un conseil d'administration et soumise au contrôle étroit du ministre de la Santé et de la Sécurité sociale et du ministre de l'Économie et des Finances (représentés auprès de la Caisse par des commissaires du gouvernement). En effet les *décisions* de leurs conseils d'administration ne deviennent exécutoires que s'il n'y a pas opposition de l'un ou l'autre de ces ministres dans les 20 jours de la communication à eux donnée des délibérations. Le *directeur* est nommé par décret sur rapport du ministre de la Santé et de la Sécurité sociale, et l'agent comptable par arrêté conjoint du ministre de la Santé et de la Sécurité sociale et du ministre de l'Économie et des Finances.

Le personnel de cet organisme national comprend des agents régis par le statut général des fonctionnaires, des agents soumis à un statut de droit public fixé par décret, des agents de droit privé, régis soit par un statut, soit par les conventions collectives applicables au personnel des organismes de Sécurité sociale.

Le conseil d'administration comporte :

Quinze représentants des assurés sociaux désignés par les organisations syndicales nationales de salariés représentatives ;

Six représentants des employeurs désignés par les organisations professionnelles nationales d'employeurs représentatives ;

Deux personnes qualifiées désignées par le ministre chargé de la Sécurité sociale, l'une parmi des organisations de salariés, l'autre parmi des organisations d'employeurs.

Deux représentants désignés par la Fédération nationale de la mutualité française.

Siègent également, avec voix consultative :

Une personne désignée par l'Union nationale des associations familiales.

Trois représentants du personnel, élus dans des conditions définies par décret.

En qualité d'expert, une personne désignée par la Commission consultative des professions de santé instituée auprès des caisses.

208. *Fonctions.* — La Caisse nationale d'assurance-maladie a pour mission :

1° d'assurer, sur le plan national, en deux gestions distinctes, le financement, d'une part, des assurances-maladie, maternité, invalidité, décès, et d'autre part, des accidents du travail et maladies professionnelles et maintenir l'équilibre financier de chacune de ces gestions.

2° de promouvoir la prévention des accidents du travail et des maladies professionnelles.

3° d'exercer une action sanitaire et sociale et de coordonner celles des caisses régionales et primaires.

4° d'organiser et diriger le contrôle médical.

5° d'exercer un contrôle sur les opérations immobilières des caisses régionales et primaires d'assurance-maladie et sur la gestion de leur patrimoine immobilier, d'exercer de façon plus générale un pouvoir de contrôle sur les caisses régionales et primaires.

6° d'émettre un avis sur tous les projets de loi et de règlement intéressant les matières de sa compétence.

7° de gérer différents fonds nationaux (exemple : le Fonds national de l'assurance-maladie) dont la liste figure dans le décret n° 67-1230 du 22 décembre 1967. Sur ces différents fonds la caisse nationale attribue les dotations aux caisses régionales et caisses primaires, qui doivent leur permettre de faire face aux dépenses correspondantes. Si ces dotations se révèlent insuffisantes, la caisse nationale peut mettre en demeure l'organisme intéressé de prendre des mesures de redressement et se substituer à lui si ces injonctions demeurent sans effet.

Selon les articles 17 et 18 de l'ordonnance du 21 août 1967, la caisse nationale doit maintenir ou rétablir l'*équilibre financier* constamment menacé de la branche assurances-maladie, maternité, invalidité, décès, soit par une réduction des prestations, soit par une augmentation des cotisations (approuvée par décret). En cas de carence du conseil d'administration dans ce domaine, le ministre de la Santé et de la Sécurité sociale et celui de l'Économie et des Finances peuvent le mettre en demeure de prendre les mesures de redressement nécessaires, et si celles-ci demeurent sans effet, se substituer au conseil défaillant.

Ainsi la nouvelle législation a-t-elle pour effet de rendre les caisses d'assurance-maladie très *dépendantes* de la caisse nationale et indirectement des pouvoirs publics.

B Les caisses régionales d'assurance-maladie

209. *Organisation et compétence.* — Les caisses régionales d'assurance-maladie sont au nombre de 16, correspondant aux seize régions de Sécurité sociale. Comme les caisses primaires, elles sont des *organismes privés* gérant un service public, ce qui entraîne l'obligation de se soumettre à un pouvoir de contrôle et de tutelle.

Le Conseil d'administration est composé de :

Quinze représentants des assurés sociaux désignés par les organisations syndicales nationales représentatives.

Six représentants des employeurs désignés par les organisations professionnelles nationales d'employeurs représentatives.

Un représentant désigné par la Fédération nationale de la mutualité française.

Deux personnes qualifiées désignées par le ministre chargé de la Sécurité sociale, l'une parmi des organisations de salariés, l'autre parmi des organisations d'employeurs.

Un représentant des retraités, choisi par les vingt-quatre autres membres du conseil d'administration, sur les propositions des associations de retraités ayant leur siège dans la circonscription de la caisse.

Siègent également, avec voix consultative :

Un représentant des associations ayant, au moment de sa désignation, la qualité d'allocataire ou d'ancien allocataire de prestations familiales, désigné par les unions départementales des associations familiales existant dans la circonscription de la caisse ; la désignation est effectuée par l'union nationale des associations familiales si, dans la circonscription de la caisse régionale il n'existe pas d'union départementale ou si en cas de pluralité d'unions départementales dans cette circonscription, elles ne sont pas parvenues à un accord.

Trois représentants du personnel élus.

En qualité d'expert, une personne désignée par la Commission consultative des professions de santé instituée auprès de la caisse. La gestion de ces organismes comme celle des caisses locales est répartie entre ce conseil et le directeur. Depuis 1960 les pouvoirs du directeur sont largement renforcés, par rapport à ceux du conseil d'administration. On peut dire qu'il assure le fonctionnement de l'organisme, sous le *contrôle* du conseil d'administration. En d'autres termes, le *conseil d'administration* règle par ses délibérations les affaires de l'organisme. Il établit le règlement intérieur de l'organisme, vote les budgets et contrôle l'application par le personnel de direction des dispositions législatives et réglementaires et l'exécution par lui de ses propres décisions. Le *directeur* de son côté a une compétence générale et exclusive en matière de personnel (sauf concernant le personnel de direction), il fixe l'organisation du travail dans les services, soumet au conseil les divers projets de budgets ou d'états prévisionnels.

Les caisses régionales ont perdu un certain nombre de leurs compétences, au cours des réformes successives. Tout d'abord, en 1960, leurs pouvoirs en matière d'invalidité et d'accidents du travail ont été confiés aux caisses primaires. Et, en 1967, la gestion du risque vieillesse qui leur incombait a été confiée à la Caisse nationale vieillesse.

Aujourd'hui, elles ont pour mission de développer et coordonner la prévention des risques accidents du travail et maladies professionnelles, de concourir à l'application des règles de tarification dans ce domaine (elles peuvent sur ce point se voir imposer par la caisse nationale toutes mesures de redressement utiles et notamment l'augmentation des tarifs).

Elles exercent également une action sanitaire et sociale dans le cadre défini par le ministre de la Santé et de la Sécurité sociale.

C Les caisses primaires d'assurance-maladie

210. *Organisation et compétences.*— Il existe 122 caisses primaires (en principe une par département — quelques départements importants en comprennent plusieurs).

Elles peuvent créer des sections locales pour améliorer leur fonctionnement administratif ou désigner des *correspondants locaux*, et même agréer des correspondants d'entreprises. Leur gestion est assurée comme pour les caisses régionales par un directeur et un conseil composé de vingt-cinq membres, comprenant :

Quinze représentants des assurés sociaux élus par ceux des assurés qui ont leur résidence dans la circonscription de la caisse ;

Six représentants des employeurs désignés par les organisations professionnelles nationales d'employeurs représentatives ;

Deux représentants désignés par la fédération nationale de la mutualité française ;

Deux personnes qualifiées désignées par le ministre chargé de la Sécurité sociale, l'une parmi des organisations de salariés, l'autre parmi des organisations d'employeurs.

Siègent également, avec voix consultative :

Un représentant des associations familiales ayant, au moment de sa désignation, la qualité d'allocataire ou d'ancien allocataire de prestations familiales, désigné par l'Union départementale des associations familiales ; la désignation est effectuée par l'Union nationale des associations familiales si, dans la circonscription de la caisse primaire, il n'existe pas d'union départementale ou si, en cas de pluralité d'unions départementales dans cette circonscription, elles ne sont pas parvenues à un accord ;

Trois représentants du personnel élus dans des conditions fixées par décret ;

En qualité d'expert, une personne désignée par la Commission consultative des professions de santé instituée auprès de la caisse.

Les caisses primaires ont reçu compétence en matière :

1° d'immatriculation des assurés sociaux ;

2° de service des prestations pour tous les risques, sauf en matière de vieillesse et de prestations familiales ;

3° elles exercent une action sanitaire et sociale.

§2. Les caisses d'allocations familiales

Dans le domaine des allocations familiales, il n'existe que *deux échelons* : l'échelon national (auquel correspond la caisse nationale, organisme public à caractère administratif) et local (auquel correspondent les Caisses d'allocations familiales, organismes privés) ; il n'y a pas de caisses régionales comme en matière de maladie.

La composition des conseils d'administration de la caisse nationale comme des caisses locales présente quelques particularités par rapport aux caisses d'assurance-maladie.

Quinze représentants des assurés sociaux désignés par les organisations syndicales nationales de salariés représentatives.

Trois représentants des travailleurs indépendants représentant chacun des groupes de professions mentionnés à l'article 18, désignés par les institutions ou organisations professionnelles des travailleurs indépendants représentatives sur le plan national.

Six représentants des employeurs désignés par les organisations professionnelles nationales d'employeurs représentatives.

Trois représentants des associations ayant, au moment de leur désignation, la qualité d'allocataire de prestations familiales, désignés par l'union nationale des associations familiales.

Une personne qualifiée désignée par le ministre chargé de la Sécurité sociale.

Siègent également, avec voix consultative, deux représentants du personnel élus dans des conditions définies par décret.

La répartition des représentants des assurés sociaux entre les organisations syndicales est effectuée en fonction du nombre total des voix obtenues sur le plan national lors des élections des représentants des assurés sociaux aux conseils d'administration des caisses d'allocations familiales.

211. A) *La Caisse nationale.*— Elle doit, aux termes de l'article 23 de l'ordonnance n° 67-706 du 21 août 1967 :

1° assurer le financement des régimes de prestations familiales des salariés de toutes professions et des employeurs et travailleurs indépendants des professions non agricoles ;

2° gérer un fonds d'action sanitaire et sociale ;

3° exercer un contrôle sur les opérations immobilières des caisses d'allocations familiales et sur la gestion de leur patrimoine immobilier.

La caisse nationale a également des pouvoirs pour assurer *l'équilibre financier* de la branche. Ses pouvoirs sont un peu différents de ceux de la Caisse nationale d'assurance-maladie. Elle n'a pas reçu pouvoir de maintenir directement l'équilibre financier des caisses locales. Elle ne peut, selon l'article 23 complété par la loi de ratification du 31 juillet 1968, que :

1° proposer au gouvernement toutes mesures concernant l'équilibre financier de la branche prestations familiales ;

2° prescrire aux caisses locales toutes mesures tendant à améliorer leur gestion ;

3° mettre les caisses en demeure de prendre des mesures de redressement, au cas de gestion défectueuse et, au cas de carence, se substituer au conseil d'administration de l'organisme défaillant.

212. B) *Les caisses d'allocations familiales.* — La composition du conseil d'administration des caisses d'allocations familiales présente les mêmes particularités que celle de la Caisse nationale.

Les caisses d'allocations familiales sont chargées :

1° *de servir les prestations familiales* non seulement aux salariés de toutes professions, mais encore aux employeurs et travailleurs indépendants des professions non agricoles, et à la population non active ;

2° d'exercer une *action sanitaire et sociale* en faveur de leurs ressortissants et de leur famille.

§3. La caisse d'assurance-vieillesse

213. *La caisse nationale de l'assurance-vieillesse.* — Depuis la réforme de 1967 il n'existe plus qu'une caisse en matière de vieillesse : il s'agit de la Caisse nationale (à l'exception de la caisse de Strasbourg qui reste compétente pour les départements du Haut-Rhin, Bas-Rhin et Moselle et des caisses particulières des territoires d'outre-Mer).

Le conseil d'administration est composé, comme celui des autres caisses nationales suivant le principe du paritarisme et comporte :

Quinze représentants des assurés sociaux désignés par les organisations syndicales nationales de salariés représentatives.

Six représentants des employeurs désignés par les organisations professionnelles nationales d'employeurs représentatives.

Deux personnes qualifiées désignées par le ministre chargé de la Sécurité sociale, l'une parmi des organisations de salariés, l'autre parmi des organisations d'employeurs.

Deux représentants des retraités, choisis par les vingt-trois autres membres du conseil d'administration, sur les propositions des associations et fédérations nationales de retraités.

Siègent également, avec voix consultative :

Une personne désignée par l'Union nationale des associations familiales.

Deux représentants du personnel, élus dans des conditions définies par décret.

Des commissaires du gouvernement représentant les ministres de tutelle sont désignés auprès des conseils d'administration.

Depuis la réforme de 1967 la Caisse nationale de l'assurance-vieillesse *centralise les ressources et sert les prestations* de l'assurance vieillesse, rôle autrefois conféré aux caisses régionales et qu'elles conservent à titre transitoire. Elle exerce *une action sanitaire et sociale* et propose au gouvernement toute mesure concernant le maintien de *l'équilibre financier* du régime et l'utilisation des ressources disponibles. Elle donne son *avis* sur toute mesure présentée au gouvernement concernant le financement.

La nouvelle législation réserve à la Caisse nationale la faculté de demander le concours des caisses régionales ou primaires d'assurance-maladie, en cas de nécessité, pour l'exécution de certaines tâches.

§4. Les organismes de recouvrement

214. *Les U.R.S.S.A.F.* — Lors de l'institution de la Sécurité sociale en 1945, les caisses primaires, d'une part, les caisses d'allocations familiales, d'autre part, procédaient au recouvrement des cotisations chacune pour leur propre compte. Il en résultait des frais inutiles, chaque caisse engageant des frais pour le recouvrement de ses cotisations. Il existait des risques de fraude, certains débiteurs ne réglant les cotisations qu'à l'une des deux caisses. Aussi les caisses décidèrent-elles de créer un organisme de recouvrement commun désigné sous le nom d'Union de Recouvrement en matière de Sécurité sociale et d'Allocations familiales : U.R.S.S.A.F. Le législateur par le décret du 12 mai 1960 a consacré cette création.

Les U.R.S.S.A.F. sont gérés par un conseil d'administration de 18 membres (9 représentants des salariés, 6 représentants des employeurs, 3 représentants des travailleurs indépendants). Le trésorier-payeur assiste aux délibérations du conseil avec voix consultative.

Les circuits financiers sont dirigés au sommet par l'Agence Centrale des Organismes de Sécurité sociale (A.C.O.S.S.).

§5. Organismes divers

215. *Rapports avec le personnel. — La législation de 1967* a prévu la création d'une *Union des caisses nationales* chargée des tâches communes sur délégation des caisses nationales et des problèmes relatifs aux conditions de travail, et de la signature des conventions collectives relatives au personnel de Sécurité sociale (U.C.A.N.S.). Ce personnel est régi par le Droit du travail.

§6. Le contrôle et la tutelle sur les organismes de Sécurité sociale

216. *Les services administratifs.* — Si la législation française a laissé subsister le caractère privé des organismes de Sécurité sociale (exception faite pour les Caisses nationales), elle a organisé le contrôle et la tutelle (devenus plus stricts par l'effet de réformes successives), qui doivent s'exercer sur les caisses, parce qu'elles sont chargées d'un service public.

L'administration de la Sécurité sociale chargée du contrôle et de la tutelle se divise en administration centrale et administration régionale.

1° *Le ministre de la Santé et de la Sécurité sociale* exerce la tutelle sur le régime général de Sécurité sociale et les régimes des non salariés. Il est assisté dans ce contrôle par diverses directions centrales et une inspection générale. En outre, il exerce une action de coordination sur tous les régimes spéciaux de Sécurité sociale qui dépendent de ministères variés (exemple : le régime agricole dépend du ministère de l'Agriculture, le régime des mines du ministère de l'Industrie). Ce rôle de coordination est principalement assuré par le Comité interministériel de coordination.

Il existe également auprès du ministère des organismes consultatifs : commission supérieure de la Sécurité sociale et commission supérieure des Allocations familiales.

2° *À l'échelon régional* : la France est divisée en 16 régions. À la tête de ces régions se trouvent des directions régionales qui exercent, par l'intermédiaire des inspecteurs régionaux de Sécurité sociale, des fonctions de contrôle à la fois sur les employeurs et les bénéficiaires et sur les caisses du ressort.

217. *Tutelle sur les personnes.* — La tutelle s'exerce tant sur les personnes que sur les actes. — Sur les personnes : L'article L 281-3 du Code de la Sécurité sociale dispose qu'au cas d'irrégularités graves, de mauvaise gestion ou de carence, le conseil d'administration d'un organisme peut être collectivement dissous ou suspendu par arrêté du ministre. Si certains griefs sont imputables à un ou plusieurs membres particuliers du Conseil, ceux-ci pourront être révoqués.

La carence des administrateurs peut être sanctionnée par la procédure de démission d'office.

Parmi les mesures de tutelle, il convient de signaler les règles de nomination des personnels de direction : la nomination des directeurs des organismes nationaux a lieu par décret ; ceux des autres organismes ne peuvent être nommés qu'avec l'agrément du ministre, agrément qui peut toujours être retiré.

218. *Tutelle sur les actes.* — Sur les actes, la tutelle peut être exercée par agrément, suspension, annulation ou substitution.

a) *L'agrément* est requis pour l'établissement des statuts et règlements intérieurs (qui doivent respecter des dispositions types) et pour la validité des conventions collectives fixant les conditions de travail et le statut du personnel, ou celles relatives au régime de retraite de ce personnel.

b) *La suspension et l'annulation* sont exercées par des autorités différentes selon qu'il s'agit de décisions de caractère général ou de décisions de caractère individuel.

S'il s'agit d'une décision de caractère général, le directeur régional ne peut que suspendre l'application de la décision dans les huit jours, puis la transmettre au ministre qui, seul, peut l'annuler. Un décret du 29 novembre 1958 a permis au ministre de déléguer ses pouvoirs d'annulation aux préfets de région. À l'expiration de ces délais, si aucune mesure de suspension, ou d'annulation, n'est intervenue, la décision est valable.

S'il s'agit d'une décision de caractère individuel (exemple : immatriculation ou refus d'immatriculation de telle personne), le directeur régional a le pouvoir d'annuler lui-même la décision.

Les pouvoirs d'annulation reconnus aux autorités de tutelle ne sont pas discrétionnaires. Deux *causes* d'annulation sont prévues par l'article L.151-1 du Code de Sécurité sociale : a) l'illégalité de la décision ; b) le danger pour l'équilibre financier de la Caisse. Ces deux causes ont fait l'objet d'une interprétation généralement extensive. Les tribunaux administratifs ont, en effet, souvent admis qu'une décision était illégale, lorsqu'elle était contraire, non seulement à la loi, mais encore aux principes généraux du droit public, ou des services publics. Le danger pour l'équilibre financier de la caisse existe, selon le Conseil d'État, non seulement lorsque la mesure litigieuse est de nature à compromettre l'équilibre financier effectif de la caisse, mais même de façon plus générale, l'équilibre financier du régime — ce qui constitue une notion beaucoup plus large et permet de justifier plus facilement une annulation. Ce sont les tribunaux administratifs qui sont compétents pour vérifier si les dispositions de l'article L 151-1 du Code de Sécurité sociale relatif aux causes d'annulation, ont été respectées.

Les *conséquences de l'annulation* sont différentes, suivant qu'elle concerne une mesure intérieure à la Caisse, ou un tiers. Si elle frappe une mesure intérieure telle qu'une décision de dépense, la décision ne pourra être maintenue et la dépense ne pourra être engagée. Si l'annulation atteint une mesure concernant un tiers, sa portée est plus difficile à déterminer. En effet, supposons qu'une caisse ait décidé de procéder à l'immatriculation d'une personne qui conteste le bien-fondé de cette décision devant la commission de recours gracieux. Si la commission de recours gracieux infirme la décision d'immatriculation et que celle-ci soit annulée par l'autorité de tutelle, l'intéressé se trouvera uniquement en face de la décision primitive de la caisse (puisque la décision d'infirmation de la commission de recours gracieux est annulée). S'il veut contester son immatriculation, il sera dans l'obligation de saisir le tribunal des affaires de Sécurité sociale pour faire juger du bien-fondé de son immatriculation.

Si, au contraire, la commission de recours gracieux a confirmé le bien-fondé de l'immatriculation, l'annulation de la décision de la commission de recours gracieux aura une portée beaucoup plus importante, car elle frappera, alors, indirectement la décision d'immatriculation prise par la caisse, l'intéressé n'aura dans cette hypothèse à exercer aucun recours, car il ne se trouvera plus en face d'aucune décision. Cette interprétation a été contestée par les organismes de Sécurité sociale qui soutenaient que l'annulation n'atteignait que la décision de recours gracieux, mais laissait subsister la décision de la Caisse. Les tribunaux ont, jusqu'à présent, condamné la position adoptée par les organismes de Sécurité sociale.

c) Enfin, l'administration a reçu de l'article L 281-2 du Code de Sécurité sociale, un pouvoir de *substitution* qui peut s'exercer à l'expiration d'un délai de huit jours, à compter d'une mise en demeure adressée à la Caisse ordonnant l'exécution d'une dépense, ou le recouvrement d'une recette ayant un caractère obligatoire. Si cette mise en demeure n'est pas suivie d'effet, le directeur régional décidera l'exécution de la mesure.

Il convient de compléter l'étude de la tutelle en signalant que le directeur régional peut être présent à toutes les étapes de la procédure dans les actions portées devant le contentieux général de la Sécurité sociale, peut interjeter appel ou former un pourvoi en cassation.

219. *Contrôle financier.* — Les organismes de Sécurité sociale sont placés, en outre, sous le contrôle permanent des comptables publics du Trésor (trésoriers-payeurs généraux et receveurs des Finances) et soumis aux vérifications de l'inspection des Finances.

Enfin, le contrôle de la Cour des comptes s'exerce sur les organismes de Sécurité sociale selon les modalités prévues dans l'article 38 du décret du 20 septembre 1968.

Chapitre 2
Les juridictions du travail et de la Sécurité sociale

220. *Complexité du contentieux.* — La répartition des compétences entre les différentes juridictions, qui connaissent des litiges du travail et de la Sécurité sociale, est assez complexe au niveau de la *première instance.*

Il faut, tout d'abord, remarquer que les litiges du travail et ceux de la Sécurité sociale relèvent de *juridictions distinctes et spécialisées* (conseil de prud'hommes et tribunaux chargés des affaires de Sécurité sociale, qui sont le plus souvent compétents dans ces deux matières). Cependant, parfois, le tribunal de grande instance, juridiction de droit commun, est saisi de litiges relevant tant du Droit du travail que de la Sécurité sociale ou encore le tribunal correctionnel. De même le tribunal d'instance joue un rôle dans les litiges du travail.

L'unité est, au contraire, réalisée au niveau de *l'appel* et de la *cassation,* les Cours d'appel et la Cour de cassation ayant reçu compétence dans les procès du travail, comme de ceux de Sécurité sociale.

Enfin, pour avoir une vue complète des juridictions compétentes, il faut noter que les tribunaux administratifs sont appelés à intervenir dans les demandes formées en vue de l'annulation des décisions des inspecteurs du travail, ou des autorités de tutelle de Sécurité sociale.

Section 1
La juridiction du travail
Le conseil de prud'hommes

221. *Évolution.* — Une filiation peut, probablement, être établie entre les conseils de prud'hommes et les anciennes juridictions corpora-

tives qui assuraient, avant 1789, la discipline du métier. Mais l'acte constitutif des conseils de prud'hommes est une loi du 18 mars 1806 qui créa le premier conseil de prud'hommes pour la ville de Lyon. Celui-ci était, d'ailleurs, à composition exclusivement patronale. Il en fut créé d'autres par décrets tout au long du XIXe siècle et la IIe République décida d'y faire siéger, côte à côte, des représentants des patrons et des représentants des salariés. Depuis lors la *parité* est devenue une règle essentielle de l'organisation et du fonctionnement des conseils. Une loi du 27 mars 1907 qui devint le livre IV du Code du Travail[1], a longtemps constitué le texte de base, souvent modifié, de ces juridictions.

L'ordonnance du 22 décembre 1958 a fait, du Conseil, le tribunal de droit commun des conflits individuels de travail.

Enfin, la loi du 18 janvier 1979 a accompli une dernière réforme, dont l'objet essentiel a été de généraliser l'institution.

§1. Organisation

222. *Création.* — Aux termes de la loi du 18 janvier 1979, un conseil de prud'hommes est créé au moins dans le ressort de chaque tribunal de grande instance. Les conseils de prud'hommes sont institués par décret en Conseil d'État, sur propositions des ministres de la Justice, du Travail et de l'Agriculture, après avis des Conseils généraux, des conseils municipaux intéressés, du 1er président de la Cour d'appel, ainsi que des organisations professionnelles et des organisations syndicales les plus représentatives sur le plan national, des chambres de commerce et d'industrie, de métiers et d'agriculture.

Le décret d'institution détermine le ressort territorial du conseil de prud'hommes, les catégories dans lesquelles sont réparties les professions soumises à sa juridiction, éventuellement les différentes sections et leur composition. Dans les départements très urbanisés il existe plusieurs conseils de prud'hommes ; dans les départements peu peuplés, un seul ; mais tout le territoire est couvert.

223. *Élections.* — Les juges prud'homaux sont des juges élus. La loi n'a pas retenu la proposition (faite par F.O.) de les faire *désigner*

1. Aujourd'hui voir : articles L. 511 et ss.. du Code du Travail et R. 511 et ss.

par les organisations syndicales représentatives. Pour être électeurs, il faut : a) avoir 16 ans accomplis ; b) exercer une activité professionnelle, mais les chômeurs involontaires restent électeurs. En outre, les périodes de suspension du contrat de travail sont assimilées à des périodes de travail effectif ; c) n'avoir encouru aucune des condamnations des articles L. 5 et L. 6 du Code électoral.

Les apprentis, salariés à temps partiel et travailleurs étrangers sont également électeurs. Aucune condition d'ancienneté n'est requise pour être électeur. Les électeurs sont répartis en sections, chaque conseil de prud'hommes étant divisé en sections (voir *infra* n° 225).

Le principe du fonctionnement paritaire des conseils de prud'hommes implique qu'il y ait deux catégories d'électeurs : les employeurs et les salariés. Mais à l'intérieur de la catégorie des salariés une subdivision a été opérée entre le personnel d'encadrement et les autres salariés.

Ainsi sont électeurs : 1° *Les employeurs* qui sont « les personnes qui emploient pour leur compte ou pour le compte d'autrui un ou plusieurs salariés » (C. Trav. art. L. 513-1, al. 4 nouveau). Pour être électeur employeur il faut avoir signé, soit pour son compte (employeur personne physique) soit pour le compte d'autrui, un ou plusieurs contrats de travail avec un ou des salariés (il peut s'agir du contrat de travail passé avec une employée de maison).

Sont assimilés à des employeurs les associés en nom collectif, les Présidents directeurs généraux, les directeurs généraux, même s'ils n'ont personnellement signé au nom de l'entreprise aucun contrat de travail avec des salariés.

Les membres du directoire d'une société ont aussi la qualité d'employeur ainsi que les personnes bénéficiant d'une délégation d'autorité. Cette délégation d'autorité doit être écrite et donner au cadre une partie des pouvoirs juridiques ou économiques de l'employeur sur un groupe de salariés.

Pour être admis à voter il faut être inscrit sur une liste électorale. Nul ne peut être inscrit sur plusieurs listes électorales ni dans deux collèges électoraux, ni au titre de plusieurs secteurs.

Lorsqu'un employeur exerce des activités professionnelles multiples, la section au titre de laquelle il est électeur est déterminée comme si son activité principale était son activité unique. Et son activité principale est celle de ses activités professionnelles au titre de laquelle il occupe le plus grand nombre de salariés (décret 17 mai

1979). Le conseil constitutionnel a rejeté une disposition de la loi selon laquelle le vote plural aurait été accordé aux grosses entreprises.

2° *Les cadres :* Aux termes de l'article L. 513-1, alinéa 3, relevant de la section de l'encadrement, d'une part, les ingénieurs ainsi que les salariés qui, même s'ils n'exercent pas de commandement, ont une formation équivalente constatée ou non par un diplôme ; d'autre part, les salariés qui, ayant acquis une formation technique, administrative, juridique, commerciale, ou financière, exercent un commandement par délégation de l'employeur, et enfin les voyageurs, représentants, placiers.

3° Une catégorie de salariés relève également de la section de l'encadrement : celle des agents de maîtrise ayant une délégation écrite de commandement durable, effective et personnelle. Elle doit émaner de l'employeur ou de l'une des personnes assurant statutairement les fonctions d'employeur.

Le personnel d'encadrement n'est électeur que dans la section cadre.

4° *Les autres salariés :* c'est-à-dire les employés, les ouvriers, les gens de maison.

Pour être éligible, il faut : a) avoir la nationalité française et être âgé de 21 ans au moins ; b) être inscrit sur les listes électorales prud'homales pendant trois ans au moins (pourvu que l'intéressé ait exercé l'activité pour laquelle il est inscrit depuis moins de 6 ans) ; c) n'avoir encouru aucune des condamnations prévues aux articles L. 5 et L. 6 du Code électoral.

Les conseillers sont élus pour 5 ans.

Les élections ont lieu à la représentation proportionnelle suivant la règle de la plus forte moyenne, sans panachage, ni vote préférentiel. Sur chaque liste, les sièges sont attribués aux candidats d'après l'ordre de présentation. Le conseiller reçoit une indemnité. Sa formation est prévue et il ne pourra être licencié par son employeur. Les frais de fonctionnement des conseils sont dorénavant à la charge du budget de l'État.

224. La loi du 6 mai 1982 a institué un statut des conseillers prud'hommes : désormais l'employeur doit laisser aux salariés de son entreprise, membres d'un conseil de prud'hommes, le temps nécessaire non seulement pour participer aux différentes séances, audiences et sessions, mais également pour s'y rendre. Lorsqu'il s'agit de prési-

dents ou de vice-présidents, l'employeur doit également leur laisser le temps nécessaire à l'exercice de leurs fonctions administratives. Le temps ainsi passé hors de l'entreprise est assimilé pour les salariés à une période de travail effectif. Il ne doit pas non plus entraîner une quelconque diminution de rémunération. Les sommes versées par les employeurs pour le temps consacré à leurs fonctions de conseillers prud'hommes sont remboursés à l'employeur par l'État.

Aux termes du nouvel article L. 514-2 du Code du Travail, l'exercice des fonctions de conseiller prud'hommes ne saurait être une cause de rupture par l'employeur du contrat de travail. Le texte précise également que, désormais, le licenciement par l'employeur d'un salarié exerçant les fonctions de conseiller prud'hommes ou ayant cessé ses fonctions depuis moins de six mois est soumis à la procédure prévue en cas de licenciement d'un délégué syndical. Cette protection joue également en faveur des candidats aux fonctions de conseiller prud'hommes, dès la publication de leurs candidatures et pendant une durée de trois mois. Des garanties identiques sont prévues pour les titulaires d'un contrat à durée déterminée ou d'un contrat de travail temporaire.

Enfin l'article L. 531-1 institue un délit d'entrave à la libre désignation des candidats à l'élection des conseillers prud'hommes, à l'indépendance ou à l'exercice des fonctions de conseiller prud'hommes. Est notamment visée la méconnaissance des obligations en matière d'absence des conseillers, de rupture du contrat de travail ou de formation. Les peines sont un emprisonnement de deux mois à un an et une amende de 2 000 à 20 000 francs ou l'une de ces deux peines seulement. En cas de récidive l'emprisonnement pouvant être porté à deux ans et l'amende peut être portée à 4 000 francs.

Le conseiller prud'hommes qui a été condamné pour des faits prévus aux articles L. 5 et L. 6 du Code électoral est déchu de plein droit de ses fonctions à la date de la condamnation devenue définitive. Et le ministre de la Justice peut suspendre un conseiller en cas où il serait saisi d'une plainte ou informé des faits de nature à entraîner des poursuites pénales (la suspension ne peut excéder six mois).

225. *Organisation intérieure du conseil.* — 1° *L'assemblée générale :* Les conseils de prud'hommes se réunissent en Assemblée générale – qui n'est pas une formation juridictionnelle – toutes les fois que la demande en est faite par l'autorité supérieure, par la moitié plus un

des membres en exercice, ou lorsque le président le juge utile. L'Assemblée générale élabore le règlement intérieur qui ne devient exécutoire, en ce qui concerne les attributions administratives et consultatives, qu'après approbation du ministre de la Justice et du ministre du Travail.

2° *Les sections :* Le conseil de prud'hommes est divisé en 5 sections : a) l'industrie (la section industrie peut être subdivisée), b) le commerce et les services commerciaux, c) l'agriculture, d) les activités diverses, e) le personnel d'encadrement (cette dernière section, propre à une catégorie de salariés, est une création de la loi de 1979). La compétence des sections se détermine d'après l'activité principale de l'employeur. Cependant concernant la section de l'encadrement, c'est le statut de cadre du salarié qui est prise en considération. Les litiges entre employeurs et salariés exerçant une profession de nature autre qu'industrielle ou commerciale, sont portés soit devant la section agricole, soit devant la section des professions diverses suivant la nature de l'établissement.

3° *Les bureaux :* Chaque section comporte un *bureau de conciliation* composé d'un patron et d'un salarié et un bureau de *jugement ou* bureau général comprenant en nombre égal des patrons, d'une part, des employés ou ouvriers, d'autre part, c'est-à-dire deux salariés et deux patrons. La présidence est alternativement confiée à un salarié et à un employeur.

Enfin, le conseil est complété par un secrétariat qui joue le rôle de greffe du tribunal.

4° *La formation en référé* comporte un conseiller prud'hommes employeur et un conseiller salarié.

§2. Compétence

226. *Compétence. — D'attribution* : les conseils de prud'hommes sont seuls compétents, pour régler par voie de conciliation les différends qui peuvent s'élever, à l'occasion du contrat de travail, entre les employeurs ou leurs représentants et les salariés. Ils jugent les différends à l'égard desquels la conciliation n'a pas abouti.

Ils sont également compétents pour concilier ou juger les différends nés entre salariés à l'occasion du travail. Mais ne peuvent connaître les litiges dont la connaissance est attribuée à une autre juridiction (art. L. 511-1 du Code du Travail).

Il résulte de ce texte que deux conditions doivent être réunies pour que le conseil soit compétent :

a) Les litiges doivent s'élever à l'occasion d'un contrat individuel de travail : il faut donc qu'il existe un contrat de travail pour que le conseil soit compétent. S'il s'agissait d'un autre contrat liant deux parties tel que le contrat de mandat ou d'entreprise, le conseil ne serait pas compétent. En revanche, toutes les demandes se rapportant à ce contrat sont de la compétence du conseil, qu'il s'agisse du paiement de salaires, d'indemnités de délai-congé, de congés payés, de congédiement abusif, de bulletins de paie ou de certificats de travail.

b) Il doit s'agir de litiges à caractère individuel et non d'un litige collectif. Mais la distinction entre les deux types de litiges est très difficile à établir. Pour qu'un litige soit collectif il faut qu'il soit collectif quant aux parties en cause et quant à l'objet de la contestation. En d'autres termes le litige individuel suppose des réclamations individuelles (même si 50 salariés présentent individuellement une réclamation), tandis que dans le litige collectif intervient un groupement ou une collectivité. D'autre part, le litige individuel a pour objet l'intérêt d'un salarié ou de chaque salarié pris individuellement, le litige collectif concerne, au contraire, un intérêt corporatif.

227. *Compétence territoriale.* — La compétence d'un conseil de prud'hommes est fixée différemment suivant qu'il s'agit d'un salarié accomplissant un travail dans un établissement, ou hors d'un établissement.

Dans le premier cas, la compétence est fixée par la situation de cet établissement et, dans le deuxième cas (pour le travail en dehors de l'établissement) par le domicile du salarié. Mais le travailleur peut toujours saisir le conseil de prud'hommes du lieu où l'engagement a été contracté, ou celui du lieu où l'employeur est établi (art. R. 517-1 du Code du Travail).

Les règles de compétence du conseil de prud'hommes sont d'ordre public, ce qui entraîne la nullité des clauses contenues dans le contrat de travail qui attribuent compétence à un autre tribunal qu'à celui désigné par la loi. Il en est ainsi même s'il s'agit d'une clause relative à la compétence territoriale.

228. *Compétence des autres juridictions.* — Le tribunal d'instance est compétent pour juger les procès relatifs aux élections des représentants du personnel et à la désignation des délégués syndicaux.

Le tribunal de grande instance peut être appelé à connaître d'un procès du travail, lorsqu'il concerne un litige juridique collectif.

Le tribunal de commerce est compétent sur les demandes de salaires et indemnités à partir du moment où l'entreprise est en règlement judiciaire ou liquidation de biens.

229. *Compétence en dernier ressort.* — En matière prud'homale comme dans toutes les autres matières, existe le principe du double degré de juridictions. Cependant :

1° Les petits procès sont jugés en dernier ressort par le conseil de prud'hommes. Il s'agit des procès qui n'excèdent pas 19 800 F au 1er janvier 1995. Ce taux est révisé périodiquement.

2° Lorsque la demande tend à la remise, même sous astreinte, de certificats de travail, de bulletins de paie ou de toute pièce que l'employeur est tenu de délivrer, à moins que le jugement ne soit en premier ressort en raison du montant des autres demandes.

Voies de recours

L'appel

L'appel pourra être formé dans un délai d'un mois, à compter de la notification du jugement, par une simple réclamation que la partie ou son représentant fait, ou adresse par pli recommandé, au secrétariat du conseil de prud'hommes, qui a rendu le jugement ou au secrétariat-greffe de la Cour d'appel.

Cette déclaration indique le jugement attaqué, le nom de la partie contre laquelle l'appel est formé et, le cas échéant, les chefs du jugement auxquels se limite l'appel.

L'appel est porté devant la chambre sociale de la Cour d'appel. Les parties sont dispensées du ministère d'avoué.

Le pourvoi en cassation

En matière prud'homale, le pourvoi en cassation reste formé, instruit et jugé suivant la procédure prévue, sans ministère d'un avocat au Conseil d'État et à la Cour de cassation.

230. *Procédure. Caractéristiques.* — Le particularisme de la procédure prud'homale répond :

1° *À un souci de simplification et d'économie.* Certaines règles du Code de procédure civile sont écartées à cet effet devant les tribunaux du travail.

La demande peut être formée sur place au secrétariat du conseil de prud'hommes ou adressée par lettre recommandée à ce même secrétariat et le secrétariat délivre ou envoie un récépissé. Le conseil de prud'hommes est considéré comme saisi, dès le dépôt de la demande et non après la phase conciliatrice, ainsi la prescription est interrompue dès le dépôt de la demande.

C'est le secrétariat qui convoque le défendeur par lettre recommandée avec avis de réception. Sa convocation indique non seulement les noms, profession et domicile du demandeur, les lieux, jours et heures de conciliation, les chefs de demande, mais encore elle informe le défendeur que des décisions « exécutoires » par provision pourront, même en son absence, être prises contre lui par le bureau de conciliation. Cette convocation vaut citation en justice.

2° *À une recherche de conciliation.* La tentative de conciliation est obligatoire. Le droit prud'homal attache une importance particulière au préliminaire de conciliation dont la pratique révèle l'intérêt, de nombreuses conciliations intervenant à ce stade de la procédure. Les parties doivent, en principe, se présenter en personne devant le bureau de conciliation. Elles ne peuvent se faire représenter que pour un « motif légitime ». Mais les parties peuvent se faire assister en toute circonstance. Les personnes habilitées à *assister ou à représenter* les parties sont, non seulement, les salariés ou employeurs appartenant à la même catégorie, les délégués des organisations syndicales, les avocats et avoués, un membre de l'entreprise ou de l'établissement quand il s'agit de l'employeur, mais encore le conjoint du plaideur.

Le bureau de conciliation a pour mission essentielle d'entendre les parties, mais il peut, en outre, même en l'absence du demandeur et même si une exception de procédure a été soulevée, ordonner la délivrance de certificats de travail, et bulletins de paie et de toute pièce que l'employeur est tenu légalement de délivrer, le versement d'une provision sur salaire et sur l'indemnité de préavis dans la limite de six mois de salaire calculés sur la moyenne des trois derniers mois de salaire « lorsque l'existence de l'obligation n'est pas sérieusement contestable ». Il peut également ordonner toutes mesures d'instruction, même d'office, toutes mesures nécessaires à la conservation des preuves et objets litigieux.

En cas de conciliation, un *procès-verbal* revêtu de la formule exécutoire est dressé.

À défaut de conciliation totale le bureau renvoie soit au bureau de jugement, soit désigne un *conseiller rapporteur* (ou deux). Les décisions du bureau de conciliation sont exécutoires par la provision et ne peuvent faire l'objet d'un recours qu'en même temps que le jugement sur le fond.

Si, au jour de la conciliation le demandeur ne comparaît pas sans avoir justifié en temps utile d'un motif légitime, la demande de la citation est caduque. L'affaire est radiée. Si un motif légitime a été donné, la demande pourra être de nouveau formée, mais une seule fois.

Si c'est le défendeur qui ne comparaît pas, la conciliation pourra avoir lieu. Seul un motif légitime permettra au défendeur d'être convoqué à une prochaine séance du bureau de conciliation par simple lettre (ou s'il n'a pas été joint).

3° À une volonté de *célérité,* qui se traduit parfois par des sanctions brutales. En effet, le législateur a voulu instituer une procédure rapide et protectrice des intérêts du salarié. Il a posé un certain nombre de règles destinées à hâter la procédure, mais qui, parfois, se sont révélées préjudiciables au travailleur, plaideur inexpérimenté qui ne sait pas toujours respecter les exigences de la procédure. Il faut retenir spécialement le principe de *l'unicité de l'instance prud'homale.*

Dans sa forme primitive, la loi prévoyait que toutes les demandes dérivant du contrat de travail entre les mêmes parties devaient faire l'objet d'une seule instance, à peine d'être déclarées non recevables, à moins que le demandeur ne justifie que les causes des demandes nouvelles ne sont nées, ou n'ont été connues de lui, que postérieurement à l'introduction de la demande primitive.

Aujourd'hui, le principe de l'unicité est retenu, il exige que toutes les demandes dérivant du contrat de travail entre les mêmes parties qu'elles émanent du demandeur ou du défenseur, fassent l'objet d'une seule instance. Mais il résulte du décret du 12 septembre 1974 que les *demandes nouvelles,* dérivant du même contrat de travail, sont recevables à tous les stades de la procédure, même en cour d'appel et sans avoir fait l'objet d'une tentative de conciliation. Les juridictions statuant en matière prud'homale sont d'ailleurs habilitées à connaître de toutes les demandes reconventionnelles ou en compensation, qui, par leur nature, entrent dans leur compétence, même si elles sont formées en cour d'appel.

La réforme est heureuse car elle permet aux salariés souvent mal informés de leurs droits de compléter ou de modifier leurs demandes à tout moment, alors que la règle antérieure plus stricte confinait les demandeurs dans leur demande initiale, puisque les demandes nouvelles étaient irrecevables dès qu'une décision sur le fond était rendue.

231. *L'audience et le jugement.* — Après la tentative de conciliation, si la conciliation n'a pas été possible, un permis de citation est, alors, délivré au demandeur, qui devra faire convoquer le défendeur devant le bureau de jugement. La convocation se fera soit par lettre simple du secrétaire, soit par citation par huissier. La convocation verbale est même possible avec émargement au procès-verbal.

L'affaire vient devant le bureau de jugement qui instruit l'affaire. Une enquête peut être ordonnée. En outre, une pratique aujourd'hui consacrée et généralisée par les textes s'est instituée, qui consiste à renvoyer les affaires délicates devant un *conseiller rapporteur* qui reçoit les parties, procède à l'étude du dossier, fait un rapport qui est ensuite discuté devant le bureau de jugement du conseil.

Le jugement est rendu à la majorité absolue des voix, si un *partage* de voix intervient, l'affaire est renvoyée à une audience ultérieure du bureau de jugement présidé par « le juge départiteur » (juge du tribunal d'instance dans le ressort duquel siège le conseil de prud'hommes) et qui doit être tenue dans le mois du renvoi. Les jugements sont notifiés par le secrétariat aux parties en cause au lieu où elles demeurent réellement par lettre recommandée avec accusé de réception.

232. *Le référé prud'homal.* — Les conseils de prud'hommes comprennent une formation statuant en référé (de composition paritaire). Le référé suppose un trouble manifestement illicite qu'il y a urgence à faire cesser (occupations d'usine, licenciement irrégulier d'un représentant du personnel).

La demande en référé peut être formée, au choix du demandeur soit par un acte d'huissier de justice, soit par dépôt ou envoi d'une demande au secrétariat du conseil de prud'hommes.

La formation en référé peut ordonner toutes mesures que justifie l'existence d'un conflit et qui ne se heurtent pas à une contestation sérieuse sur le fond. Elle peut prescrire les mesures conservatoires ou de remise en état qui s'imposent pour prévenir ou faire cesser un dommage. Elle peut également, le cas échéant, accorder une provision au créancier.

Le juge de référés peut prononcer des condamnations à des astreintes et aux dépens.

Au cas de jugement de partage, l'affaire est renvoyée à une audience présidée par le juge départiteur, mais qui doit se tenir sans délai et au plus tard dans les quinze jours du renvoi.

Les décisions du juge des référés sont provisoires, elles sont cependant exécutées par provision. Elles ne sont pas susceptibles d'opposition. Elles peuvent être frappées d'appel dans le délai de quinze jours.

Section 2
Les juridictions de Sécurité sociale

233. *Les litiges en matière de Sécurité sociale.* — L'organisation de la Sécurité sociale peut donner lieu à des litiges nombreux et variés : des contestations peuvent s'élever entre les bénéficiaires et les caisses (en ce qui concerne l'immatriculation ou le refus d'immatriculation – en ce qui concerne la réalité de l'état pathologique en cas de maladie ou d'accident – en ce qui concerne la date de la guérison ou de la consolidation de la blessure – en ce qui concerne le taux d'incapacité de travail). Des contestations peuvent surgir entre les assujettis et les employeurs (si l'assujetti se voit refuser les prestations par suite d'une faute de l'employeur, ou s'il soutient que l'employeur a commis une faute inexcusable en matière d'accident du travail). Des contestations peuvent naître entre les caisses et les employeurs (pour non-paiement des cotisations). Des contestations peuvent aussi s'élever entre les caisses ou les assujettis et les praticiens (dépassement de tarifs, fraudes). Des contestations sont également fréquentes entre les assujettis ou les caisses et des tiers, auteurs responsables d'un accident de travail, ou d'un accident de droit commun. Des poursuites pénales peuvent enfin être engagées.

Certains de ces litiges qui tendent à mettre en jeu une responsabilité pénale, ou ceux dirigés contre un tiers, relèvent du contentieux judiciaire de droit commun.

Mais, la plupart d'entre eux constituent un contentieux sui *generis* opposant des particuliers à un service public, mais service public géré par des établissements privés : aussi s'accorde-t-on à y voir un contentieux de nature non pas administrative, mais judiciaire.

D'autres, enfin, comme ceux relatifs à l'état d'un malade ou de la victime d'un accident, relèvent d'un contentieux technique spécialisé.

C'est la loi du 24 octobre 1946, codifiée ultérieurement dans le Livre 2 du Code de Sécurité sociale (art. L. 142-4 et ss.) qui constitue le texte de base en la matière. Ce livre 2 a été modifié par l'ordonnance n° 58-1275 du 22 décembre 1958, complétée par un décret du même jour.

§1. Le contentieux général

234. *Une juridiction spéciale.* — Les litiges nés du droit de la Sécurité sociale relèvent du contentieux judiciaire. Mais, après avoir admis l'option en faveur du contentieux judiciaire, un autre problème devait être résolu : fallait-il confier ce contentieux aux juridictions de droit commun ou à des juridictions spécialisées ? La création de juridictions d'exception comporte des inconvénients, fréquemment dénoncés : la multiplication des juridictions d'exception entraîne des conflits de juridiction, sources de pertes d'argent et de temps. Dans la mesure où les juridictions d'exception sont souvent composées, suivant le système de l'échevinage, de juges de carrière et de juges non professionnels, on peut craindre l'absence de compétence de ces derniers. Quoi qu'il en soit, le législateur s'est prononcé en faveur de juridictions spécialisées, en raison du particularisme du droit de la Sécurité sociale, d'une part, et de la nécessité, d'autre part, d'organiser une procédure simple et peu coûteuse. C'est le tribunal des affaires de la Sécurité sociale. Toutefois, la juridiction de droit commun réapparaît en appel et en cassation.

235. *Organisation.* — a) La particularité la plus notable de l'organisation du contentieux de la Sécurité sociale est de comprendre, à l'origine de la procédure, des commissions appelées à connaître des différends par la voie d'un *recours gracieux.* On rapprochera cette phase gracieuse préalable de la décision administrative préalable nécessaire pour lier le contentieux administratif, et également du préliminaire obligatoire de conciliation, qui existait, jadis, dans le conten-

tieux civil de droit commun, et qui existe, toujours, devant le conseil de prud'hommes. La commission de recours amiable est une émanation du conseil d'administration de la caisse et comprend des salariés, des employeurs et un représentant des autres catégories d'administrateurs.

b) Le tribunal des affaires de Sécurité sociale existe dans le ressort de chaque caisse primaire ; en principe, ce ressort coïncide avec le département. C'est une *juridiction paritaire* présidée par un juge professionnel ; l'un des assesseurs représente les salariés et l'un des assesseurs représente les employeurs : la différence avec le conseil de prud'hommes réside dans la présence permanente d'un magistrat professionnel président. Le tribunal des affaires de Sécurité sociale statue en dernier ressort jusqu'à concurrence du taux de compétence en dernier ressort fixé pour les tribunaux d'instance.

Les demandes indéterminées, comme celles portant sur l'affiliation à la Sécurité sociale, sont toujours jugées en premier ressort. En revanche, les demandes portant sur la remise pour force majeure ou bonne foi des majorations de retard sont jugées en dernier ressort par les tribunaux des affaires de sécurité sociale (art. 20 du décret n° 72230 du 24 mars 1972).

c) Dans le régime de la loi du 24 octobre 1946, l'appel était porté devant une commission régionale présidée par un conseiller à la Cour d'appel, assisté de deux assesseurs salariés et de deux assesseurs employeurs. Mais lors de la réforme judiciaire de 1958, le désir d'unifier les juridictions d'appel et l'hostilité contre les juridictions d'exception ont conduit les auteurs de l'ordonnance du 22 décembre 1958 à supprimer les commissions régionales et à donner compétence en appel à la *chambre sociale de la Cour d'appel.*

236. *Compétence.* — Les juridictions de la Sécurité sociale connaissent de toutes les difficultés qui peuvent naître de l'application de la législation de la Sécurité sociale (y compris la législation des prestations familiales) au regard des bénéficiaires, des employeurs et des organismes de Sécurité sociale (art. 1er, loi du 24 octobre 1946).

1° *Compétence d'attribution.* — Les tribunaux des affaires de Sécurité sociale sont compétents pour trancher les différends qui opposent les caisses à un praticien, les caisses les unes aux autres (quant à la prise en charge d'un risque), les caisses aux bénéficiaires (quant aux conditions d'immatriculation, au calcul et à la révision des prestations), les caisses aux employeurs (quant au versement des cotisations, à la récupération des prestations versées en cas de non-paiement des cotisations).

Ces juridictions apparaissent comme les *juridictions de droit commun de la Sécurité sociale.* Cependant certains litiges de Sécurité sociale ont été exclus de leur compétence :

a) les litiges d'ordre médical (état de maladie ou d'invalidité) qui relèvent du contentieux technique (voir *infra* n° 238) ;

b) les litiges relevant de la compétence des tribunaux administratifs (recours contre un acte administratif, responsabilité de l'administration) ;

c) les poursuites répressives ;

d) les recours contre un tiers responsable ;

e) les actions intentées par un assuré contre un employeur sur le fondement de l'article 1382 du Code civil ;

f) les litiges se rapportant à la fixation du taux des cotisations en matière d'accidents du travail (voir *infra* n° 239).

Mais les tribunaux des affaires de Sécurité sociale apparaissent comme des *juridictions d'exception* dans l'ensemble des structures juridictionnelles. Il en résulte que leur compétence est appréciée de façon assez restrictive. C'est ainsi que la responsabilité de l'employeur, qui n'a pas rempli ses obligations vis-à-vis de la Sécurité sociale et dont la carence aurait fait perdre au salarié quelque droit, doit être appréciée par les tribunaux de droit commun. C'est également dans le sens de l'exclusion de la compétence des tribunaux des affaires de Sécurité sociale que s'est prononcée la Cour de cassation saisie du problème de la responsabilité personnelle du gérant de Société, au cas de défaillance de cette dernière dans le paiement des cotisations.

2° *Compétence territoriale* — Le tribunal compétent est, soit celui du domicile du bénéficiaire, soit celui du domicile de l'employeur, soit celui du lieu de l'accident du travail, plus rarement celui du siège de l'organisme défendeur.

237. *Procédure.* — Elle se divise en deux phases : la phase gracieuse et la phase contentieuse. La *procédure gracieuse* est introduite, sans aucune forme. Le silence d'un mois vaut rejet de la requête. La décision est prise par le conseil d'administration de l'organisme sur

avis de la commission. La *procédure contentieuse* comporte le double degré de juridiction : elle débute par une lettre recommandée ou une inscription au secrétariat de la commission, qui doit intervenir dans un délai de deux mois de la décision de la commission de recours gracieux. Les parties, dûment convoquées, peuvent comparaître personnellement ou se faire représenter ou assister par un mandataire, un représentant d'une organisation syndicale représentative, un avocat ou un avoué. Le tribunal rend une décision dans le délai d'un mois, laquelle a un caractère juridictionnel : elle est susceptible *d'appel (celui-ci* doit être formé dans le délai d'un mois à compter de la notification de la décision) non d'opposition. La décision rendue par la Cour d'appel (chambre sociale) est susceptible de *pourvoi en cassation* devant la Chambre sociale de la Cour de cassation suivant la procédure ordinaire (le ministère de l'avocat à la Cour de cassation est obligatoire).

§2. Les contentieux techniques

238. *Le contentieux technique médical.* — Les organismes de Sécurité sociale ont souvent à prendre des décisions qui impliquent une appréciation d'ordre médical ».

Parfois, l'appréciation de l'état physique de l'assuré ne constitue qu'un incident dans un procès relevant du contentieux général, il donne lieu alors, à une procédure *d'expertise* réglementée par le décret du 7 janvier 1959.

Mais dans trois hypothèses, il relève d'un contentieux spécial dit « contentieux technique médical ». Il s'agit :

1° des contestations sur l'existence ou la gravité d'une invalidité au sens des assurances sociales ;

2° des contestations sur le taux d'incapacité permanente au cas d'accident du travail ;

3° des contestations sur l'état d'inaptitude au travail permettant d'obtenir dès soixante ans des pensions ou allocations normalement attribuables à soixante-cinq ans (voir *supra* n° 194).

Ces diverses contestations sont soumises à des commissions régionales présidées par le directeur régional de la Sécurité sociale, composées de médecins, un représentant de l'Administration du travail, un représentant des employeurs, un représentant des salariés (art. L 143-1 du Code de Sécurité sociale, art. 29 et ss. du décret du 22 décembre 1958 et décret du 20 mai 1965), puis à une commission nationale technique dont la composition est très proche de celle des commissions régionales, mais comprend en outre, des magistrats de l'ordre administratif et judiciaire.

Le pourvoi en cassation est porté devant la Cour de cassation.

239. *Contentieux des cotisations dues au titre des accidents du travail.* — Les contestations relatives au taux des cotisations, l'octroi des ristournes relèvent de la commission nationale technique, qui statue en premier et dernier ressort et dont les décisions sont susceptibles de pourvoi devant la Cour de cassation.

240. *Le contentieux du contrôle technique.* — Les membres des professions médicales et paramédicales exercent une influence directe sur le fonctionnement de la Sécurité sociale. Aussi, un contrôle disciplinaire et la mise en place d'un contentieux propre aux médecins sont-ils nécessaires. Leur réglementation fait l'objet des articles L. 145-1 du Code de Sécurité sociale et du R.A.P. du 7 janvier 1966.

Peuvent être sanctionnés par ce contentieux les « fautes, abus et fraudes et tous faits intéressant l'exercice de la profession relevés à l'encontre des médecins, chirurgiens-dentistes ou sages-femmes, à l'occasion des soins dispensés aux assurés sociaux ».

Ces litiges sont, en première instance, de la compétence d'une section des assurances sociales du Conseil régional de discipline de l'ordre, présidée par le président du tribunal administratif et composée de deux représentants du corps médical et de deux représentants des organismes de Sécurité sociale (un administrateur et un médecin conseil, voir art. 1, décret du 7 janvier 1966).

L'appel est de la compétence de la section des assurances sociales du Conseil national de l'ordre présidée par un conseiller d'État.

Le Conseil d'État est juge de cassation.

Les peines prononcées par ces juridictions peuvent aller du simple avertissement à l'interdiction temporaire ou définitive de donner des soins aux assurés sociaux. En cas d'abus dans la fixation des honoraires, elles peuvent ordonner le remboursement à l'assuré du trop-perçu.

§3. Les juridictions de droit commun

241. Les juridictions de droit commun peuvent être appelées à connaître des litiges intéressant la Sécurité sociale. Tout d'abord, les juridictions de l'ordre administratif ont compétence dans certains cas : les tribunaux administratifs sont, notamment, juges des recours pour excès de pouvoir formés contre les décisions de l'autorité de tutelle (voir *supra* n°s 193 et ss.).

Les juridictions judiciaires de droit commun sont également compétentes dans quelques hypothèses. Nous retiendrons principalement :

1° la compétence des juridictions civiles ou répressives en matière de recours des caisses contre le tiers responsable d'un accident ;

2° la compétence des tribunaux répressifs au cas d'infractions à la législation de Sécurité sociale.

A Le recours contre le tiers responsable d'un accident

242. *Sources.* — Aux termes de l'article L. 376-1 du Code de Sécurité sociale, s'agissant d'un accident de droit commun et L. 454-1, s'agissant d'un accident du travail, la victime ou ses ayants droit peuvent demander au tiers responsable de l'accident, réparation du préjudice causé, dans la mesure où la législation sur la maladie ou la réparation des accidents du travail ne l'a pas fait (les caisses, comme jadis l'employeur ne sont tenues que d'une réparation forfaitaire). Quant aux caisses, après avoir servi à la victime ou ses ayants droit les prestations dues, elles ont un recours contre l'auteur de l'accident. Celui-ci peut donc être recherché, en partie, directement, par la victime, et en partie sur recours des caisses. Ces deux actions, qui ont pour fondement l'article 1382 du Code civil, sont de la compétence des tribunaux civils, ou des tribunaux répressifs juges des intérêts civils.

243. *Fondement du recours des caisses.* — L'article L. 454-1 du Code de Sécurité sociale consacre le recours de la victime et de la caisse de sécurité sociale. La caisse est assimilées à l'assureur de la victime. Il y a simple transposition des règles de l'assurance de dommages et on se trouve, semble-t-il, en face d'un cas de *subrogation* légale. La victime ne peut cumuler intégralement les prestations de Sécurité sociale et les dommages-intérêts pour autant que les premières réparent une partie du préjudice subi. La règle est curieuse, étant donné que l'assurance-décès au moins ressemble bien plutôt à

une assurance de personnes qu'à une assurance de dommages. Or dans ce type d'assurance, la subrogation n'est pas admise : le capital versé par l'assureur n'est pas considéré comme ayant une fonction d'indemnisation, il peut se cumuler avec les dommages-intérêts, ce qui est exclusif d'un droit de subrogation.

Le cumul d'indemnités reste en toute hypothèse exclu au profit de la victime qui ne peut que réclamer le complément d'indemnisation au tiers, tandis que la caisse intente une action propre contre le tiers responsable en réparation du préjudice personnel subi par elle en conséquence des dépenses occasionnées par l'accident (un problème analogue se pose lorsque l'Administration débitrice de pensions envers ses fonctionnaires exerce un recours contre le tiers responsable). La jurisprudence considère, aujourd'hui, qu'aussi bien en matière d'accident du travail que d'assurances sociales, la caisse est subrogée dans l'action de la victime, à concurrence de l'indemnisation qu'elle lui a assurée et dans les limites de la responsabilité du tiers.

244. *Quelles sont les prestations dont la caisse peut poursuivre le remboursement ?* — La caisse peut poursuivre contre le tiers responsable le remboursement de toutes les prestations indemnitaires versées à la victime, mais des controverses se sont élevées quant à plusieurs chefs de remboursement :

a) *Le capital représentatif des rentes d'incapacité* (dans l'assurance accidents du travail) peut-il être exigé du tiers responsable ? et de même le capital représentatif des rentes d'invalidité (dans l'assurance invalidité) ? Ou bien la caisse doit-elle se contenter de réclamer le remboursement des arrérages au fur et à mesure qu'elle verse ceux-ci à l'assuré ? Dans une première opinion, celle défendue par les caisses, on rappelait que l'indemnisation du préjudice futur s'il est certain, est le principe ; on soulignait aussi que le remboursement d'un capital était de nature à simplifier les recours, les caisses devant intenter au cas contraire autant de recours qu'il y a d'arrérages à verser. Enfin, les caisses faisaient valoir que le tiers pouvait devenir insolvable et qu'il y avait lieu, à titre de garantie du paiement, de l'obliger à constituer le capital dont les intérêts composés serviraient à payer la rente. Mais l'opinion contraire rappelait que la Sécurité sociale entière fonctionnait aujourd'hui selon la technique de la répartition, et non plus de la capitalisation ; que d'autre part, la rente pouvait être réduite, ou même supprimée, par suite d'un changement dans l'état de la victime ; qu'enfin, il était logique qu'il n'y ait pas remboursement du tiers sans un décaissement préalable de l'organisme de Sécurité sociale ; or, les caisses n'ont pas à décaisser la somme en capital. C'est dans ce dernier sens que s'est prononcée la Cour de cassation enjoignant aux caisses de ne poursuivre le remboursement que des sommes effectivement décaissées.

Mais le tiers peut accepter, s'il le veut, de rembourser le capital représentatif.

b) *Les majorations des rentes* servies par les caisses peuvent-elles être récupérées par celles-ci contre le tiers responsable ? Oui, pour la jurisprudence, sauf s'il s'agit de majorations légales.

c) Dans le cas de l'assurance-décès, qui ressemble pourtant à une assurance de personnes, la Cour de cassation s'est prononcée également dans le sens de la subrogation de la caisse aux droits de l'assuré, en arguant que l'allocation versée, bien que différente de dommages-intérêts, avait un caractère indemnitaire, était une conséquence du décès et non d'un statut légal préexistant, et s'était traduite par une dépense pour la caisse, malgré le versement antérieur des cotisations.

245. *Sur quelles sommes le recours s'exerce-t-il ?* — Les caisses peuvent-elles exercer leur recours sur l'ensemble des dommages-intérêts dus par le tiers, ou bien certaines sommes doivent-elles être exclues de l'assiette du recours des caisses, à raison de leurs causes ? En particulier, les dommages-intérêts alloués pour le *pretium doloris* peuvent-ils entrer en ligne de compte dans le remboursement poursuivi par les caisses contre le tiers responsable ? Ou bien cet aspect du préjudice a-t-il un caractère exclusivement personnel, de telle sorte que, seul, celui qui le subit soit admis à en demander réparation ? Mettant fin à une controverse, la loi du 27 décembre 1973 a modifié l'article L. 454-1 du Code de Sécurité sociale. Aux termes de ce texte, la caisse est admise à poursuivre le remboursement des prestations mises à sa charge, à due concurrence de la part d'indemnité mise à la charge du tiers, qui répare l'atteinte à l'intégrité physique de la victime, à l'exclusion de la part d'indemnité de caractère personnel correspondant aux souffrances physiques ou morales par elles endurées et au préjudice esthétique et d'agrément. De même en cas d'accident suivi de mort, la part d'indemnité correspondant au préjudice moral des ayants droit leur demeure acquise.

246. *Comment le recours s'exerce-t-il en cas de partage des responsabilités ?* — Si la responsabilité est partagée entre le tiers et la

victime, la caisse est en droit de poursuivre le remboursement total des indemnités qu'elle a versées, à concurrence de l'indemnité mise à charge du tiers, mais celui-ci ne peut être tenu d'une fraction de dépenses supérieure à sa part de responsabilité. Si la responsabilité du tiers est partagée avec l'employeur, l'indemnité mise à la charge du tiers doit être réduite à concurrence de la faute de l'employeur.

La caisse ne peut donc, aux termes de l'article L. 454-1, agir en remboursement contre le tiers que sur les sommes auxquelles il sera condamné, compte tenu de la réduction dont il bénéficie à raison de la faute de l'employeur.

247. *La Sécurité sociale peut-elle se constituer partie civile devant la juridiction répressive contre le tiers responsable ?* — Il ne semble pas qu'elle obéisse aux conditions qu'exige la jurisprudence pour se constituer partie civile. Elle n'est pas victime de l'infraction commise par le tiers. Cependant l'usage s'est implanté d'admettre son intervention devant le juge répressif, lorsque la victime s'est constituée elle-même partie civile.

En revanche, en cas d'inaction de la victime, la chambre criminelle de la Cour de cassation refuse aux caisses le droit de se constituer partie civile.

B Le contentieux répressif

248. *Les sanctions pénales.* — Le fonctionnement de la Sécurité sociale est renforcé par l'existence de sanctions disciplinaires et pénales. Des poursuites disciplinaires peuvent être dirigées contre les praticiens en cas de dépassement d'honoraires, d'attestations de complaisance, etc. Des poursuites pénales peuvent également être intentées :

a) contre les employeurs (inobservation des prescriptions légales relatives à l'immatriculation des salariés ou au paiement des cotisations, opposition au contrôle, rétention de précompte) ;

b) contre les assurés (fausse déclaration en vue d'obtenir des prestations) ;

c) contre les praticiens (fausse déclaration intentionnelle, collusion avec l'assuré) ;

d) contre les agents des caisses.

Le contentieux répressif est soumis aux principes généraux du droit pénal et de la procédure pénale (voir art. 46 et ss., ordonnance du 4 octobre 1945).

Chapitre 3
La politique de l'emploi

À l'intérieur de la politique sociale de l'État, laquelle comporte évidemment de multiples faces (politique de la santé, du logement, etc.) nous isolerons un domaine parmi les plus importants : la politique de l'emploi.

249. *Définition.* — C'est autant une politique économique qu'une politique sociale ; elle consiste dans l'ensemble des mesures destinées à utiliser au mieux la main-d'œuvre, c'est-à-dire :

— à assurer à chaque personne active la possibilité de trouver un emploi à sa convenance, productif et librement choisi,

— à fournir à l'économie les ressources humaines dont elle a besoin.

Il ne s'agit plus de déterminer les conditions de travail et de salaire, mais de mesures qui interviennent, avant la conclusion du contrat de travail, ou après son expiration. L'emploi constitue un problème social essentiel : les conflits de travail récents sont liés à l'emploi (construction navale, sidérurgie).

La revendication des travailleurs est la *sécurité* de l'emploi, sécurité qui peut être recherchée par une politique préventive (économique) et par une politique d'indemnisation orientée de sorte que les travailleurs ne subissent pas le contrecoup des transformations économiques.

Or, l'économie moderne est mobile. Elle est caractérisée par :

a) *La mobilité professionnelle* imposée par le progrès technique (automation, modernisation des techniques de production), la modification des structures économiques (mutations industrielles, fusions, concentrations, qui à leur tour provoquent des licenciements collectifs) et par la recherche de la promotion (meilleure qualification donc meilleur salaire).

b) *La mobilité géographique*, résultat de l'exode des populations rurales ; — de l'immigration des travailleurs étrangers ; — de l'inégal développement des régions ; — de la politique de décentralisation et d'aménagement du territoire.

Il importe que cette mobilité se fasse sans préjudice pour les travailleurs. La responsabilité de l'État est engagée : le marché du travail ne trouve pas de lui-même son équilibre. Il y a toujours à la fois pénurie de main-d'œuvre et chômage. D'où il suit que l'emploi relève du service public. La prise de conscience a été progressive : 1945 : affirmation d'une politique de plein emploi ; 1958 : assurance chômage ; 1963 : création du Fonds national de l'emploi ; 1966 : grandes lignes d'une politique de formation professionnelle ; 1967 : agence nationale de l'emploi et octroi de meilleures garanties de ressources aux travailleurs privés d'emploi ; 1971 : relance et extension de la formation professionnelle ; 1977 : mesures en faveur de l'emploi des jeunes — réorganisation des C.O.D.E.F.I. (comités départementaux d'examen des problèmes financiers des entreprises en difficultés) et du C.I.A.S.I. (comité interministériel pour l'aménagement des structures industrielles).

La lutte contre le chômage est aujourd'hui considérée comme l'objectif prioritaire.

Diverses mesures furent prises par les gouvernements successifs :

L'année 1982 a été marquée par deux sortes de mesures :

1° La mise en place d'un véritable service public de l'emploi qui s'est traduit par une importante augmentation des crédits pour accroître les moyens de l'A.N.P.E. et de l'A.F.P.A.

2° La promulgation de différents textes destinés à assurer le partage du temps de travail : on peut, dans cette optique, citer les ordonnances sur la durée du travail, la 5e semaine de congés payés, l'abaissement de l'âge de la retraite, le travail à temps partiel.

Mais la législation a établi une certaine flexibilité dans la durée du travail (art L.212-4-1) et favorisé le travail à temps partiel (art. L. 212-4-2).

L'année 1986 s'est traduite par une nouvelle politique cherchant à inciter les employeurs à embaucher en libéralisant le droit du licenciement économique, en prenant des mesures incitatives à l'embauchage des jeunes.

Les textes de 1986 sur le travail temporaire et les contrats à durée déterminée avaient admis plus largement le contrat à durée déterminée ; mais la loi au 1er juillet 1990 est revenue à une restriction des cas de recours.

La politique de l'emploi doit :

— suivre les mouvements d'embauchage et de licenciement et assurer le placement : telles sont les fonctions du service public et de son organe principal, l'agence nationale pour l'emploi (section I),

— protéger l'emploi lors de la restructuration des entreprises (section II),

— faciliter la reconversion et le reclassement des salariés (section III),

— développer systématiquement la formation professionnelle (section IV). Le législateur a renforcé la politique de formation et l'a complétée par le droit à la qualification débouchant sur des stages diversifiés.

Notamment en faveur des chômeurs de longue durée, des stages d'accès à l'entreprise, ayant pour objet l'adaptation à un emploi sont organisés et l'État peut accorder une participation aux frais de formation, de rémunération et de protection sociale, exposés par l'entreprise.

Il en est de même pour les stages également organisés en fonction des besoins du marché du travail en application des conventions conclues entre l'État et des organismes de formation.

Enfin la loi du 20 décembre 1993 a consacré une série de mesures destinées à favoriser l'embauche, la réinsertion professionnelle, notamment par le biais d'exonération ou d'allègement des charges sociales.

— aider à l'emploi des jeunes (section V),

— s'articuler à la politique d'immigration (section VI),

— mais la politique de l'emploi débouche alors sur la politique économique, sur l'indemnisation du chômage (voir *supra* n°s 151 et ss.), sur l'insertion professionnelle des jeunes (voir *infra* n° 262 et *supra* n° 17),

— partager le temps du travail (Section VII).

Section 1
Le service public de l'emploi et ses fonctions

250. *Généralités.* — Il est indispensable que l'État qui veut instituer une politique de l'emploi ait une connaissance du marché du travail et que les demandes et offres d'emploi soient connues des travailleurs et des employeurs. Il est donc nécessaire de créer un service public de l'emploi assurant une bonne information.

§1. Les organismes centraux

251. *Un comité interministériel* a été institué pour assister le secrétaire d'État compétent ayant reçu mission d'étudier et de coordonner les problèmes et l'action de la politique de l'emploi. Divers organismes sont destinés à fournir des informations : le C.E.E. (Centre d'Études de l'Emploi) faisant partie de l'I.N.E.D. (Institut National d'Études Démographiques), le C.E.R.E.Q. (Centre d'Études et de Recherches sur les Qualifications) rattaché à l'O.N.I.S.E.P. (Office National d'Information sur les Enseignements et les Professions).

Enfin la *Commission de l'emploi* au Plan joue un rôle important au plan prévisionnel de la politique sociale.

Une délégation à l'emploi a remplacé au ministère du Travail la direction générale du travail et de l'emploi. Deux organes importants sont à la disposition de la délégation : l'A.N.P.E. (Agence Nationale Pour l'Emploi), et l'A.F.P.A. (Association pour la Formation Professionnelle des Adultes, voir *supra* n° 235).

§2. L'agence nationale pour l'emploi et les échelons locaux

252. L'agence nationale pour l'emploi est l'établissement public qui permet la connaissance du marché du travail (voir *supra* n° 39).

Elle est aidée par la bourse nationale de l'emploi et par les échelons régionaux de l'emploi.

§3. Les échelons locaux

253. *Les échelons régionaux de l'emploi* sont placés sous l'autorité du directeur régional. Ils sont chargés d'une mission de connaissance, d'information et de conseil au plan collectif et individuel. Ils sont placés sous l'autorité du directeur régional (ils ne doivent pas être confondus avec les services régionaux ou départementaux du travail).

Le service de la main-d'œuvre à l'échelon *départemental* doit assurer le placement des travailleurs, le contrôle de l'emploi, de la main-d'œuvre étrangère et des centres professionnels.

§4. Le placement

254. *Le placement des travailleurs.* — Reclasser les salariés, favoriser leur « placement » a toujours été une préoccupation des services de l'emploi. Investi, depuis 1945, d'un monopole du placement, le service public de l'emploi avait échoué ; il réalisait à peine 10 % des embauchages. Pauvre en moyens matériels et en effectifs, il ne parvenait guère qu'à enregistrer les demandes d'emploi. Les embauchages se réalisaient le plus souvent, soit par voie directe, soit par annonces dans la presse. La liberté d'embauchage reste, en effet, admise dans notre droit. Aucune prospection des emplois, *a fortiori* aucune prévision ne fonctionnaient.

On s'est, d'abord, efforcé d'avoir une meilleure connaissance du marché de l'emploi et de faire des prévisions. Il est, en effet, indispensable de savoir dans quelles branches ou dans quelles régions les emplois seront créés, afin de préparer les jeunes à des professions et d'orienter les demandeurs d'emploi. Des statistiques exactes, une planification fondée sur des calculs précis, apparaissent indispensables. Mais les augures se trompent souvent en cette matière.

Pour améliorer le placement, un certain nombre de règles a été précisé tout d'abord, *tout travailleur recherchant un emploi est tenu de requérir son inscription* auprès du service départemental et tout chef d'établissement est tenu de *notifier à ce dernier toute place vacante* de son entreprise (art. L. 311-2). Le travailleur est envoyé chez le chef d'entreprise demandeur en main-d'œuvre, muni d'une carte de présentation valant autorisation d'embauchage. Mais l'A.N.P.E. recense plus les chômeurs qu'elle ne les place : l'embauchage est encore réalisé très souvent par petites annonces (celles-ci ont fait l'objet d'une réglementation par la loi du 12 juillet 1971. Les directeurs de publications doivent faire connaître ces offres au service de la main-d'œuvre), par les cabinets de recrutement, ou par relations personnelles.

254. *Le contrôle administratif de l'emploi.* — Le contrôle administratif de l'emploi a été institué à la Libération en raison des exigences de remise en ordre de l'économie française, afin d'obtenir une répartition judicieuse de la main-d'œuvre. Tout embauchage, tout licenciement devaient être autorisés.

Aujourd'hui une déclaration nominative préalable à l'embauche doit être régularisée par l'employeur auprès des services publics de la main-d'œuvre dans les 8 jours (art L320-1 et R 320-1 du Code du Travail) et toute place vacante doit être signalée par l'employeur à l'Agence Nationale pour l'Emploi (art L 311.2).

Enfin l'autorité administrative doit donner son autorisation à l'embauche lorsque l'entreprise a conclu à l'occasion d'un licenciement économique une convention d'allocation spéciale prévue par l'article L.322-4 du Code du travail et que cette convention a été subordonnée à l'engagement de l'entreprise de soumettre ses embauches ultérieures pendant la durée d'effet de la convention à l'accord prélable de l'autorité administrative compétente (art. L 320.1 du Code du Travail).

Les licenciements et les démissions doivent être consignés sur un registre spécial, constamment tenu à la disposition des fonctionnaires, des services de la main-d'œuvre et des délégués du personnel.

Section 2
La restructuration d'entreprise et l'emploi

255. L'employeur est libre de décider de la création et de la fermeture de son entreprise, mais également de la restructuration de l'entreprise, ou de sa fusion éventuelle avec d'autres sociétés.

Il est certain que chaque modification d'entreprise entraîne le plus souvent des suppressions ou des modifications d'emploi.

Le législateur avait tenté de limiter le pouvoir patronal en imposant une autorisation administrative pour les licenciements économiques. Le plus souvent, cette autorisation était donnée, mais avec retard et l'entreprise voyait souvent ses difficultés aggravées et se révélait parfois même incapable de poursuivre son activité. Les employeurs, en outre, soutenaient que cette autorisation constituait un frein à l'embauche. L'autorisation fut donc supprimée (voir *supra* n° 147 et ss.)

256. *L'article L. 122-12.* — Une protection relative de l'emploi résulte de l'article L. 122-12 qui assure, en principe, le maintien des contrats de travail, en cas de modification juridique de l'entreprise.

Cette protection malheureusement se révèle souvent illusoire dans la mesure où l'interprétation du texte, après avoir connu une fortune particulière, est désormais plus restrictive et où le droit de licenciement subsiste (voir *supra* n° 128 et ss.).

257. *Le transfert du salarié.* — À l'occasion d'une modification dans la structure de l'entreprise ou de l'organisation du travail, certains salariés peuvent faire l'objet d'un détachement temporaire ou d'une véritable mutation :

a) Si le salarié ne fait l'objet que d'un détachement temporaire. Sa situation n'est pas modifiée, une simple modalité d'exécution de son contrat de travail est changée.

Dans certains cas, cependant, le détachement auprès d'une société filiale peut être accompagné de changement d'employeur si le lien de subordination se trouve transféré à la filiale[1]. Mais le contrat de travail poursuit ses effets à l'égard de la filiale.

b) Si le salarié est muté d'une société à une autre au sein du groupe, la jurisprudence considère généralement que le contrat originaire est maintenu, ce qui entraîne le maintien de l'ancienneté. Pour justifier cette règle, les tribunaux ont souvent recours à l'article L. 122- 12[2].

Mais une analyse juridique plus correcte paraît être retenue dans des arrêts plus récents qui admettent que le salarié est réellement

1. Soc. 3 octobre 1979, Bull. civ. V, 494. Au cas de maintien des liens de subordination à l'égard de la société mère, voir Soc. 22 nov. 1979, Bull. civ. V, 649.
2. Voir notamment Soc. 13 mars 1969, Droit Social, 512 observations, J. Savatier.

transféré d'une société à une autre d'un commun accord entre les deux employeurs successifs et le salarié lui-même avec bénéfice de sa rémunération antérieure et de son ancienneté[1]. Il n'est donc pas licencié et ne peut réclamer au premier employeur des indemnités de rupture.

Au cas de transfert d'un salarié d'une société mère française à une filiale étrangère, l'article L. 122-14-8 du Code du Travail prévoit qu'au cas de licenciement par cette dernière, la société mère doit prendre en charge son rapatriement et lui procurer un nouvel emploi compatible avec l'importance de ses précédentes fonctions au sein de la société mère.

Si la société mère le congédie, l'indemnité de licenciement et de congés payés sera calculée en tenant compte de l'ancienneté acquise dans les deux sociétés.

Mais pour que ce contrat soit applicable, il faut qu'il s'agisse d'un transfert, c'est-à-dire qu'il est nécessaire que le salarié ait été d'abord employé par la société mère et mis ultérieurement à la disposition de la filiale étrangère[2].

Section 3
Les techniques de reconversion et de reclassement

258. Quand il y a restructuration d'une entreprise ou quand une crise conjoncturelle affecte un secteur de l'économie (sidérurgie), on s'efforce — soit de prévenir les licenciements par des mutations internes (au sens de l'entreprise) ou externes ; — ou par une réduction d'horaires de travail ; — soit, si le licenciement est inévitable, de reclasser les travailleurs, au besoin en leur demandant un effort de reconversion professionnelle ou de transfert de leur résidence.

1. Soc. 18 juin 1975, Bull. Civ. V, 290. Soc. Il octobre 1979, D. 1980 IR 159.
2. Voir G. Lyon Caen « Observations sur le licenciement dans les groupes internationaux de société ». Rev. nat. et int. 1974 - 439.

À cette politique coopèrent les organisations professionnelles et syndicats (§ I) et les pouvoirs publics (§ II).

§1. Les accords sur la sécurité de l'emploi et les commissions paritaires

259. Conformément aux stipulations de l'accord de Grenelle, le C.N.P.F. et les confédérations syndicales ont négocié et signé un accord interprofessionnel en date du 10 février 1969 dit de sécurité de l'emploi complété par un avenant du 21 novembre 1974 modifié par l'accord signé le 20 octobre 1986 (voir *supra* p. 132, note 1).

1° L'accord souligne l'obligation qu'ont les entreprises de jouer leur *rôle dans la politique de sécurité de l'emploi.* Elles doivent faire des prévisions de façon à établir les bases d'une politique de l'emploi. Lorsqu'elles entreprennent des opération de fusion, de concentration, de restructuration d'une certaine importance destinée à augmenter leur compétitivité, elles doivent intégrer dans leurs études préliminaires, les incidences prévisibles en ce qui concerne l'emploi, et préparer les solutions permettant de réduite les éventuels licenciements, notamment par un effort de formation facilitant des mutations internes.

Le comité d'entreprise est obligatoirement saisi en temps utile des projets de compression d'effectifs ; il émet un avis sur l'opération projetée et ses modalités d'application (voir *supra* n° 148). L'accord prévoit des échanges de vues sur l'évolution de l'emploi.

2° Lorsque des licenciements collectifs sont envisagés, les parties signataires recommandent que des *conversations* soient engagées entre les organisations patronales et syndicales salariées de la profession, en vue de déterminer les mesures propres à limiter les conséquences sociales des décisions à intervenir et notamment dans lesquelles pourraient être conclues des conventions avec le Fonds national de l'emploi, en particulier, en ce qui concerne les actions de formation et de réadaptation professionnelle, l'attribution d'allocations dégressives, et la situation des salariés âgés.

3° Des *commissions paritaires de l'emploi* ont été instituées par branches professionnelles.

Ces commissions se situent à trois niveaux : national, régional professionnel, interprofessionnel régional. Elles poursuivent deux objectifs principaux :

a) L'étude et examen de la situation de l'emploi dans le secteur territorial et professionnel qui est le leur.

À cet effet, elles étudient les moyens de formation, de perfectionnement et de réadaptation professionnelle, publics et privés, en liaison avec les administrations et tous organismes officiels ayant des attributions en matière d'emploi.

b) Leur intervention dans des solutions de reclassement lors des licenciements collectifs d'ordre économique, lorsque des solutions satisfaisantes, visant au reclassement de tous les salariés, n'auront pu être trouvées sur le plan de l'entreprise. Elles devront, alors, mettre en œuvre les moyens disponibles pour assurer les reclassements dans d'autres entreprises de la région et de la branche professionnelle considérée, au besoin en recourant à des stages de réadaptation ou de prévention destinés à faciliter ces mutations.

Les partenaires sociaux ont décidé de se revoir une fois par an pour échanger leurs points de vue sur la situation générale de l'emploi et faire le point sur le rôle joué par les commissions paritaires de l'emploi.

§2. La garantie de ressources et le Fonds national pour l'emploi

260. Lorsque le salarié est privé d'emploi, législation et négociation ont mis en place une série de mesures destinées à lui assurer une continuité de rémunération. La garantie intérimaire des ressources est cependant loin d'être satisfaisante. Elle a été cherchée dans plusieurs directions :

a) Tout d'abord, la perte de l'emploi consécutive à un licenciement donne lieu au versement d'une indemnité en capital, proportionnelle à l'ancienneté et au salaire (indemnité de licenciement).

b) En second lieu, la privation d'emploi si elle est involontaire donne lieu au paiement d'allocations de chômage (voir *supra* n°s 168 et ss.).

c) Mais l'effort principal s'est porté sur les versements liés au recyclage (réadaptation) du travailleur. L'objectif est d'assurer au travailleur une continuité de rémunération entre deux emplois, s'il accepte de se reconvertir à un nouveau métier. Les sommes qui sont versées viennent s'ajouter aux allocations de chômage.

À cet effet, a été créé en 1963 le Fonds national de l'emploi ; puis une loi de 1968, modifiée à plusieurs reprises, a systématisé la rémunération des stages de formation professionnelle.

d) Ces indemnités sont fréquemment améliorées par voie de convention collective.

261. *Le Fonds national de l'emploi* — « Le Fonds a pour objet de faciliter aux travailleurs salariés la continuité de leur activité à travers les transformations qu'implique le développement économique et de favoriser à cette fin l'adaptation de ces travailleurs à des emplois nouveaux... » (art. ler, loi 18 décembre 1963). À cet effet, les moyens financiers sont mis à la disposition du ministère du Travail afin de lui permettre une intervention directe et active dans le domaine de l'emploi. Ces moyens doivent permettre d'améliorer la mobilité professionnelle et géographique de la main-d'œuvre, en lui assurant une indemnisation suffisante pendant la période de réadaptation. À l'origine le fonds national de l'emploi agissait suivant deux modes différents :

1° le versement d'allocations diverses ;

2° la convention de conversion avec les organisations syndicales et les entreprises.

Une loi du 2 août 1989 a reformé le fonds, elle-même complétée par les lois du 3 janvier 1991, 31 décembre 1992 et 20 décembre 1993.

Aujourd'hui seules subsistent les conventions.

a) Aux termes de l'article L.622-1, les aides du fonds national pour l'emploi ont pour objet de favoriser la mise en place d'actions de prévention permettant de préparer l'adaptation professionnelle des salariés à l'évolution de l'emploi et des qualifications dans les entreprises et les branches professionnelles.

Elles peuvent, en outre, être utilisées à des fins de qualification, d'insertion de demandeurs d'emploi ou de contribuer à l'égalité professionnelle entre les femmes et les hommes.

b) Le ministre chargé du Travail est habilité à conclure des conventions de coopération avec les organisations professionnelles et les entreprises permettant de mettre en place diverses allocations.

1° Des allocations spéciales en faveur de certaines catégories de travailleurs âgés lorsqu'il est établi qu'ils ne peuvent bénéficier des mesures de reclassement. (préretraites art. L. 322.4.2)

2° Des allocations en faveur des salariés dont l'emploi à temps plein est transformé, avec leur accord, en emploi à temps partiel dans la limite d'une durée annuelle minimale dans le cadre de la préretraite progressive (art L 322.4.3[e] et 5e).

3° Des allocations en faveur des salariés dont l'emploi à temps plein est transformé avec leur accord en emploi à temps partiel dans le cadre d'une convention d'aide au passage à temps partiel conclue en vue d'éviter des licenciements économiques.

4° En outre, le ministre chargé du Travail peut, après avis du comité supérieur de l'emploi, accorder des aides individuelles au reclassement en faveur de certaines catégorie de travailleurs sans emploi reprenant un travail à temps partiel.

En concluant ces conventions, l'État accepte ainsi de se placer sur un plan d'égalité avec des personnes privées, et va être dépourvu de moyens d'action s'il ne trouve pas de cocontractant, puisque la création des centres de formation ou des allocations ne peut être réalisée que par voie de conventions.

Ces accords apparaissent comme une catégorie d'accords collectifs dont la nature juridique reste mal définie. Ils se distinguent très nettement des conventions collectives de travail tant par leur objet que par les parties signataires (voir *infra* n°s 418 et ss.).

En revanche, ils présentent une parenté certaine quant à l'objet avec les conventions collectives de Sécurité sociale (voir *infra* n° 432). Mais il apparaît difficile d'appliquer à ces accords le régime juridique prévu pour les autres conventions collectives. En effet, les problèmes de durée, de dénonciation, d'extension leur sont étrangers. Il faut donc se résoudre à admettre leur caractère *sui generis* et à les considérer comme régis par le droit commun des contrats, en dépit de la présence de l'État qui agit sans se prévaloir de ses prérogatives habituelles.

La loi du 5 août 1985 et le décret du 22 août 1985 ont également réglementé la possibilité de conclure des conventions de conversion permettant d'aider les salariés licenciés économiquement à se reclasser. Ces conventions peuvent prévoir des formations aux techniques de recherche d'emploi, des actions de remise à niveau facilitant le transfert sur d'autres postes de travail, des actions d'adaptation à un emploi déterminé, des actions de formation de qualification de nature à déboucher sur d'autres emplois.

Ces conventions permettent d'assurer aux travailleurs concernés une allocation de conversion, prise en charge partiellement par l'État qui peut participer également au coût des actions de formation.

Deux idées nouvelles semblent caractériser cette politique, que devra refléter le nouveau Droit du Travail : a) le travailleur a droit à une réadaptation continue au cours de sa vie professionnelle ; b) le travailleur a droit, au travers des changements d'emploi, à la continuité de sa rémunération et des avantages acquis antérieurement.

Section 4
La politique de formation professionnelle et de promotion sociale

262. *Nécessité de la formation. La F.P.A.* — L'adaptation de l'homme aux possibilités d'emploi rend indispensable la formation professionnelle tant des jeunes que des adultes (v. *supra* n° 17 et ss. et 95 et ss.).

La crise économique de 1930 et le chômage qui a suivi cette crise avaient fait prendre conscience de la nécessité d'assurer la formation professionnelle des travailleurs chômeurs. Ainsi est née la formation professionnelle accélérée, appelée ultérieurement formation professionnelle pour adultes (F.P.A.) dont l'essor s'est manifesté après la Libération.

Elle est organisée dans des centres de formation professionnelle gérés par l'association pour la F.P.A. (organisme tripartite, comprenant syndicats patronaux et ouvriers, sous la tutelle administrative du ministre et des services extérieurs à l'échelon départemental). La F.P.A. a pour rôle, non seulement de permettre aux salariés d'acquérir une formation professionnelle pour trouver un emploi, mais encore de faciliter les reconversions de main-d'œuvre ou d'aider au reclassement des handicapés physiques.

Parfois la formation est alternée en entreprise et centres de formation (voir *supra* n° 17 et ss.).

263. *La promotion sociale.* — La promotion sociale a pour objectif de faciliter l'accès des travailleurs en cours de carrière à un poste supérieur dans la hiérarchie professionnelle.

Elle est organisée par :

1° L'Éducation nationale qui assure cette promotion par le Conservatoire national des Arts et Métiers, les centres régionaux associés, les instituts d'université et les écoles d'ingénieurs.

2° Le ministère du Travail a créé des stages à temps plein et à temps partiel, des cours à temps partiel gérés généralement par la F.P.A.

3° L'entreprise : la promotion professionnelle est parfois assurée dans le cadre même de l'entreprise. Diverses entreprises publiques, notamment, ont organisé des centres de formation professionnelle (Électricité et Gaz de France, S.N.C.F., Charbonnages de France).

La promotion sociale comporte trois degrés.

Le premier degré est destiné à conduire de la qualification d'ouvrier spécialisé à celle d'ouvrier qualifié. Elle est normalement sanctionnée par le C.A.P.

Le deuxième degré permet de devenir ouvrier hautement qualifié, agent technique et technicien. Les études permettent de se présenter au brevet professionnel, brevet d'agent technique et technicien.

Enfin, le troisième degré constitue la promotion supérieure du travail et assure la formation de techniciens supérieurs, de cadres supérieurs de l'industrie et du commerce, et d'ingénieurs.

264. *Coordination de la formation professionnelle et de la promotion sociale.* — La loi du 3 décembre 1966 d'orientation et de programme sur la formation professionnelle pose, en principe, que la formation professionnelle constitue une obligation nationale qui justifie la participation de l'État, des collectivités locales, des établissements d'enseignement, des associations et syndicats, des entreprises.

Un effort de coordination était également rendu nécessaire. Le nouveau texte met en place, notamment, des mécanismes de coordination : un comité interministériel, un autre organisme : le conseil national de la formation professionnelle et de la promotion sociale où siègent des représentants des organisations syndicales et professionnelles.

Il crée un Fonds de formation professionnelle et de promotion sociale destiné à assurer le financement.

Il prévoit la signature de conventions types passées entre l'État et les collectivités intéressées, qu'il s'agisse d'entreprises, d'organisations syndicales et professionnelles, d'établissements publics, ou de collectivités locales, permettant l'octroi de crédits, le prêt de locaux et de professeurs.

Il dispose également que les travailleurs ont droit à un congé correspondant à la durée des stages, avec maintien de leur salaire. À défaut, une indemnité compensatrice de perte de ressources leur est accordée.

Ultérieurement un accord a été signé le 9 juillet 1970 tendant à organiser, sur un plan paritaire, la *formation continue*. Une loi du 16 juillet 1971 sur la formation continue s'adresse à tous ceux qui sont engagés dans la vie professionnelle ou cherchent à y entrer et leur donne tout au long de celle-ci la possibilité d'acquérir une nouvelle formation, ou de se perfectionner. La loi organise principalement le *congé de formation* auquel ont droit désormais tous les salariés de l'industrie, du commerce, de l'agriculture (voir *supra* n° 96 et ss.).

265. *Les actions de formation et leur financement.* — Les types d'actions de formation qui relèvent de la formation professionnelle continue sont de diverses sortes :

1° Les actions de préformation et de préparation à la vie professionnelle destinées à permettre à toute personne, sans qualification professionnelle et sans contrat de travail d'atteindre le niveau nécessaire pour suivre un stage de formation professionnelle ou pour entrer dans la vie active.

2° Les actions d'adaptation.

3° Les actions de promotion.

4° Les actions de prévention ayant pour objet de préparer les travailleurs dont l'emploi est menacé à une mutation d'activité.

5° Les actions de conversion.

6° Les actions d'acquisition, d'entretien ou de perfectionnement des connaissances (art. L. 900-2 du Code du Travail).

Lorsque ces actions sont conventionnées ou agréées, les « stagiaires » reçoivent une rémunération. Le financement global repose sur une taxe à charge des entreprises qui peuvent s'en libérer partiellement en organisant elles-mêmes des actions de formation.

Section 5
L'emploi des jeunes

266. Dans le souci de favoriser l'accès des jeunes à la formation puis à la vie professionnelle, le gouvernement a institué en leur faveur par l'ordonnance du 16 juillet 1986 des exonérations de charges sociales.

Le texte prévoit trois mesures d'exonération totale ou partielle des cotisations patronales de Sécurité sociale pour l'embauche des jeunes de 16 à 25 ans.

267. *Conditions générales.* — Il n'est pas exigé que le jeune soit inscrit comme demandeur d'emploi ni qu'il soit premier demandeur d'emploi pour que l'embauche ouvre droit au bénéfice d'exonérations.

L'embauche peut être effectuée par contrat à durée indéterminée ou déterminée conclu pour une durée minimale de trois mois, ou par contrat de travail temporaire de même durée.

La réintégration d'un jeune revenant du service militaire est considérée comme embauche, de même la transformation d'un contrat à durée déterminée en durée indéterminée.

La loi quinquennale du 20 décembre 1993 a également prévu des mesures d'exonération des charges sociales pour favoriser l'embauche des jeunes.

268. *L'exonération totale.* — L'exonération est totale pour les embauches effectuées sur contrat de qualification, d'adaptation à un emploi ou à un type d'emploi et contrat d'apprentissage.

De même est exonérée l'indemnisation complémentaire à la charge de l'entreprise d'accueil pour les jeunes effectuant un stage d'initiation professionnelle.

269. *L'exonération partielle.* — L'embauche d'un jeune par un contrat d'insertion professionnelle ouvre droit à l'exonération de moi-

tié des cotisations à la charge de l'employeur dues au titre des assurances sociales, des accidents du travail dans le cas où l'intéressé reçoit une formation telle que définie à l'article L981-9-1 qui réglemente le contrat d'insertion professionnelle ouvert aux jeunes de moins de 26 ans.

Section 6
La politique d'immigration

270. *Principe généraux.* — La France est un pays d'immigration ayant, toujours, eu besoin de main-d'œuvre étrangère, particulièrement pour les travaux désertés par les Français. Mais elle a toujours redouté une libre pénétration en France, génératrice de chômage. D'où une politique tendant en période de pénurie de main-d'œuvre à recruter des immigrés, en période de chômage à interrompre l'immigration et même à favoriser le retour des étrangers dans leurs pays d'origine.

Dès 1945, a été créé un organisme officiel, l'*Office National d'Immigration* qui a le monopole du recrutement. Mais une importante immigration clandestine existait jusqu'en 1973, l'office recrutant à la demande des entreprises et les étrangers en situation irrégulière étaient « régularisés ».

Aujourd'hui, la régularisation n'est plus possible, sauf circonstances tout à fait exceptionnelles et toute l'immigration est suspendue jusqu'à nouvel ordre.

La procédure d'introduction en France (qui est suspendue) débute par une offre d'emploi adressée par l'employeur à l'agence pour l'emploi. Elle fait courir un délai de 5 semaines pendant lequel l'agence recherche s'il existe pour le poste un travailleur français.

En cas d'absence de travailleur français, un dossier est constitué par l'employeur ; comportant un contrat de travail et les dispositions prévues pour assurer un logement. Le dossier est étudié par l'Administration (direction départementale, ou plus généralement services centraux du ministère). Généralement aujourd'hui, il est rejeté, en raison des mesures de suspension.

L'étranger doit obtenir un titre de séjour et de travail.

La loi du 9 septembre 1986 modifie le régime commun des étrangers.

1° Elle apporte des restrictions à l'entrée et au séjour des étrangers. Pour entrer en France, l'étranger doit être muni d'un passeport (ou carte d'identité suivant le cas), d'un visa ; s'il est dispensé de visa il doit, tout au moins, fournir des documents relatifs à l'objet et aux conditions de son séjour, à ses moyens d'existence et garanties de rapatriement.

A Un séjour prolongé — supérieur à trois mois — nécessite l'obtention par tout étranger âgé de plus de 16 ans soit d'une carte de *séjour temporaire*, soit d'une carte de résident.

1° *La carte de séjour temporaire* est délivrée :

— aux visiteurs séjournant pour une durée supérieure à trois mois ;

— aux étrangers exerçant une activité non soumise à autorisation ;

— aux étudiants et stagiaires ;

— aux membres de la famille désirant séjourner en France au titre du regroupement familial.

La carte de séjour a une validité variable, mais qui ne peut être supérieure à 1 an. Elle est renouvelable.

2° *La carte de résident.*

La carte de résident est valable 10 ans et renouvelable de plein droit.

Elle est délivrée aux étrangers résidant depuis 3 ans au moins sur le territoire et disposant de ressources stables et suffisantes. Mais elle est délivrée de plein droit à certaines catégories d'étrangers (conjoint d'un Français marié depuis un an au moins, enfant étranger d'un Français ou d'un étranger titulaire d'une carte de résident, étranger ancien combattant dans une unité alliée, réfugié politique apatride ayant trois ans de résidence en France, étranger en situation régulière depuis plus de 10 ans).

La carte est renouvelable à l'étranger venu en France avant le 7 décembre 1984 avant l'âge de 18 ans et venu rejoindre un parent titulaire d'une carte de résident. Des dispositions particulières existent en faveur des ressortissants algériens. Mais la qualité de résident est perdue en cas d'absence du territoire français pendant plus de 12 mois. L'obtention de cette carte *vaut autorisation de travail.*

B Autorisation de travail.

Pour les étrangers qui ne sont pas titulaires de la carte de résident, la permission d'exercer une activité professionnelle est subordonnée à la présentation d'une autorisation de travail qui permet d'apposer sur la carte de séjour la mention « salarié ».

En outre, aux termes de l'article R 341-7 du code du Travail, une autorisation provisoire de travail peut être délivrée pour une durée qui n'excède pas un an pour une activité présentant par sa nature ou les circonstances de son exercice, un caractère temporaire.

2° La nouvelle loi crée une procédure administrative de reconduite à la frontière et assouplit le régime d'expulsion.

Lorsqu'un étranger n'est pas en règle avec ces dispositions, son contrat de travail est nul, l'employeur encourt des sanctions pénales, et l'étranger peut être expulsé.

Mais si le salarié étranger a obtenu l'autorisation de travailler en France, il bénéficie d'une égalité de traitement en matière de salaire et de conditions de travail, d'électorat et d'éligibilité aux organes de représentation des travailleurs.

271. *Régimes spéciaux.* — Les ressortissants de la *communauté économique européenne* bénéficient de la libre circulation dans les pays membres. En outre, le principe de l'abolition de toute discrimination fondée sur la nationalité a été adopté à leur égard, en ce qui concerne l'emploi, la rémunération ou toutes autres conditions de travail.

Les *Algériens* sont bénéficiaires d'un régime particulier. L'émigration des travailleurs algériens a été interrompue. Mais les travailleurs actuellement déjà établis en France n'ont besoin ni d'une carte de travail, ni d'une carte de séjour. Ils sont simplement dotés d'un certificat de résidence. Ainsi un employeur peut embaucher tout Algérien muni de ce certificat.

Les *Africains*, originaires des pays anciennement sous administration française bénéficient, selon un principe de réciprocité, de conditions particulières touchant leur circulation et leur établissement en France.

Il faut noter enfin, que les réfugiés politiques bénéficient également d'une situation privilégiée.

Section 7
Les aides à la création d'emploi

272. *Les aides aux entreprises en difficultés.* — Une première technique a été employée, tentant de sauver l'emploi dans les entreprises en difficulté. Pour remplir cet objectif, différents organismes ont été créés, notamment :

1° Les comités départementaux d'examen des problèmes de financement des entreprises (C.O.D.E.F.I.), qui sont organisés autour des trésoriers-payeurs généraux, qui en assurent la présidence. Les entreprises en difficulté peuvent saisir elles-mêmes le comité. Celui-ci interviendra en faveur de l'entreprise à condition qu'elle apparaisse comme saine et viable. Dans cette hypothèse, le C.O.D.E.F.I. apporte non seulement ses conseils, mais peut servir d'intermédiaire pour obtenir un financement, soit pour consentir un prêt.

2° Le dossier peut être transmis, en cas de nécessité au comité interministériel pour l'aménagement des structures industrielles (C.I.A.S.I.). Son intervention, qui peut se traduire par l'octroi de prêts plus importants émanant du fonds de développement économique et social (F.D.E.S.) a pour objectif principal de sauver l'emploi. Aussi, le C.I.A.S.I., en pratique, ne se préoccupe-t-il pas des entreprises dont le personnel a été reconverti, ou peut être facilement absorbé par le marché de l'emploi local.

273. *Aides à la création d'emplois.*— Une autre technique tend à favoriser la création d'emplois. Diverses primes ont été créées à cet effet dans un premier temps.

Aujourd'hui ce sont essentiellement ces exonérations des cotisations sociales en totalité ou partiellement qui sont prévues pour l'embauche des jeunes de 16 à 25 ans, pour l'embauche d'un premier salarié, d'un deuxième et troisième

274. *Aides aux chômeurs créant une entreprise.* — Une loi du 3 janvier 1979 suivi de plusieurs autres textes, notamment la loi du 20 décembre 1993 vise à encourager la création d'entreprises par les chômeurs indemnisés (art L351.24 et R 351-41). L'aide est majorée en cas d'embauche d'un salarié. La loi du 11 février 1994 est venue compléter

ces textes par des dispositions relatives à l'initiative et à l'entreprise individuelle.

275. *Création d'emplois d'utilité publique.* — Un programme expérimental de création de 5 000 emplois d'utilité collective a été mis en place. La création des emplois d'utilité collective est effectuée grâce au concours financier de l'État. Le Fonds social européen contribue au financement pour les seuls emplois intéressant les jeunes de moins de 26 ans. Un décret du 2 mars 1979 et une circulaire du 5 avril 1979 fixent les conditions d'obtention et de mise en place de cette aide. Le programme a pour objet de « découvrir les formes nouvelles d'activité et de favoriser les processus originaux de création d'emplois correspondant à des besoins collectifs ou des initiatives qui ne relèvent pas des obligations normales du service public et qui ne sont pas encore pris en charge par le secteur privé. Exemple : sports, loisirs, culture ».

Les emplois créés dans le cadre de ce programme ne doivent pas avoir un caractère marginal ou précaire. Ils sont réservés à des personnes sans emploi (cette condition peut être écartée dans certains cas). L'initiative de créer des emplois est ouverte à tous les organismes dotés de la personnalité morale, autres que des collectivités locales, les administrations publiques, les établissements de caractère administratif, industriel et commercial. Ainsi les activités relevant des missions normales des services publics de l'État ou des collectivités locales ne sont pas acceptées.

276. *Incitation à l'embauche des chômeurs.* — En faveur des chômeurs peuvent être proposés des contrats d'emploi solidarité (art. L322-4.1) spécialement en faveur des chômeurs des longue durée, des chômeurs de plus de 50 ans, des contrats de retour à l'emploi (art L322-4-4) ouvrant droit à une aide de l'État. Les deux formules s'accompagnent d'exonération des cotisations patronales à la Sécurité sociale.

Section 8
Partage du temps de travail

277. Il faut signaler une nouvelle orientation de la politique d'emploi clairement exprimée dans le document d'orientation du IXe

plan ; celle du partage du temps de travail. Plusieurs dispositions législatives tendent à réaliser déjà ce partage.

Il faut mentionner :

— les préretraites ;

— les aides à la réinsertion de certains travailleurs étrangers dans leurs pays d'origine ;

— les incitations à la réduction du temps de travail ;

— les mesures permettant le retrait du marché du travail (congé sabbatique, loi du 3 janvier 1984, congé parental, loi du 4 janvier 1984, travail à temps partiel, ordonnance du 26 mars 1982, travail à mi-temps du parent d'un jeune enfant, loi du 4 janvier 1984).

Troisième partie
Entreprise et syndicat

278. *L'entreprise dans le Droit du Travail.* — Une partie de la doctrine contemporaine recherche dans la notion d'entreprise la justification de certains pouvoirs du chef d'entreprise et des rapports qui se nouent entre le salarié et son employeur et que, selon elle, le contrat est insuffisant à expliquer.

Certains textes du Droit du Travail font allusion à la notion d'entreprise, tel l'article L. 122-12 du Code du Travail (continuation des contrats de travail en cas de cession de l'entreprise), et la législation sur les comités d'entreprise.

Selon quelques auteurs, l'entreprise est présentée comme une communauté d'hommes au sein de laquelle règne une certaine solidarité et un esprit de collaboration, communauté animée par un chef qui agit, non dans son intérêt propre, comme un propriétaire ou un patron, mais au service du bien commun de tous. On se trouve en présence d'une institution qui exige l'existence d'une autorité, d'un pouvoir exécutif, fonctionnant dans l'intérêt de tous. Il est également légitime qu'il y ait une sorte de pouvoir législatif pour édicter les règles de la vie commune et un pouvoir judiciaire chargé de faire respecter l'ordre. Mais ces différentes fonctions doivent être exercées dans l'intérêt de tous.

Cette doctrine, loin d'être adoptée par tous, fait l'objet de critiques importantes. On peut objecter, en effet, que l'entreprise ne poursuit pas des fins propres et qu'elle reste, en régime capitaliste, la propriété de l'employeur qui agit dans son intérêt. Il est évident que loin d'avoir des intérêts communs, l'employeur et le salarié sont souvent en opposition d'intérêts.

En réalité, l'organisation de l'entreprise et de son fonctionnement dans notre droit positif contredit la notion communautaire d'entreprise. En effet, les salariés demeurent extérieurs à l'entreprise : 1° la gestion reste exclusivement entre les mains de l'employeur, la loi n'ayant reconnu au comité aucun droit réel en matière économique ; 2° la réglementation de l'entreprise, qui trouve son expression dans le règlement intérieur, est élaborée par le chef d'entreprise seul (avec une simple obligation de consultation du comité d'entreprise, voir *infra* n°s 364 et ss.) ; 3° le licenciement des salariés relève du pouvoir discrétionnaire de l'employeur ; 4° le profit réalisé par l'entreprise ne bénéficie, en principe, qu'aux seuls propriétaires du capital (voir cependant sur la participation des travailleurs aux résultats n°s 381 et ss.).

279. *L'entreprise, unité économique et sociale.* — L'entreprise apparaît en réalité, comme une unité économique de production, mais également comme une unité sociale et la jurisprudence fait souvent appel à cette notion pour définir le champ d'application de certaines lois sociales. C'est ainsi qu'elle n'hésite pas, dans certains cas, à affirmer que l'entreprise au sens du Droit du Travail ne se confond pas avec la notion de société commerciale et elle admet que, pour l'application des lois sur la représentation des travailleurs (voir *infra* n°s 304 et ss.), plusieurs sociétés ayant une personnalité juridique distincte, peuvent être considérées comme formant une seule entreprise, à raison des intérêts communs et des liens qui unissent ces diverses sociétés.

La notion d'entreprise est utilisée également lors d'une modification dans la situation juridique de l'employeur laissant subsister tous les contrats de travail en cours entre le nouvel employeur et le personnel de l'entreprise (voir *supra* n°s 105 et ss.).

Mais, le cadre normal où s'applique le Droit du Travail, est *l'établissement* (usine, bureaux) c'est-à-dire le local où le personnel est groupé pour travailler.

On peut admettre que les rapports du travail s'expliquent encore essentiellement par le contrat individuel ou collectif, et que le Droit du Travail est principalement le fruit de la négociation entre entreprise et syndicats (telle est la matière de ce qu'on appelle traditionnellement les rapports collectifs de travail).

280. *Restructuration de l'entreprise et extériorisation du personnel.* — L'entreprise traditionnelle devient marginale, on ne la retrouve

que dans les P.M.E. En effet, un phénomène relativement récent mérite d'être signalé : de moins en moins l'entreprise comporte un personnel stable à temps plein. Les salariés attachés en permanence à l'entreprise deviennent de moins en moins nombreux, les employeurs souhaitant introduire une souplesse dans la gestion du personnel et échapper, le plus souvent possible, aux charges sociales fixes, font appel à des travailleurs qui restent extérieurs à l'entreprise, à qui ils confient des tâches déterminées : travailleurs indépendants, sous-entrepreneurs, travailleurs à domicile, travailleurs temporaires. Parfois, des sociétés de gestion du personnel sont même créées. Quant au centre de décision économique, il est à chercher dans la direction d'un groupe.

Chapitre 1
Le rôle propre de la direction : ses pouvoirs, ses obligations

Section 1
Les pouvoirs du chef d'entreprise

281. *Les prérogatives du chef d'entreprise.* — Les prérogatives du chef d'entreprise sont présentées, dans la théorie communautaire de l'entreprise, comme des pouvoirs que le chef d'entreprise reçoit afin de faire fonctionner celle-ci dans l'intérêt de la production et du commerce et pour le bien commun des membres de l'entreprise. Il est investi de fonctions lui permettant d'assurer la direction de l'entreprise, d'élaborer son règlement intérieur et d'exercer le pouvoir disciplinaire.

Mais ces prérogatives trouvent en réalité leur source, d'une part dans le droit de propriété, d'autre part dans l'état de subordination du salarié résultant de son contrat de travail.

Ces prérogatives, le patron les exerce lui-même, ou par l'intermédiaire de contremaîtres, de cadres dirigés par le directeur du personnel ; elles s'expriment dans des notes de service, des instructions, des mesures d'ordre intérieur qui peuvent prendre une forme écrite ou orale, générale ou individuelle et sont discrétionnaires, le respect des lois impératives et des conventions collectives étant les seules limites apportées à l'absolutisme patronal.

La pratique du partage des prérogatives patronales, ou de la délégation des pouvoirs pose un problème délicat : la détermination du chef d'entreprise.

282. La *détermination du chef d'entreprise et du chef d'établissement.* — Dans l'entreprise individuelle, le problème est simple : l'industriel, ou le commerçant propriétaire est le chef d'entreprise, il est l'employeur. Mais, le plus souvent, l'entreprise revêt la forme d'une société civile ou commerciale, les organes directeurs de la personne morale seront les associés en nom collectif, les gérants de la S.A.R.L., le Président directeur général dans la société anonyme.

Mais la personne physique, qui exerce une autorité effective sur les travailleurs et qui doit être considérée, le cas échéant, comme pénalement responsable de l'inobservation des multiples prescriptions réglementaires, n'est pas, toujours, le chef d'entreprise lui-même ; c'est parfois le chef d'établissement qui bénéficie des pouvoirs limités qui lui sont expressément confiés, dans le cadre d'une délégation de pouvoirs; c'est parfois un cadre salarié chef de service (voir *infra* n° 306).

§1. Le pouvoir de direction

283. *Contenu du pouvoir de direction.* — Le pouvoir de direction est assumé soit par l'employeur lui-même, soit par ses collaborateurs auxquels il délègue une partie de ses prérogatives dans des limites précises.

Le pouvoir de direction s'exerce : 1° sur le personnel ; 2° sur la gestion même de l'entreprise.

1° *À l'égard du personnel,* il décide librement de l'embauchage et du licenciement. C'est lui qui attribue les postes, l'avancement est décidé par lui, si l'on excepte quelques dispositions de conventions collectives et surtout de statuts, qui posent un petit nombre de règles relatives à l'avancement et attachent à l'ancienneté du salarié un certain nombre d'avantages.

En revanche, le législateur a apporté des limites au principe de la résiliation unilatérale. En effet, la loi du 13 juillet 1973 impose le respect d'une procédure de licenciement et exige l'existence d'un motif réel et sérieux, qui permet au juge de contrôler l'exercice du droit de licenciement (voir *supra* n°s 118 et ss.). L'employeur doit énoncer clairement le motif du licenciement et ne peut plus se contenter de vagues allégations.

En outre, la loi du 3 janvier 1975 exige, en matière de licenciement économique, que le chef d'entreprise justifie des raisons économiques, financières et techniques et les soumettent au comité d'entreprise (voir *supra* n° 148).

2° En matière de *gestion* de l'entreprise, l'employeur décide seul de sa création, de sa conversion ou de sa fermeture. Il est maître de la politique générale, des modalités de fonctionnement, de l'organisation du travail. Il possède même le droit de mal gérer l'entreprise jusqu'à sa fermeture ou à la faillite. La Cour de cassation a, en effet jusqu'à présent, refusé aux salariés le droit de mettre en jeu la responsabilité du chef d'entreprise pour faute dans la gestion technique, économique, ou financière, ayant entraîné la faillite et le licenciement collectif.

Toutefois, le comité d'entreprise a reçu un droit d'information et de consultation, qui apporte quelques limites au pouvoir discrétionnaire de l'employeur (voir *infra* n°s 362 et ss.).

§2. Le règlement intérieur

284. *Définition et nature juridique.* — Les conditions du travail dans l'entreprise dans ce qu'elles ont de général sont fixées par un document rédigé par l'employeur, appelé règlement intérieur, ou règlement d'atelier. L'employeur dispose donc aussi du « pouvoir législatif ». Ce règlement contient des prescriptions en matière d'hygiène et de sécurité, il indique l'horaire du travail, la date du paiement des salaires, il contient certaines interdictions sanctionnées souvent par des peines disciplinaires.

Il adapte à l'entreprise les lois et règlements du travail. Il contribue de la sorte à uniformiser le régime du travail dans l'entreprise. La conception institutionnelle de l'entreprise, et la conception contractuelle, s'affrontent ici encore lorsqu'il s'agit de déterminer la nature exacte du règlement intérieur.

Selon la jurisprudence, le règlement intérieur reçoit sa force obligatoire de son acceptation par le salarié. Il se présente donc comme une sorte de *convention accessoire au contrat de travail,* conclue en même temps que celui-ci par un échange de volontés. Il en résulte : a) qu'il faut lui appliquer les règles du Code civil sur le consentement et que, par conséquent, le salarié doit avoir eu connaissance du règlement intérieur pour être censé l'avoir accepté tacitement. L'affichage du règlement fera présumer la connaissance de celui-ci par les salariés, mais ceux-ci seront autorisés à démontrer leur ignorance ; b) que le règlement intérieur a force obligatoire entre les parties, que, par conséquent, le juge ne peut pas le réviser, mais seulement l'interpréter sans le dénaturer, comme il est de principe pour tout contrat.

Cependant, la jurisprudence paraît, aujourd'hui, hésiter. En effet, la Cour de cassation a admis dans quelques arrêts que le consentement individuel du salarié n'est pas nécessaire pour que lui soit apposable le règlement intérieur, régulièrement établi, tout en continuant à consacrer la thèse contractuelle dans une autre hypothèse ; les nouvelles dispositions insérées dans un règlement intérieur entraînent une modification substantielle de contrats de travail en cours.

La « théorie institutionnelle » reproche à la théorie contractuelle, de contredire la réalité, le consentement du salarié étant purement fictif. Il est vrai que cette objection n'est pas déterminante. Il suffit d'observer que le règlement intérieur, comme d'ailleurs le contrat de travail qui lui sert de support, est un contrat d'adhésion dans lequel le rôle d'une des parties est prédominant, et qui est rédigé d'avance par elle. Ceci ne modifie pas sa vraie nature.

Dans la conception institutionnelle le règlement intérieur est une véritable loi de l'entreprise, c'est-à-dire un acte unilatéral émanant du chef d'entreprise, lequel est investi de la fonction législative. Il en résulte : a) que le consentement du salarié n'est pas requis ; il suffit que, comme toute loi, le règlement soit promulgué et publié ; b) qu'il peut être révisé par le juge. Cette théorie est contestable. Elle suppose que la notion d'entreprise ait reçu une consécration, qui lui a été refusée par le droit positif français. Le règlement intérieur trouve sa justification dans l'état de subordination dans lequel le contrat de travail place le salarié; ce dernier doit respecter un ordre général, tel que le règlement d'atelier au même titre que les ordres particuliers qu'il reçoit; la position de la jurisprudence classique se référant au contrat demeure donc la seule explication valable et plus logique que la position hésitante des arrêts récents de la Cour de cassation.

285. *Élaboration et contenu.* — Longtemps a régné dans ce domaine l'arbitraire le plus absolu, en ce sens que le chef d'entreprise était libre d'édicter un règlement ou de n'en point édicter et, dans la première éventualité, de lui donner le contenu de son choix. Il en résultait que le règlement intérieur était fait dans l'intérêt exclusif du

chef d'entreprise et suscitait souvent des récriminations, comme il donnait naissance à de nombreux conflits du travail. Le législateur est intervenu à plusieurs reprises.

— Le règlement intérieur a d'abord été rendu *obligatoire*. Ceci répondait à plusieurs préoccupations : imposer aux entreprises certaines règles d'hygiène, de sécurité, de prévention des accidents du travail; puis uniformiser les conditions de travail dans l'entreprise, c'est-à-dire empêcher toute discrimination résultant de mesures individuelles. Selon l'ordonnance du 24 mai 1945, il doit exister un règlement d'atelier dans tout établissement où les embauchages et les licenciements sont contrôlés par le service public de la main-d'œuvre. Une ordonnance du 2 novembre 1945 généralisa la règle nouvelle en imposant l'existence d'un règlement intérieur dans toute entreprise employant habituellement plus de 20 salariés. Il est soumis à l'avis du comité d'entreprise ou à défaut, à l'avis des délégués du personnel. En outre, il doit être également soumis à l'avis du comité d'hygiène et de sécurité pour les matières relevant de sa compétence. La loi du 4 août 1982 a réglementé son contenu.

Le contenu est aujourd'hui limité :

1° aux règles générales et permanentes relatives à la discipline. Il doit notamment indiquer la nature et l'échelle de sanctions que peut prendre l'employeur ;

2° aux mesures d'application de la réglementation en matière d'hygiène et de sécurité dans l'entreprise ou l'établissement ;

3° le règlement intérieur doit, en outre, mentionner les dispositions relatives aux droits à la défense des salariés tels qu'ils résultent de l'article L. 122-41 ou, le cas échéant, de la convention collective applicable (voir *infra* n° 292).

En outre, le nouveau texte précise que le règlement intérieur ne peut contenir de clause contraire aux lois et règlements en vigueur ainsi qu'aux dispositions des conventions et accords collectifs applicables dans l'entreprise et l'établissement. Cette disposition n'est, en fait, que la confirmation de la jurisprudence antérieure et du principe général du Droit du Travail, selon lequel une source de droit inférieur telle que le règlement intérieur ne peut déroger aux autres sources de droit de façon défavorable pour les travailleurs (notion d'ordre public social).

Aux termes de la nouvelle loi, le règlement intérieur ne peut apporter aux droits des personnes et aux libertés individuelles et collectives « des restrictions qui ne seraient pas justifiées par la nature de la tâche à accomplir ni proportionnée au but recherché ». C'est ainsi que le port du casque sur un chantier peut être considéré comme une atteinte légitime à la liberté. Le règlement intérieur ne peut pas davantage comporter des dispositions lésant les salariés dans leur emploi « en raison de leur sexe, de leur situation de famille, de leurs origines, de leurs opinions ou confessions, ou de leur handicap » à capacité professionnelle égale. Cette disposition vient compléter les textes tendant à éliminer toute discrimination (art. L. 140-2 prévoyant l'égalité de rémunération entre les hommes et les femmes art. 225-1 du Nouveau Code pénal interdisant les discriminations raciales).

Dans le même sens, le législateur interdit au règlement intérieur de comporter certaines clauses : clauses abrégeant la durée du délai congé par rapport aux usages de la profession, par exemple. Il a réglementé, en outre, les clauses relatives aux amendes, puis les a interdites (art. L. 122-39 du 17 juillet 1978).

Il résulte des travaux préparatoires de la loi de 1982 que les matières traitées jusqu'ici par les règlements intérieurs et qui ne peuvent plus y figurer, devront désormais relever du domaine de la négociation. Cependant, à défaut de conventions collectives, l'ordre des licenciements collectifs, qui relevait de la compétence du règlement intérieur, restera fixé unilatéralement par l'employeur. En effet, aux termes de l'article L. 312-2 du Code du Travail à défaut de convention ou d'accord collectif applicable, l'employeur indique à l'autorité administrative les critères retenus, après consultation du comité d'entreprise ou, à défaut, des délégués du personnel, pour fixer l'ordre des licenciements économiques.

286. Le règlement intérieur doit, selon le dernier texte, indiquer la date à partir de laquelle il entre en vigueur. Mais cette date doit être postérieure d'un mois à l'accomplissement des formalités de publicité. Le rôle de contrôle de la légalité de l'Inspecteur du Travail demeure inchangé dans la nouvelle législation qui, cependant, précise que à tout moment l'inspecteur peut exiger le retrait des dispositions, qui ne traiteraient pas de discipline ou d'hygiène et de sécurité, qui seraient discriminatoires ou qui seraient contraires : soit aux lois, règlements ou conventions collectives applicables, soit aux droits et libertés des

personnes. Sa décision motivée peut faire l'objet d'un recours auprès du directeur régional du travail et de l'emploi dans les deux mois. Il est également précisé que l'inspecteur du travail doit recevoir une copie de tout jugement du conseil de prud'hommes, écartant l'application d'une clause illégale d'un règlement intérieur, à l'occasion d'un litige individuel qui lui a été soumis.

287. *Conditions de forme.* — Les textes cités plus haut soumettent le règlement d'atelier à une certaine *publicité ;* il doit être affiché dans les locaux de travail et à la porte de l'entreprise, en caractères lisibles; de plus, il doit être déposé au secrétariat du conseil de prud'hommes. Ce dépôt détermine la date d'entrée en vigueur du règlement.

À côté de ces formalités de publicité existe une procédure de *contrôle* du règlement. Celui-ci doit être adressé à l'Inspecteur du Travail qui doit l'approuver et peut exiger toutes modifications ou suppressions, nous l'avons vu, qui seraient contraires à une loi, ou un règlement et suggérer le retrait de clauses inopportunes.

§3. Le pouvoir disciplinaire

En l'absence de dispositions légales générales relatives à son fondement, la jurisprudence considère le pouvoir disciplinaire comme attaché à la fonction de chef d'entreprise.

288. *Nature juridique.* — Dans la conception institutionnelle de l'entreprise, le pouvoir disciplinaire appartient tout naturellement au chef d'entreprise chargé de faire respecter l'ordre établi au sein de la communauté de travail. Les sanctions disciplinaires ont pour raison d'être d'assurer le respect de cet ordre intérieur, et le chef d'entreprise est l'autorité organique ayant le pouvoir de les infliger. Le droit disciplinaire de l'entreprise se présente, alors, comme la réplique du Droit pénal de la société étatique.

La réforme de *1982* a rapproché le Droit disciplinaire du Droit pénal dans la mesure où elle a institué une procédure disciplinaire permettant au salarié de connaître les griefs qui lui sont reprochés, et de se faire assister (voir *infra* n° 292), et où elle a conféré au juge un pouvoir accru de contrôle (voir *infra* n° 293).

Cependant, on ne peut réellement affirmer qu'il existe, comme en Droit pénal, un principe de légalité des délits et des peines.

En outre, dans la mesure où la thèse institutionnelle de l'entreprise n'est pas réellement consacrée, il paraît plus sage et plus exact de s'en tenir à la conception traditionnelle qui explique la répression disciplinaire par *les mécanismes contractuels.* En vertu du contrat de travail, le salarié a l'obligation d'exécuter correctement le travail en se pliant aux ordres du patron et aux règles inscrites dans le règlement intérieur. Les sanctions disciplinaires sont les sanctions de l'inexécution d'une obligation contractuelle. Mais, trace de justice privée, l'employeur peut se faire justice à lui-même et la saisie des tribunaux n'a lieu qu'*a posteriori* (exemple : le congédiement pour motif disciplinaire).

289. *Les fautes et les sanctions.*—Deux hypothèses doivent être distinguées, suivant qu'il existe ou non un règlement intérieur contenant des dispositions relatives à la discipline dans l'entreprise.

1° Lorsqu'il existe un *règlement intérieur :* celui-ci se borne généralement à énumérer les fautes, et les sanctions, sans prévoir la proportionnalité entre les sanctions et les fautes. En outre, la procédure disciplinaire a été réglementée par la loi mais elle reste négligée par les règlements intérieurs. Seuls quelques statuts exigent que l'employeur consulte un conseil de discipline, qui n'a généralement reçu qu'un rôle consultatif. Les sanctions peuvent être d'ordre *moral :* avertissement, réprimande, blâme—ou d'ordre *pécuniaire :* il s'agit alors de *l'amende* qui, seule, a été réglementée, puis interdite par le législateur. On appelle amende l'obligation au paiement d'une somme d'argent imposée à titre de sanction d'une faute commise par le salarié. Selon l'analyse traditionnelle, l'amende s'explique à raison des rapports contractuels qui lient les parties. En effet, pour le cas d'inexécution de ses obligations par le salarié, rien n'empêche l'employeur de stipuler une indemnité ou une peine, fixée d'avance; l'amende prévue en général par le règlement d'atelier se présente donc comme une sorte de clause pénale, de stipulation conventionnelle de dommages-intérêts.

La pratique des amendes ayant soulevé pendant plus d'un siècle les critiques des travailleurs, l'amende entraînant, en fin de mois, une réduction imprévue du salaire, une première loi du 5 février 1932 (art. L. 122-39, Code du Travail) est venue en réglementer l'utilisation.

Elle continuait à admettre la pratique des amendes, en l'entourant seulement de conditions restrictives. Mais la loi du 17 juillet 1978 est venue interdire à l'employeur de sanctionner par des amendes ou autres sanctions pécuniaires, les manquements aux prescriptions d'un règlement intérieur.

Les sanctions peuvent également être d'ordre professionnel : déplacement, changement d'emploi, retard dans l'avancement, rétrogradation, mise à pied, congédiement. La licéité de la mise à pied, qui peut être définie comme la mise en disponibilité du salarié pendant un certain temps, avec privation de salaire, a soulevé de vives controverses. Pour les uns, en effet, elle constitue une sanction disciplinaire que l'employeur est libre d'utiliser, en l'absence de disposition légale contraire. Pour les autres, elle ne peut être considérée comme licite, alors que l'amende qui est moins grave a été supprimée par le législateur.

La jurisprudence a commencé par affirmer l'illégalité de la mise à pied; mais, par un arrêt de principe du 16 juin 1945 fondé précisément sur la reconnaissance de l'existence d'un pouvoir disciplinaire dans l'entreprise, la Cour de cassation a modifié son point de vue et consent à voir dans la mise à pied une mesure licite. Depuis lors, la jurisprudence ne se dément pas. Mais on peut se demander s'il est possible de les admettre, aujourd'hui, depuis la loi du 17 juillet 1978 interdisant les sanctions pécuniaires. Des travaux préparatoires de cette loi permettent de penser que l'expression « ou autres sanctions pécuniaires » a été introduite pour le cas où, par un changement de terminologie, l'employeur chercherait à inventer une nouvelle forme d'amende. Toute infraction à ces dispositions est punie d'une amende de 2 000 francs à 20 000 francs. Mais la mise à pied reste, aujourd'hui, licite. Quant au congédiement disciplinaire, c'est la sanction usuelle. Elle est l'objet d'un contrôle depuis la loi du 13 juillet 1973 puisque le licenciement ne peut être prononcé que pour une cause réelle et sérieuse. Ainsi, la faute légère ne peut plus justifier un licenciement (voir *supra* n° 141).

2° En *l'absence de dispositions du règlement intérieur* prévoyant telle sanction disciplinaire ou telle faute, on s'est demandé si l'employeur était en droit de sanctionner le salarié. La thèse contractuelle généralement consacrée par la jurisprudence (voir *supra* n° 288) devrait commander une réponse négative. Cependant, la Cour de cassation a affirmé que l'employeur ne commettait pas une faute du seul fait qu'une sanction (en l'espèce, une mise à pied) prononcée par lui n'était pas prévue par un règlement intérieur, cette circonstance ne pouvant priver le patron du *pouvoir disciplinaire inhérent à sa qualité* et dont il a la faculté, en l'absence de règlement intérieur, de faire usage sous la seule réserve du contrôle de l'autorité judiciaire. Une telle affirmation constitue un abandon, par la jurisprudence, de la thèse contractuelle à laquelle elle demeure pourtant attachée.

290. *La définition de la sanction disciplinaire.* — L'article L. 122-40 a donné une définition de la sanction disciplinaire. Aux termes de ce texte « constitue une sanction toute mesure, autre que les observations verbales, prise par l'employeur, à la suite d'un agissement du salarié considéré par lui comme fautif, que cette mesure soit de nature à affecter immédiatement ou non la présence du salarié dans l'entreprise, sa fonction, sa carrière ou sa rémunération ».

Cette définition compréhensive et vague a fait naître un contentieux important concernant la notion de faute et de sanctions disciplinaires.

En effet, la frontière entre la sanction disciplinaire et les mesures découlant du pouvoir de direction reste difficile à tracer.

La Cour de Cassation est saisie d'un certain nombre de pourvois en la matière. Dans un premier arrêt en date du 27 février 1985, elle refuse de reconnaître le caractère de sanction disciplinaire à la « mise en disponibilité » de certains salariés qui se trouvent ainsi contraints de rester à domicile à la disposition de la société. Cette mesure, selon la chambre sociale, n'est prise qu'à titre conservatoire dans le cadre du pouvoir disciplinaire de l'employeur et n'a pas d'influence sur la fonction des salariés, leur carrière, leur rémunération et ne doit pas figurer dans leur dossier, n'est pas une sanction disciplinaire, mais une mesure d'attente.

En revanche la mise à pied prononcée à titre principal sans rémunération est bien une sanction.

291. *Prescription.* — Le nouveau texte a institué une prescription en matière de sanction disciplinaire. En effet, aucun fait fautif ne peut donner lieu à lui seul à l'engagement de poursuites disciplinaires, audelà d'un délai de deux mois à compter du jour où l'employeur en a eu connaissance (sauf poursuites pénales dans le même délai de 2 mois). Il est également précisé qu'aucune sanction antérieure de plus de trois ans à l'engagement des poursuites disciplinaires ne peut être invoquée à l'appui d'une nouvelle sanction.

La prescription est interrompue par la saisine du conseil de prud'hommes aux termes de l'article R. 516-8 du Code du Travail.

292. *La procédure disciplinaire.* — L'une des innovations de la nouvelle loi, qui mérite de retenir l'attention, est l'instauration d'une procédure protectrice en matière disciplinaire.

En effet, trois dispositions du nouvel article L. 122-41 instituent des garanties non négligeables en faveur du salarié menacé de sanction :

1° L'intéressé doit être convoqué pour un entretien préalable. La convention doit indiquer son objet. Au cours de l'entretien l'employeur doit indiquer le motif de la sanction envisagée et recueillir les explications du salarié. Celui-ci peut présenter sa défense en se faisant assister par une personne de son choix, appartenant au personnel de l'entreprise.

Cette procédure n'est pas, cependant, obligatoire « si la sanction envisagée est un avertissement ou une sanction de même nature, qui n'a pas d'incidence, immédiate ou non, sur la présence dans l'entreprise, la fonction, la carrière ou la rémunération du salarié ».

2° La sanction ne peut intervenir moins d'un jour franc ni plus d'un mois après le jour fixé pour l'entretien. Le délai a pour but de permettre au salarié de former un éventuel recours auprès du conseil de prud'hommes.

293. *Pouvoirs des tribunaux.* — La loi du 4 août 1982 a introduit une réforme importante en donnant au conseil de prud'hommes le pouvoir d'annuler une sanction disproportionnée au regard de la faute commise (art. L. 122-43 2e alinéa).

Ainsi désormais, les juges peuvent annuler une sanction irrégulière en la forme :

— injustifiée ;

— ou disproportionnée. On peut regretter que les dispositions ne soient pas applicables en cas de licenciement, lorsque cette sanction paraît disproportionnée par rapport à la faute ;

— en outre, dans l'arrêt du 27 février 1985, « la chambre sociale admet non seulement que le jugement puisse annuler une sanction irrégulière, injustifiée ou disproportionnée à la faute commise », mais encore qu'il réduise la sanction dans une hypothèse très particulière, il est vrai, lorsque la mise à pied prononcée par l'employeur est supérieure au maximum prévu par le règlement intérieur.

294. *La preuve.* — La nouvelle loi a tranché le problème de la charge de la preuve, mais de façon nuancée, puisqu'elle dispose que « l'employeur doit fournir au conseil des prud'hommes les éléments qu'il a retenus pour prendre la sanction. Au vu de ces éléments et de ceux qui peuvent être fournis par le salarié à l'appui de ses allégations le conseil de prud'hommes forme sa conviction après avoir ordonné, en cas de besoin, toutes les mesures d'instruction qu'il estime utiles ». Ce texte peut être rapproché de celui concernant la preuve en matière de licenciement (voir *supra* n° 143). D'autant plus que la loi du 2 août 1989 a modifié le régime de la preuve en matière de licenciement et précise que « si un doute subsiste il profite au salarié ».

Section 2
Les obligations de l'employeur dans le domaine du travail

L'entreprise doit respecter une réglementation protégeant le travailleur contre une durée de travail trop longue ou des conditions de travail contraires à l'hygiène et à la sécurité. L'employeur est donc tenu d'organiser son entreprise, en fonction de la législation réglementant le travail.

§1. La durée du travail

295. *Durée hebdomadaire du travail. Évolution.* — La limitation de la durée du travail s'est, tout d'abord, présentée sous la forme de la réduction de la durée journalière (journée de huit heures), destinée à protéger le salarié contre une semaine de travail trop lourde.

En application de la législation sur la durée du travail, l'employeur a l'obligation de n'imposer au salarié qu'une durée de travail limitée, en principe, à 39 heures hebdomadaires (sur les régimes de dérogation et d'équivalence, voir n° 64). Le législateur lui a, cependant, réservé le droit d'obtenir l'autorisation de faire effectuer des heures supplémentaires (voir *supra* n°s 61). Si l'employeur veut user de cette faculté, il doit demander l'autorisation à l'Inspecteur du Travail, autorisation qui sera accordée après consultations des organisations syndicales ouvrières.

Le protocole d'accord du 17 juillet 1981 a été signé sous l'impulsion du gouvernement qui fixait comme objectif d'atteindre d'ici 1985, 35 heures effectives par semaine, la 5e semaine de congés payés et la mise en place d'une 5e équipe pour le travail posté.

Le protocole a effectivement prévu la généralisation de la 5e semaine de congés payés, la fixation de la durée légale à 39 heures. Ces deux dispositions ont reçu ultérieurement la consécration du législateur en 1982 (voir *infra* n° 296).

L'accord a posé également le principe de la limitation de la durée maximale à 48 heures hebdomadaires calculée sur 12 semaines.

La réduction des équivalences a été décidée. Des assouplissements étaient prévus permettant la création d'un contingent annuel d'heures supplémentaires non soumises à autorisation (130 heures sauf accord de branche). L'autorisation d'heures supplémentaires restait également possible.

Au niveau des branches professionnelles, les négociations se sont ouvertes le 30 septembre 1981. Une réunion des parties signataires le 19 décembre a permis de faire le bilan des négociations par branches et effectuer des démarches communes auprès des pouvoirs publics pour mettre en harmonie les dispositions législatives et réglementaires avec les nouvelles stipulations contractuelles, compenser l'aggravation des coûts résultant de ces nouvelles dispositions et améliorer les instruments statistiques.

La négociation a été suivie de mesures législatives. En effet, l'ordonnance du 16 janvier 1982 diminue la durée légale du travail et réglemente l'application de cette durée.

Désormais, la durée légale du travail est de 39 heures au lieu de 40 heures. Mais l'ordonnance ne prévoit une réduction obligatoire des horaires effectifs que pour les salariés travaillant en poste continu.

Pour tous les autres salariés, la réduction effective du temps de travail et la rémunération correspondante dépendent des accords collectifs conclus ou à conclure dans les branches professionnelles ou dans les entreprises (concernant le repos compensateur, voir n° 297).

Les heures supplémentaires effectuées au-delà du contingent annuel autorisé par la loi (art. L. 212-6) peuvent être autorisées par l'Inspecteur du Travail dans une limite fixée à l'article L. 212-7.

Après l'ordonnance du 16 janvier 1982, la durée hebdomadaire maximale est de 48 heures au cours d'une même semaine, et 46 heures en moyenne, au cours d'une période quelconque de 12 semaines. Des dérogations sont prévues à cette durée maximale par l'article R. 2123 et L. 212-7 (voir *infra* n° 296).

Le décret n° 80.1055 du 16 décembre 1982 a mis en place une aide financière de l'État en faveur dc l'entreprise pour chaque salarié lorsque la durée de travail par l'effet de la négociation collective a été ramenée à 35 heures avant le 31 décembre 1985 ou a été réduite d'au moins deux heures entre les 1er septembre 1982 et le 30 juin 1984.

L'objectif des textes étant l'amélioration de l'emploi, pour bénéficier de l'aide, l'entreprise doit maintenir ses capacités de production par investissements ou recours à des horaires alternants sans introduction du travail de nuit et sans réduction de la plage d'ouverture au public. Toutefois, des aménagements sont possibles dans les secteurs en régression. Il convient également d'obtenir une amélioration de l'emploi par rapport aux tendances dans la branche appréciée sur les trois dernières années. Les diverses mesures s'étant révélées très insuffisantes, il a été nécessaire d'organiser l'indemnisation du chômage partiel.

Tout d'abord une aide publique bénéficie aux salariées qui, tout en restant liés à leur employeur par un contrat de travail, subissent une perte de salaire imputable à la fermeture temporaire de l'établissement qui les emploie, soit à la réduction de l'horaire habituellement pratiqué dans l'établissement en deçà de la durée légale de travail.

En outre la loi quinquennale du 20 décembre 1993 dans le cadre des mesures alternatives au licenciement a créé le travail réduit indemnisé de longue durée (TRILD) qui permet à l'employeur de réduire l'activité des salariés en dessous de la durée légale pendant une période de longue durée et accorde aux salariés frappés par cette mesure, une allocation financée conjointement par l'État, l'entreprise et l'UNEDIC.

Les nouveaux textes prévoient également une certaine flexibilité dans l'aménagement effectif du temps de travail. Une convention ou un accord collectif étendu ou un accord d'entreprise peut aménager l'annualisation du temps de travail à condition que sur un an cette durée n'excède pas 39 heures par semaine.

En outre l'article L. 212-4-1 instaure des horaires individualisés (travail à temps choisi) avec l'accord des représentants du personnel et information de l'inspecteur du travail, ou autorisation de ce dernier s'il n'existe pas de représentants du personnel dans l'entreprise.

296. *Durée maximale de travail.* — En principe, deux maxima sont prévus par la loi :

1° Dans le cadre de la journée de travail : l'article L. 212-1 prévoit que la journée de travail ne peut excéder 10 heures; cependant, une dérogation est possible à ce principe avec autorisation de l'inspection du travail dans tous les cas où un surcroît temporaire d'activité est imposé (voir article D. 212-13 du Code du Travail).

La demande d'autorisation adressée à l'inspection du travail doit être accompagnée des justificatifs utiles et de l'avis du comité d'entreprise ou à défaut des délégués du personnel.

En outre, une convention collective étendue aux accords d'entreprise peut prévoir un dépassement à la durée maximale quotidienne de travail, qui ne peut cependant porter cette durée à plus de douze heures.

2° La semaine de travail : l'article L. 212-7 fixe un double plafond :

a) au cours d'une même semaine la durée du travail ne peut dépasser 48 heures,

b) au cours d'une période de 12 semaines consécutives, la durée hebdomadaire de travail ne peut dépasser 46 heures.

Des dérogations à ces deux principes sont prévues. Mais la durée maximale dans cette hypothèse ne peut dépasser 60 heures par semaine.

297. *Repos compensateur.* — La loi du 16 juillet 1976 complétée par l'ordonnance du 16 janvier 1982, instituant un *repos compensateur* en matière d'heures supplémentaires apporte une nouvelle contribution à la politique de réduction de la durée du travail. Le texte est applicable aux entreprises de plus de 10 salariés, industrielles ou commerciales et leurs dépendances, les offices publics et ministériels. Les professions libérales, les sociétés civiles, les syndicats professionnels et associations de quelque nature que ce soit. Les entreprises publiques relevant de ce texte dans la mesure où elles doivent appliquer le Code du Travail. Le repos compensateur ainsi institué présente un double caractère :

1° Il s'agit d'une réduction dans une certaine mesure de la durée globale de travail, puisque les heures supplémentaires accomplies au-delà d'un plancher engendrent une certaine compensation sous forme d'un droit au repos.

2° Il se présente comme une augmentation indirecte du coût des heures supplémentaires, puisque le temps de repos ainsi créé est payé comme temps de travail. Le texte donne droit aux salariés de prendre un repos égal à 50 % du temps de travail accompli en heures supplémentaires au-delà de 42 heures par semaines (art. L. 212-5-1).

3° L'ordonnance du 16 janvier 1982 a prévu, en outre, que dans toutes les entreprises, quel que soit le nombre de salariés, les heures supplémentaires effectuées au-delà du contingent annuel ouvrent droit à un repos compensateur obligatoire dont la durée est égale à 50 % de ces heures supplémentaires. Le droit dans cette hypothèse est acquis à partir de la 40e heure (et non de la 43e heure) effectuée dans la semaine.

L'ordonnance a été modifiée et complétée par la loi du 2 janvier 1990 et du 20 décembre 1993.

La durée des repos compensateur est portée à 100 % des heures supplémentaires effectuées au-delà du contingent annuel fixé par décret dans les entreprises qui emploient plus de 10 salariés.

Mais ce repos compensateur n'est dû que pour les heures supplémentaires de la 40e à la 42e heure hebdomadaire, à partir de la 43e heure hebdomadaire, seul un repos de 50 % est dû.

Une dernière forme de repos compensateur peut être mise en place par les partenaires sociaux en remplacement des heures supplémentaires.

Il est réglementé alors par les articles D. 212-5 à D. 212-12.

Toutefois, les deux repos ne se cumulent pas : dans le cas où les deux sont applicables, c'est celui des 50 % qui l'emporte.

Dès que le salarié a droit à une journée de repos, celui-ci est pris à la date indiquée par lui, sauf impossibilité pour l'entreprise, en tout cas dans un délai maximum de deux mois. Ce temps de repos est payé comme temps de travail.

4° Un troisième repos compensateur a été institué par la loi du 28 février 1986 prenant naissance lorsqu'un accord collectif de modulation a été étendu (voir *supra* n° 295).

298. *L'aménagement du temps de travail.* — Parallèlement aux dispositions relatives à la durée du travail très contraignantes pour l'organisation effective de l'entreprise, le législateur a prévu l'aménagement possible des temps de travail par voie de négociation collective admise à certaines conditions.

L'ordonnance du 16 janvier 1982 modifiée par la loi du 19 juin 1987 codifiée sous l'article L. 212-8, a autorisé les partenaires sociaux à répartir le temps de travail d'une année inégalement sur les différentes semaines. En outre la loi du 19 juin 1987 a institué une certaine flexibilité. Ainsi un salarié ne travaillera pas nécessairement de façon uniforme 39 heures par semaine, mais selon les périodes de 35 à 42 heures.

L'accord collectif fixera les modulations des horaires. En effet, une convention ou un accord collectif étendu ou un accord d'entreprise ou d'établissement peut prévoir que la durée hebdomadaire de travail peut varier sur tout ou partie de l'année à condition que sur un an cette durée n'excède pas 39 heures par semaine.

299. *Travail de nuit.* — Il faut noter qu'il subsiste de l'ancienne réglementation relative à la durée du travail, une réglementation du travail de nuit. Le principe reste celui de sa licéité (transports, usines à feu continu). Le travail de nuit n'est interdit entre 22 heures et 5 heures du matin que pour les femmes, sauf si elles occupent des postes de direction ou de caractère technique et impliquant une responsabilité, ou si elles sont occupées à un service d'hygiène, ou dans le cas où, une raison de circonstances graves l'intérêt général l'exige et pour les enfants de moins de dix-huit ans, ainsi que pour les adultes travaillant dans les boulangeries (entre 2 heures et 4 heures du matin).

300. *Repos hebdomadaire.* — L'employeur a, en outre, l'obligation d'accorder au salarié un jour de repos hebdomadaire.

Dans le régime corporatif, le repos hebdomadaire avait été institué pour des raisons religieuses : il était interdit de travailler le dimanche. Mais le libéral XIXe siècle, soucieux de ne pas porter atteinte à la liberté du travail, supprima cette interdiction. Le repos hebdomadaire réapparut plus tard dans notre droit avec un fondement différent, comme une mesure de protection des salariés (loi 2 novembre 1892). Un repos physique leur était nécessaire. Et la loi du 13 juillet 1906 put, sans objection, faire coïncider ce jour de repos avec le dimanche ; mais elle ne s'appliquait qu'aux salariés. Par la suite, la fermeture des établissements une fois par semaine apparut comme un moyen d'éviter une concurrence fâcheuse entre établissements commerciaux (loi 29 décembre 1923).

La législation s'applique aux établissements industriels et commerciaux, privés ou publics, laïcs ou religieux, aux offices ministériels, aux entreprises de presse, aux hôpitaux et hospices ; mais la loi exclut les entreprises de transport par eau ou fer, le travail domestique, l'agriculture (voir loi 10 mars 1948).

La législation repose sur deux principes connexes, mais assez différents dans leur fondement et dans leur portée. Le premier est celui du repos hebdomadaire proprement dit (art. L. 221-2 du Code du Travail) ; il est interdit d'employer un même salarié plus de six jours par semaine; un repos, d'une durée minima de vingt-quatre heures consécutives, doit lui être accordé. Cela ne signifie pas que l'employeur est obligé de fermer son entreprise; il peut, en effet, travailler seul ; on admet même qu'il embauche des « extras » le jour de repos. Le second principe consiste en ce que le jour de repos hebdomadaire est normalement fixé le dimanche. Ceci s'explique par des raisons religieuses; et aussi parce que l'ensemble du personnel bénéficiant d'un repos collectif, le contrôle peut s'exercer plus facilement. Ce second principe du repos dominical est distinct du principe du repos hebdomadaire.

La liberté laissée au chef d'entreprise, travaillant seul ou avec sa famille, de laisser son établissement ouvert, aurait exposé au danger d'une concurrence préjudiciable aux établissements plus importants utilisant un personnel exclusivement salarié. Pour être effectif, le principe du repos hebdomadaire doit donc s'accompagner d'un corollaire : *la fermeture de tous les établissements un jour par semaine* (loi 29 décembre 1923). Il ne s'agit pas, à proprement parler, avec cette loi de législation du travail, mais de législation commerciale. C'est un troisième principe, distinct des précédents.

301. *Les dérogations* au principe du *repos dominical* sont fréquentes, car la continuité du service est quelquefois nécessaire. C'est ainsi que, dans les hôpitaux, les entreprises de presse, les spectacles, les entreprises d'éclairage, de transport, les émissions radiophoniques, les hôtels et restaurants, il est fait de plein droit exception à la règle du repos dominical : le repos est accordé par roulement et peut prendre place un jour quelconque de la semaine. (Voir article L. 221-5-1 et suivants.)

Une négociation peut être mise en place, concernant le repos hebdomadaire du dimanche dans les entreprises industrielles fonctionnant à l'aide d'un personnel d'exécution composé de 2 groupes dont l'un a pour seule fonction de remplacer l'autre pendant le ou les jours de repos accordés à celui-ci (art. L. 222-5-1).

Tout à fait exceptionnellement, le principe même du *repos hebdomadaire* peut être supprimé complètement, si des travaux sont urgents, si des matières à manipuler sont périssables, s'il s'agit d'un établissement travaillant pour la Défense Nationale. En général, il est, néanmoins, prévu un repos compensateur.

Les dérogations au principe de *la fermeture au public* résultent d'une autorisation administrative temporaire accordée individuellement à certains chefs d'établissement ou à toute une profession. Le contrôle de cette législation est confié aux inspecteurs du travail. Des sanctions pénales sont prévues par les articles R. 262-1 et 262-2, Code du Travail.

302. *Les jours fériés et chômés.* — Par définition, le jour *férié* est celui qui correspond à une fête religieuse ou civile ; le *jour chômé* est simplement le jour où le travail est suspendu. Mais le régime juridique des uns et des autres est très différent. S'il s'agit d'un jour chômé dont l'exemple le plus connu est le 1er mai (loi du 30 avril 1947 et du 29 avril 1948) — les travailleurs, tout en suspendant le travail, conservent le droit au salaire; ceci est vrai même pour ceux qui sont payés à l'heure ou à la journée. Si le travail n'a pas pu exceptionnellement être suspendu, le salaire sera majoré.

Tout autre est le régime du *jour férié.* Il n'est pas interdit, au moins s'agissant de travailleurs du sexe masculin et adultes, de les faire travailler un jour férié (sauf dispositions contraires et de plus en plus fréquentes des conventions collectives).

303. *Les congés payés.* — La loi du 20 juin 1936 plusieurs fois modifiée a accordé des congés payés aux salariés (voir *supra* nos 77 et ss.). L'employeur a donc l'obligation d'organiser l'entreprise pour permettre le départ en congé des travailleurs. À défaut de convention collective, la période des congés est fixée par l'employeur, en se référant aux usages et après consultation des représentants du personnel. L'employeur fait connaître cette décision, en principe, deux mois au moins avant le début du congé par note de service, ou par une clause du règlement intérieur. Le patron a le choix entre deux systèmes :

1° L'octroi des *congés par roulement,* ce qui implique la détermination de l'ordre des départs décidée par l'employeur qui tient compte, « dans la mesure du possible », selon l'expression des conventions collectives, d'un certain nombre de critères : désirs des intéressés, situation de famille et ancienneté. L'employeur a l'obligation d'afficher l'ordre des départs dans les différents locaux de travail, et d'informer personnellement chaque salarié au moins quinze jours à l'avance (ce délai est, parfois, augmenté par les dispositions des conventions collectives) de la date de son départ.

2° *La fermeture de l'entreprise.* — Cette fermeture doit intervenir nécessairement entre le 1er mai et le 31 octobre. Si la fermeture d'un établissement se prolonge au-delà de la durée du congé légal annuel, l'employeur est tenu de verser à son personnel, pour chacun des jours ouvrables de fermeture excédant cette durée, une indemnité qui ne peut être inférieure à l'indemnité journalière des congés payés. Même si la fermeture n'intervient que pour la durée du congé légal, cette décision peut être préjudiciable aux salariés qui n'ont pas l'ancienneté suffisante pour avoir droit à la totalité des congés. Dans ce cas, ils peuvent être employés dans l'entreprise à des travaux d'entretien, mais cette solution n'est pas toujours possible, les intéressés peuvent alors percevoir des allocations de chômage partiel. L'allongement de la durée des congés annuels est une méthode de réduction de la durée du travail.

§2. Hygiène et sécurité du travail

304. *Généralités.* — La réglementation des conditions d'hygiène et de sécurité du travail est un des premiers domaines de l'intervention législative. Elle relève encore essentiellement du règlement.

Le Code du Travail consacre les articles L. 231-1 et ss. et R. 23146 et ss. à l'hygiène et à la sécurité des travailleurs, mais de nombreux décrets et arrêtés adaptent les principes aux différentes activités professionnelles.

La loi du 6 décembre 1976 est venue poser un certain nombre de règles en matière de prévention des accidents du travail et préciser l'étendue de la responsabilité patronale en cas d'accident, afin d'inciter l'employeur à développer la prévention des accidents, et la connaissance des règles de sécurité chez les salariés.

Un certain nombre de dispositions légales ou réglementaires concernent l'hygiène et la sécurité des travailleurs. Leur domaine d'application est variable. Il est indiqué par l'article L. 231-1 du Code du Travail.

Quelques prescriptions sont propres à certaines personnes (enfants et femmes, art. L. 234-1 et ss. et R. 234-1 et ss. du Code du Travail), les autres sont communes à tous les travailleurs. On retiendra seulement parmi les premières : les règles relatives à l'âge d'admission des mineurs — le droit pour l'inspecteur du travail, sur avis du médecin, d'exiger le renvoi d'un établissement des mineurs de moins de seize ans—l'interdiction du travail de nuit des femmes et des enfants de moins de dix-huit ans — l'interdiction pour ces mêmes catégories de travailler les jours fériés — les règles sur le repos des femmes en couches — les règles astreignant l'employeur à permettre aux mères de suspendre le travail pour allaiter leur enfant et à aménager des chambres d'allaitement — l'interdiction de certains travaux souterrains pour les femmes (art. R. 234-3 et ss. du Code du Travail).

Certaines prescriptions sont propres à certaines professions et à certains travaux, d'autres ont une portée générale; art. R. 231-46 et ss. sur la réglementation des substances et préparations dangereuses pour les travailleurs.

Les dispositions générales contenues dans le titre III, livre II du Code du Travail sont relatives : à l'interdiction de l'introduction de boissons alcooliques, à l'éclairage, à l'aération, aux eaux potables, à l'évacuation des vapeurs, au couchage du personnel, aux précautions à prendre contre l'incendie, à la propreté du sol, aux cabinets d'aisances, aux locaux affectés aux repas, aux vestiaires et lavabos, à la prévention des accidents, à la réglementation des appareils de sécurité, aux appareils élévateurs, à la vente de machines dangereuses, etc. Le contrôle de l'application de ces prescriptions est confié à l'inspection du travail et à l'inspection médicale du travail. La méconnaissance de ces prescriptions, le plus souvent après mise en demeure préalable, détermine la responsabilité pénale de l'employeur (art. R. 231-12 et 231-13, Code du Travail).

305. *Loi sur la prévention des accidents du travail.* — Dans le but d'intensifier l'action entreprise contre les risques d'accidents du travail ou des maladies professionnelles, la loi du 6 décembre 1976 prévoit une formation obligatoire à la sécurité pour certains salariés (art. L. 231-3-1).

L'employeur a, dorénavant, l'obligation d'organiser une formation à la sécurité du poste de travail pour : les nouveaux embauchés, les salariés qui changent de poste de travail ou de technique, les salariés intérimaires, les salariés qui reprennent leur activité après un arrêt de travail d'au moins 21 jours, lorsque le médecin du travail en fait la demande.

La loi du 13 janvier 1989 complétant le texte rend obligatoire la formation des travailleurs liés par un contrat de travail temporaire.

Le comité d'entreprise et le comité d'hygiène et de sécurité ou, à défaut, les délégués du personnel doivent être consultés sur les programmes de formation à la sécurité, ils veillent à leur mise en œuvre effective (art. L. 236-1).

Le financement de ces actions est à la charge de l'entreprise et ne peut être imputé sur le budget de la formation continue sauf lorsqu'il s'agit d'actions correspondant aux stages définis par l'article L. 940-2 du Code du Travail.

306. *La responsabilité pénale de l'employeur.* — De nombreuses prescriptions du droit du travail sont assorties de sanctions pénales. Au surplus un accident mortel du travail constitue un homicide par imprudence.

La responsabilité pénale en matière de réglementation du travail a été modifiée par diverses dispositions introduites dans la législation par la loi sur les accidents du travail du 6 décembre 1976, qui confirme dans ses grandes lignes une jurisprudence centenaire.

1° Le chef d'entreprise doit veiller *personnellement à* la stricte observation des règlements de sécurité. Il est pénalement responsable de leur violation notamment au cas d'accident du travail. Il ne peut s'exonérer de cette responsabilité fondée sur sa faute propre, ni par l'imprudence de la victime, ni par l'affirmation qu'il n'était pas sur place, et ignorait que les règlements n'étaient pas respectés.

2° Il ne peut s'exonérer de sa responsabilité que par une *délégation de pouvoir,* consentie à un chef d'établissement ou à un cadre, délégation expresse mais pas nécessairement écrite comportant au profit de ce préposé les pouvoirs nécessaires pour veiller à l'application de lois et règlements, et l'autorité suffisante sur le personnel et les moyens matériels indispensables.

3° *La responsabilité « de l'entreprise »* peut être retenue en cas d'accident du travail, lorsque des manquements graves ou répétés auront été relevés. Dans ce cas, si le tribunal ne retient pas dans les liens de la prévention la ou les personnes physiques poursuivies sur le fondement de l'article L. 263-2-1, il peut faire obligation à l'entreprise de prendre toutes mesures pour rétablir des conditions normales d'hygiène et de sécurité du travail. « A cet effet, la juridiction enjoint à l'entreprise de présenter, dans un délai qu'elle fixe, *un plan* de réalisation de ces mesures accompagné de l'avis motivé du comité d'entreprise ou du comité d'hygiène ou de sécurité ou, à défaut, des délégués du personnel. À défaut de présentation ou d'adoption d'un tel plan, elle condamne l'entreprise à exécuter pendant une période qui ne saurait excéder 5 ans, un plan de nature à faire disparaître les manquements » (art. L. 263-3-1).

Désormais la responsabilité pénale des personnes morales a été consacrée par certains textes (voir art. L. 263-2-1 du Code du Travail, art. 221-6 du Code Pénal).

§3. L'amélioration des conditions de travail

Le travail à la chaîne, répétitif, le travail au rendement avec ses cadences nerveusement pénibles, le travail posté (équipes alternantes) se sont généralisés dans l'industrie.

D'où la loi du 27 décembre 1973 et l'accord national du 17 mars 1975 et la loi du 31 décembre 1991.

307. *Rôle du C.E. et du C.H.S.* — Sur le plan de l'entreprise le comité d'entreprise reçoit compétence pour l'étude de solutions visant à améliorer les conditions de travail (ex. : horaires, ambiance, travail de nuit, aménagement de postes, cadences). L'employeur a l'obligation de le consulter avant toute modification des méthodes d'organisation du travail. En outre, il doit l'informer par un rapport annuel des actions entreprises et du programme pour l'année à venir.

Si l'entreprise comporte plus de 50 salariés, la constitution d'un comité d'hygiène et de sécurité des conditions de travail est obligatoire. L'assistance aux séances du comité est payée comme temps de travail, ainsi que le temps consacré aux visites de l'entreprise.

Le comité d'hygiène et de sécurité voit son activité relancée par la nouvelle loi, et il devient le relais de l'Inspection du Travail pour tout ce qui concerne la prévention des accidents et la recherche de la sécurité du travail. Ses membres bénéficient d'un statut protecteur contre le licenciement.

308. *L'A.N.A.C.T.* — Au surplus la loi crée l'Agence nationale pour l'amélioration des conditions de travail (décret 22 avril 1974). Cet organisme est un établissement public administratif. Il rassemble et diffuse les informations relatives à l'amélioration des conditions de travail et coordonne les recherches sur les causes des accidents du travail.

Le conseil d'administration est tripartite (patronat, syndicats, pouvoir public).

309. *Horaires variables.* — Outre une réglementation de l'utilisation des machines dangereuses et leur mise en vente, la loi rend possible l'horaire individuel et le travail à temps partiel. L'horaire individualisé ou travail à temps choisi est licite, à condition qu'il n'y ait pas d'opposition du comité d'entreprise et que l'Inspecteur du Travail soit informé. L'employeur peut, ainsi, donner satisfaction à une demande du salarié. Il n'y est pas tenu (voir *supra* n° 295).

310. *Le travail manuel.* — C'est essentiellement pour le travail manuel que s'est posé le problème de l'amélioration des conditions de travail. Diverses mesures ont été adoptées telles qu'avancement de l'âge pour ceux qui travaillent en continu, à la chaîne, au four ou exposés aux intempéries — Encouragement à ceux qui veulent s'installer à leur compte.

Section 3
Les obligations de l'employeur dans le domaine de la Sécurité sociale

311. Ce sont essentiellement les charges sociales ou salariales : cotisations de Sécurité sociale et charges complémentaires.

Le financement de la Sécurité sociale repose sur des cotisations. L'organisation française, héritière en partie de la mutualité, a conservé le principe du financement presque exclusif des cotisations professionnelles. (L'État n'assure le financement qu'en faveur de certaines catégories : étudiants, victimes de guerre notamment.)

Les cotisations reposent sur un certain nombre de principes communs, mais il faut distinguer aujourd'hui quatre branches de Sécurité sociale dont le financement est assuré suivant des principes parfois différents; des règles particulières assurent le recouvrement des cotisations.

§1. Principes communs

312. *Caractéristiques générales.* — Quatre principes communs aux cotisations des différentes branches de Sécurité sociale peuvent être dégagés :

1° *Principe de l'unité.* — L'idée d'unité des cotisations était à la base du système de Sécurité sociale tel que consacré par le législateur de 1945 : l'employeur ne devait verser qu'une seule cotisation globale de Sécurité sociale pour couvrir les différents risques. En réalité il est apparu dès 1945, et plus encore lors de la réalisation de la réforme de 1967, qu'il était impossible de financer tous les risques couverts par la Sécurité sociale par une seule cotisation. Le principe d'unité n'existe donc qu'à l'intérieur de chacune des quatre branches de Sécurité sociale. En matière de recouvrement, au contraire, l'unité est absolue : l'U.R.S.S.A.F. procède au recouvrement de toutes les cotisations.

2° *Principe de l'uniformité.* — L'uniformité signifie que la cotisation payée est la même dans toute la France, quelle que soit la Caisse à laquelle est immatriculé l'intéressé. Elle signifie également que les cotisations ne varient pas selon l'intensité du risque, les bons risques compensent les mauvais. Ainsi se trouve écarté le grand principe de l'assurance privée, celui de la proportionnalité de la prime au risque. Cependant cette proportionnalité est rétablie pour la branche accidents du travail (voir *supra* n°s 277 et ss.). Enfin l'uniformité des cotisations signifie qu'il n'est pas tenu compte de la situation personnelle de l'assujetti.

3° *Principe de la proportionnalité des cotisations au salaire.* — Dans le système français, les cotisations sont établies en pourcentage du salaire perçu par l'assujetti. Ce principe s'explique, tout d'abord, par une idée de solidarité : ceux qui disposent des revenus les plus élevés peuvent contribuer plus largement au financement de la Sécurité sociale. Les prestations en espèces étant également proportionnelles aux gains de l'intéressé, il paraît équitable de retenir le même principe pour le financement. Le *plafond* tempère cependant notablement l'idée de contribution proportionnelle.

4° *Principe de la parité.* — Sauf exceptions (voir *infra* n°s 320 et 322) la cotisation est répartie entre employeur et salarié.

313. *Assiette des cotisations. Plafond.* — L'assiette des cotisations est constituée par le salaire dans les limites d'un maximum appelé *plafond.*

Cependant, un déplafonnement a été décidé pour les cotisations de l'assurance-maladie, en raison du déficit croissant de cette branche (voir *infra* n° 317). Le plafond est fixé chaque année par décret.

Une autre limite, celle-ci inférieure, affecte l'assiette des cotisations. L'article 4 modifié du R.A.P. du 8 août 1966 dispose que le montant des rémunérations à retenir en vue du calcul des cotisations ne peut être inférieur, en aucun cas, au montant du salaire minimum interprofessionnel de croissance applicable aux travailleurs intéressés. Dans certaines hypothèses où le calcul de la cotisation en fonction du salaire s'avérait difficile, la loi recourt au procédé du *forfait* (notamment gens de maison, V.R.P., artistes du spectacle, journalistes).

L'article L. 242-1 du Code de Sécurité sociale définit ce qu'est la rémunération. Elle dispose : « Pour le calcul des cotisations des assurances sociales, des accidents du travail et des allocations familiales, sont considérées comme rémunérations toutes les sommes versées aux travailleurs en contrepartie ou à l'occasion du travail, notamment les salaires ou gains, les indemnités, primes, gratifications ou tous autres avantages en argent, les avantages en nature ainsi que les sommes perçues directement ou par l'intermédiaire d'un tiers à titre de pourboire. »

314. *La notion de salaire au sens de la Sécurité sociale.* — Malgré l'énumération donnée par l'article L. 242-1 du Code de la Sécurité sociale, toutes les difficultés n'ont pas été tranchées et la notion de salaire au sens de la Sécurité sociale a donné naissance à une jurisprudence abondante, généralement extensive. Selon la loi, toute somme versée à l'occasion du travail est passible de cotisation. Cela doit s'entendre, tout d'abord, des gains en espèces, et *des avantages en nature.* Mais pour cette dernière catégorie de rémunération, une évaluation a été nécessaire, qui a été faite par arrêtés ministériels.

Les primes et gratifications, lorsqu'elles ont un lien quelconque avec le travail de l'intéressé, sont considérées comme un salaire. Le critère d'existence de ce lien a évolué à travers la jurisprudence, qui a, tout d'abord, retenu le critère de prévisibilité. Elle recherchait s'il existait une obligation contractuelle ou un usage de nature à persuader le personnel que la prime constituait un complément de salaire. Aujourd'hui elle s'attache plutôt au critère d'appartenance à l'entreprise. Si les primes ou gratifications ont été versées au bénéficiaire en tant que membre de l'entreprise, elles sont considérées comme un salaire. Tel est le cas des primes d'augmentation de capital, des primes de bilan, primes versées à l'occasion de la signature d'une convention collective ou à l'occasion d'un anniversaire de la société[1].

Certaines sommes ne rentrent pas dans l'assiette : il s'agit d'abord des *prestations familiales* légales ; mais cette exclusion n'atteint pas les avantages familiaux complémentaires. Les *prestations* purement *bénévoles,* ou accidentelles, ou les secours versés à titre individuel par l'employeur échappent de même aux cotisations. Mais sur ce point la jurisprudence se montre de plus en plus sévère et admet rarement le caractère bénévole.

315. *Frais professionnels.* — L'article L. 242-1 du Code de Sécurité sociale prévoit une déduction au titre des *frais professionnels.*

Mais la notion de frais professionnels a soulevé de nombreuses difficultés qu'il s'agisse de remboursement de dépenses liées à l'emploi ou d'allocations forfaitaires (arrêté du 14 septembre 1960 modifié arrêté 26 mai 1975). C'est ainsi, qu'aujourd'hui, les sommes versées de façon *forfaitaire* pour couvrir le salarié de certains frais professionnels ne sont exclues de l'assiette des cotisations que pour la part qui n'excède pas un certain montant fixé pour l'année entière. Il en est ainsi des :

a) indemnités ou primes de panier ;

b) remboursement de frais de repas des salariés contraints de prendre leur repas au restaurant;

c) indemnités de grand déplacement.

Lorsque l'indemnisation est réalisée par le canal d'allocations forfaitaires, l'exclusion de l'assiette de cotisations est subordonnée à l'utilisation effective des allocations conformément à leur objet.

---

1. Cass. ass. plén. 28.1.1972, JLP 1972, S 17055.
Cass. Soc. 13.2.1963. Droit social 1963 - 376.

Les *remboursements* effectués par l'employeur au titre des frais professionnels sont exclus de l'assiette des cotisations, lorsque l'indemnisation correspond aux dépenses réelles engagées par le salarié.

Une difficulté particulière existe pour certaines catégories de travailleurs qui bénéficient d'une déduction forfaitaire spéciale sur le plan fiscal en raison des frais généralement impliqués par leur profession. Ils bénéficient de la même déduction en matière de cotisations.

Le nouveau texte de 1975 tient compte au surplus de la notion de *spécificité* qui vise les conditions de travail *particulières* dans lesquelles sont susceptibles d'être placés certains salariés, et génératrices de dépenses, ainsi que de la notion de *supplémentarité* qui s'apprécie par rapport aux dépenses, de caractère normal auxquelles sont exposés les autres salariés de la même entreprise, ou les salariés des autres branches professionnelles.

316. *Les substituts du salaire.* — Versés au travailleur, soit à l'occasion d'une suspension du contrat de travail telle que la maladie, soit au moment de la rupture, ils ont également soulevé des difficultés. On s'est demandé, en effet, si les indemnités différentielles de maladie versées par l'employeur devaient ou non être comprises dans l'assiette des cotisations ; après de nombreuses controverses sur leur nature juridique la Cour de cassation a admis leur inclusion dans la base de calcul des cotisations[1]. De même l'indemnité de préavis a été considérée par la Cour de cassation comme étant par essence un salaire, et soumise comme telle aux cotisations de Sécurité sociale.

En revanche, traditionnellement, certaines sommes versées lors d'un licenciement ne sont pas intégrées dans l'assiette des cotisations.

Tel est le cas des indemnités de licenciement et des indemnités de licenciement abusif (voir *supra* n°s 159 et ss.).

De même, la Cour de cassation a admis l'exclusion de la prime de départ volontaire du salarié[2] et de l'indemnité transactionnelle de rupture[2].

1. Cass. soc. 28 juin 1979 — Bull. civ. V[e] partie, p. 434, n° 592, voir dans un sens plus restrictif lettre circulaire A.C.O.S.S. n° 8050 du 24 octobre 1980.
Mais la Chambre sociale maintient son interprétation Cass. soc., 27 novembre 1985, Bull. civ., V[e] partie, p. 408, n° 563.
Cass. soc., 28 avril 1986 — PERACHE c/ URSSAF de LYON.
2. Cass. soc., 27 novembre 1985 — Bull. civ., V[e] partie, p. 409.

Par contre, l'allocation de départ en retraite est soumise à l'imposition et cotisations de Sécurité sociale. Cependant, la Cour de cassation a admis une exonération partielle dans la limite de 10 000 francs mais l'Administration a une interprétation plus stricte que la Cour Suprême.

§2. Règles particulières

A Cotisations afférentes aux risques maladie, maternité, invalidité, décès

317. *Double cotisation. Taux fixe.* — Le principe de parité est appliqué, mais la part la plus importante de la cotisation est à la charge de l'employeur. Hérité du système de l'assurance, ce principe a été conservé dans le système de financement de cette branche de Sécurité sociale, et a été considéré comme un fondement du droit de la Sécurité sociale au sens de l'article 34 de la Constitution[1].

Le taux des cotisations est en revanche fixé non par la loi, mais par décret (décret du 31-12-1991. 19,60 % du salaire : soit 12,80 % à charge de l'employeur, et 6,80 % à charge du salarié).

318. *Cotisation sur certaines primes d'assurance.* — La réforme de 1967 a apporté une innovation importante : elle a mis *à la charge des propriétaires de véhicules terrestres à moteur,* une fraction du coût des risques supportés par la Sécurité sociale au titre des accidents provoqués par un véhicule. Cette cotisation doit être payée par les personnes physiques ou morales, qui sont soumises à l'obligation d'assurance en matière de circulation de véhicules terrestres à moteur instituée par la loi du 27 février 1958 et cotisent à un régime obligatoire d'assurance-maladie, soit en qualité d'employeur, soit en qualité d'affilié, ou bénéficient d'un tel régime en qualité d'ayant droit d'affilié. L'assiette de cette cotisation n'est pas le salaire, mais les primes d'assurances ou cotisations dues au titre de l'assurance automobile obligatoire. Son taux a été fixé par le décret du 30 septembre 1967 à 3 % des primes ou cotisations. Elle est recouvrée par les sociétés

1. Cass. 2e niv., 14 octobre 1959 D - 1960, 73 note J.J. Dupeyroux.

d'assurance dans les mêmes conditions et en même temps que les primes ou les cotisations qui leur sont dues. Ces assureurs retransmettent les fonds ainsi prélevés sur les automobilistes à l'agence centrale des organismes de Sécurité sociale dans des conditions fixées par le décret du 22 décembre 1967.

L'idée peut être reprise de faire financer la Sécurité sociale par ceux qui créent les risques.

319. Le déficit toujours croissant de la Sécurité sociale dû spécialement à l'assurance maladie et vieillesse a rendu nécessaire de trouver de nouvelles ressources.

Aussi la loi du 19 janvier 1983 a dû institué une série de mesures destinées à réaliser l'équilibre des comptes en 1983.

De nouvelles cotisations sont créées et le champ d'application de l'assiette est élargi[1] :

1) une cotisation d'assurance maladie sur les préretraites ;

2) un forfait journalier d'hospitalisation laissé à la charge des malades est institué. Le montant de ce forfait est en principe de 55 francs par jour[2]. Ces exonérations sont prévues en faveur des enfants et adolescents handicapés hébergés dans des établissements d'éducation spéciale ou professionnelle, victimes d'accidents du travail ou de maladies professionnelles, bénéficiaires de l'assurance maternité, invalides de guerre ;

3) il a été institué à compter du 1er avril 1983, un projet de la Caisse Nationale d'Assurance Maladie, une cotisation perçue sur le tabac et les boissons alcooliques « en raison des risques que comporte l'usage immodéré de ces produits pour la santé » ;

4) la loi a instauré une cotisation de 5 % sur les dépenses consacrées par les industries pharmaceutiques à la publicité des médicaments qu'elles produisent et qui donnent lieu à remboursement par la Sécurité Sociale.

1. Voir Cass. Soc., 25 mars 1985, qui admet l'incorporation, dans l'assiette des cotisations, des avantages en espèces versés par le comité d'entreprise qui ne constituent pas des secours. Mais il existe une résistance des juges du fond et une interprétation plus nuancée de l'instruction ministérielle n° 24385 du 17 avril 1985.
2. En 1993.

La loi du 4 janvier 1982 a posé le principe d'une cotisation d'assurance maladie, maternité, invalidité, décès sur les indemnités de formation versées par les ASSEDIC. Trois décrets du 28 mai 1982 ont fixé le taux de la cotisation à 10 % (2 % pour la garantie des ressources, les revenus de remplacement versés au titre d'un contrat de solidarité et l'allocation conventionnelle pour les salariés d'au moins 56 ans et 2 mois).

La loi du 4 janvier 1982 avait institué une cotisation d'assurance maladie, maternité, invalidité, décès sur les revenus de remplacement versés en cas d'absence totale ou partielle d'emploi et notamment sur les avantages de préretraite ou de cessation d'activité anticipée ou progressive. Applicable à compter du 1er juin 1982, cette cotisation était fixée au taux de 1,40 % pour les allocations de chômage total et partiel et au taux de 2 % pour les avantages de préretraite : garanties de ressources allocations conventionnelles ou Fonds national de l'emploi, contrats de solidarité — une exonération était prévue pour les allocations ou avantages ne dépassant pas le montant du SMIG.

Au 1er juillet 1994 le taux des cotisations « maladie » à la charge des salariés actifs était de 6,80 % sur la totalité des rémunérations qu'ils perçoivent.

La loi de finances pour 1991 a fixé les principes du régime de la contribution sociale généralisée.

Trois contributions distinctes existent : la première frappe les revenus d'activité, la deuxième les revenus de patrimoine, la troisième contribution porte sur les produits de remplacements. La loi du 22 juin 1993 a porté le taux initial de 1,1 % à 2,4 %.

B Cotisations à la branche accidents du travail et maladies professionnelles

320. *Taux variable en fonction de l'intensité du risque.* — Dans cette branche de Sécurité sociale, les cotisations sont à la charge exclusive de l'employeur. Ce principe s'explique par les précédents historiques dans ce domaine. En effet, sous l'empire de la loi du 9 avril 1898, les employeurs considérés comme automatiquement responsables contractaient une assurance pour couvrir leur responsabilité, les primes étaient à leur charge et le législateur de 1946 décida de faire assurer le financement de cette branche de Sécurité sociale par des cotisations exclusivement à la charge de l'employeur.

En outre, il paraît justifié de faire varier l'importance des cotisations en fonction des accidents survenus dans l'entreprise. Cette relation directe entre les cotisations et les accidents peut encourager les employeurs à développer les mesures préventives.

Le taux de ces cotisations correspond à un certain pourcentage de la rémunération totale. Il varie selon *les entreprises,* afin de l'ajuster de façon aussi équitable que possible aux risqucs propres à chaque entreprise et selon chaque branche d'activité en fonction de la gravité des risques normalement inhérents à chacune.

Les établissements sont soumis selon leur importance et l'activité dont ils relèvent, à une tarification collective, une tarification individuelle ou une tarification mixte.

Relèvent de la *tarification collective :*

1) tous les établissements occupant moins de 20 salariés ;

2) tous les établissements quel que soit le nombre de salariés relevant de plusieurs activités.

Relèvent exclusivement de la *tarification individuelle* propre à l'établissement, tenant compte des accidents survenus dans cet établissement durant les trois années précédentes, les établissements occupant :

1) au moins 300 salariés ;

2) les établissements d'une même entreprise, lorsque l'effectif global habituel de salariés de ladite entreprise est au moins égal à 300. Le taux individuel notifié à chaque établissement est déterminé à partir des éléments propres à l'établissement ;

3) La *tarification mixte* s'applique aux établissements d'importance intermédiaire en additionnant une fraction du taux collectif de la branche d'activité dont relève l'établissement et une fraction du taux qui serait applicable à cet établissement s'il était soumis à la tarification individuelle.

Pour encourager la prévention, l'article L. 242-7 du Code de Sécurité sociale a prévu, au surplus, la possibilité d'accorder des ristournes sur les cotisations destinées à récompenser les mesures préventives prises par l'employeur dont l'entreprise crée des risques exceptionnels. Des cotisations supplémentaires sont également dues par l'employeur qui s'est rendu coupable de fautes inexcusables.

C Cotisations à l'assurance-vieillesse

321. *Cotisation paritaire. Taux fixe.* — L'autonomie de la cotisation à cette branche d'assurance a été instituée par la réforme de 1967 qui a créé la Caisse nationale vieillesse.

Elle est partie à la charge du salarié et pour partie à la charge de l'employeur. Elle est égale à un certain pourcentage du salaire. Son taux a été fixé à 14,6 % du salaire soit 8,20 % à la charge de l'employeur et 6,40 % à la charge du salarié ou assimilé.

D Cotisations à la branche prestations familiales

322. *Cotisations à charge de l'employeur.* — Le bénéfice des Allocations familiales ayant été accordé non seulement aux salariés, mais encore aux employeurs et travailleurs indépendants, il faut distinguer :

1) Les cotisations dues au titre des prestations familiales des salariés et assimilés qui sont assises sur le salaire et dont le taux a été fixé à 9 % des salaires. Elles sont à la charge exclusive des employeurs.

2) Celles dues au titre des prestations familiales des employeurs et travailleurs indépendants. Ces dernières sont calculées d'après le revenu professionnel des intéressés, les modalités de l'imposition étant fixées par décret. Elles sont à la charge des intéressés eux-mêmes.

§3. Le recouvrement des cotisations

323. *Recouvrement normal.* — Depuis 1960, l'employeur doit verser toutes les cotisations qu'il doit pour son personnel aux U.R.S.S.A.F. C'est lui qui est chargé, en outre, de « *précompter* » les cotisations dues par les salariés, c'est-à-dire d'opérer la retenue sur la rémunération. Le versement doit avoir lieu dans les quinze premiers jours de chaque trimestre si l'employeur occupe moins de 10 salariés, dans les quinze jours de chaque mois s'il occupe 10 salariés ou plus[1]. En outre, un contrôle et une régularisation sont opérés annuellement, dans la première quinzaine de janvier.

1. Le décret n° 84.1043 du 28 novembre 1984 (J.O., 29 novembre) apporte quelques exceptions à ces principes.

L'organisation de ce recouvrement a fait surgir le problème de la détermination du fait *générateur de la dette de cotisation.* On peut se demander si cette dette est liée à l'accomplissement du travail, ou au versement effectif du salaire. De la réponse à ce problème dépend :

1) La détermination du point de départ du délai de 15 jours dans lequel le versement des cotisations doit être effectué. La fixation de cette date d'exigibilité détermine l'existence et le montant des majorations de retard.

2) La définition du fait générateur permet de savoir si le relèvement du plafond ou le changement de taux est applicable à des rémunérations non encore versées pour des périodes de travail antérieures à la date d'application du nouveau texte.

Si la dette est née par le fait du travail accompli, la modification ne sera pas applicable, car elle ne peut concerner des dettes qui seraient déjà nées ou déterminées. En revanche la modification sera applicable, si seul le versement effectif de la rémunération constitue le fait générateur et est intervenu après la modification. Le décret du 25 janvier 1961 a mis fin, en principe, à la controverse : ce n'est pas le travail qui constitue le fait générateur de la dette c'est le versement effectif de la rémunération.

L'employeur se libère par un versement au compte de chèques postaux de la caisse, soit par un virement postal, chèque bancaire ou versement en espèces, soit le cas échéant une remise des fonds à des agents encaisseurs. Chaque versement de cotisations est obligatoirement accompagné d'un bordereau daté et signé par l'employeur, indiquant notamment le nombre de salariés occupés dans l'entreprise, le montant global des rémunérations. Les employeurs doivent, en outre, avant le 31 janvier, envoyer un relevé nominatif des salaires de l'entreprise.

Désormais les cotisations sont prescrites par trois ans (loi du 18 août 1986). Aussi l'article 244-3 du Code de Sécurité sociale précise que l'avertissement ou la mise en demeure qui doivent précéder les procédures de recouvrement forcées ne peuvent concerner que les cotisations exigibles dans les trois ans qui précèdent la date de leur envoi.

324. *Recouvrement forcé.* — Il est possible de recourir au recouvrement forcé, suivant trois procédés :

1) la caisse peut choisir la *voie judiciaire ordinaire :* elle assigne son débiteur devant le tribunal des affaires de Sécurité sociale, afin d'obtenir sa condamnation. Les caisses ne choisissent cette voie que

lorsqu'elles souhaitent faire trancher une question de principe. Elles préfèrent généralement les autres procédures plus rapides ;

2) le second moyen est *l'état exécutoire.* Quinze jours après la mise en demeure ou l'avertissement adressé au débiteur, sans résultat, l'U.R.S.S.A.F. dresse un état qu'elle envoie pour le rendre exécutoire au préfet du département. Cet état exécutoire, signé par le commissaire de la République est remis au trésorier-payeur général qui en assure le recouvrement, comme en matière d'impôt, par l'intermédiaire du percepteur ;

3) le dernier procédé, qui est le plus efficace, est celui de *la contrainte* qui débute, lui aussi, par un avertissement ou une mise en demeure d'avoir à payer.

Si le débiteur ne paie pas, le directeur de la caisse peut délivrer une contrainte qu'il fait viser et rendre exécutoire dans les cinq jours par le président du Tribunal des affaires de Sécurité sociale. La contrainte, qui porte la formule exécutoire comme un jugement de condamnation, est signifiée par acte d'huissier au débiteur et elle est exécutoire dans les mêmes conditions qu'un jugement, sauf si l'intéressé fait opposition à cette contrainte devant le Tribunal des affaires de Sécurité sociale. À défaut d'opposition, la contrainte, puisqu'elle est l'équivalent d'un jugement, permet directement la saisie des biens.

325. *Les garanties de paiement des cotisations.* — Des garanties ont été accordées aux caisses de Sécurité sociale pour le paiement des cotisations qui leur sont dues. Tout d'abord, la créance de cotisation est privilégiée. Le privilège de la Sécurité sociale, plusieurs fois réformé, notamment par les décrets du 4 janvier 1955 et du 20 mai 1955 modifiant le régime des privilèges, est un privilège général transformé en hypothèque sujette à inscription pour autant qu'il porte sur les immeubles.

Le privilège garantit le paiement des cotisations pendant un an à dater de leur exigibilité. Il a le même rang que celui des salaires. Lorsque le débiteur est commerçant, le privilège ne conserve ses effets, à l'égard des sommes dues par lui et échues depuis 6 mois au moins, que s'il fait l'objet d'une inscription sur un registre public tenu au greffe du Tribunal de commerce. Et cette inscription ne conserve le privilège que pendant deux années; cependant le privilège est conservé pendant dix ans sur les biens, qui ont fait l'objet d'une saisie par l'U.R.S.S.A.F. transcrite sur le registre et effectuée avant l'expiration du délai de deux ans.

326. *Sanctions pénales.* — Des sanctions pénales sont prévues contre l'employeur qui ne s'est pas conformé à la législation de Sécurité sociale. Il peut être poursuivi devant le Tribunal de Police (art. L. 244-1 à 244-14, R. 244-1 à 6 du Code de Sécurité sociale). Mais on retiendra surtout le *délit de rétention de précompte* (c'est-à-dire de rétention indue des cotisations ouvrières précomptées). Les sanctions sont fixées par l'article R. 244-3, il s'agit des peines prévues pour les contraventions de 5ᵉ classe. Au cas de récidive dans un délai de trois ans, l'employeur sera puni d'un emprisonnement de deux mois à deux ans et d'une amende de 60 000 F ou de l'une de ces deux peines seulement, ces peines étant alors prononcées par le Tribunal Correctionnel (art. L. 244-6). Ce délit ressemble à l'abus de confiance, mais, à la différence de l'abus de confiance, la jurisprudence n'exige pas l'intention délictueuse et y voit un délit contraventionnel, assimilé à l'abus de confiance seulement pour l'application de la peine.

327. *Sanctions civiles.* — L'employeur, selon l'article L. 244-1 et ss. du Code de Sécurité sociale, est responsable envers les caisses du versement tardif des cotisations. Il peut être condamné à rembourser à celles-ci les prestations qu'elles auraient dû néanmoins servir aux assurés. (Cela tient à ce qu'il n'y a pas à l'égard de ceux-ci de lien entre le versement des prestations et celui des cotisations.).

L'article 21 de la loi n° 68-690 du 31 juillet 1968 a modifié l'article L 244-8. Aux termes du nouveau texte, le recours est réservé aux seules caisses d'assurance-maladie. Il ne concerne que les accidents du travail et les maladies de longue durée. Le montant du remboursement est limité :

1) Au montant des prestations servies à tout le personnel entre la date de l'accident ou de l'arrêt de travail et celui de l'acquittement des cotisations impayées.

2) Au montant des cotisations impayées à la date de la réalisation du risque, c'est-à-dire à la date, soit de l'accident du travail, soit de l'arrêt de travail provoqué par l'affection de longue durée. En revanche la nouvelle législation donne une définition très extensive de la définition des cotisations impayées. Il suffit, en effet, qu'à la date de survenance du risque pour quelques membres du personnel que ce

soit, l'intégralité des cotisations dues pour tout le personnel n'ait pas été payée pour que la sanction soit encourue. L'employeur peut également être condamné à des dommages-intérêts envers l'assuré sur le fondement de l'article 1382 du Code civil.

328. *Procédures collectives.* — On s'est demandé si le non-paiement des cotisations par l'employeur pouvait entraîner sa mise en faillite, à la demande des caisses. La solution dépend du point de savoir si la dette de cotisation est commerciale ou non; elle l'est vis-à-vis de l'employeur au moins s'il s'agit d'un complément de salaire, mais elle ne l'est pas s'il s'agit d'une dette parafiscale.

Le droit des caisses de provoquer la faillite de leurs débiteurs a été finalement consacré par la Cour de cassation puis par la législation.

329. *Les majorations de retard.* — Le débiteur qui ne s'est pas acquitté de sa dette dans le délai légal doit payer des majorations de retard. Une première majoration de 10 % est appliquée aux cotisations non acquittées à la date limite d'exigibilité. Si l'employeur ne s'est pas acquitté de sa dette ainsi majorée dans les trois mois suivant la date d'échéance des cotisations, celles-ci seront encore majorées de 3 % par trimestre ou fraction de trimestre complémentaire (art. R. 243-18).

L'article R. 243-20 autorise les employeurs à former une demande gracieuse de remise de ces majorations (à condition que la dette principale ait été acquittée) au cas de force majeure ou de bonne foi.

Ces majorations de retard ont soulevé une controverse : on s'est demandé si elles étaient privilégiées au même titre que les créances de cotisation elles-mêmes. Tout dépendait de savoir quelle était leur véritable nature juridique. On pouvait d'abord y voir de véritables intérêts moratoires produits par la dette de cotisation elle-même et ayant donc la même nature que celle-ci.

Aujourd'hui la jurisprudence, invoquant la règle selon laquelle il n'y a pas de privilège sans texte, refuse de faire bénéficier du privilège les majorations de retard.

§4. Les autres charges sociales de l'entreprise

330. *Les charges sociales.* — Outre les salaires et les cotisations légales de Sécurité sociale, l'emploi de main-d'œuvre oblige l'entreprise aux contributions suivantes :

1. Taxe sur les salaires dans certaines hypothèses.

2. Paiement de la contribution pour la construction de logements.

3. Paiement de la taxe d'apprentissage.

4. Participation à la formation continue.

5. Paiement des cotisations aux caisses d'assurance-chômage (A.S.S.E.D.I.C.) *(supra* n° 170).

6. Paiement des cotisations aux caisses complémentaires de retraite *(supra* n°s 191 et ss.).

7. Versement au comité d'entreprise de la contribution pour le financement d'œuvres sociales (voir *infra* n° 369).

L'importance relative de ce salaire « indirect » explique l'insuffisance du salaire « direct ».

Chapitre 2
La représentation des travailleurs : syndicats, délégués, comité d'entreprise

331. *Représentation syndicale. Représentation élue.* — L'entreprise demeure la propriété de l'employeur qui en retire les profits et en assume les risques et la responsabilité.

En France la structure organique de l'entreprise n'a pas été modifiée. Néanmoins, les lois du 22 février 1945 et 16 avril 1946 ont amorcé un certain contrôle du personnel sur le fonctionnement de l'entreprise par l'institution des comités d'entreprise et des délégués du personnel, composés d'élus du personnel.

Ces organismes constituent au même titre que les syndicats des instruments juridiques de défense entre les mains des travailleurs. Le rôle primordial dans ce domaine est cependant réservé au syndicat qui par la loi du 27 décembre 1968 a reçu des droits dans l'entreprise. La représentation syndicale coexiste avec la représentation élue. Nous étudierons successivement les syndicats, puis la représentation élue : délégués et comité d'entreprise.

Section 1
Les syndicats

332. La loi Le Chapelier refusant de reconnaître l'existence d'intérêts communs aux personnes exerçant la même profession, frappait d'interdiction tous les groupements professionnels ; le syndicalisme fut donc rejeté dans la clandestinité jusqu'à la promulgation de la loi du 21 mars 1884 (aujourd'hui livre III du Code du Travail), qui reste le texte fondamental sur les syndicats, auxquels elle assigne un

objet précis : la défense des intérêts professionnels de leurs membres, objet qui permet de les distinguer des associations sans but lucratif de la loi de 1901. Le syndicalisme s'étend non seulement aux salariés mais encore aux employeurs et travailleurs indépendants et aux exploitants agricoles. Jusqu'à une époque récente et plus spécialement jusqu'à la promulgation de la loi du 27 décembre 1968, le syndicat demeurait extérieur à l'entreprise. Son activité avait pour cadrc essentiel la profession. Aujourd'hui, son champ d'action s'étend également à l'entreprise elle-même. Nous examinerons tour à tour :

1° les règles générales du droit syndical,

2° les règles sur l'exercice du droit syndical dans l'entreprise.

§1. Règles générales du droit syndical

Nous retiendrons le principe qui domine ce droit, à savoir : la liberté syndicale (A). Nous donnerons une vue rapide de l'action des syndicats, plus spécialement de l'action en justice (B). La représentativité des syndicats devra être définie (C).

A La liberté syndicale

333. Le syndicat est une association volontaire dont nul n'est tenu de faire partie, et dont chaque adhérent peut à tout instant se retirer. L'adhésion au syndicat n'est pas obligatoire. Le syndicat est, en outre, une association libre, sans attache avec les pouvoirs publics. C'est cet ensemble de principes que l'on appelle la liberté syndicale consacrée par la Constitution.

334. *Liberté de constitution.* — La liberté syndicale signifie que le syndicat peut se constituer librement, sans autorisation, sans formalisme et acquérir de plein droit la personnalité morale. Les fondateurs du syndicat doivent simplement rédiger les statuts et les déposer à la mairie ou lorsqu'il s'agit de Paris à la Préfecture de Paris avec les noms des premiers administrateurs.

1. Le Droit syndical déborde très largement les limites du Droit du Travail. Pour cette raison il n'en sera traité ici que très succinctement.

Le but des syndicats : défense des intérêts professionnels, conduit à exiger (voir art. L. 411-1 du Code du Travail) que les personnes voulant fonder un syndicat exercent une même profession, des métiers similaires ou des professions connexes. Le syndicat ne peut se proposer un objet différent de celui de la défense des intérêts professionnels (principe dit de spécialité).

335. *Pluralisme syndical.* — La liberté syndicale a pour conséquence le *pluralisme syndical* : pour une même branche professionnelle plusieurs syndicats peuvent se constituer concurremment. Aucune discrimination ne devrait être faite entre eux, puisqu'ils se sont constitués par application des mêmes règles de droit. En réalité la reconnaissance de syndicats représentatifs rompt cette égalité (voir *infra* n°s 341 et ss.).

336. *Unions, fédérations et confédérations.* — Le pluralisme syndical risquait d'aboutir à la constitution de syndicats isolés très faibles. Aussi la nécessité d'un mouvement organisé se fait vite sentir. La liberté syndicale, c'est aussi la liberté de constitution des unions et fédérations. Tout d'abord, sur le plan local, les syndicats d'une même ville se groupèrent dans des *bourses du travail.* À l'échelon départemental on rencontre des unions départementales. Sur le plan professionnel un groupement était également nécessaire. On pouvait concevoir le groupement des syndicats soit par métier (exemple : les mécaniciens), soit par branche d'industrie (exemple : les travailleurs de la mine ou de la métallurgie). Cette deuxième conception l'emporta. Ainsi furent constituées les fédérations par branches d'industrie qui groupent tous les travailleurs d'une branche donnée, indépendamment de leur spécialité.

Restaient à grouper les bourses et les unions départementales, d'une part, les fédérations, d'autre part, sous une direction unique : tel fut l'objet de la constitution, en 1895, de la Confédération générale du travail (C.G.T.).

Sur le même modèle fut créée en 1919 la Confédération française des travailleurs chrétiens (C.F.T.C.).

Des scissions firent éclater ensuite ces confédérations : en 1922 tout d'abord, une scission de la C.G.T. aboutit à la création par la tendance communiste de la C.G.T.U. En 1936, les deux confédérations fusionnèrent. À la Libération, une nouvelle confédération se créa : la

Confédération générale des cadres, dont la particularité était d'unir des syndicats de catégories.

En 1948, la C.G.T. connaît une nouvelle scission : les minori taires, de tendance non communiste, constituent la C.G.T.F.O.

En 1964 c'est dans la C.F.T.C. que survient une scission d'où naissent deux Confédérations : l'une désignée sous le nom de C.F.T.C. maintenue, conserve l'orientation religieuse primitive du syndicat, l'autre devient la Confédération française démocratique du travail (C.F.D.T.) qui, tout en reconnaissant sa filiation avec l'ancienne C.F.T.C., rejette toute appartenance religieuse.

La scission entre C.F.D.T. et C.F.T.C. maintenue, laissait subsister un certain nombre de problèmes juridiques relatifs à l'utilisation du sigle C.F.T.C., la propriété du nom et l'attribution du patrimoine.

Un accord du 11 janvier 1971, conclu en présence du président du Tribunal de grande instance de Paris, a mis fin au conflit. Il en résulte qu'à compter du 11 mars 1973, la C.F.T.C. maintenue continuera seule à utiliser le titre « confédération française des travailleurs chrétiens » et de sigle C.F.T.C. En revanche elle a pris l'engagement de quitter certains locaux occupés par elle.

337. *La liberté syndicale. Aspect individuel.* — La faculté d'adhérer ou de ne pas adhérer à un syndicat doit être protégée à l'égard de l'employeur et du syndicat lui-même. Cette liberté syndicale individuelle a été renforcée par la loi du 27 mars 1956. L'employeur ne saurait prendre en considération l'appartenance syndicale, lors de l'embauchage. Il ne saurait non plus introduire de discrimination entre travailleurs syndiqués et non syndiqués. Le congédiement pour activité syndicale est abusif. Bien que pénalement sanctionnée, la liberté syndicale individuelle est difficile à assurer, les mesures antisyndicales étant d'une preuve difficile et se dissimulant fréquemment derrière des motifs trompeurs (congédiement d'un militant syndical pour insuffisance professionnelle).

La même loi de 1956 a voulu également défendre la liberté de ne pas adhérer à un syndicat, en prohibant les clauses des conventions collectives réservant aux membres d'un syndicat les emplois dans une entreprise (« Union shop », « closed shop »). Dans le même esprit, la mise à l'index d'un travailleur par un syndicat est souvent considérée comme fautive.

B L'action syndicale

338. *Abandon du principe de spécialité.* — L'article L. 411-1 du Code du Travail avait consacré le principe dit de spécialité qui interdisait aux syndicats d'avoir une autre activité que l'étude et la défense des intérêts économiques, industriels, commerciaux et agricoles.

Il était ainsi interdit notamment d'avoir une activité politique ou religieuse. Une nouvelle rédaction de ce texte a élargi les compétences du syndicat qui consistent désormais dans « la défense des intérêts collectifs et individuels des personnes visées par leurs statuts ».

Cependant, certaines activités restent interdites au syndicat, telles :

1° l'activité commerciale

Cependant certains tempéraments sont apportés à cette interdiction en faveur des syndicats d'exploitants agricoles (art. L. 411-18).

En outre les syndicats peuvent posséder une marque ou label.

2° l'activité politique

Un syndicat ne peut avoir pour activité essentielle la politique ni exclure des adhérents pour des raisons politiques. Mais il peut adopter des résolutions impliquant une prise de position politique.

339. *Défense judiciaire de la profession.* — Le syndicat a le droit comme toute personne morale de défendre ses *intérêts propres de groupement* par exemple contre un autre syndicat (procès en cas de scission). Le syndicat peut parfois défendre les intérêts *individuels de ses adhérents* ; certes il ne peut se substituer à un adhérent individuel pour intenter un procès ; mais il existe deux tempéraments : le syndicat peut assigner l'employeur devant la juridiction prud'homale même s'il s'agit d'action individuelle :

1° pour faire respecter le salaire d'un ouvrier à domicile (art. L. 721-19 du Code du Travail) ;

2° lorsqu'il s'agit d'un travailleur étranger ou intérimaire ;

3° lorsque le litige quoique individuel concerne l'application d'une convention collective (art. L. 135-4 du Code du Travail) (voir *supra* n° 226).

Les salariés individuellement considérés peuvent, en outre, se faire représenter et assister par un délégué permanent ou non permanent de leur organisation syndicale.

Mais ce mandataire doit être muni d'un pouvoir et agit au nom de l'adhérent.

Enfin, depuis un arrêt très connu des Chambres Réunies du 5 avril 1913, la Cour de cassation a admis que le syndicat pouvait agir en justice pour défendre les *intérêts collectifs de la profession* considérée dans son ensemble : il suffit que les faits soient de nature à porter préjudice à la profession, même si celle-ci ne subit pas de préjudice direct. La loi du 12 mars 1920 a mis fin à toute indécision : aux termes de ce texte, les syndicats peuvent devant toutes les juridictions exercer tous les droits réservés à la partie civile relativement aux faits portant un préjudice direct ou indirect à l'intérêt collectif de la profession qu'ils représentent. En matière de travail et de Sécurité sociale, cela conduit à faire des syndicats les défenseurs attentifs des lois. L'action syndicale déclenche des poursuites pénales.

340. *Grève et négociation collective.* — La grève reste l'arme essentielle entre les mains des salariés pour faire triompher leurs revendications. Le rôle du syndicat dans ce domaine ne saurait être négligé ; sans doute le droit de déclencher la grève ne lui est pas réservé (sauf dans le secteur public : loi du 31 juillet 1963 voir *infra* n°s 396 et ss.) mais en pratique le syndicat joue un rôle moteur dans la préparation de la grève. La négociation des conventions collectives qui concrétisent les conquêtes des travailleurs est réservée au syndicat, tout au moins du côté des salariés (voir *infra* n°s 418 et ss.). Par ces moyens, les syndicats défendent les revendications des salariés.

C La représentativité syndicale

Les idées sur le rôle du syndicalisme ont changé depuis un demi-siècle. Assurer la liberté syndicale n'est plus suffisant. Permettre aux syndicats d'exercer leur action revendicative au service des travailleurs est trop restrictif. Le mouvement syndical a un rôle à jouer au sein de la société, dans l'intérêt général, à la condition qu'il soit suffisamment représentatif de l'ensemble des travailleurs. Ainsi devait naître le concept de syndicats représentatifs.

341. *Critères de représentativité.* — La notion a fait son apparition dans le traité de Versailles qui a créé l'Organisation Internationale du Travail, au sein de laquelle les délégués non gouvernementaux des

États membres sont désignés par ceux-ci parmi les organisations professionnelles les plus représentatives.

Différents textes font également appel à la représentativité syndicale : notamment la loi du 11 février 1950 dans ses dispositions relatives à l'extension des conventions collectives. C'est d'ailleurs ce texte qui pose les principes en la matière. Le critère de la représentativité est constitué par cinq éléments : *effectifs, indépendance, cotisations, expérience et ancienneté du syndicat, attitude patriotique* pendant l'occupation.

Une tendance peut être relevée dans la jurisprudence actuelle à prendre essentiellement en considération l'importance des effectifs, mais aussi ce qu'on appelle l'audience des syndicats résultant par exemple des élections sociales et professionnelles.

Parmi les autres critères secondaires, l'attitude patriotique a perdu de son intérêt. Mais l'indépendance à l'égard de l'employeur est fondamentale, ainsi que l'ancienneté, ce qui entraînera la non représentativité de syndicats récemment fondés et souvent éphémères.

L'appréciation de la représentativité des syndicats soulève en pratique de nombreuses difficultés. La représentativité doit-elle être appréciée au plan national, régional ou de l'entreprise ? La réponse est importante car la représentativité d'un syndicat peut varier considérablement d'une région ou d'une profession à une autre. Il est admis, d'une manière générale, que la représentativité doit être recherchée dans le cadre territorial et professionnel dans lequel la question envisagée se pose. C'est ainsi que, concernant la signature d'une convention collective nationale, la représentativité du syndicat est recherchée dans le cadre national. S'il s'agit de la présentation des listes de candidats aux élections de représentants du personnel, c'est le cadre de l'entreprise qui sera retenu.

C'est le *principe de concordance* entre le niveau d'appréciation de la représentativité et la nature de la disposition exigeant cette représentativité. Le principe s'applique sans difficulté concernant l'application des dispositions ayant une portée nationale interprofessionnelle (exemple : problèmes de l'attribution d'un siège au conseil d'administration d'une caisse nationale de Sécurité sociale, conclusion d'accords interprofessionnels). Dans cette hypothèse un syndicat, tel que la Fédération de l'Éducation Nationale (F.E.N.) représentative dans le cadre d'une seule branche d'activité se verra refuser le caractère de représentativité sur le plan interprofessionnel.

Lorsqu'il s'agit de dispositions s'appliquant au niveau de l'entreprise, la Cour de cassation recherche les indices de représentativité au niveau de l'entreprise concernant les élections des représentants du personnel[1]. La seule question qui se pose est, dans ce cas, le problème de la date. La jurisprudence considère que le juge doit se placer avant les élections pour admettre une organisation à présenter des candidats à cette élection. Il n'est pas possible de tirer du résultat de ces élections la preuve qu'il y avait bien représentativité. Mais le législateur, en matière de section syndicale et de désignation de délégués syndicaux, ainsi que de conclusion de conventions collectives au niveau de l'entreprise, par les lois du 27 décembre 1968 (sections syndicales d'entreprise) et du 13 juillet 1971 (conventions collectives) a créé une *présomption de représentativité* au profit des syndicats affiliés à une centrale nationale elle-même représentative (voir *infra* n° 344). En effet, dans ces deux domaines, sont considérés comme représentatifs non seulement les syndicats, qui prouvent leur représentativité selon les critères classiques, mais encore ceux qui sont affiliés à une centrale représentative au plan national.

L'apparition de syndicats de catégories complique encore la question, tel le syndicat des cadres C.G.C. Au niveau interprofessionnel, la C.G.C. a été reconnue comme représentative des cadres. Dans l'entreprise, une représentativité spécifique de cette catégorie est prévue du fait de la séparation des collèges. Le problème est plus délicat concernant la constitution d'une section syndicale et des délégués syndicaux par un syndicat catégoriel.

342. *Intérêts attachés à la représentativité.* — Dans l'entreprise, les syndicats représentatifs ont le monopole de la présentation au premier tour des candidats aux élections des comités d'entreprise et des délégués du personnel ; ils désignent un représentant au comité d'entreprise ; ils concluent avec l'employeur les accords instituant l'intéressement du personnel ; ils peuvent seuls conclure des accords collectifs d'établissement. Ils peuvent constituer des accords collectifs d'établissement. Ils peuvent constituer une section syndicale et désigner des délégués syndicaux.

1. Il convient de noter que la représentativité au niveau de l'entreprise n'implique pas la représentativité au niveau de l'établissement.

— *Dans* la *profession,* ils concluent les conventions collectives, ils participent aux commissions mixtes de négociation des conventions collectives, susceptibles de faire ultérieurement l'objet d'un arrêté d'extension et peuvent demander cette extension elle-même.

— *Dans le cadre national,* ils désignent des administrateurs dans certains établissements nationalisés (Houillères nationales ; E.D.F. ; G.D.F.) et ont le monopole de désignation des administrateurs des caisses de Sécurité sociale. De plus, ils siègent comme tels à la commission supérieure des conventions collectives et au conseil économique et social ; ou encore à des organismes consultatifs spécialisés comme le conseil supérieur de la fonction publique.

— Enfin, dans *l'ordre international* ils représentent les travailleurs à la Conférence internationale du Travail.

Ce sont là autant de privilèges qui n'appartiennent qu'aux seuls syndicats représentatifs.

§2 Le syndicat dans l'entreprise

343. *De l'exclusion à la reconnaissance.* — Jusqu'à la loi du 27 décembre 1968, l'activité syndicale avait pour cadre essentiel la profession, mais restait en dehors de l'entreprise considérée comme devant rester neutre au point de vue syndical. Seule était protégée par le législateur la liberté syndicale de chaque travailleur. Lorsque la représentation des travailleurs fut organisée, le législateur choisit de faire assurer cette représentation, non par des délégués syndicaux, mais par l'intermédiaire d'organes élus par le personnel.

Certes, un rôle fut laissé aux syndicats concernant la présentation au premier tour des listes des candidats aux élections des représentants du personnel et l'établissement des accords préliminaires aux élections sociales. La loi avait, en outre, admis la présence au comité d'entreprise avec voix consultative de représentants des organisations syndicales représentatives (voir *infra* n° 347).

Mis à part ces quelques droits, le fonctionnement du syndicat dans l'entreprise se heurtait à de nombreux obstacles : les réunions syndicales ne pouvaient être organisées sur les lieux du travail, ni les cotisations perçues, si l'employeur s'y opposait, au nom de la discipline. L'affichage des communications syndicales engendrait des conflits incessants.

Le droit conventionnel avait cependant amorcé la reconnaissance de l'action syndicale dans l'entreprise, notamment en accordant aux responsables du syndicat, des autorisations d'absence pour participer à des réunions ou congrès, en établissant parfois un statut du délégué syndical calqué sur celui du délégué du personnel. La reconnaissance légale de la « section syndicale d'entreprise » était devenue une revendication majeure. Dans le constat de Grenelle, le gouvernement avait pris l'engagement de déposer un projet de loi en cette matière. De là est née la loi du 27 décembre 1968.

344. *Champ d'application de la loi du 27 décembre 1968.* — Le libre exercice du droit syndical est reconnu dans toutes les entreprises, quelles qu'en soient la forme et la nature et quelle qu'en soit la dimension. En outre, le droit de constituer une section syndicale et désigner des délégués syndicaux (art. L. 412-6 du Code du Travail).

Quels sont les syndicats représentatifs ? Ceux qui répondent aux critères de représentativité au niveau de l'entreprise, mais également ceux qui sont affiliés à une organisation représentative au plan national c'est-à-dire la C.G.T.- C.F.D.T.- C.F.T.C.- C.G.C.

Le cadre de fonctionnement de la loi sera le plus souvent l'établissement.

345. *Sections syndicales.* — La loi nouvelle de 1982 renforce la présence syndicale et admet que chaque syndicat représentatif peut constituer au sein de l'entreprise une section syndicale qui assure la représentation des intérêts professionnels de ses adhérents, et qui est autorisée à collecter les cotisations à l'intérieur de l'entreprise, mais en dehors du temps et des locaux de travail ; à afficher des communications syndicales sur des panneaux réservés à cet usage et distincts de ceux qui sont affectés aux communications des délégués du personnel et du comité d'entreprise ; à diffuser tracts et publications syndicales ; à tenir des réunions syndicales en dehors des heures et locaux de travail. Un local est réservé aux sections syndicales dans les entreprises comptant plus de 200 salariés.

En outre, à partir de 1 000 salariés, chaque section doit disposer d'un local propre. Il faut souligner également le droit de faire appel à des syndicalistes extérieurs pour participer à des réunions sans avoir à solliciter l'accord de l'employeur si la réunion se tient dans le local syndical.

346. *Délégués syndicaux.* — Les délégués syndicaux, dont le nombre varie suivant l'importance de l'entreprise, sont désignés par

chaque syndicat représentatif qui constitue une section syndicale dans les entreprises et organismes visés par l'article L. 412-1, qui emploient au moins 50 salariés (art. L. 412-11) ; ils reçoivent un statut légal se rapprochant de celui des représentants élus du personnel. Leur licenciement ne peut intervenir qu'après autorisation de l'inspecteur du travail, mais peut être précédé, au cas de faute grave, d'une mise à pied prononcée par le chef d'entreprise. Un crédit de dix heures payées par mois leur est réservé pour accomplir leurs fonctions, dans les entreprises occupant de 50 à 150 salariés, quinze heures dans les entreprises de 151 à 500 salariés, vingt heures dans les entreprises de plus de 500 salariés. En cas de circonstances exceptionnelles, ce temps peut être dépassé (art. L. 412-20). Enfin, le respect de la loi est assuré par des sanctions pénales : l'entrave apportée intentionnellement à l'exercice du droit syndical est assimilée au délit d'entrave aux fonctions de délégués ou membres des comités d'entreprise et punies des peines prévues à l'article L 482-1 et L 483-1 du code du travail.

La répartition des compétences entre représentants élus et représentants désignés par les syndicats n'est pas toujours très claire, spécialement entre délégués du personnel et délégués syndicaux. Il est vrai que la loi de 1968 admet le cumul des fonctions de délégué syndical et délégué du personnel, ce qui peut éviter, en pratique, des difficultés, tout au moins lorsque ce cumul sera réalisé.

Enfin, la loi de 1982 autorise la désignation de délégués catégoriels et institue un délégué syndical central d'entreprise. L'article L. 412.7 nouveau autorise les délégués syndicaux « tant durant les heures de délégation qu'au-dehors de leurs heures de travail » à circuler librement dans l'entreprise et à prendre tous les contacts nécessaires y compris avec les salariés à leur poste de travail pour l'exercicc de leurs fonctions. Les contacts ne doivent pas, toutefois, apporter une gène importante à l'accomplissement du travail des salariés.

Section 2
Les représentants élus du personnel

347. *Objectifs.* — L'organisation de la représentation du personnel peut tendre :

1° à une simple liaison entre le personnel et l'employeur. Ainsi les *délégués du personnel* transmettent au chef d'entreprise les réclamations des travailleurs ;

2° à l'information obligatoire du personnel. C'est ainsi que les *comités d'entreprise* ont reçu, en *matière économique*, un droit d'information ;

3° à l'octroi d'un pouvoir de décision : tel est le cas à l'égard des *œuvres sociales* sur lesquelles le comité d'entreprise a reçu un droit de gestion.

Alors que les délégations du personnel sont composées exclusivement d'élus, les comités d'entreprise sont d'une part présidés par le chef d'entreprise, d'autre part, composés à la fois d'élus et de représentants syndicaux dont la présence est consultative : chef d'entreprise, élus, syndicalistes donnent au comité une composition tripartite.

Alors que les délégations du personnel ont pour cadre l'établissement, les comités fonctionnent au niveau de l'entreprise. Néanmoins, si l'entreprise est démembrée en plusieurs établissements, chacun doit avoir un comité d'établissement ayant des pouvoirs identiques au comité d'entreprise. La coordination des comités d'établissement se fait au sein d'un comité *central* d'entreprise.

En outre, la loi du 28 octobre 1982 a créé le « Délégué du site » dans les établissements et organismes occupant habituellement moins de onze salariés dont l'activité s'exerce sur un même site où sont employés durablement au moins cinquante salariés (art. L. 412-1).

Alors que les délégations de personnel fonctionnent au-delà du seuil de 10 salariés, les comités ne sont créés que dans les entreprises ayant plus de 50 salariés.

Créées (comités d'entreprise) ou rétablies (délégués du personnel) lors de la Libération, les deux institutions ont des attributions différentes, mais le statut des représentants élus du personnel est commun. L'ordonnance du 22 février 1945 sur les comités d'entreprise a été modifiée par une loi du 18 juin 1966 puis par la loi du 28 octobre 1982 ; la loi du 16 avril 1946 sur les délégués du personnel, de son côté, a été modifiée par la loi du 28 octobre 1982.

La loi du 20 décembre 1993 a apporté une modification importante en matière de représentation du personnel à savoir que dans les entreprises dont l'effectif est inférieur à 200 salariés, le chef d'entreprise a la faculté de décider que les délégués du personnel constituent la délégation du personnel au comité d'entreprise. (art. L.431.1.1).

§1. Statut des représentants du personnel

A Désignation

348. *Électorat ; éligibilité.* — Le système adopté par le législateur constitue un compromis entre la désignation par élection libre à la majorité et le rôle exclusif réclamé par les syndicats. Les *électeurs* sont divisés en *collèges :* le premier collège groupe les ouvriers et employés, le second rassemble les techniciens, agents de maîtrise et assimilés. Un troisième collège est prévu pour les ingénieurs et cadres, dès lors que 25 cadres au moins sont employés dans une entreprise. En outre la représentation des cadres est assurée au niveau du comité central d'entreprise si l'un des comités d'établissement a été élu sur la base de 3 collèges d'une part, ou si plusieurs établissements distincts groupent plus de 500 salariés ou au moins 25 cadres, d'autre part.

Le législateur a autorisé la modification du nombre et de la composition des collèges par voie d'accords collectifs.

La répartition des électeurs dans les différents collèges et des sièges entre les différentes catégories doit faire l'objet d'un accord entre le chef d'entreprise et les organisations syndicales intéressées (à défaut d'accord, l'inspecteur du travail décide la répartition).

Le nombre des représentants doit être proportionnel à l'effectif des salariés. Il faut également que l'entreprise comporte un minimum de dix salariés pour que des délégués soient obligatoirement élus, et de cinquante salariés pour qu'un comité d'entreprise soit créé.

Sont *électeurs* les salariés de l'entreprise âgés de 16 ans, justifiant d'une ancienneté de 3 mois et n'ayant pas de condamnation entraînant une incapacité électorale. Les salariés dont le contrat est en cours de suspension sont admis à voter. La loi du 11 juillet 1975 précise que désormais les étrangers sont électeurs au même titre que les Français et ils sont éligibles également.

Sont *éligibles,* les salariés appartenant au personnel de l'entreprise, n'ayant encouru aucune condamnation entraînant une incapacité électorale, ayant 18 ans, ni parents ou alliés du chef d'entreprise, ayant une ancienneté de douze mois.

349. *Organisation des élections.* — Le chef d'entreprise a l'obligation d'organiser les élections tous les deux ans pour le comité d'entreprise et pour les délégués du personnel. Il doit y procéder un mois avant que n'expire le mandat des élus, les élections devant avoir lieu dans la quinzaine précédant l'expiration du mandat. L'organisation des élections varie du premier au deuxième tour. Au *premier tour,* les syndicats représentatifs ont le monopole de la présentation des listes de candidats. Si le nombre des votants est inférieur à la moitié des électeurs inscrits, un second tour a lieu, pour lequel les électeurs peuvent voter pour des listes autres que celles présentées par les organisations syndicales représentatives.

Les *opérations électorales* elles-mêmes font l'objet d'un « protocole préélectoral » ; à défaut d'accord, l'inspecteur du travail intervient. Les élections ont lieu à l'intérieur de l'entreprise, un jour ouvrable. C'est le scrutin de liste qui a été adopté et la loi du 7 juillet 1947 a consacré le principe de la représentation proportionnelle à la plus forte moyenne. L'attribution des sièges a lieu dès le premier tour, si un certain quorum de votants (moitié des électeurs inscrits) est atteint. Sinon on procède à un second tour.

Le contentieux de la régularité des opérations électorales, comme celui de l'électorat relève de la compétence du Tribunal d'instance, statuant suivant une procédure rapide et simplifiée. Mais si un recours est formé contre les décisions de l'inspecteur du travail prises faute d'accord entre syndicats et employeurs, c'est la compétence du juge administratif qui est retenue.

B Mandat et exercice des fonctions

350. Les membres du comité d'entreprise sont élus pour deux ans et leur *mandat* est renouvelable. Les délégués sont aujourd'hui également élus pour deux ans, leur mandat est également renouvelable. Il peut être mis fin prématurément au mandat soit par le décès du salarié, la résiliation de son contrat de travail, la démission de fonction, une condamnation entraînant l'inéligibilité, soit par la révocation sur proposition de l'organisation syndicale qui a présenté l'élu, après approbation de la majorité du corps électoral.

Lorsque le mandat prend fin prématurément, le représentant titulaire est remplacé par le représentant suppléant.

351. *Crédit d'heures.* — L'employeur doit laisser au représentant le temps nécessaire à l'exercice de ses fonctions. Aux termes de l'article 14 de l'ordonnance de 1945 et de l'article 13 de la loi de 1946, les délégués du personnel peuvent disposer de quinze heures par mois rémunérées, et les membres du comité de vingt heures (art. L 424-1 et L 434-1 du code du travail). Ces crédits d'heures sont souvent majorés par les conventions collectives. Les heures consacrées à l'assistance au comité ou aux rencontres avec l'employeur ne s'imputent pas sur ce « crédit » d'heures, et elles sont également rémunérées. Le délégué peut être appelé à s'absenter de l'entreprise pour l'exercice de ses fonctions (visite à l'inspection du travail, par exemple). Mais il doit, dans cette hypothèse, avertir son employeur.

Pour pouvoir exercer leurs fonctions, les délégués doivent pouvoir se déplacer à l'intérieur comme à l'extérieur de l'entreprise, mais ils sont dans l'obligation de respecter la discipline, aussi de nombreux litiges ont-ils surgi dans ce domaine. Un certain nombre de règles ont été dégagées par la jurisprudence qui juge, notamment : 1° que les déplacements des élus du personnel ne sont pas soumis à autorisation préalable, mais, 2° que la pratique a créé les bons de délégation permettant de s'assurer que le contingent légal des heures n'était pas dépassé. Ils sont licites à condition de constituer une simple information et non une demande d'autorisation d'absence.

Ce crédit d'heures alloué par la loi peut être dépassé en cas de circonstances exceptionnelles (art. L. 412-20).

Enfin, dans les entreprises d'au moins deux mille salariés qui comportent au moins deux établissements d'au moins cinquante salariés chacun, chaque syndicat représentatif peut désigner un délégué syndical central d'entreprise distinct des délégués syndicaux d'établissement.

Si l'entreprise comporte moins de deux mille salariés mais possède au moins deux établissements d'au moins cinquante salariés, chaque syndicat représentatif peut désigner l'un de ses délégués syndicaux en vue d'exercer les fonctions de délégué syndical central d'entreprise (art. L. 412-12).

Le refus de remplir le bon peut être une faute[1]. L'employeur peut, après avoir payé, contester devant le juge l'usage fait par le délégué de ses heures de délégation et en demande le remboursement.

352. Aux termes de l'article L. 420-19 du Code du Travail des « circonstances exceptionnelles » autorisent un dépassement du crédit d'heures allouées aux délégués du personnel. Mais il doit s'agir, non d'un conflit banal opposant un salarié à son employeur, mais d'un conflit important ou prolongé nécessitant de nombreuses démarches.

353. Enfin, l'article L. 424-1 attribue en sus des quinze heures mensuelles de délégation traditionnelles aux délégués du personnel, un crédit supplémentaire de vingt heures par mois au profit des délégués du personnel appelés à exercer les fonctions économiques du comité. Le nouveau texte précise également que les délégués du personnel ont le droit de circuler dans et hors de l'entreprise durant les heures de délégation et éventuellement en dehors des heures habituelles de travail. Cette disposition vise à permettre aux délégués du personnel travaillant en équipe de revenir ou de rester sur place après leur temps de travail pour contacter leurs camarades. Une seule limite est prévue par le texte : la « gêne importante » qui pourrait être apportée au travail de l'ensemble des salariés, les tribunaux devant apprécier cette gêne éventuelle.

C Protection des représentants du personnel contre le licenciement

354. La mise en place d'une protection contre l'exclusion temporaire (mise à pied) ou définitive (licenciement) des délégués, se révèle nécessaire, cette catégorie de travailleurs pouvant plus fréquemment que les autres faire l'objet d'une décision de licenciement émanant d'un employeur inquiet de l'exercice de leur mandat. Les articles 22 de l'ordonnance du 22 février 1945 et 16 de la loi du 16 avril 1946, ont écarté, au profit des représentants du personnel le droit commun en matière de licenciement. De même la loi du 27 décembre 1968

1 Cette faute disciplinaire peut être sanctionnée v. crim. 31 mars 1981, Juris social 1982, F. 58.

pour les délégués syndicaux. Enfin, la loi du 28 octobre 1982 et les décrets d'application du 8 juin 1983 ont harmonisé la protection des différents représentants du personnel.

En effet, les articles R. 412-6 nouveau al. 2 relatif aux délégués syndicaux et R. 425-1 nouveau relatif aux délégués du personnel renvoyent en partie ou en totalité au dispositif protecteur des membres du Comité d'Entreprise.

355. Nécessité d'une autorisation préalable. Leur licenciement est subordonné à l'avis du comité d'entreprise et l'autorisation de licenciement est demandée à l'inspecteur du travail. Celui-ci doit procéder à une enquête contradictoire, puis il apprécie la matérialité et garde le droit, en cas de faute grave du représentant, de prononcer une mise a pied immédiate qui ne peut durer que jusqu'à la décision définitive de l'inspecteur du travail. La procédure d'autorisation est préalable au congédiement.

La protection légale s'étend : 1° aux élus en cours de mandat, titulaires ou suppléants ; 2° aux candidats présentés au premier tour par les organisations syndicales. Cette protection s'étend pendant trois mois, à compter de la date de publication des candidatures ; 3° aux élus dont le mandat est expiré, pendant une durée de six mois, aux salariés ayant demandé l'organisation des élections pendant trois mois, 4° aux représentants syndicaux, au C.E. et aux délégués syndicaux, aux anciens délégués syndicaux pendant douze mois, aux salariés dont la désignation est imminente et connue de l'employeur. Elle s'applique à tous les licenciements quels que soient les motifs qui les justifient, qu'il s'agisse d'un licenciement collectif ou d'un licenciement individuel pour faute grave, lourde ou même en cas de renouvellement d'un contrat à durée déterminée. Elle s'applique également aux mutations et déclassements frappant un délégué. Il existe, cependant, deux exceptions à l'application de l'appareil protecteur :

1° au cas de fermeture complète de l'entreprise ;

2° au cas de mise à la retraite.

La démission du représentant ne justifie pas non plus une demande d'autorisation.

Il a été également nécessaire d'articuler les différentes procédures de licenciement en faveur des représentants du personnel.

Le décret du 8 juin 1983 a non seulement énoncé le principe du cumul déjà admis entre la procédure statutaire et les procédures issues de la loi du 13 juillet 1973 ou de la loi du 3 janvier 1975, aujourd'hui modifiée par la loi du 3 juillet 1986, mais encore a précisé l'articulation entre les différentes procédures.

C'est ainsi que s'agissant d'un licenciement individuel pour motif personnel ou économique la procédure préalable prévue par l'article L. 122-14 doit précéder la consultation du comité d'entreprise.

356. *Contrôle contentieux.* — Les décisions de l'inspecteur du travail peuvent faire l'objet d'un recours hiérarchique devant le ministre et d'un recours pour excès de pouvoir devant les tribunaux administratifs.

Après quelques hésitations de la jurisprudence, il est admis aujourd'hui par la loi du 28 octobre 1982 que si la décision d'autorisation est annulée par l'autorité hiérarchique ou par le tribunal, l'employeur doit réintégrer le salarié, qui a droit au salaire pour toute la période où il est resté hors de l'entreprise et qui doit être rétabli dans son mandat, ou si des élections ont eu lieu, un régime spécial de protection est prévu pour les délégués du personnel (art. L. 425-3) et pour les membres du comité (art. L. 436-3 al. 3). Les délégués syndicaux ne sont pas réintégrés dans leurs fonctions puisqu'ils dépendent de la volonté de l'organisation syndicale.

Pour bénéficier de ces divers avantages, le salarié doit demander sa réintégration dans les deux mois qui suivent la notification de la décision d'annulation (L. 412-19).

Si l'inspecteur refuse le licenciement, en dépit d'un recours de l'employeur, le représentant du personnel doit être réintégré immédiatement, le recours n'étant pas suspensif.

Dans l'état actuel du droit l'inspecteur du travail ainsi que le ministre apprécie non seulement la légalité de la décision de licenciement envisagée, mais encore son opportunité. Le tribunal administratif compétent aura de même un pouvoir de *contrôle normal* et non pas un simple contrôle minimum[1]. Le tribunal examinera si la faute reprochée est d'une gravité suffisante ; il peut s'opposer au licenciement pour le motif d'intérêt général par appréciation de l'opportunité, sans toutefois porter une atteinte excessive à l'un des intérêts en cause.

1. C.E. 16 décembre 1977, Le Hodey, Droit Social 1978-117.

357. *Licenciement sans autorisation.* — Le licenciement intervenu sans autorisation est frappé de nullité. Il ne s'agit pas d'un licenciement abusif. Il en découle deux sortes de conséquences :

1° Le représentant du personnel doit être réintégré et le juge des référés est compétent pour ordonner cette réintégration.

2° Les salaires échus doivent être payés au représentant licencié. Quant à la perte des salaires à échoir, elle est compensée par l'octroi de dommages-intérêts calculés d'après le préjudice subi et contrôlé par la Cour de cassation. La sanction la plus efficace contre le licenciement non autorisé est, en réalité, la sanction pénale d'entrave aux fonctions de délégué qui peut être prononcée contre l'employeur qui n'a pas respecté l'obligation de demande d'autorisation. Le texte s'applique en matière d'élections, de licenciement et d'exercice même des fonctions.

358. *Incompétence des tribunaux judiciaires.* — Longtemps la jurisprudence a singulièrement diminué la portée des dispositions légales protectrices des droits des représentants en accordant à l'employeur la possibilité d'avoir recours à la résolution judiciaire du contrat de travail des représentants du personnel.

Cette jurisprudence faisait appel à l'article 1184 du Code civil, qui autorise la résolution judiciaire des conventions synallagmatiques. La position ainsi adoptée par les tribunaux a suscité de justes critiques. En effet, il est clair que le législateur, en instituant un statut légal en faveur des représentants, a voulu écarter le droit commun que les tribunaux réintroduisent par le jeu de l'article 1184 du Code civil.

La Cour de cassation statuant en chambre mixte a rendu le 21 juin 1974 plusieurs arrêts (l'un en matière prud'homale, les autres en matière correctionnelle) qui rejettent la possibilité de recourir à la résolution judiciaire du contrat de travail des salariés protégés sur le fondement de l'article 1184 du Code civil.

La chambre mixte affirme dans sa nouvelle jurisprudence que les dispositions législatives soumettant à l'assentiment préalable du comité d'entreprise ou à la décision conforme de l'inspecteur du travail le licenciement des salariés légalement investis de fonctions représentatives, ont institué, au profit de tels salariés et dans l'intérêt de l'ensemble des travailleurs qu'ils représentent, une protection exceptionnelle et exorbitante du droit commun qui interdit par la suite à l'employeur de poursuivre par d'autres moyens la résiliation du contrat de travail.

§2. Attributions des délégués du personnel

359. *Les réclamations.* — Les délégués du personnel sont de simples organes de transmission entre le personnel et le patronat. Leur rôle est de présenter les réclamations du personnel : réclamations individuelles, ou réclamations collectives (sur ce dernier point le rôle du syndicat est également important). L'objet de la réclamation peut être très divers : ainsi il appartient aux délégués de requérir du chef d'entreprise l'application des règles relatives au taux des salaires, des textes sur l'hygiène et la sécurité ou l'application de telle disposition d'une convention collective.

Cette présentation des réclamations doit se faire normalement, lors d'une réception collective, que le chef d'entreprise doit accorder au moins une fois par mois aux délégués, assistés au besoin d'un représentant syndical. Dans l'intervalle, les délégués veillent à la tenue d'un registre des réclamations. Quant aux communications entre les délégués et le personnel, elles se font par le moyen de conversations verbales et d'un tableau d'affichage.

Les délégués peuvent également saisir d'une plainte l'inspecteur du travail et accompagner celui-ci dans ses visites.

§3. Attributions du comité d'entreprise

360. *Généralités.* — Le comité d'entreprise a reçu la personnalité juridique pour remplir un certain nombre de missions. À l'origine, la personnalité juridique ne lui était conférée que pour ses activités sociales. Aujourd'hui, elle lui permet également d'exercer ses activités économiques. Lorsque la structure de l'entreprise comporte plusieurs établissements, des comités d'établissements sont institués, qui sont compétents, d'une part, pour être informés ou consultés sur les questions économiques ou du travail concernant l'établissement, d'autre part, pour gérer les œuvres sociales dans l'établissement.

À la différence des délégués du personnel, le comité d'entreprise ne peut être considéré comme un organe de revendication. Certes, la participation est très embryonnaire en droit français, car le comité d'entreprise n'a pas de pouvoir de décision, ou de codécision en matière économique ou d'emploi. Cependant, il a reçu des droits d'information ou de consultation dans ce domaine. Ce n'est qu'en matière sociale qu'il possède des pouvoirs de gestion. Son rôle, primitivement défini par la législation de 1945, a été étendu par plusieurs lois successives en matière d'emploi et de conditions de travail, notamment.

Ainsi, cet organisme est-il compétent dans quatre domaines principaux :

a) En matière économique.

b) En matière d'emploi et des conditions de travail.

c) En matière d'activité sociale.

d) En cas de redressement judiciaire.

A Attributions d'ordre économique

361. Rôle consultatif et d'information. — Le comité n'a dans ce domaine qu'un rôle consultatif et un droit d'information.

1° Il étudie les mesures envisagées par la direction et les suggestions émises par le personnel en vue d'améliorer la production et la productivité de l'entreprise, et propose l'application de celles qu'il aura retenues.

2° Il est obligatoirement informé et consulté sur les questions intéressant l'organisation, la gestion et la marche générale de l'entreprise, les prises de participation, les conditions de travail résultant de l'organisation du travail, de la technologie, des conditions d'emploi, de l'organisation du travail (art. L. 432e-3). Il est consulté également sur les mesures de nature à affecter le volume ou la structure des effectifs, sur les technologies nouvelles et toutes celles qui peuvent avoir des répercussions sur le travail.

Le comité d'entreprise est obligatoirement saisi en temps utile des projets de compression d'effectifs ; il émet un avis sur l'opération projetée et ses modalités d'application.

Le comité d'entreprise est habilité à donner un avis sur les augmentations de prix. Il peut être consulté par les autorités chargées de la fixation et du contrôle des prix.

Il est consulté également chaque année sur la politique de recherche de l'entreprise.

Dans les entreprises de plus de 300 salariés, le comité doit constituer obligatoirement une commission chargée d'étudier les problèmes généraux relatifs notamment à l'emploi et au travail des jeunes et des handicapés.

Il est consulté sur l'affectation des sommes provenant de la taxe d'apprentissage.

Il a un droit de regard sur les contrats emploi-formation, de façon générale sur les problèmes généraux, relatifs à la formation et au perfectionnement, sur les stages de qualification.

Aux termes de l'art. L. 432-3 « Le comité d'entreprise est consulté sur les problèmes de durée et d'aménagement du temps de travail. »

Il est d'ailleurs consulté pour toutes les difficultés économiques et financières de l'entreprise, notamment le plan de redressement doit être éventuellement porté à sa connaissance.

Le législateur a élargi la compétence des comités d'entreprise. Non seulement sa compétence en matière d'information économique a été précisée par la loi du 12 juillet 1990 et 20 décembre 1993 (art. L.432.4.1 et 2), mais son droit de consultation a été également étendu en matière de gestion du personnel, recrutement, emploi-formation (art L. 432.1.1, L.432.2 et L.432.2.1), durée du travail (art L.432.3 al 4), d'horaires individuels pour lesquels son avis conforme est requis (art 1.432.1 et 2), d'apprentissage (art 1.432.3).

362. *L'information procédure.* — Après chaque élection du comité d'entreprise, le chef d'entreprise doit lui donner certaines informations, comportant les documents suivants :

a) L'information annuelle.

Au moins une fois par an, le chef d'entreprise doit présenter au comité un rapport d'ensemble écrit (art. L. 432-4, al. 2 du Code du travail) portant sur :

— l'activité de l'entreprise,

— le chiffre d'affaires,

— les bénéfices ou les pertes constatées,

— les résultats globaux de la production en valeur et en volume,

— les transferts de capitaux ; importants entre la société et les filiales,

— la situation de la sous-traitance,

— l'affectation des bénéfices réalisés,

— les aides ou avantages financiers consentis à l'entreprise par l'État, les régions et les collectivités locales et leur emploi,

— les investissements,

— l'évolution de la structure et du montant des salaires dans les entreprises.

Au moins une fois par an, le chef d'entreprise doit également présenter au comité « un rapport d'ensemble écrit » sur l'activité de l'entreprise, le chiffre d'affaires, les bénéfices ou les pertes constatées, les résultats globaux de la production en valeur et en volume, les transferts de capitaux importants entre la société même et les filiales, la situation de la sous-traitance, l'affectation des bénéfices réalisés, les aides ou avantages financiers consentis à l'entreprise par l'État, les régions et les collectivités locales et leur emploi, les investissements, l'évolution et la structure et du montant des salaires.

Dans les entreprises d'au moins trois cents salariés le rapport doit, en outre, retracer l'évolution de la productivité et le taux d'utilisation des capacités de production.

Le ministre du Travail a déclaré qu'il conviendrait d'envisager un document concis, clair présentant des tableaux lisibles, des éléments d'information compréhensibles par tous, complétés par un exposé du chef d'entreprise. Cette préoccupation est le reflet de la critique souvent adressée par les syndicats aux informations et aux documents très denses, inexploitables pour des non spécialistes de la comptabilité fournis au comité par la direction.

b) L'information trimestrielle.

L'article L. 432-4 concernant l'information trimestrielle précise que l'employeur quelle que soit la taille de l'entreprise, doit communiquer des informations « sur l'évolution générale des commandes et de la situation financière ainsi que l'exécution des programmes de production ».

Dans les entreprises d'au moins trois cents salariés chaque trimestre et chaque semestre dans les entreprises n'atteignant pas ce seuil, le chef d'entreprise doit également informer le comité « des mesures envisagées en ce qui concerne l'amélioration, le renouvellement ou la transformation de l'équipement ou des méthodes de production et d'exploitation et de leurs incidences sur les conditions de travail et d'emploi ». La situation de l'emploi dans l'entreprise doit également être analysée à cette occasion.

Au cours de l'information trimestrielle (dans les entreprises d'au moins 300 salariés) ou semestrielles (dans les entreprises en dessous de ce seuil) une information sera donnée au comité sur le travail précaire dans l'entreprise il conviendra de retracer l'évolution des effectifs y compris pour les salariés sous contrat à durée déterminée, les travailleurs temporaires et les salariés appartenant à une entreprise extérieure. L'employeur doit également préciser les motifs l'ayant amené à recourir à ces trois catégories de personnel. Le comité peut prendre connaissance des contrats passés avec les entreprises de travail temporaire.

363. Dans les sociétés commerciales à l'occasion des assemblées générales des actionnaires l'employeur doit communiquer au comité avant leur présentation à l'assemblée générale des documents obligatoirement transmis annuellement à ces assemblées et le rapport des commissaires au compte.

Désormais cette communication dans toutes les sociétés commerciales et non pas seulement dans les sociétés anonymes comme c'était le cas auparavant.

Comme par le passé, le comité peut convoquer les commissaires aux comptes pour recevoir leurs explications sur les différents postes de documents communiqués ainsi que sur la situation financière de l'entreprise.

364. Le comité d'entreprise peut, en outre, formuler toutes observations utiles sur la situation économique et sociale de l'entreprise qui seront transmises à l'assemblée des actionnaires.

Dans les sociétés qui possèdent soit un conseil d'administration soit un conseil de surveillance deux membres du comité assistent avec voix consultative à toutes les séances du conseil. En outre, le comité d'entreprise peut, désormais, soumettre au conseil d'administration ou de surveillance des vœux. Dans ce cas le conseil doit donner un avis motivé sur ces vœux.

Dans les associations et les sociétés non commerciales les comités d'entreprise, aux termes du nouveau texte, recevront également communication des documents comptables.

B Attributions en matière d'emploi et conditions de travail

365. Le comité est informé et consulté sur les problèmes généraux concernant les conditions de travail résultant de l'organisation du

travail, de la technologie, des conditions d'emploi, de l'organisation du temps de travail, des qualifications et des modes de rémunération. Le comité formule des propositions sur ces divers sujets.

Alors que le comité d'hygiène de sécurité et de conditions de travail a une fonction préventive et curative, l'action des comités d'entreprise est beaucoup plus large, puisqu'elle traitera à la fois de l'emploi, de la manière de travailler, de l'organisation du travail.

Il doit être également consulté sur : la durée et l'amélioration du temps de travail le temps d'étalement des congés l'affectation de la contribution sur les salaires au titre de l'effort de construction.

C Attributions sociales dans l'entreprise

Dans un certain nombre d'entreprises les œuvres sociales existent depuis fort longtemps. Elles ont été créées par l'employeur à l'aide de fonds qu'il consacrait à ces œuvres. Mais le législateur a pensé qu'il était nécessaire de mettre fin à une gestion paternaliste et d'associer les salariés à la gestion de ces œuvres sociales. Aussi, a-t-il doté le comité d'entreprise à la fois de moyens financiers et de pouvoirs de gestion importants en la matière.

Et au terme des dispositions de l'ordonnance du 22 février 1945, la gestion des œuvres sociales créées par l'employeur a été transférée au comité d'entreprise (art. L 432-8 et 9 et R 432-2 à 6 du code du travail).

367. — La notion d'activité sociale et culturelle. Il est important de définir cette notion pour savoir quelles sont les activités dont le comité d'entreprise peut réclamer la gestion.

Le changement de dénomination n'a pas en réalité apporté de changement d'attributions du comité.

Il reste donc possible pour cerner cette notion de se référer aux textes et à la jurisprudence antérieure se rapportant à l'œuvre sociale.

L'article 2 du décret du 2 novembre 1945 a défini en les énumérant les œuvres sociales établies dans l'entreprises au bénéfice des salariés ou anciens salariés de l'entreprise et au bénéfice de leur famille. Ce texte donne une énumération qui permet de classer les œuvres sociales suivant les objectifs suivants :

1° celles relatives de la formation professionnelle ;

2° les œuvres d'ordre éducatif et culturel ;

3° les œuvres concernant les loisirs et sport ;

4° les œuvres d'assistance matérielle permanente ou occasionnelle, tendant à améliorer les conditions de vie dans l'entreprise (cantine, etc.).

Un premier point a été discuté. La liste est-elle ou non limitative ? Une réponse négative a été donnée par la jurisprudence.

Un arrêt très important des chambres réunies de la Cour de cassation du 20 mai 1965 a apporté, en outre, une contribution importante à cette notion d'œuvre sociale. En effet, on se demandait quelle était la *définition de l'œuvre sociale ;* les œuvres sociales consistent dans des réalisations à des fins sociales instituées dans le cadre de l'entreprise, ayant pour objet d'améliorer le sort des travailleurs de l'entreprise et fonctionnant dans des conditions telles que tous les travailleurs intéressés aient une vocation égale à y participer. La loi du 28 octobre 1982 a remplacé l'ancienne expression « œuvres sociales » par « activités sociales et culturelles ». Elle a été réformée par l'ordonnance du 21 octobre 1986. On peut considérer comme activités sociales et culturelles toute institution qui exerce une influence directe sur les condition d'emploi ou de vie des travailleurs de l'entreprise et de leur famille, sans qu'il soit nécessaire qu'elle soit dotée d'un véritable statut, ou qu'elle revête une certaine permanence. Mais en pratique, il n'est pas toujours facile de reconnaître le caractère d'œuvre sociale.

C'est ainsi que l'on a pu se demander si des secours versés à des salariés grévistes peuvent ou non être considérés comme des œuvres sociales. La réponse est que le comité ne peut subventionner une grève en versant une allocation à tous les grévistes mais peut verser des secours à ceux qui seraient dans le besoin.

Une autre difficulté concerne les conférences politiques organisées par le comité. Il est certain que le comité peut favoriser des activités culturelles. Peut-on considérer que de telles conférences entrent dans cette catégorie ? Après quelques hésitations, la jurisprudence dominante distingue l'information de la propagande[1], et juge licites les conférences organisées par le comité, et illicites celles organisées directement par un parti politique dans des locaux prêtés par le comité.

Le nouvel article L. 431.7 a précisé, cependant, que « le comité d'entreprise peut organiser dans le local mis à sa disposition des

1. 1 : Crim. 7 novembre 1979, D 1980, IR, p. 346

réunions d'information internes au personnel portant notamment sur des problèmes d'actualité. Le comité peut inviter des personnalités extérieures, syndicales ou autres dans les conditions prévues par les dispositions de l'article L 412.10 ».

Ainsi, le comité peut inviter, dans son local, sans autorisation de l'employeur, des personnalités syndicales extérieures à l'entreprise. Mais le nouveau texte ne saurait remettre en question la distinction antérieure des réunions de propagande et d'information.

Il convient de noter que, pour être considérée comme une activité sociale licite, il faut, en outre, que cette œuvre soit instituée dans l'entreprise en faveur des seuls salariés de celle-ci sans distinction entre eux.

D Attributions spécifiques en cas de redressement judiciaire.

368. La loi du 1er mars 1984, relative à la prévention et au règlement amiable des difficultés des entreprises, a mis en place des mécanismes d'alerte et la possibilité d'un règlement amiable. Le comité est informé de l'ouverture du règlement amiable et des suites de la procédure. Ce texte prévoit de nouveaux droits pour les partenaires de l'entreprise (salariés ou actionnaires), notamment une information plus précoce du comité d'entreprise (voir art. L. 432-5), et le droit de demander des explications à l'employeur si le comité a connaissance de faits de nature à affecter de manière préoccupante la situation économique de l'entreprise (art. L. 432-5). La demande d'explication est, tout d'abord, adressée au chef d'entreprise.

Elle est suivie de l'établissement d'un rapport, si la réponse n'est pas satisfaisante. Ce rapport est communiqué aux commissaires aux comptes, l'assistance éventuelle de l'expert comptable est prévue, ainsi que la saisine éventuelle des dirigeants ou associés, la question est, alors, inscrite à l'ordre du jour du conseil d'administration qui devra donner une réponse motivée. En l'absence de comité, ce sont les délégués du personnel qui ont ce droit.

Le comité d'entreprise dispose également du droit de récuser un commissaire aux comptes pour juste motif et même de le révoquer en cas de faute ou d'empêchement (art. 225 et 227 nouveaux de la loi du 24 juillet 1966).

La loi du 25 janvier 1985 sur le redressement judiciaire organise l'information et la participation des salariés par l'intermédiaire du comité d'entreprise (ou à défaut par les délégués du personnel) aux procédures de redressement des entreprises en difficulté. La procédure de redressement judiciaire est destinée non seulement à organiser le paiement des créanciers mais encore à assurer le maintien de l'activité et de l'emploi.

L'information et la consultation évoluent avec les étapes de la procédure :

a) avant la déclaration de cessation des paiements, les comités ou les délégués sont consultés sur la situation de l'entreprise et la date de déclaration de cessation de paiements,

b) au cours de la procédure de redressement judiciaire le comité ou les délégués sont consultés avant toute décision relative à la poursuite de l'activité ainsi que lors de l'élaboration du projet du plan de redressement,

c) pendant la période d'observation, le comité ou les délégués sont informés par l'administrateur de l'avancement de ses travaux et consultés sur les propositions de règlement, les mesures envisageables, les licenciements éventuels et, exceptionnellement, la conclusion d'un contrat de location-gérance,

d) après le jugement adoptant le plan de redressement, les salariés sont informés ou consultés en cas de défaut d'exécution du plan et lorsque la solution arrêtée est la cession de l'entreprise.

369. *Le financement des œuvres sociales.* — Un décret du 2 novembre 1945 énumère les moyens dont dispose le comité pour assurer sa mission. Les deux ressources essentielles concernent la subvention de l'employeur et les cotisations du personnel. Mais si l'on précise que ces dernières sont facultatives, on aboutit à cette conclusion que la subvention de l'employeur est appelée à constituer la ressource principale et même, dans la plupart des cas, la ressource exclusive des comités d'entreprise.

Il résulte du décret du 2 novembre 1945 et d'un loi du 2 août 1949 que l'employeur est tenu de verser chaque année une contribution qui ne peut être inférieure au plus élevé des deux minima suivants :

— l'un est représenté par le total des sommes affectées aux dépenses sociales de l'entreprise, pendant l'année où il a été le plus élevé, parmi les trois dernières années précédant la prise en charge des œuvres sociales par le comité (année « de référence »),

— l'autre est constitué par le rapport existant entre les dépenses sociales et le montant des salaires versés au personnel pendant l'année de référence ; ce rapport doit demeurer constant.

Mais, on peut se demander quelles dépenses sociales doivent être prises en considération pour le calcul de la subvention ? Toutes les institutions sociales de l'entreprise doivent entrer en ligne de compte, que le comité les gère directement, qu'il participe à leur gestion ou n'exerce sur elles qu'un simple contrôle, comme c'est le cas pour les œuvres sociales douées de la personnalité civile. Sont, toutefois, exclues : les sommes affectées au service des retraites, les sommes mises légalement à la charge de l'employeur en matières d'assurances sociales, allocations familiales, accidents du travail, service médical obligatoire et service social, enfin, les « dépenses temporaires lorsque les besoins correspondants ont disparu », telles les dépenses de premier établissement des œuvres sociales.

Cette contribution patronale au financement des œuvres sociales a un caractère obligatoire. Quelle que soit la façon, bonne ou mauvaise, dont le comité s'acquitte de sa mission de gestion, le chef d'entreprise ne pourrait la réduire. Elle varie d'une entreprise à l'autre et n'existe pas dans les entreprises nouvelles.

370. *Modalités de gestion des œuvres sociales par le comité d'entreprise.* — Le comité d'entreprise assure ou contrôle la gestion de toutes les œuvres sociales établies dans l'entreprise au bénéfice des salariés ou de leurs familles ou participe à leur gestion.

Ainsi le comité d'entreprise peut intervenir dans la gestion des œuvres sociales selon trois modalités différentes : gestion directe, cogestion, gestion contrôlée.

a) *La gestion directe des œuvres sociales par le comité d'entreprise. — Relèvent de la gestion directe du comité* :

1° toutes les œuvres sociales existant dans l'entreprise au moment de la mise en place du comité n'ayant pas la personnalité civile, sauf celles pour lesquelles le législateur n'a admis qu'un simple contrôle ;

2° toutes les œuvres créées dans l'entreprise depuis la mise en place du comité.

La gestion de ces œuvres est assurée par le comité lui-même ou par l'entremise d'une commission spéciale, composée de personnes désignées par lui, ou d'organismes créés par lui ayant reçu une délégation à cet effet.

b) *La participation du comité d'entreprise à la gestion des œuvres sociale.* — Le comité participe à la gestion des institutions sociales douées de la personnalité civile.

Les conseils d'administration ou les organes de direction ainsi que les commissions de contrôle et de surveillance de ces sociétés doivent être composés pour moitié de membres désignés par le comité.

Les représentants du comité ont les mêmes droits et siègent dans les mêmes conditions que les autres membres.

c) *Le contrôle exercé par le comité d'entreprise sur la gestion de certaines œuvres sociales.* — Il s'agit limitativement des sociétés de secours mutuels, des caisses d'assurances sociales d'entreprise, des logements ou jardins ouvriers, des centres d'apprentissage, et des centres de formation professionnelle.

Le comité doit désigner deux membres, choisis de préférence parmi les participants aux institutions, qui assistent à toutes les réunions des conseils d'administration ou des commissions de contrôle. De plus, l'un d'eux assiste à toutes les réunions du bureau. Ils informent le comité des décisions prises et rendent compte de la marche générale de l'institution.

Le comité doit être obligatoirement consulté, préalablement à toutes les délibérations relatives à une modification des statuts ou à la création d'œuvres nouvelles, à la transformation ou à la suppression d'œuvres existante.

Si ces œuvres sont directement gérées par l'entreprise (centres d'apprentissage et de formation, logements, par exemple) et dépourvues de personnalité morale et d'organes de direction et de contrôle, la délégation se fera directement auprès de la direction de l'entreprise.

371. *Service social.* — Il devrait exister, en principe, dans toute entreprise occupant plus de deux cent cinquante salariés et être dirigé par une assistante sociale pourvue du diplôme de conseillère du travail. Son rôle est de veiller au bien-être des travailleurs, principalement à celui des femmes et des jeunes. Le service dépend à la fois du chef d'entreprise et du comité d'entreprise. En fait faute de décrets

d'application la loi ne s'applique qu'exceptionnellement[1]. Lorsqu'il est considéré comme obligatoire il n'est pas placé sous le contrôle du comité. Celui-ci l'utilise le cas échéant lorsqu'il apparaît comme facultatif il constitue une œuvre sociale et le comité peut en revendiquer la gestion et le contrôle. En réalité il fonctionne le plus souvent sous la direction du chef d'entreprise.

372. *Le service médical du travail.* — Il doit exister dans toute entreprise visée à l'article L. 241-1 et ss. du Code du Travail. Il est dirigé par un médecin du travail. Son rôle est exclusivement préventif et consiste à éviter toute altération de la santé des travailleurs en surveillant les conditions d'hygiène du travail, et l'état de santé des travailleurs. Le décret prévoit le temps que le médecin du travail doit consacrer à son service : selon l'importance de l'entreprise, il sera employé à temps complet ou partiellement. Il passe les visites d'embauchage, il procède à des examens médicaux périodiques ; il surveille l'hygiène générale des locaux, etc. Il ne faut pas confondre ce médecin du travail avec le médecin inspecteur du travail qui n'est pas attaché à une entreprise mais veille au respect des règles légales sur l'hygiène du travail (voir *supra* n° 304). Le chef d'entreprise doit lui fournir les moyens (local, infirmière, etc.) de remplir sa mission.

Il est également possible pour l'entreprise de s'affilier à un centre inter-entreprises de médecine du travail. Le comité d'entreprise doit approuver la nomination et la révocation du médecin du travail, à défaut celle-ci ne peut intervenir que sur décision de l'inspecteur du travail.

L'organisation des services médicaux a fait l'objet d'une nouvelle réglementation par un décret du 20 mars 1979 et un décret du 16 août 1985. Elle tend à associer les partenaires sociaux plus étroitement à sa gestion. C'est ainsi que le nouveau texte prévoit que le service médical est administré par l'employeur sous la surveillance du comité central d'entreprise et des comités d'établissement concernés.

1. Voir article R. 250-1 du Code du travail. Mais le texte n'est appliqué que dans certaines branches : cuir, céramique, transformation des métaux.

373. *Le Comité d'Hygiène, de Sécurité et des Conditions de travail* — (art. L. 321 et ss. et R. 236-1 et ss. du Code du Travail). La loi du 23 décembre 1982 a institué un nouvel organisme : Le Comité d'Hygiène, de Sécurité et des Conditions dc Travail (C.H.S.C.T) qui remplace, d'une part, le comité d'hygiène et de sécurité, d'autre part, le comité d'amélioration des conditions de travail.

Cet organisme a pour mission de contribuer à la protection de la santé et de la sécurité des salariés ainsi qu'à l'amélioration des conditions de travail.

Le chef d'établissement doit consulter le C.H.S.C.T. sur la remise ou le maintien au travail de salariés victimes d'accident du travail, des travailleurs handicapés, d'invalides de guerre ou d'invalides civils.

Une fois par an, il doit solliciter son avis sur le rapport concernant la situation générale de l'hygiène, de la sécurité et des conditions de travail dans l'établissement et sur le programme de prévention des risques professionnels et des conditions de travail.

De sa propre initiative, le comité peut encourager toute initiative utile à la promotion de la prévention des risques professionnels. Si l'employeur rejette des projets, il doit motiver sa décision.

374. *Le bilan social.* — La loi du 12 juillet 1977 a institué un bilan social destiné à réunir dans un document unique les données principales chiffrées mettant en lumière les réalisations effectuées dans le domaine social, au cours des trois dernières années.

Le bilan social est obligatoirement communiqué au comité d'entreprise ou au comité d'établissement, à partir de 1979 dans les entreprises de 750 salariés et à partir de 1982 dans les entreprises de 300 à 749 salariés. Le bilan social permettra de développer l'information au sein de l'entreprise. I1 doit rendre également plus facile la discussion des problèmes sociaux, et permettre de discuter sur l'avenir des programmes concernant la formation professionnelle, l'amélioration des condition de travail, l'hygiène et la sécurité.

Mais il convient d'observer que le document est établi unilatéralement par le chef d'entreprise, son contenu non contrôlé peut donc être contesté, et la concertation risque ainsi d'être inexistante, d'autant plus que, dans ce domaine, le comité d'entreprise n'a pas reçu le droit de se faire assister d'un expert.

F Sanctions

375. L'employeur doit respecter les différents droits reconnus au comité tant dans le domaine économique, professionnel ou social. Toute atteinte portée à ces droits constitue le *délit d'entrave* prévu et puni par l'article L. 483-1 aux termes duquel « toute entrave apportée soit à la constitution d'un comité d'entreprise, soit à la libre désignation de ses membres, soit à son fonctionnement régulier... sera punie d'un emprisonnement d'un an d'une amende de 25 000 F ou d'une de ces deux peines seulement ».

En cas de récidive l'emprisonnement sera porté à deux ans, et l'amende à 50 000 F.

Section 3
Le droit d'expression directe des salariés

376. La loi du 4 août 1982 a reconnu aux salariés, individuellement, le droit d'exprimer leur opinion, de présenter des réclamations ou des suggestions à la hiérarchie.

Cette loi se voulait expérimentale. Des bilans ont été effectués dans les entreprises et transmis à l'inspection du travail. Un rapport a été établi par le gouvernement et adressé au Parlement qui a pérennisé le droit par la loi du 3 janvier 1986, qui a modifié quelques dispositions du texte précédent.

Il résulte de la loi que « l'expression directe » signifie que les salariés doivent avoir la possibilité de s'exprimer en tant que membre de la collectivité de travail, parallèlement à l'intervention des institutions représentatives. La loi ne définit pas les rôles respectifs de ces deux modalités d'expression. Elle se borne à laisser le soin aux parties intéressées de régler cette question dans la perspective d'une « nécessaire complémentarité ». La loi s'applique à toutes les entreprises du secteur privé quels que soient leur objet et leur forme juridique, aux entreprises publiques à caractère industriel et commercial, ainsi qu'aux établissements publics déterminés par décret, qui assurent à la fois une mission de service public à caractère administratif et une mission à caractère industriel et commercial, lorsqu'ils emploient du personnel dans les conditions de droit privé. — Elle ne prévoit pas davantage des réunions structurées pour permettre aux salariés de s'exprimer. Le texte nouveau reconnaît le rôle des organisations syndicales dans la mise en place des procédures et font obligation à l'employeur de les informer des suites données aux vœux et avis des salariés. Cette expression directe est également « collective », précise la loi. En d'autres termes, chaque salarié a le droit à l'expression, mais le droit se manifeste au sein de la collectivité des travailleurs. Selon la formule du ministère du Travail, ce droit « est ouvert à chacun, il s'exerce directement dans les structures regroupant plusieurs salariés ».

Obligatoires dans les entreprises de 200 salariés et plus, facultatifs dans les autres, des accords d'expression ont été conclus comportant au minimum quatre types de stipulation (art. L. 461-5) :

a) Ils doivent indiquer le niveau, le mode d'organisation, la fréquence et la durée des réunions permettant l'expression des salariés.

b) Ils précisent les mesures destinées à assurer la liberté d'expression des salariés et les modes de transmission, d'une part, des demandes et propositions des salariés, d'autre part, des demandes d'avis de l'employeur aux groupes d'expression.

c) Ils indiquent les mesures qui permettront aux organes syndicaux et aux institutions représentatives du personnel d'avoir connaissance des demandes, avis et propositions émanant des groupes d'expression, ainsi que des suites qui leur ont été réservées.

d) Enfin, ils organisent le droit d'expression du personnel d'encadrement ayant des responsabilités hiérarchiques.

Lorsque l'accord est facultatif, l'employeur doit obligatoirement consulter les organisations syndicales, si elles sont présentes dans l'entreprise ou, à défaut, le comité d'entreprise, ou à défaut, les délégués du personnel sur les modalités d'exercice du droit d'expression. Aucune sanction pénale n'est prévue, cependant.

377. Les opinions que les salariés sont appelés à émettre, ne peuvent motiver ni une sanction, ni un licenciement. La garantie joue en faveur de tous les salariés quelle que soit leur place dans la hiérarchie. Cette précision est destinée à protéger les cadres. En effet, la jurisprudence admet que les divergences d'appréciation ou d'une appréciation critique sur la marche de l'entreprise peuvent justifier un licenciement

de cadre. La loi a donc voulu les mettre à l'abri d'une telle éventualité. Mais l'on peut se demander dans quelle mesure cette disposition infléchira la jurisprudence concernant le licenciement des cadres justifié par la perte de confiance résultant de mésentente sur la conception de la marche de l'entreprise.

Le droit d'expression s'exerce sur les lieux de travail, pendant le temps de travail et doit être payé comme tel.

378. *La démocratisation du secteur public.* — La loi du 20 juillet 1983, relative à la démocratisation du secteur public (établissements publics, industriels et commerciaux dont le personnel est régi par le droit privé, entreprises et sociétés nationales, sociétés d'économie mixte, sociétés anonymes dont l'État est majoritaire, sociétés à forme mutuelle nationalisées, sociétés anonymes dans lesquelles l'État est indirectement majoritaire ayant au moins 200 salariés sur 24 mois, certaines sociétés visées par l'annexe de la loi) comporte trois grands types de dispositions :

1°) Le droit d'expression des salariés dans l'entreprise est complété par le droit de réunion en conseil d'atelier ou de bureau (au moins une fois tous les deux mois ou six heures par an). Ce droit doit être organisé par les accords relatifs au droit d'expression.

En outre, les comités d'entreprise doivent approuver le plan de formation et des négociations doivent s'engager sur l'exercice du droit syndical. La représentation du comité d'entreprise au conseil d'administration ou de surveillance est assurée par le secrétaire du comité.

2°) Les conseils d'administration ou de surveillance comportent dans la plupart des cas des représentants des salariés élus sur des listes présentées par au moins une organisation syndicale représentative sur le plan national ou par des élus du personnel dont le nombre doit être égal à 10 % du nombre actuel d'élus.

Un siège réservé aux cadres est attribué à la liste ayant présenté un candidat et ayant obtenu le plus de voix dans cette catégorie. Le licenciement de ces représentants est soumis à autorisation administrative.

3°) Il peut être créé une commission dans chaque établissement de plus de 200 salariés, assurant la représentation des élus locaux et des parlementaires et étudiant les conséquences de l'implantation de l'établissement dans la vie locale.

Le nouveau texte comporte en outre un certain nombre de dispositions ayant pour objet d'associer les travailleurs aux grandes décisions engageant l'avenir de l'entreprise et à l'organisation de leur travail. La loi nouvelle fait entrer des représentants élus des salariés au Conseil d'administration ou de surveillance de toutes les entreprises du secteur public ayant quelque importance.

Au sein du Conseil, elle fait entrer des personnalités qualifiées.

Elle complète dans ces entreprises les dispositions des lois Auroux en permettant, d'une part à l'ensemble des salariés de chaque atelier ou de chaque bureau constituant une unité de travail, de se réunir périodiquement pour s'exprimer dans tous les domaines intéressant la vie de l'atelier ou de bureau, d'autre part en renforçant les droits syndicaux et en élargissant les attributions des comités d'entreprise.

Section 4
La « participation » dans l'entreprise

En dépit des institutions que nous venons d'étudier et des dispositions législatives et conventionnelles tendant à réserver une place aux salariés dans l'entreprise, la réforme de l'entreprise se révèle difficile en France et le problème de la participation à la gestion comme aux résultats de l'entreprise n'est que très difficilement résolu.

Les solutions théoriques restent discutées et à l'ordre du jour.

§1. La participation aux décisions

379. *Présence des salariés dans les organes mêmes de la société ou rôle du comité d'entreprise.* — Trois modalités de participation à la gestion peuvent être envisagées : 1° Elle peut être réalisée, soit par la présence de représentants dans les organes mêmes de la société ; 2° soit par la création d'organes élus par les travailleurs de l'entreprise, extérieurs aux rouages de la société, mais recevant un pouvoir de codécision, ou tout au moins, de contrôle ; l'Allemagne peut fournir un exemple de cogestion, admettant la présence de salariés dans les

rouages de la société. Elle a institué dans les grandes entreprises un conseil de surveillance composé pour moitié de représentants des salariés, et pour moitié de représentants des actionnaires mais le président représente le capital et le représentant des « cadres dirigeants » déséquilibre la balance du côté de la direction. Dans les petites et moyennes entreprises il n'est attribué aux représentants du personnel que le tiers des sièges dans le conseil de surveillance. À côté de cette participation aux organes, les lois allemandes ont créé un conseil d'établissement (qui peut, par certains aspects, être comparé à notre comité d'entreprise) qui a reçu des pouvoirs de codécision fondamentale de l'organisation du travail ou de la structure de l'établissement pouvant avoir des conséquences défavorables sur la situation des salariés.

Une loi de 1972 a étendu de façon notable les pouvoirs du conseil d'établissement, en lui conférant un droit de *veto* sur toutes les décisions relatives à l'embauchage et au licenciement, fermeture, licenciement collectif.

3° Dans d'autres pays, on peut noter des progrès réalisés en matière de participation, mais par voie de négociation collective, tendant à reconnaître aux travailleurs des droits plus étendus sur la gestion économique des entreprises (accords Fiat, conv. coll. de la métallurgie en *Italie*).

La *France* cherche encore sa voie et reste très en retard sur la législation allemande ; la loi prévoit la simple présence de quatre représentants du personnel dans le conseil d'administration des sociétés anonymes, mais sans véritable pouvoir. Le comité d'entreprise n'a que voix consultative ou qu'un droit d'information dans le domaine économique (voir *supra* n° 361 et ss.).

En dehors des diverses mesures tendant à renforcer les pouvoirs des organes de représentation des travailleurs et les droits d'expression directe des travailleurs, on peut signaler la loi du 2 janvier 1978 tendant au développement de la concertation dans les entreprises avec le personnel d'encadrement.

Le texte est applicable dans les entreprises occupant au moins 50 salariés. Il tente d'améliorer l'information et de développer la concertation du personnel d'encadrement dans le domaine intéressant la politique générale de l'entreprise, en vue de permettre à ce personnel de mieux exercer les responsabilités qui lui incombent.

Dans les entreprises occupant le ler janvier 1978 plus de 500 salariés, le chef d'entreprise prépare un rapport, en liaison avec les intéressés, parmi lesquels figurent obligatoirement les représentants élus et les délégués du personnel d'encadrement.

La tentative est timide mais marque la volonté d'établir une meilleure concertation avec les cadres.

Les méthodes d'intéressement sont librement choisies par les partenaires telles qu'une participation collective aux résultats, à l'accroissement de la productivité ou tout autre mécanisme de rémunération collective associant le personnel aux résultats de l'entreprise.

L'intéressement est plafonné à 20 % du salaire.

La loi du 25 juillet 1994 prévoit que les primes d'intéressement pourront alimenter un compte épargne-temps qui permettra aux salariés d'accumuler des droits à congés rémunérés et de financer des congés spéciaux (sabbatiques, parentales, fin de carrière etc.).

Il sera créé sur la base d'un accord collectif qui en fixera les modalités de fonctionnement.

§2. La participation aux résultats

L'idée déjà ancienne d'intéresser le salarié aux profits de l'entreprise a trouvé dans notre législation trois réalisations successives sous forme, tout d'abord, d'intéressement facultatif (ordonnance du 7 janvier 1959) (lois du 17 juin 1987, loi du 7 novembre 1990) puis d'un régime obligatoire de participation des salariés aux fruits de l'expansion (ordonnance du 17 août 1967), l'actionnariat ouvrier (loi du 24 octobre 1980).

A L'intéressement facultatif

380. L'ordonnance du 7 janvier 1959 a prévu l'intéressement facultatif des salariés soit sous forme d'une participation aux résultats (bénéfices), soit d'une participation à l'accroissement de la productivité (primes de productivité). Les contrats d'intéressement sont conclus soit entre l'employeur et un ou plusieurs syndicats affiliés aux organisations syndicales les plus représentatives de la branche d'activité, soit sous forme d'un contrat type proposé par l'employeur à son personnel qui le ratifie à la majorité des 2/3. Ce dernier contrat doit lui-même

résulter d'un accord collectif conclu à l'échelon national dans les formes des conventions collectives susceptibles d'extension.

Les distributions faites au personnel n'ont pas le caractère d'un élément de salaire ni en Droit du Travail, ni en Droit de la Sécurité sociale.

Cette législation s'est soldée par un échec, mais a été maintenue en vigueur. Elle se traduit par un versement immédiat au personnel, ce qui la distingue du régime de l'ordonnance de 1967.

B La participation obligatoire des salariés aux fruits de l'expansion

381. *Objectifs.* — L'ordonnance du 17 août 1967 ne rend la participation obligatoire que dans les entreprises occupant habituellement plus de 100 salariés. La loi du 7 novembre 1990 a abaissé le seuil à 50 salariés.

La nouvelle législation tend à atteindre un *double objectif :*

1° améliorer le climat social dans l'entreprise, favoriser la négociation entre employeurs et salariés ;

2° développer l'épargne salariale et les investissements, soit à l'intérieur de l'entreprise, soit à l'extérieur, ce qui explique l'immobilisation pendant cinq ans des droits reconnus aux salariés.

382. *Les droits des travailleurs.* — Les droits des travailleurs sont constatés dans la comptabilité de l'employeur au moyen de la *réserve de participation* calculée à partir du bénéfice fiscal (à partir duquel est effectuée une série d'opérations complexes destinée à déduire du bénéfice fiscal un certain nombre d'éléments).

Lorsque la réserve de participation a été définie, la répartition entre les travailleurs est opérée proportionnellement au salaire perçu par chacun avec un plafond. Ce plafond comporte une double limite :

1° il est égal à quatre fois celui fixé pour les cotisations de Sécurité sociale ;

2° le montant des droits attribuables à un travailleur ne peut excéder une somme égale à la moitié du montant annuel de ce même plafond.

Les sommes attribuées aux salariés échappent aux versements fiscaux et sociaux comme n'ayant pas le caractère juridique d'un salaire. On a pu dire que la participation aux fruits était aussi avantageuse pour les entreprises que pour les travailleurs et qu'en définitive c'était l'État, c'est-à-dire les contribuables, qui en supportaient la charge.

383. *Modalités d'attribution des droits* :

a) *Remise d'actions de la société.* — La société peut soit procéder à une augmentation du capital par incorporation de réserves, soit acquérir elle-même ses propres titres en Bourse. Les actions attribuées aux salariés leur confèrent les mêmes droits que ceux attachés aux autres actionnaires (distribution de dividendes, participation aux augmentations de capital et vote dans les assemblées). La seule différence réside dans le fait que les salariés ne pourront, en principe, négocier leurs titres avant la fin de la cinquième année suivant l'ouverture de leurs droits. L'indisponibilité peut être réduite à 3 ans par voie d'accord.

En cas d'augmentation de capital, les salariés auront la faculté, s'ils ne désirent pas participer à l'opération, de vendre les droits de souscription ou d'attribution attachés aux actions leur appartenant.

b) *Reconnaissance d'une créance sur l'entreprise.* — Elle peut revêtir deux modalités :

1° l'attribution d'obligations ;

2° l'ouverture d'un compte courant, bloqué pendant la même période de cinq ans.

Dans les deux cas, la contrepartie de ces créances doit être affectée par l'entreprise à des investissements qui constituent, en quelque sorte, le gage de ces créances.

Les dites créances portent intérêt dont le taux est fixé de façon contractuelle entre le chef d'entreprise et les salariés.

c) *Versement à des organismes de placement étrangers à l'entreprise.* — Les sommes attribuées aux salariés peuvent être versées à des organismes de placement étrangers à l'entreprise : sociétés d'investissement à capital variable ; assurance sur la vie, établissements spécialisés dans la gestion de portefeuilles de valeurs mobilières.

d) *Application d'un plan d'épargne d'entreprise.* — Des plans d'épargne peuvent être établis dans toute entreprise à l'initiative de celle-ci ou en vertu d'un accord avec le personnel. Les sommes provenant d'un plan d'épargne sont affectées à la constitution d'un portefeuille indivis de valeurs mobilières.

384. *Choix de la modalité. Conclusion d'accords.* — La modalité doit être choisie par voie d'accords. Trois formules sont possibles :

1° soit par insertion dans le cadre général d'une convention collective ;

2° soit par accord d'entreprise conclu entre les responsables de l'entreprise et les représentants des syndicats les plus représentatifs dans la branche d'activité ;

3° soit par voie de négociations et conclusion de l'accord au sein du comité d'entreprise. Dans ce cas, les accords sont obligatoirement passés entre, d'une part, le chef d'entreprise et, d'autre part, la majorité des représentants du personnel au sein du comité d'entreprise. Il doit être annexé au procès-verbal de la séance. Si aucun accord n'est conclu, le régime de gestion est celui de l'affectation à un fonds d'investissement. Dans ce cas, les sommes attribuées aux salariés sont bloquées dans un compte courant qui porte intérêt à 5 % pour les comptes courants bloqués trois ans et 6 % pour les comptes bloqués cinq ans.

385. *Contestation des salariés.* — En cas de contestation, les salariés pourront faire trancher les difficultés, soit par mode arbitral éventuellement prévu par les accords, soit par les juridictions compétentes, c'est-à-dire les tribunaux judiciaires plus spécialement les tribunaux de grande instance et tribunaux d'instance. La compétence des conseils de prud'hommes est donc ici écartée par la loi.

386. *Indisponibilité.* — Les droits attribués aux salariés ne sont négociables ou exigibles qu'à l'expiration d'un délai de cinq ans. En cas d'accord, ce délai est ramené à trois ans. Toutefois, les droits constitués au profit des salariés deviennent exigibles immédiatement en cas de mariage, de licenciement, de mise à la retraite, d'invalidité ou décès du bénéficiaire ou de son conjoint, d'acquisition de la résidence principale, de la naissance d'un troisième enfant ou des enfants suivants.

En cas de violation du délai d'indisponibilité, les sanctions sont d'ordre fiscal, à la fois pour l'entreprise et pour les travailleurs.

C L'actionnariat ouvrier

387. La distribution d'actions aux salariés peut être choisie comme modalité de la participation obligatoire aux fruits. Mais elle a été rarement retenue.

Cependant, la loi du 24 octobre 1980 et l'ordonnance du 21 octobre 1986 ont créé un régime facultatif de distribution gratuite d'actions en faveur des salariés de certaines sociétés par action. Il s'agit des sociétés cotées ou non, qui ont leur siège sur le territoire français et qui ont distribué au moins deux dividendes au titre de deux des exercices clos des cinq années civiles précédant la réunion de l'assemblée générale extraordinaire qui doit décider s'il y a lieu ou non de procéder à une distribution d'actions.

Peuvent bénéficier de ces distributions tous les salariés français ou ressortissants d'un État membre de la CEE comptant au moins deux ans d'ancienneté dans la société. Les autres salariés sont également bénéficiaires à condition qu'ils bénéficient d'une ancienneté de cinq ans continus dans un établissement de l'entreprise situé sur le territoire français.

Cette distribution d'actions résulte d'une augmentation de capital de 3 % qui ouvre droit pour les sociétés concernées à une créance sur l'État égale à 65 % de la valeur des actions distribuées. Les sommes distribuées ne sont soumises ni à la taxe sur les salaires, ni à l'impôt sur le revenu.

Chapitre 3
Les conflits dans l'entreprise (grèves et lock-out)

388. *Conflits et négociation.* — L'entreprise est parfois le cadre de conflits collectifs. Tantôt ce sont les salariés qui décident une grève afin d'amener le chef d'entreprise à consentir telle ou telle concession. Tantôt c'est l'employeur qui prend l'initiative d'un lock-out pour prévenir ou combattre une grève. Les conflits qui s'élèvent ainsi dans l'entreprise trouvent leur solution très exceptionnellement dans l'intervention d'un tiers, mais le plus ordinairement dans une négociation collective qui permet la conclusion d'accords d'entreprise.

Section 1
Les conflits dans l'entreprise

§1. La grève

389. *Définition et historique.* — La grève consiste en la cessation collective et concertée du travail afin d'exercer une pression sur l'employeur (ou parfois sur les pouvoirs publics) dans un but professionnel.

La Révolution considéra les coalitions et les grèves comme contraires à la liberté du travail. Le Code pénal créa, dans les articles 414 et 415, le délit de coalition. Pendant la plus grande partie du XIXe siècle, les coalitions et les grèves constituaient donc un délit pénal. Mais à partir de 1860, les grèves cessèrent d'être réprimées, et la loi du 25 mai 1864 supprima le délit de coalition des articles 414 et 415 et le remplaça par le délit d'atteinte à la liberté du travail toujours en vigueur, qui réprime les faits de grève lorsqu'ils s'accompagnent de violence ou de contrainte sur les non-grévistes. La loi du 24 juin 1936 soumit les conflits du travail à la conciliation et à l'arbitrage avant toute grève et tout lock-out. Le gouvernement de Vichy décida l'interdiction de la grève. Le préambule de la Constitution du 27 octobre 1946 dispose que « le droit de grève s'exerce dans le cadre des lois qui le réglementent ». La constitution ne se contente plus d'admettre la liberté de coalition, elle proclame le droit de faire grève. Il n'existe pas de loi réglementant le droit de grève à l'exception de l'article 4 de la loi du 11 février 1950 lequel définit les effets de la grève et de la loi du 31 juillet 1963 qui est venue interdire certaines modalités de grève dans le secteur public. Ce sont les tribunaux qui ont paradoxalement élaboré la réglementation des conflits du travail.

A Éléments constitutifs

390. *Cessation collective du travail* — La notion de grève implique :

1° *Une cessation de travail* — Il importe peu que cette cessation soit courte ou longue. Mais on a pu se demander si les arrêts brefs et répétés pouvaient ou non être considérés comme des grèves. La jurisprudence admet, en général, qu'en principe ni la durée, ni la répétition ne sont exclusifs de la grève. Mais la nocivité, la volonté concertée de désorganisation de l'entreprise sont, parfois, jugées par la jurisprudence comme constitutives d'abus de droit (voir *infra* n° 392)

L'interruption du travail constitue une grève quel que soit le moment où cette grève intervient. Ce sont les salariés qui ont le *choix du moment où* la grève sera déclenchée[1]. En effet sauf dans le secteur public (loi du 31 juillet 1963), ou lorsqu'il existe une clause de convention collective, les travailleurs ne sont pas obligés de respecter un préavis; la grève surprise est licite. En outre, si la procédure de conciliation a été instituée de façon, d'abord obligatoire, aujourd'hui facultative en cas de conflits collectifs, elle n'est pas nécessairement préalable à la grève en l'absence de dispositions conventionnelles.

1. Soc. 26 février 1981, Bull V, n° 161.

Les arrêts de travail peuvent être réalisés par roulement et affecter successivement différents ateliers (grève horizontale) ou diverses catégories de personnels (grève verticale). Cette forme de grève appelée *grève tournante*[1] est en principe licite, mais elle peut devenir abusive dans certaines circonstances.

2° *Une interruption complète du travail* — Ainsi se trouvent condamnées les *grèves perlées* dans lesquelles les travailleurs ne cessent pas le travail mais l'exécutent dans des conditions inhabituelles, soit de façon défectueuse (malfaçons), soit au ralenti.

Dans cette hypothèse, on considère généralement qu'il n'y a pas grève. Toutefois, quelques décisions estiment qu'il s'agit d'un abus du droit de grève.

De façon plus générale, on peut dire que la désorganisation volontaire de l'entreprise et l'exécution du travail dans des conditions autres que celles prévues au contrat sont des comportements qui ne peuvent être considérés comme des grèves[2]. Tel est le cas des baisses de rendement, s'ajoutant à des brefs arrêts de travail, des débrayages inopinés ou à des incidents avec le personnel d'encadrement. L'analyse de la jurisprudence est délicate car les tribunaux s'attachent à rechercher l'intérêt de l'entreprise et à condamner les formes pernicieuses d'actions collectives, qui ne peuvent être considérées comme l'exercice du droit de grève. Mais la frontière est difficile à tracer entre les arrêts de travail licites ou illicites et l'appréciation de l'intérêt est faite très diversement par les juges.

3° *Une interruption sans occupation des lieux de travail.* — On peut se demander si cette interruption complète implique le départ des lieux de travail. En fait de licéité la grève *avec occupation des lieux de travail* est également discutée. On a pu soutenir que la grève impliquait le départ des lieux de travail. Mais souvent les tribunaux ont admis que l'occupation temporaire et limitée à certains locaux n'était pas constitutive de faute lourde de la part des salariés. Les grèves de mai 1968 se sont accompagnées d'occupation d'entreprise sans généralement, donner lieu pour autant à des demandes d'expulsion.

1. Soc. 22 janvier 1981, D. 1981, IR 428.
2. Soc. 5 mars 1953, JCP 1953 II 7553. Certains arrêts estiment qu'il s'agit de grèves abusives. Soc. 10 octobre 1962, Bull. IV, n° 702.

La jurisprudence a apporté de nombreuses nuances à la condamnation de cette forme de grève. Elle s'est développée, le plus souvent, à l'occasion des demandes en référé introduites par l'employeur pour demander l'expulsion des grévistes. Les juges des référés ont cessé de prononcer automatiquement l'expulsion. Ils recherchent souvent les causes du conflit[1]. Ils examinent si l'urgence existe. D'autres décisions se sont attachées essentiellement à l'existence de négociations et examinent l'intérêt de l'entreprise[2]. Si les négociations sont engagées, le juge peut estimer que, l'occupation, justifiée lorsqu'il faut faire pression sur l'employeur pour accepter la discussion, cesse d'être licite lorsqu'elle a produit l'effet recherché. Certains juges refusent même l'expulsion, en toute hypothèse, estimant que l'occupation constitue une modalité normale du droit de grève, mais cette jurisprudence est minoritaire.

Un problème de procédure reste cependant mal résolu : le juge peut-il expulser tous les occupants, ou seulement ceux qui ont été assignés par l'employeur ?

4° Une interruption *collective* du travail. — Toutefois la grève faite par une minorité du personnel reste une grève.

5° Une interruption *concertée* du travail. — Mais ni l'intervention du syndicat dans son déclenchement, ni une consultation du personnel ne sont nécessaires. Les grèves *sauvages* sont des grèves comme les autres dans le système français.

6° La grève doit avoir pour objectif une *revendication professionnelle.*

B Grèves illicites

391. Si les grèves sont en principe l'exercice d'un droit, elles peuvent, en raison de certaines circonstances, devenir abusives. Selon la formule de la Cour de cassation : « La reconnaissance du droit de grève ne saurait avoir pour conséquence d'exclure les limitations qui doivent être apportées à ce droit, comme à tout autre, en vue d'éviter

1. Si l'employeur peut être considéré comme pleinement responsable du différend par les fautes qu'il a commises (violation de la convention collective ou de dispositions légales par exemple), l'expulsion ne sera pas ordonnée. V. « La grève avec occupation d'usine devant le juge des référés », Choisez, Droit social 1975, p. 367.
2. Bordeaux, 10 juillet 1975, Droit social 1975, p. 128.

un *usage abusif.* » Sans doute a-t-on pu objecter que la recherche des mobiles était difficile. Il n'en demeure pas moins que certaines formes de grève excèdent l'exercice normal du droit.

De même dans l'exercice d'une grève illicite, les travailleurs peuvent commettre une faute lourde.

392. 1° *La grève peut être illicite par ses motifs* :

a) *Grèves politiques.* — La Cour de cassation a jugé que la grève cesse d'être correcte lorsqu'elle constitue une immixtion dans les affaires politiques. Cette jurisprudence se justifie parce qu'on ne peut admettre une désorganisation des entreprises par des revendications qui ne les concernent pas et qu'elles ne peuvent satisfaire[1]. Cette condamnation de principe a fait l'objet de nombreuses critiques et parfois la jurisprudence a nuancé sa position[2]. Il est en effet difficile de discriminer entre mobiles politiques et mobiles économiques qui s'interpénètrent (grève de mai 1968).

La participation à une grève politique permet, en principe, à l'employeur de congédier le salarié, mais il doit apporter la preuve du caractère politique de la grève.

b) *Les grèves de solidarité* ont pour objectif de défendre les intérêts d'autres travailleurs. Elles peuvent avoir pour but de faire pression en vue d'éviter le licenciement injustifié d'un compagnon de travail, ou d'obtenir sa réintégration dans l'entreprise, ou d'aider dans leur revendication les salariés d'autres entreprises. Leur licéité demeure très controversée. On a proposé de distinguer les grèves de solidarité à l'intérieur et à l'extérieur de l'entreprise, les premières seules étant licites. La jurisprudence s'est plutôt orientée vers une distinction portant sur les causes. Les grèves de solidarité professionnelle doivent être, selon elle, considérées comme licites, tandis que les grèves de solidarité politique sont, en principe, fautives[3].

393. 2° *La grève peut être illicite à raison de la violation des dispositions des conventions collectives.* — Les clauses des conventions collectives relatives à la grève interdisent, parfois, de recourir à la ces-

1. Soc. 4 mai 1956, D. 1956, 487.
2. Elle admet souvent le caractère mixte de la grève (économique et politique). Cass. crim. 29 octobre 1969, D.1970, 128, note Sinay.
3. Crim. 12 janvier 1971, Droit social 1971, 547 obs. J. Savatier.

sation de travail avant l'épuisement des procédures de conciliation prévues par la convention ; parfois, elles imposent aux parties le respect d'un préavis. La violation de ces clauses considérées par la jurisprudence comme licites est constitutive de faute lourde par la jurisprudence. Mais la jurisprudence établit généralement une distinction entre les grévistes qui enfreignent sciemment les prescriptions conventionnelles (« meneurs ») et ceux qui obéissent par solidarité à un ordre de grève.

394. 3° *La grève peut être illicite par les moyens employés.* — Les grèves peuvent également devenir illicites lorsqu'elles visent à la désorganisation de l'entreprise ; c'est par application de ce critère — d'ailleurs discutable (toute grève ayant à l'évidence un effet de désorganisation de l'entreprise) — que la jurisprudence admet que certaines grèves tournantes et débrayages répétés sont entachés de faute lourde[1].

395. 4° *La faute lourde dans l'exercice du droit de grève.* — En principe la faute lourde justifiant le licenciement du salarié coupable (voir *infra* n° 401) devrait toujours être individuelle. Mais la jurisprudence a élargi la notion et considère que le seul fait de participer à une grève abusive constituait une faute lourde. La faute lourde peut également consister dans des actes de violence : voies de fait, séquestrations, etc. Ces actes peuvent, en outre, tomber sous le coup de l'article 431-1 du Code pénal visant l'atteinte à la liberté du travail, lorsqu'ils ont pour objectif d'amener ou de maintenir une cessation concertée du travail dans le but de forcer la hausse ou la baisse des salaires ou de porter atteinte au libre exercice de l'industrie ou du travail[2].

C La grève dans le secteur public

396. *Limites légales.* — La constitution de 1946 précise que la grève s'exerce dans le cadre des lois qui la réglemente, mais la réglementation annoncée n'a jamais vu le jour, si ce n'est concernant les fonctionnaires et les salariés du secteur public ; soit pour enlever le droit de grève à certains fonctionnaires (par exemple aux fonctionnaires de la police, aux magistrats), soit pour interdire un certain

1. Soc. 22 février 1978, Jur. UIMM, p. 166, n° 384.
2. Crim. 5 février 1957, gazpal 1957, I, 427.

nombre de modalités de la grève dans les services publics et entourer son exercice de certaines conditions (loi du 31 juillet 1963).

La loi du 31 juillet 1963 sur les modalités de la grève dans les services publics s'applique aussi bien aux fonctionnaires et agents pourvus d'un statut administratif au service de l'État, des départements et des communes, qu'aux personnels des établissements, entreprises, ou organes publics ou privés chargés de la gestion d'un service public (exemple : personnels des Caisses de Sécurité sociale) et à ceux des entreprises publiques industrielles et commerciales ayant un statut spécial (art. L. 521-2 et ss. du Code du travail).

Deux séries de dispositions sont prises par cette loi :

1° L'article 3 de la loi condamne la grève surprise et impose un préavis de 5 jours francs avant la grève, préavis qui doit émaner des syndicats les plus représentatifs; les motifs, le lieu, la date et l'heure du début de la grève ainsi que sa durée limitée ou non sont obligatoirement précisés. Le préavis doit être adressé à l'autorité hiérarchique pour les fonctionnaires ou à la direction de l'établissement, de l'entreprise ou de l'organisme pour les autres catégories de travailleurs. Il est tombé en désuétude.

2° Les grèves tournantes sont condamnées par l'article 4 de la loi.

D Les effets de la grève

397. *Suspension du contrat.* — Lorsque la grève à laquelle le salarié a participé est une grève licite, le contrat de travail est suspendu. C'est ce qui résulte de l'article 4 de la loi du ler février 1950 selon laquelle « la grève ne rompt pas le contrat de travail »...

Il en résulte :

1° Qu'à l'issue de la grève, le salarié retrouve son poste de travail.

2° Qu'un licenciement prononcé contre un gréviste constitue normalement une faute pour l'employeur.

398. *Perte de salaire.* — Mais le contrat étant suspendu, le salarié qui n'a pas travaillé n'a pas droit à son salaire pour la période correspondant à la grève. La retenue sur le salaire est normalement proportionnelle au nombre d'heures d'interruption du travail.

Parfois, la fin d'une grève peut être marquée par un *accord* passé entre employeurs et salariés portant sur la *récupération* des journées perdues par la grève et leur *indemnisation.* Ainsi le protocole de Grenelle a-t-il prévu que les journées de grève seraient, en principe, récupérées et qu'une avance de 50 % du salaire serait versée aux grévistes, remboursée sur les heures de récupération effectuées avant le 31 décembre 1968.

La loi du 31 juillet 1963 réglementant la grève dans les *services* publics a prévu que la retenue du traitement ou salaire ne pouvait être inférieure à un jour quelle que soit la durée de la grève.

399. *Primes « antigrèves ».* — Une difficulté particulière a surgi concernant les *primes d'assiduité.* Celles-ci sont réduites si le salarié est absent. Mais la réduction est plus ou moins importante suivant que l'absence est autorisée ou non. Il s'agit donc de savoir si la grève, exercice d'un droit, constitue ou non une absence autorisée. La jurisprudence a reconnu la validité des règlements intérieurs ou des notes de service d'entreprise qui, en matière de primes d'assiduité, assimilent la grève à une absence non autorisée. L'annexe au protocole de Grenelle indique au nombre des revendications syndicales : « L'interdiction, en cas d'exercice du droit de grève, de tout abattement sur un élément quelconque de rémunération : prime, gratification ou autre avantage au-delà du prorata direct du temps d'absence. »

La loi du 17 juillet 1978 semble, à première vue, donner satisfaction à cette revendication. En effet, elle dispose : l'exécution du droit de grève « ne saurait donner lieu de la part de l'employeur à des mesures discriminatoires en matière de rémunération et d'avantages sociaux » (art. L. 521-1, al. 2 du Code du Travail). Certains ont voulu voir dans ce texte l'interdiction pure et simple des primes d'assiduité non proportionnelles au temps d'absence pour fait de grève. Mais cette interprétation est douteuse et l'on peut se demander si le nouveau texte n'est pas la consécration pure et simple de la jurisprudence antérieure, qui ne condamnait que les règlements opérant une discrimination parmi les absences non autorisées pour ne frapper que les absences pour grève.

Cependant au terme de l'évolution de la jurisprudence, l'employeur ne peut opérer de retenues importantes sur les primes d'assiduités qu'à condition que « toute absence quelle qu'en soit la cause autorisée ou non, entraîne les mêmes conséquences ». (Cass. Soc. 28 mars 1989 bull. civ. V 260).

400. *Congédiement du gréviste pour faute lourde.* — Le principe de la suspension est écarté au cas de faute lourde personnelle ou de participation à une grève illicite ou abusive.

Dans ce cas, le contrat n'est pas rompu *ipso facto,* mais le salarié peut-être congédié sans préavis, ni indemnité de licenciement, et sans pouvoir, *a fortiori,* invoquer la rupture abusive. D'innombrables litiges portent sur l'appréciation de la faute lourde.

§2. Le lock-out

401. *Définition.* — Le lock-out pouvait être considéré à l'origine comme une coalition patronale s'opposant à la grève, coalition ouvrière. Mais aujourd'hui la pratique montre que le lock-out n'exige nullement une entente, une coalition entre patrons. Le lock-out apparaît simplement comme la fermeture pure et simple de l'usine en réponse à une revendication ouvrière. Son résultat est de mettre la collectivité ouvrière dans l'impossibilité de travailler : son but d'exercer ainsi une pression sur elle pour l'amener à renoncer à ses prétentions.

Il résulte de cette analyse, que, malgré une terminologie souvent inexacte de la jurisprudence, il convient de refuser la qualification de lock-out à certaines fermetures d'entreprises décidées par l'employeur, mais répondant à d'autres objectifs.

Tout d'abord, il est certain que le lock-out doit être distingué de la *mise à pied,* même lorsque celle-ci est décidée à l'encontre de plusieurs salariés. Elle est, en effet, une sanction disciplinaire qui implique l'existence d'une faute personnelle de chacun des salariés. Au contraire, le lock-out frappe tous les travailleurs ou au moins tout un groupe.

Il ne doit pas être non plus confondu avec la fermeture d'un établissement pour raisons d'ordre économique. Les arrêts qualifient de *mise en chômage technique* la fermeture de l'entreprise pour force majeure[1]. À la limite celle-ci peut résulter d'une grève partielle paralysant la totalité de l'établissement.

1. Soc. 29 janvier 1981, D. 1981 IR p. 429.

Enfin, souvent devant les tribunaux, le lock-out est invoqué lorsque l'entreprise est fermée par l'employeur en raison d'une grève, ou d'une menace de grève de l'électricité, mais avec *récupération* de la journée de travail perdue. Il ne s'agit alors que d'une modification de l'horaire de travail, et non d'un véritable lock-out. Le lock-out suppose donc un conflit.

402. *Existe-t-il un droit de lock-out ?* — On peut se demander si le lock-out constitue ou non un droit qui serait la réplique du droit de grève. La question reste controversée en doctrine. Et la jurisprudence demeure la seule source de droit positif en la matière.

Or la thèse de la condamnation de principe du lock-out l'a emporté en jurisprudence, la Cour de cassation l'analysant comme une *faute contractuelle de l'employeur,* engageant sa responsabilité et l'obligeant à payer aux travailleurs les sommes correspondant aux salaires des journées pendant lesquelles l'entreprise a été fermée[1].

Dans cette jurisprudence, la faute contractuelle n'est écartée que dans deux hypothèses :

1° Lorsque l'employeur apporte la preuve qu'il est obligé de fermer l'entreprise par suite d'un cas de force majeure apprécié, d'ailleurs, de façon assez stricte[2]. L'employeur démontre, par exemple, qu'il n'a plus le contrôle des accès de l'établissement, ni des installations, passés aux mains de grévistes occupant l'usine, qu'ainsi il est en présence d'un obstacle insurmontable à l'exécution de ses obligations contractuelles envers les non-grévistes et qu'il a fait toutes les diligences possibles pour récupérer la libre disposition de l'entreprise.

2° Lorsque l'employeur peut invoquer l'exception d'inexécution dans le rapport synallagmatique de travail. C'est ainsi que le lock-out a été jugé légitime, lorsqu'il est décidé en réponse à des débrayages et grèves tournantes estimées illicites comme paralysant la marche de l'entreprise[3]

1. Soc. 8 janvier 1965, JCP 1965, II, 14438, note H. Sinay.
2. Soc. 14 octobre 1975, D. 1975, IR p. 215.
3. Soc. 26 février 1975, Droit Social 1975, 449.

3° Il arrive aussi que les décisions se placent sur un plan collectif et non plus contractuel. La fermeture limitée et temporaire de l'entreprise peut être légitimement décidée par un employeur soucieux d'assurer un minimum de sécurité et d'ordre dans son entreprise lorsque ceux-ci risquaient d'être tout à fait compromis. C'est alors l'intérêt de l'entreprise et les pouvoirs de police du chef d'entreprise qui justifient le lock-out en présence de certaines formes de grèves particulièrement désorganisatrices, l'employeur, selon les tribunaux, responsable du bon ordre et de la sécurité de l'entreprise, peut prendre une décision de lock-out « afin d'assurer la sécurité des personnes et des biens »[1].

Mais ces hypothèses extrêmes ne doivent pas faire méconnaître que le lock-out est normalement irrégulier.

403. *Effets.* — Le lock-out fautif rend l'employeur redevable des sommes correspondant aux salaires perdus.

Le lock-out légitime a pour effet de suspendre le contrat de travail.

Section 2
Modes de solutions traditionnels des conflits collectifs

404. *Caractères des différentes procédures de solution des conflits collectifs.* — Pour éviter les conflits collectifs, ou pour y mettre rapidement fin, le législateur a mis sur pied différentes procédures. Elles sont de deux sortes : dans la conciliation, un tiers s'interpose entre les parties afin de faciliter la conclusion d'un accord ; dans l'arbitrage, un tiers tranche le conflit qui oppose les parties en disant le droit, dans la médiation qui, par certains aspects, se rapproche de l'arbitrage, le médiateur se borne à formuler une recommandation.

Certes, l'existence de telles procédures peut conduire à une solution rapide des conflits, mais elles se heurtent, parfois, à l'hostilité des patrons qui craignent qu'une atteinte soit portée à leurs prérogatives,

1. Soc. 2 décembre 1964, D. 1965, 112.

et à la méfiance des syndicats qui sont opposés à toute disposition susceptible de rendre la grève illicite. Elles ne jouent plus qu'un rôle restreint, sauf la conciliation. La négociation directe des parties au conflit joue actuellement le principal rôle.

§1. La notion de conflit collectif

405. *Caractères.* — Seuls les conflits collectifs relèvent de ces différentes procédures, les conflits individuels sont de la compétence des conseils de prud'hommes (voir *supra* n° 202). Deux conditions caractérisent le conflit collectif :

1° Il est nécessaire qu'une des parties en cause au moins soit un groupement, une collectivité, une catégorie de salariés d'une entreprise. Le plus souvent, l'une des parties en cause sera un syndicat.

2° L'objet du litige doit être un intérêt collectif, un intérêt commun à certains salariés (exemple : interprétation d'une convention collective).

Mais il convient de distinguer soigneusement les conflits collectifs dits juridiques, et les conflits collectifs dits « économiques ». Les premiers peuvent également relever de la compétence de la juridiction de droit commun, le Tribunal de grande instance, si les parties veulent solliciter son interprétation. En effet, le *conflit juridique* ou d'interprétation est un conflit qui porte sur l'interprétation du droit existant (lois, usages, conventions collectives). En réalité, il n'est pas différent par nature du litige ordinaire du droit privé ou du droit public.

Le *conflit dit « économique »* tend non pas à l'interprétation du droit en vigueur, mais à la modification de celui-ci. C'est, par exemple, le conflit tendant à la révision d'une convention collective ou à une augmentation de salaires. Il devient alors impossible de soumettre le litige aux juridictions qui jugent dans le cadre du droit en vigueur, seules des procédures spéciales peuvent permettre de rechercher une solution.

§2. La conciliation

406. *Caractères et sources.* — La procédure de conciliation n'est pas une procédure juridictionnelle, il s'agit de ménager entre les parties, d'abord une conversation puis une négociation, aboutissant à un

procès-verbal de conciliation qui prend valeur de contrat et non de jugement.

Depuis la loi du 13 novembre 1982, la conciliation n'est plus obligatoire. Elle n'est pas non plus nécessairement préalable, c'est-à-dire que la grève peut être valablement déclenchée avant la conciliation. La conciliation peut être *conventionnelle ou légale.* En effet, la clause relative aux procédures de conciliation conventionnelle est l'une des clauses que doit contenir obligatoirement la convention collective de branche. Ce n'est qu'à défaut de disposition conventionnelle que le législateur a organisé une procédure légale.

407. *Conciliation conventionnelle.* — Les clauses des conventions collectives prévoient deux types de commissions :

1° Les unes sont des *commissions d'interprétation* de composition paritaire, qui ont pour rôle de donner une interprétation de la convention collective et de ses avenants. Elles ont ainsi reçu compétence en matière de conflits collectifs juridiques.

2° Les autres sont des *commissions de conciliations.* Les conventions exigent parfois que la conciliation soit préalable. Dans cette hypothèse, la grève déclenchée avant la conciliation, en violation des règles conventionnelles, est illicite. Elle est le plus souvent à deux degrés, parfois même à trois (commission régionale et à défaut d'accord, commission nationale).

408. *Conciliation légale.* — L'article L. 523-2 du Code du Travail précise que les conflits collectifs du travail qui, pour quelque raison que ce soit, n'ont pas été soumis à une procédure conventionnelle, sont obligatoirement portés devant une commission nationale ou régionale de conciliation. C'est l'ampleur du conflit qui détermine la compétence respective de ces commissions (art. R. 523-2, R. 5233 du Code du Travail) (décret du 22 janvier 1985).

Leur composition est tripartite (représentants des employeurs, des salariés et des pouvoirs publics) (art.L. 523-2).

La procédure légale suppose, au préalable, une intervention des pouvoirs publics : averti du conflit collectif par la partie la plus diligente, le préfet, en liaison avec l'inspecteur du travail et de la main-d'œuvre, intervient en vue de rechercher une solution amiable. Après cette tentative administrative de conciliation, le recours est porté devant les commissions de conciliation proprement dites. Elle peut même être déclenchée à l'initiative du ministre du Travail ou le Directeur régional du Travail, ou par le Commissaire de la République (art. R. 523-10). Les parties sont tenues de comparaître elles-mêmes (art. R. 523-11).

409. *Effets :*

1° Si un *accord de conciliation intervient* : il produit des effets semblables à ceux d'un accord collectif. Il produit effet rétroactivement à dater du jour où la requête aux fins de conciliation a été déposée, ou à toute autre date prévue expressément par les parties signataires de l'accord. Mais, à l'égard du tiers, l'accord n'a de force exécutoire que s'il a été déposé dans les 24 heures de sa date au secrétariat du conseil de prud'hommes (ou à défaut au greffe du tribunal d'instance). Le dépôt ne commande pas la force obligatoire entre les parties.

2° *En cas d'échec de la procédure de conciliation*, un procès-verbal de non-conciliation est rédigé et notifié aux parties par lettre recommandée. Il est communiqué au ministère du Travail et au Commissaire de la République (de la région ou du département) dans les 48 heures. Mais le conflit n'est pas automatiquement soumis à l'arbitrage, celui-ci n'étant pas obligatoire. Seul un accord entre les parties peut mettre en œuvre la procédure arbitrale. Si les parties préfèrent, elles peuvent recourir à la procédure de médiation.

§3. L'arbitrage et la médiation

410. *Caractères de l'arbitrage.* — En 1950, le législateur a renoncé à l'arbitrage obligatoire. Le recours à l'arbitrage ne pourra donc résulter que de deux éventualités : si les parties ont inséré une clause compromissoire dans une convention collective ; si les parties décident d'un commun accord de signer un compromis lorsque éclate le différend. L'arbitre est, alors, choisi par voie d'entente. Il statue en droit et en équité. Son rôle est infiniment plus complexe qu'en droit commun. En effet, la plupart des conflits collectifs tendent à la modification du droit en vigueur, l'arbitre devra donc élaborer un règlement juridique et interviendra le plus souvent comme « aimable compositeur » (c'est-à-dire qu'il ne sera pas tenu de se placer à l'intérieur des règles existantes). À la différence du Droit commun, l'exequatur n'est pas requise. Un recours pour excès de pouvoir ou violation de la loi est possible devant la cour supérieure d'arbitrage qui peut prononcer l'annulation

de tout ou partie de la sentence arbitrale (art. L. 526-6 du Code du Travail).

411. *Caractères de la médiation.* — Le décret du 5 mai 1955 a introduit une nouvelle procédure de solution des conflits collectifs : la médiation dont le champ d'application a été élargi par la loi du 26 juillet 1957. La procédure de médiation ne s'ouvre, en principe, qu'après échec de la procédure de conciliation. Les parties peuvent, alors, choisir de recourir soit à cette procédure de médiation, soit à la procédure d'arbitrage. De son côté, le président de la commission de conciliation, ou le ministre, auront le droit de déclencher la médiation, même si aucune partie n'en fait la demande (art. L. 524-1).

Le médiateur désigné a les plus larges pouvoirs d'investigations : il peut convoquer les parties à comparaître personnellement devant lui, sous peine de sanctions pénales, procéder à des enquêtes, avoir recours à des experts. Il essaie, d'abord, de concilier les parties, sinon il rédige une proposition de règlement du conflit qu'il notifie aux parties. Les parties disposent, alors, d'un délai de huit jours pour notifier au médiateur par lettre recommandée avec accusé de réception, qu'elles récusent sa proposition.

Au contraire, si au terme du délai de huit jours aucune des parties n'a récusé la proposition du médiateur, celui-ci constate l'accord des parties. Cet accord produit les mêmes effets et est soumis aux mêmes formalités que l'accord de conciliation (art. L. 524-4 du Code du Tra-
il).

La recommandation peut, s'il s'agit d'un conflit juridique, inciter
ties à saisir la juridiction de droit commun. Dans le cas contrai-
t suggérer une solution tenant compte à la fois de la légitimité
lications, et des possibilités financières de l'entreprise.
mmandation n'a donc aucun caractère obligatoire. Si elle
ties à un accord, celui-ci prend valeur de convention col-
sence d'accord, la recommandation, transmise au
ndue publique dans les trois mois. Cette publicité est
arties à respecter les propositions du médiateur.

ux de fin de grève

'arme essentielle permettant aux salariés
leurs revendications. Mais les procédures

légales sont, en fait, lettre morte. La grève dans la plupart des cas se termine par la rédaction d'un protocole ou d'un procès-verbal de fin de conflit né de la pratique et dont le régime juridique reste incertain.

Il ne doit pas être confondu avec les accords collectifs qui sont négociés ou révisés ultérieurement suivant une procédure précise (voir *infra* n° 416). Sur la base du protocole le travail peut reprendre et il peut contenir diverses modalités de récupération des heures de travail perdues.

413. *Le protocole de Grenelle.* — Le procès-verbal le plus célèbre de ces dernières années est le protocole de Grenelle de 1968.

Le « protocole » de Grenelle constitue plus un projet d'accord qu'un véritable accord, puisque, en effet, si sur certains points l'accord a été réalisé, sur d'autres chacune des parties a exprimé ses aspirations, sans que l'accord soit effectif. Il est très difficile d'en faire une analyse juridique. Quelle est sa valeur ? Quelles sont les sanctions au cas où les engagements ne seraient pas tenus ? On peut dire cependant qu'il y a là une forme nouvelle d'engagement à trois signataires où la puissance publique ne répugne pas à s'engager.

Les pouvoirs publics se sont engagés à majorer le S.M.I.G., à supprimer les zones de salaires, à déposer un projet de loi sur l'exercice du droit syndical dans l'entreprise, ce qui a été fait. Les partenaires sociaux ont pris des engagements en matière de salaires, de réduction de la durée du travail.

Ultérieurement, sur la base du projet d'accord, des négociations par secteurs professionnels ont été conclues, accordant souvent des avantages plus importants que ceux promis à Grenelle (ex. conventions aménageant l'exercice du droit syndical dans l'entreprise, ou réduisant progressivement la durée de travail dans une branche d'activité).

Un texte comme le protocole de Grenelle est un accord programme ou accord-cadre, définissant pour une certaine période la politique de l'État et du patronat en face du syndicalisme.

Chapitre 4
La négociation collective

414. *État-patronat-syndicats.* — La tendance dominante de la politique sociale est d'intervenir par voie législative le moins souvent possible et d'abandonner aux entreprises et aux syndicats de salariés le soin de régler eux-mêmes leurs rapports. Ce néo-libéralisme social donne une importance accrue aux « partenaires sociaux » et se traduit par un désengagement de l'État.

Cela est vrai en *Droit du Travail,* où non seulement les salaires sont fixés par accords collectifs, mais où les problèmes de l'emploi eux-mêmes sont l'objet de négociations paritaires (accord du 10 février 1969 sur la sécurité de l'emploi). Un point essentiel devient alors le choix du *niveau* de négociation : entreprise, branche d'activité ou interprofession.

Cela est même vrai dans la *Sécurité sociale,* où l'État se décharge sur les partenaires sociaux de la mission d'améliorer par des prestations complémentaires, les prestations légales devenues de simples minima.

Conventions collectives du travail, conventions collectives de Sécurité sociale deviennent ainsi des sources capitales du Droit Social.

Cependant les pouvoirs publics, responsables de l'Économie, ne peuvent s'affranchir entièrement de la tâche d'orienter, de contrôler le développement des institutions sociales. Fixant des minima et des seuils, arbitrant les négociations, suggérant des améliorations, mais assignant des limites —ils demeurent omniprésents— dans une politique sociale et économique qui se joue de plus en plus à *trois.*

415. *Rapports de la convention collective et de la loi* — Les débuts du Droit du Travail ont été essentiellement caractérisés par l'interventionnisme législatif, puis la loi a cessé d'être la source unique, ou même primordiale du Droit du Travail.

On peut, aujourd'hui, se demander quels sont les rapports respectifs de la loi et de la convention collective.

L'article L. 132-1 du Code du Travail fournit la réponse : « La convention peut mentionner des *dispositions plus favorables* aux travailleurs que celles des lois et règlements en vigueur. Elle ne peut déroger aux dispositions d'ordre public définies par ces lois et règlements. »

Mais, il faut préciser cette notion *d'ordre public social* qui est le plus souvent destiné à protéger exclusivement les salariés. Aussi la plupart du temps, l'ordre public conduira à ne frapper de nullité que les seules conventions qui marqueraient une régression par rapport au régime légal. En d'autres termes, les lois ne revêtent un caractère impératif que dans la mesure où elles constituent un plancher qui peut toujours être dépassé. Mais les conventions collectives peuvent mentionner des dispositions plus favorables que celles des lois et règlements en vigueur. C'est une règle générale en Droit du Travail : chacune des sources a la possibilité de déroger aux autres dans un sens plus favorable. La convention collective nationale peut comprendre des dispositions plus avantageuses que la loi; la convention collective régionale, que la convention collective nationale; le contrat individuel de travail peut être plus favorable que la convention collective régionale.

Mais la comparaison entre les différents avantages est difficile à opérer, et il est parfois incertain d'affirmer que telle disposition est plus avantageuse que telle autre. Exemple : un délai-congé plus long est plus favorable dans la mesure où le salarié est licencié, mais il est plus défavorable lorsqu'il donne sa démission.

Néanmoins, il existe des règles *d'un caractère impératif absolu* auquel il n'est pas possible de déroger. Elles concernent les structures institutionnelles du Droit du Travail. C'est ainsi que la compétence des conseils de prud'hommes est d'ordre public; aussi la convention collective ne peut s'opposer à ce que cette juridiction soit saisie, et ne peut lui substituer une commission paritaire[1]. Si une commission paritaire est instituée par une convention et a reçu compétence pour régler les litiges individuels, son institution ne peut priver le salarié du droit de recourir au conseil de prud'hommes. Il n'est pas davantage possible d'élargir conventionnellement la compétence de cette juridiction.

1. Soc. 6 mars 1964, Droit Social 1964, p. 420.

De même, quelques règles impératives concernant le fonctionnement des comités d'entreprises ne peuvent être modifiées par voie de convention.

De même enfin il est interdit d'insérer dans une convention collective une clause d'échelle mobile illicite (art. L. 141-9 du Codc du Travail).

Quoi qu'il en soit, le droit conventionnel a *amélioré* le droit légal ou l'a *complété* sur certains points. Exemple : troisième puis quatrième puis cinquième semaine de congés payés. Et même a créé des institutions entièrement nouvelles; exemple : indemnités différentielles de maladie.

Parfois, ces améliorations, ou ces institutions nouvelles, sont ensuite *généralisées par le législateur :* tel est le cas de l'indemnité de licenciement, d'abord instituée par des conventions collectives, puis étendue à tous les travailleurs par la loi ; ou le cas de la troisième puis la quatrième puis la cinquième semaine de congés payés aujourd'hui admises par le droit légal.

Dans le droit de la négociation collective, elle-même, le rôle de l'autorité publique ne disparaît pas entièrement, puisque le ministre a reçu le pouvoir *d'étendre* les conventions collectives, signées par les partenaires sociaux, aux tiers non signataires, mais appartenant à la branche professionnelle et aux régions visés par la convention collective. Il peut également *inciter* les partenaires sociaux à négocier par la menace de l'élargissement. Enfin, parfois l'État entre dans la négociation elle-même et devient *partie à la convention* (voir *infra* n° 419).

Pour étudier le droit contractuel collectif et comprendre son rôle par rapport au droit législatif, nous examinerons successivement : 1° les conventions collectives du travail; 2° les accords d'entreprise ; 3° les accords interprofessionnels.

Section 1
Les conventions collectives de travail

416. *Définition et nature juridique.* — La convention collective de travail peut se définir comme un accord conclu entre un employeur ou un groupement d'employeurs, au niveau de la branche professionnelle, et une ou plusieurs organisations syndicales de salariés, en vue

de fixer en commun les conditions auxquelles seront ultérieurement conclus les contrats individuels de travail (conditions de travail et le salaire).

Une controverse aujourd'hui dépassée s'est élevée sur la nature juridique des conventions collectives.

1° *Selon la conception contractuelle,* la convention collective est un contrat qui est né par la volonté commune de ceux qui l'ont élaborée. Mais, comment expliquer l'effet absolu produit par la convention collective à l'égard de tiers étrangers au contrat, tellement contraire à l'article 1165 du Code civil ? Ira-t-on dire que les signataires de la convention collective représentent les non-présents, ouvriers et patrons ? L'appel ainsi fait à la technique de la représentation n'est pas ici satisfaisant, car dans la représentation, le représentant n'est pas lui-même engagé, alors qu'ici le représentant est lié comme le représenté; au surplus, les tiers n'ont donné aucun mandat aux signataires d'agir en leur nom. La technique de la stipulation pour autrui permet d'échapper à certaines objections parce qu'alors le stipulant est personnellement engagé. Cependant la stipulation pour autrui ne permet pas de créer des obligations à la charge du tiers bénéficiaire, mais seulement des droits, et de toute manière, le bénéficiaire n'est pas tenu d'accepter la stipulation. L'effet absolu de la convention collective est donc inexplicable dans la technique du contrat. Enfin, dans la conception contractuelle, il est à peu près impossible de comprendre le caractère impératif de la convention collective : la signature d'un contrat individuel de travail contraire, constitue, tout au plus, la violation d'un engagement contractuel et donc ne devrait ouvrir qu'un droit à des dommages-intérêts; la conception contractuelle ne permet donc pas d'expliquer que les clauses du contrat individuel sont nulles et non avenues dans la mesure où elles contredisent la convention collective.

2° *Dans la conception réglementaire,* la convention collective ne doit pas être envisagée comme un contrat, mais comme un acte-règle, comme une loi de la profession. Cela résulte de ce qu'elle produit effet à l'égard de personnes qui n'ont été ni parties, ni représentées. Dans l'acte-règle, l'article 1165 du Code civil est écarté, et la volonté des législateurs professionnels lie l'ensemble des membres du groupement. Cette loi professionnelle est d'ordre public, puisque les contrats individuels de travail doivent obligatoirement la respecter. L'autorité professionnelle, c'est, bien entendu, la réunion des syndicats ouvriers et patronaux, et il existe une corrélation évidente entre la notion de syndicat représentatif de la profession et la conception réglementaire de la convention collective.

Mais comment comprendre que le syndicat, organisme privé, reçoive un pouvoir de décision en dehors de toute intervention administrative ? Que les pouvoirs publics délèguent purement et simplement une fraction de leur autorité à certains syndicats ? La conception réglementaire sous-entend une référence au corporatisme, régime où les syndicats ont un caractère public, et des prérogatives de puissance publique.

3° *La conception dualiste,* à certains points de vue, la convention collective est effectivement un règlement. Cela ressort moins de son élaboration que de son contenu : la convention collective est une sorte de charte constitutionnelle de la profession, comprenant même une déclaration des droits; et de ses effets *les règles qu'elle contient doivent être obligatoirement respectées par les parties aux contrats individuels de travail,* alors même qu'ils sont des tiers par rapport à la convention collective. Édictant une règle impersonnelle générale, permanente, la convention collective a bien toutes les caractéristiques de la loi ou du règlement. C'est l'aspect « *normatif* » de la convention collective.

Cependant, il ne faut pas méconnaître qu'à l'origine subsiste la nécessité d'un accord des parties. Son élaboration suppose une discussion, des concessions réciproques, comme celle d'un véritable contrat. Elle implique une négociation entre représentants du capital et représentants du travail. Ce n'est pas un acte unilatéral car sa conclusion ne peut être imposée. La loi de la majorité ne préside pas à son élaboration, mais le principe d'unanimité. Il en résulte notamment que la convention collective est soumise à toutes les théories contractuelles (vices de consentement, résolution, etc.) et *qu'elle édicte de véritables obligations contractuelles,* sanctionnées par une responsabilité contractuelle, entre les parties signataires. C'est *l'aspect « obligatoire »* de la convention collective.

En réalité, l'élément contractuel reste primordial. La convention collective reste avant tout un accord entre groupements professionnels. La liberté contractuelle reste essentielle. La jurisprudence fait largement appel au droit contractuel pour l'interprétation de la convention. Même l'extension de la convention n'a pas pour effet de permettre au ministre de changer le contenu de la convention (voir *infra* n° 427) ou de changer la durée de celle-ci qui reste celle prévue par les parties, ni d'écarter la possibilité de dénoncer la convention.

417. *Historique.* — Après une phase purement jurisprudentielle où la doctrine s'est efforcée d'adapter à la convention collective la théorie civiliste du contrat, une première loi — la *loi du 25 mars 1919* — a donné un statut d'ensemble aux conventions collectives de travail. La convention collective s'impose impérativement aux parties liées par elle, qui concluent un contrat individuel de travail. Les clauses contenues par celui-ci qui seraient contraires à la convention collective sont réputées non écrites et sont remplacées par les clauses correspondantes de la convention collective. C'est ce qu'on appelle *l'effet automatique* de la convention collective, lequel constitue l'innovation essentielle de cette première loi. En outre, si les dispositions de la convention collective sont transgressées, le travailleur dispose d'une action individuelle contre l'employeur et le syndicat est recevable à exercer l'action en nullité du contrat individuel de travail et en responsabilité contre l'employeur.

La loi du 24 juin 1936 alla dans le sens de l'abandon de la théorie contractuelle. Elle prévoit qu'à la demande d'une organisation syndicale, ou de son initiative propre, le ministre provoque la réunion d'une commission mixte, ne comprenant même du côté patronal que des syndicats représentatifs. Le contenu de la convention fait l'objet d'une réglementation et certaines clauses deviennent obligatoires. La convention doit traiter nécessairement de la liberté syndicale et de la liberté d'opinion, des délégués ouvriers, du salaire minimum, du délai-congé, de l'apprentissage. Elle doit organiser à l'avance une procédure de conciliation et d'arbitrage en cas de conflit collectif. Elle doit prévoir une procédure permettant sa propre révision. L'originalité de la loi de 1936 apparaît dans le droit pour le ministre de décider l'extension de la convention, lorsqu'elle a été conclue par des syndicats représentatifs, après avoir invité les intéressés à présenter leurs observations et avoir consulté le Conseil économique. *L'extension* a pour effet de rendre la convention obligatoire, non plus seulement pour les membres des syndicats signataires, mais pour toutes les personnes travaillant dans la profession et la région considérées.

La conception réglementaire triomphe dans la *loi du 23 décembre 1946.* On est en plein dirigisme économique. La liberté contractuelle disparaît entièrement : pour sa validité même, toute convention est soumise à *l'agrément* du gouvernement. L'intervention ministérielle étant en toute hypothèse obligatoire, les conventions collectives ont, dès leur conclusion, un champ d'application étendu. En outre, elles régissent, en principe, une profession tout entière à l'échelle nationale, mais elles peuvent être aménagées par des avenants régionaux ou locaux.

La loi du 11 février 1950 marque une volonté de revenir à la négociation collective libre dans une période où le gouvernement est également revenu au libéralisme économique en matière de prix et de salaires (voir *supra* n° 55). Elle *s'applique* non seulement dans les professions industrielles et commerciales, mais dans l'agriculture, les professions libérales, les offices ministériels, les professions domestiques, les sociétés civiles, les syndicats et associations.

Aujourd'hui la négociation collective peut être menée aussi bien dans les entreprises publiques que dans les entreprises privées.

En effet, la loi du 13 novembre 1982 a supprimé l'ancienne prohibition de la négociation collective dans les entreprises à statut (Banque de France, EDF, Air-France notamment, voir art. D. 134-1 du Code du Travail).

Dans ces entreprises, les négociations des conditions d'emploi et de travail et les garanties sociales des salariés non statutaires peuvent être négociées (art. L. 134-1 al. du Code du Travail). Et les négociation peuvent compléter les dispositions statutaires pour les personnels relevant du statut (art. L. 134-1, al. 3 du Code du Travail).

La loi du 11 février 1950 a été modifiée par la loi du 13 juillet 1971 et par la loi du 13 novembre 1982. L'objectif a été essentiellement d'intensifier la conclusion des conventions collectives et d'étendre leur champ d'application à un nombre toujours accru de travailleurs. Le nouveau texte comporte l'affirmation d'un véritable droit à la négociation collective. Il ne s'agit pas d'une obligation de négocier, cependant plusieurs dispositions de la loi sont destinées à inciter les partics à négocier.

Comme la loi précédente la dernière législation distingue deux sortes de conventions : les conventions collectives ordinaires et les conventions susceptibles d'extension.

§1. Les conventions collectives ordinaires

A Conclusion de la convention collective

418. *Négociation initiale et adhésion.* — Du côté des salariés seuls les syndicats représentatifs ont compétence pour signer une convention collective. En revanche, du *côté employeur,* un patron isolé, un groupe-

ment de fait, ou un organisme professionnel, peuvent être parties à la convention. En fait, des conventions collectives sont conclues par des associations d'employeurs régies par la loi du 1901. Le C.N.P.F. est d'ailleurs constitué sous forme d'association de la loi de 1901.

Les personnes physiques qui devront signer la convention pour le compte du groupement dont elles sont mandataires doivent être *habilitées* en vertu soit d'une clause des statuts du syndicat ou du groupement, soit d'une délibération spéciale de l'organisation (vote d'une assemblée), soit de mandats spéciaux, écrits et individuels émanant des adhérents de l'organisation.

Ultérieurement, *l'adhésion* à une convention collective est réservée à toute organisation syndicale de travailleurs ou à tout autre groupement d'employeurs ou un ou plusieurs employeurs pris individuellement qui ne sont pas parties à la convention collective. L'adhésion doit être notifiée aux signataires. Il existe aujourd'hui deux types d'adhésion :

1°) L'adhésion émanant d'une organisation représentative confère à la partie adhérente les mêmes droits et obligations qu'aux parties primitivement signataires.

2°) L'adhésion d'une organisation patronale a pour effet de rendre la convention collective dans un secteur professionnel ou dans un secteur géographique où elle ne l'était pas. En fait, cette adhésion prend la forme d'un accord collectif entre l'organisation qui veut adhérer et les organismes signataires. Cette adhésion a donc pour conséquence d'élargir le champ d'application primitif de la convention (art. L. 132-16).

On retiendra qu'aucune intervention de l'administration n'est prévue dans la conclusion de la convention collective. Il s'agit donc bien d'un retour à la liberté contractuelle.

419. *Conditions de forme.* — La convention collective doit être écrite à peine de nullité et revêtue de la signature des parties qui doivent préciser l'organisation qu'elles représentent. La rédaction d'un écrit a pour but d'éviter des contestations ultérieures sur le contenu de l'accord, et de permettre la publicité de la convention. Celle-ci se fait par dépôt à la Direction départementale du travail et de l'emploi et pour les professions agricoles au service départemental du travail et de la protection sociale agricole, du lieu où elles ont été conclues (loi, 18 janvier 1979, art. L. 132-8).

En outre, dans les établissements soumis à la convention collective, un avis doit être affiché dans les lieux où le travail est effectué, ainsi que dans les locaux et à la porte des locaux où se fait l'embauchage. Cet avis doit indiquer l'existence de la convention collective, les parties signataires, la date et le lieu de dépôt. Un exemplaire de la convention doit être mis à la disposition du personnel.

420. *Contenu.* — La liberté du contenu est entière sous réserve du respect de l'ordre public social (voir *supra* n° 416). Dans la convention collective ordinaire, il n'y a pas à distinguer entre les clauses obligatoires et les clauses facultatives. Les conventions contiennent généralement des clauses relatives : 1° à la convention collective elle-même : champ d'application, durée, mécanisme de révision; 2° aux rapports collectifs : exemple liberté syndicale ; 3° à l'embauchage, aux conditions de travail, au licenciement, et au salaire.

421. *Champ d'application et durée.* — Le champ d'application *territorial* peut être local, régional ou national ou même ne concerner qu'une entreprise ou un établissement (voir *infra* n° 429). Il est librement déterminé et il n'existe pas d'obligation de conclure d'abord une convention collective nationale. Mais, normalement, la convention régionale a pour objectif d'adapter la convention nationale, et la convention locale, la convention nationale, ou régionale.

Le champ d'application *professionnel* est déterminé par la convention qui indique la branche d'activité qu'elle régira. Elle précise souvent les industries qu'elle vise en utilisant la nomenclature de l'Institut National des Statistiques et d'Études Économique (I.N.S.E.E.).

Tous les personnels employés dans une entreprise soumise à une convention bénéficient des dispositions de la convention, même lorsqu'ils n'appartiennent pas personnellement à la profession considérée (exemple : un ouvrier électricien travaillant dans une entreprise appartenant à la chimie sera soumis à la convention collective de la chimie applicable à son employeur).

Certaines conventions collectives modernes sont conclues au niveau national *interprofessionnel* et s'appliquent ainsi à toutes les entreprises relevant du C.N.P.F. (convention du 10 février 1969 sur la sécurité de l'emploi).

La convention collective peut être conclue pour une *durée indéterminée,* auquel cas elle peut être dénoncée unilatéralement (parfois la convention impose à la partie qui dénonce la convention un préavis) ou pour une *durée déterminée,* dans cette hypothèse la durée ne peut être supérieure à cinq ans (art. L. 132-6). À l'expiration du délai, la convention collective se transforme en convention à durée indéterminée, ou, si la convention l'a stipulé, elle peut être automatiquement et successivement renouvelée pour la même période déterminée. Parfois, la dénonciation s'accompagne d'une procédure de révision de la convention. Il est précisé dans quelques conventions que pendant la procédure de révision, la convention dénoncée restera en vigueur. La validité d'une telle clause était discutée, car il aurait suffi de la carence de l'une des parties intéressées pour perpétuer indéfiniment la convention ancienne. Cette situation aurait violé les dispositions du Code du Travail limitant à cinq ans la durée des conventions collectives à durée déterminée et accordant aux parties le droit de faire cesser à tout moment une convention collective à durée indéterminée. Aujourd'hui le nouveau texte tranche le problème et admet la validité de la survie pour une durée déterminée d'une convention collective dénoncée (1 an selon l'art. L. 132-8, mais la convention peut prévoir une durée différente, à condition qu'elle soit déterminée).

En outre, à l'expiration de cette année de survie, s'il n'y a pas de nouvelle convention, les salariés conservent les avantages individuels qu'ils ont acquis.

Les différentes *catégories professionnelles* existant dans la branche professionnelle visée par une convention collective font l'objet d'avenants ou d'annexes à la convention qui réglementent le statut particulier de chaque catégorie.

B Effets

422. *Effets sur le contrat individuel de travail.* — Aux termes du Code du Travail « dans tout établissement compris dans le champ d'application d'une convention collective, les dispositions de cette convention s'imposent sauf dispositions plus favorables, aux rapports nés des contrats individuels ou d'équipe ».

La convention collective a un double effet sur le contrat :

1° elle s'impose dans son contenu aux parties du contrat individuel, c'est *l'effet impératif ;*

2° ses dispositions remplacent automatiquement les clauses du contrat individuel contraires aux clauses de la convention collective (sauf si les clauses du contrat individuel sont plus favorables aux salariés) : c'est *l'effet automatique.*

423. *Sanctions.* — Plusieurs types d'actions en justice permettent d'assurer le respect de la convention.

Les syndicats signataires disposent, tout d'abord, de l'action contractuelle classique contre *l'autre partie* qui manquerait à ses engagements. Ils peuvent également agir contre leurs *propres membres* qui ne respecteraient pas la convention. C'est une action du type disciplinaire (art. L. 135-2). Enfin, chaque groupe signataire peut agir contre *toute personne liée par la convention,* exemple : un syndicat de travailleurs peut intenter une action contre l'employeur qui n'applique pas la convention.

Chaque personne, bénéficiaire de la convention, peut intenter une *action individuelle* en dommages-intérêts contre une autre personne liée par la convention et qui aurait violé ses dispositions. C'est ainsi qu'un salarié peut agir contre son employeur qui lui refuserait le bénéfice de la convention. Au surplus, le Code du Travail, article L. 135-4, contient une disposition très originale; alors que de principe les syndicats professionnels ne peuvent ester en justice que dans l'intérêt collectif de la profession — et non dans l'intérêt individuel de leurs membres — il en est autrement lorsqu'il s'agit de poursuivre l'exécution d'une convention collective de travail. Selon l'article L. 135-4 du Code du Travail et par dérogation à la règle « nul ne plaide par procureur », les syndicats peuvent exercer en faveur de leurs membres toutes les actions qui naissent de la convention collective, sans avoir à justifier du mandat de l'intéressé, pourvu que celui-ci ait été averti et n'ait pas déclaré s'y opposer.

§2. Les conventions collectives susceptibles d'extension

424. *Conclusion.* — À l'initiative d'une organisation syndicale ou à l'initiative du ministre, il peut être convoqué une commission mixte. Cette *commission mixte,* composée des *organisations syndicales les plus représentatives* d'employeurs et de salariés (le Code du Travail donne la définition de la représentativité au sens de la loi relative aux conventions collectives), a pour mission d'élaborer une convention collective. Pour que la convention collective soit susceptible d'exten-

sion, il faut nécessairement, tant du côté employeurs que du côté salariés, que *les parties* signataires soient des organisations syndicales les plus représentatives. Le C.N.P.F., constitué sous forme d'association de la loi de 1901, et non de syndicat, a, cependant, été jugé représentatif de l'ensemble des activités industrielles et commerciales, y compris artisanales. L'ordonnance du 27 septembre 1967 a confirmé la possibilité pour les simples associations de participer à la conclusion de conventions collectives extensibles. Ce nouveau texte a précisé que l'extension d'une convention est possible même si la totalité des organisations syndicales représentatives n'a pas signé la convention, à la condition que les non-signataires n'aient pas manifesté d'opposition au cours de la procédure d'extension. Et si des oppositions ont été formulées, le ministre peut passer outre, à la demande de deux des membres de la section spécialisée de la commission supérieures des conventions collectives visée par l'article L. 136-3 du Code du Travail, lorsqu'un vote favorable à l'extension est émis à la majorité des deux tiers des voix des membres présents de ladite section.

La convention collective susceptible d'extension doit, en principe, régler dans un instrument unique les rapports entre employeurs et travailleurs d'une *branche d'activité.* Elle concerne souvent l'ensemble du territoire, les parties pouvant ensuite adapter la convention collective nationale à une région par des conventions collectives régionales ou locales. Le Code autorise même la conclusion directe et l'extension de conventions régionales ou locales en l'absence de conventions nationales. Mais, en toute hypothèse, la convention collective doit, dans la branche et l'aire géographique considérées, concerner normalement *toutes les catégories professionnelles* (ouvriers, employés, agents de maîtrise, cadres). Il reste possible, cependant, de prévoir des règles générales applicables à toutes les catégories et des annexes pour chaque catégorie.

Des *assouplissements importants sont apportés à la procédure d'extension par le nouveau texte.* Celle-ci pourra avoir lieu sur avis favorable émis par la Commission supérieure des conventions collectives, sans opposition, *notamment pour des conventions ne comportant pas la totalité des clauses obligatoires, ou pour les accords ou conventions annexes ne visant qu'une catégorie professionnelle,* au cas où une convention collective complète ne pourrait être conclue.

425. *Le contenu.* — Le contenu de la convention collective susceptible d'extension est réglementé. Il doit comprendre, en principe, des dispositions sur :

— le respect de la liberté syndicale et d'opinion ;

— les éléments du salaire applicable par catégories professionnelles, c'est-à-dire les coefficients hiérarchiques applicables au salaire minimum selon la qualification professionnelle. La loi du 11 février 1950 rétablit, nous l'avons vu, la libre discussion des salaires entre organisations patronales et ouvrières. Cette libre discussion se substitue à l'ancienne fixation autoritaire des salaires (voir *supra* n° 55). La convention collective doit contenir notamment les modalités d'application du principe « à travail égal, salaire égal », pour les femmes et les jeunes; s'y ajoutent les procédures et la périodicité prévues pour la révision de ce salaire ;

— les conditions d'embauchage et de licenciement ;

— la durée du délai-congé ;

— les délégués du personnel et les comités d'entreprise, notamment les procédures de financement des œuvres sociales confiées à la gestion de ces derniers;

— l'organisation du régime des congés payés ;

— l'apprentissage et la formation professionnelle ;

— la formation des représentants du personnel ;

— la négociation collective et la convention collective elles-mêmes et la procédure de révision ;

— la liberté d'opinion des salariés ;

— l'égalité du traitement entre salariés hommes et femmes et avec les étrangers ;

— les classifications professionnelles et les salaires ;

— l'embauchage et la formation professionnelle et le licenciement ;

— les conditions spéciales de travail des handicapés, des travailleurs à temps partiel, travailleurs à domicile, des travailleurs temporaires et des travailleurs travaillant à l'étranger ;

— les conditions d'emploi et de rémunération du personnel à temps partiel ;

— les conditions d'emploi de personnel temporaire et des handicapés ;

— la procédure conventionnelle de conciliation.

La convention collective peut, en outre, contenir des dispositions facultatives (relatives à l'arbitrage : voir *supra* n° 359) à différentes primes : rendement, ancienneté, heures supplémentaires, régimes de retraites, etc.).

426. *Ce qu'est l'extension.* — L'extension a pour effet de rendre la convention collective obligatoire pour tous les employeurs et travailleurs compris dans le champ d'application professionnel et territorial de la convention collective. Ainsi, c'est uniquement, en principe, le champ *d'application personnel* qui est étendu, le champ d'application professionnel et géographique restant le même. Cependant, aujourd'hui, la loi prévoit également que, sur avis favorable émis sans opposition par la Commission supérieure des conventions collectives, *une convention puisse être étendue à un autre secteur géographique ou professionnel présentant des conditions économiques analogues.*

Il s'agit alors d'une extension du champ d'application territorial ou professionnel.

En toute hypothèse, le ministre ne peut *modifier* ni le contenu, ni la durée de la convention. Il peut cependant exclure de la convention certaines clauses, pour des raisons soit de droit, soit d'opportunité.

Enfin, la jurisprudence administrative a admis que le ministre était habilité à rechercher à l'occasion de l'extension quelles industries étaient exactement comprises dans la branche d'activité.

427. *La procédure d'extension.* — Le ministre se saisit, soit de sa propre initiative, soit sur demande d'une organisation syndicale. Il doit solliciter l'avis de la commission supérieure des conventions collectives. À ce rôle traditionnel, le législateur a ajouté un pouvoir accru, il est, aujourd'hui, possible à la commission de donner un avis favorable à l'extension d'une convention collective même si certaines conditions traditionnellement exigées font défaut (défaut de certaines clauses obligatoires, défaut et signature de certaines organisations syndicales représentatives, etc.). Une note relative à l'extension envisagée est publiée au *Journal Officiel* afin de provoquer les observations des intéressés qui disposent d'un délai de 15 jours pour faire connaître leurs objections.

L'extension est réalisée par un *arrêté ministériel* qui doit être publié au *Journal Officiel,* ainsi que le texte de la convention. Cet arrêté est un acte administratif susceptible de recours pour excès de pouvoir devant le juge administratif, et qui peut être annulé si les dispositions légales susmentionnées n'ont pas été respectées. En revanche, la validité de la convention collective, ou ses interprétations, relève de la compétence judiciaire. Cette répartition de la compétence entre juge administratif et judiciaire met en lumière le caractère contractuel de la convention elle-même, qui ne change pas de nature par l'effet de l'extension.

Les conventions collectives étendues sont soumises au contrôle de l'Inspecteur du travail. Les dispositions conventionnelles relatives aux salaires et aux accessoires de salaires sont pénalement sanctionnées.

428. *L'élargissement.* — Un arrêté d'élargissement peut être pris. Au cas de carence prolongée des organismes de salariés ou d'employeurs dans la négociation, le ministre peut décider d'étendre une convention à un secteur géographique ou professionnel autre sous certaines conditions (art. L. 133-12, 3°).

§3. Les accords d'entreprise

429. Il arrive que la négociation collective se développe plus efficacement au niveau de l'entreprise. La possibilité de conclure cette catégorie d'accord était déjà prévue par la loi du 11 février 1950, mais la pratique a développé son rôle.

Ce type d'accord connaît un essor important depuis quelques années. C'est surtout l'accord Renault de 1955 qui leur a donné l'impulsion et a contribué à l'élargissement de leur contenu (primitivement limité par le législateur de 1950). En effet, il comprenait, notamment, des clauses concernant les augmentations des rémunérations, la retraite, la création d'indemnités différentielles de maladie et d'accident. Les premiers accords comportaient un préambule posant notamment le principe de la solidarité des intérêts de l'employeur et des salariés au sein de l'entreprise, qui ont disparu ultérieurement.

Un certain nombre d'avantages essentiels ont été ainsi accordés aux salariés par ce type d'accords qui a joué un *rôle moteur* dans le droit social (exemple : 4e semaine de congés payés, fonds de régularisation des ressources, section syndicale d'entreprise), les entreprises étant conduites peu à peu à imiter les accords signés tout d'abord par un employeur unique.

Mais l'élargissement du rôle joué par les accords a soulevé un certain nombre de problèmes juridiques, leur statut primitif ne leur assignant qu'une mission restreinte. Aussi la loi de 1971 les a assimilés à de véritables conventions collectives, le législateur voulant favoriser la négociation à tous les niveaux. L'article L. 132-3 du Code du Travail prévoit que des accords concernant un ou plusieurs établissements déterminés peuvent être conclus entre, d'une part, un employeur ou un groupement d'employeurs et, d'autre part, les représentants des syndicats les plus représentatifs du personnel de l'établissement ou des établissements intéressés.

430. *La loi du 13 novembre 1982 a institué une obligation annuelle de négocier dans l'entreprise sur les salaires effectifs, la durée effective et l'organisation du temps du travail.*

Et la circulaire du 5 mai 1983 sur les applications des dispositions de la loi du 13 novembre 1982 a confié à l'inspection du travail le soin de rappeler aux partenaires sociaux les obligations auxquelles ils doivent souscrire ou les droits normaux dont ils disposent.

C'est l'employeur qui doit prendre l'initiative de négocier.

À défaut d'initiative de l'employeur depuis plus de 12 mois, la négociation s'engage obligatoirement à la demande d'une organisation syndicale représentative.

Cette obligation s'applique aux termes de l'article L. 133-27 du Code du Travail dans « les entreprises où sont constituées une ou plusieurs sections syndicales ».

Dans les établissements publics à caractère industriel et commercial, les directions peuvent négocier, mais elles peuvent refuser cette négociation, l'article L. 134-2 ne faisant pas état de cette obligation pour ce type d'entreprise.

La négociation obligatoire porte sur : — les salaires effectifs ; — la durée effective du travail ; — l'organisation du temps de travail.

431. Les conventions d'entreprises ont un double objet :

1°) l'adaptation à l'établissement des conventions collectives ;

2°) la fixation de toutes les conditions de travail.

Dans le cas où une convention collective nationale, régionale ou locale viendrait à s'appliquer à l'entreprise postérieurement à la convention d'entreprise, cette dernière devra adapter ses dispositions moins favorables à celles de la convention nationale, régionale ou locale nouvellement signée ou étendue par arrêté ministériel.

Mais aux termes de l'article L. 132-26 du Code du Travail, le législateur admet que l'accord ou la convention d'entreprise puisse déroger à des dispositions législatives ou réglementaires, lorsque celles-ci autorisent expressément cette dérogation, ou encore lorsqu'il s'agit de dispositions salariales conclues au niveau professionnel ou inter-professionnel.

La loi ne définit pas cette notion de dérogation mais on peut admettre qu'il s'agit de la possibilité de stipulations différentes ou contraires ou de mises à l'écart de certaines dispositions légales ou conventionnelles.

Ainsi, des clauses d'accords ou de conventions d'entreprise peuvent comporter des dispositions moins avantageuses que les textes auxquels il est dérogé en matière de réglementation de durée de travail, de récupération des heures perdues, de la modulation de la durée hebdomadaire, de majorations de salaires conclues au niveau professionnelles ou inter-professionnelles, sous réserve des conditions posées par l'article L. 132-24 du Code du Travail (en matière de minima de branche, de respect de la masse salariale totale).

Cependant, les syndicats non signataires ont la possibilité de s'opposer à l'entrée en vigueur de tels accords dérogatoires.

En outre, les organisations syndicales non signataires ont un droit d'opposition en matière d'accords ou de conventions dérogatoires réglementés par l'article L. 132-26 du Code du Travail. Ce droit d'opposition est réservé aux syndicats non signataires qui ont recueilli les voix de plus de la moitié des électeurs inscrits lors des dernières élections du comité d'entreprise ou, à défaut, des délégués du personnel. Il peut s'exercer en matière de salaire, de durée et d'organisation du travail.

L'opposition doit être exprimée par écrit et motivée dans un délai de huit jours à compter de la signature de l'accord concerné.

432. Concernant la survie des accords d'entreprise après dénonciation, le nouvel article L. 132-8, alinéa 6, précise que « lorsque la convention ou l'accord qui a été dénoncé n'a pas été remplacé par une nouvelle convention ou avec un nouvel accord dans les délais précisés au troisième alinéa ci-dessus, les salariés des entreprises concernées

conservent les avantages individuels qu'ils ont acquis, en application de la convention ou de l'accord à l'expiration de ces délais ».

Si, au contraire, la convention ancienne ou l'accord est remplacé, les salariés ne pouvant pas prétendre au maintien légal peuvent revendiquer le bénéfice de la clause conventionnelle de maintien des avantages acquis.

Section 2
Les accords collectifs interprofessionnels

Depuis quelques années les accords collectifs ont cessé d'être uniquement signés au niveau de la branche professionnelle. En effet, un courant nouveau se dessine et tend à donner une importance accrue, d'une part aux accords d'entreprise (voir *supra* n°s 429 et ss.), d'autre part, aux accords nationaux et interprofessionnels destinés à régler des problèmes de Sécurité sociale, ou des problèmes de travail concernant l'emploi, la formation professionnelle ou la durée du travail.

§1. Les conventions collectives de Sécurité sociale

433. *Utilisation.* — Les conventions collectives ont été utilisées depuis quelques années pour d'autres fins que pour déterminer les conditions de travail. Elles ont, en effet, permis d'organiser de manière complémentaire, par voie de négociation collective, la protection des travailleurs salariés contre certains risques sociaux. Ces conventions n'ont pas comme cadre l'entreprise, ou la branche professionnelle, elles sont *interprofessionnelles.* Elles ont créé, notamment, les régimes complémentaires de retraite (régime de retraite et de prévoyance des cadres : convention collective du 14 mars 1947 conclue entre le C.N.P.F. et les organisations syndicales représentatives des ingénieurs et cadres; régime de retraite complémentaire de l'ensemble des salariés non cadres : accord du 8 décembre 1961), et les allocations complémentaires d'aide aux travailleurs sans emploi, versées par les A.S.S.E.D.I.C. (créés par la convention collective du 31 décembre 1958) dont le bénéfice a été étendu à tous les salariés par l'ordonnance du 13 juillet 1967 (voir *supra* n°s 168 et ss.).

434. *Régime.* — Les conventions collectives de Sécurité sociale créent les institutions qui gèrent les régimes complémentaires et définissent les rapports appelés à naître entre les institutions, les employeurs et les salariés entrant dans le champ d'application de l'accord.

Elles ont été conclues, à l'origine, selon la *législation applicable aux conventions collectives de travail.* Mais leur particularisme tenant à leur objet, à leur cadre interprofessionnel a conduit le législateur à leur donner un *support légal spécifique.* Deux textes ont été promulgués : les ordonnances du 7 janvier et 4 février 1959 qui ont doté les conventions collectives de Sécurité sociale d'un régime qui leur est propre. Ils ont, plus spécialement, permis leur *agrément* qui produit des effets analogues à ceux de l'extension des conventions collectives de travail (voir *supra* n°s 426 et ss.), les dispositions relatives à l'extension ne pouvant leur être appliquées, puisque ces conventions ne remplissaient pas les conditions de contenu et de cadre (une branche professionnelle) exigées par la loi pour étendre les conventions collectives de travail. Ce régime spécifique de l'agrément demeure en vigueur malgré la promulgation de la loi du 13 juillet 1971 qui ne s'est préoccupée que des accords interprofessionnels de travail.

Néanmoins, l'autonomie des conventions collectives de Sécurité sociale n'est pas absolue. Malgré certaines divergences, la majorité de la doctrine admet qu'il convient de compléter la législation applicable à ce type de conventions collectives, lorsqu'elle est obscure ou ambiguë, à l'aide des *principes qui régissent la convention collective de travail.* Cet appel aux textes du Droit du Travail se justifie par la parenté qui existe entre les deux types d'accords.

Toutefois, si les conventions collectives de Sécurité sociale, le droit de la Sécurité sociale exercent une influence évidente sur le fonctionnement des institutions qu'ils ont créées dont il est clair que l'objectif est le même que celui des régimes légaux. C'est ainsi qu'un privilège a été accordé aux institutions des régimes complémentaires par l'ordonnance du 7 janvier 1959 qui leur applique les dispositions des articles 138 à140 du Code de Sécurité sociale. Le paiement des cotisations a été calqué sur celui des cotisations de Sécurité sociale (majorations de retard).

§2. Les accords interprofessionnels du travail

435. Depuis quelques années déjà, les accords interprofessionnels ont étendu leur domaine au Droit du Travail et il est intéressant de souligner, à cette occasion, comment la loi et la convention collective se partagent actuellement la réglementation du Droit du Travail dans certains domaines. Souvent le législateur n'intervient que lorsqu'un accord interprofessionnel a déjà procédé à la généralisation presque complète de l'institution née de la négociation collective. Le rôle du législateur consiste alors presque uniquement en un simple constat. Parfois l'État, après avoir incité les parties à négocier, n'intervient ultérieurement que parce que la création d'un financement ou d'un organisme se révèle nécessaire. L'examen des derniers accords interprofessionnels conclus permet de vérifier le rôle joué respectivement par la négociation collective et par la loi.

1° L'accord du 20 mai 1965 sur la généralisation de la 4e semaine de congés payés : suivant une technique bien connue, c'est au niveau de l'entreprise qu'est née la 4e semaine de congés payés. Mais c'est un accord interprofessionnel du 20 mai 1965 qui en a généralisé l'institution. Enfin, comme il ne couvrait pas tout à fait toutes les professions, le législateur a étendu cette création conventionnelle à tous les travailleurs par la loi du 16 mai 1969. La 5e semaine a été octroyée ultérieurement par l'ordonnance de 16 janvier 1982 (voir *supra* n° 77).

2° Les accords sur l'emploi et la formation professionnelle : il semble que dans ce domaine, le législateur abandonne le Droit du Travail entre les mains des partenaires sociaux. Il en est ainsi parce que l'État se trouve, en fait, assez désarmé en matière d'emploi. Il peut, certes, créer des organismes destinés à connaître les emplois divers et à placer les travailleurs. Mais en définitive, ce sont les employeurs qui créent les emplois. Il faut donc pour que les réformes soient efficaces, que les employeurs collaborent aux problèmes de l'emploi et de la formation professionnelle. C'est ainsi qu'a été signé l'accord du 10 février 1969, amélioré par l'avenant du 25 novembre 1974 sur la sécurité de l'emploi étendant ou précisant les pouvoirs du comité d'entreprise en matière de licenciements collectifs. Il est curieux de noter cette réforme de la loi sur les comités d'entreprise par un accord, alors qu'il est admis que les comités d'entreprise constituent une institution du travail réglementée par une loi d'ordre public absolu échappant à l'accord collectif.

L'accord du 9 juillet 1970, modifié ultérieurement par l'avenant du 9 juillet 1976 et 21 septembre 1982 sur la formation professionnelle se rattache à l'accord du 9 février 1969 qu'il vise, d'ailleurs, expressément. Il a complété et donné vie à la loi de 1966 sur la formation professionnelle. Mais après la signature de cet accord du 9 juillet 1970, le législateur s'est trouvé dans l'obligation de prendre un texte : la loi du 16 juillet 1971 sur la formation continue, notamment pour des raisons de financement, car l'État apporte son aide pécuniaire aux actions de formation professionnelle et promotion sociale créatrices de centres ou de stages.

On peut noter à la même époque la signature de l'accord du 2 juillet 1970 sur l'indemnisation de la maternité qui porte à 90 % du gain journalier de base le montant des indemnités journalières. Pour son application, un décret du 23 décembre 1970 a été nécessaire.

L'accord en date du 27 mars 1972, complété et amélioré par l'accord du 25 juin 1973 sur les garanties de ressources des salariés de plus de 60 ans. Le législateur a ultérieurement pris un texte généralisant l'abaissement de l'âge de la retraite (ordonnance du 26 mars 1982).

L'accord cadre du 17 mars 1975 sur les conditions de travail a défini les principes d'orientation de l'action contractuelle destinée à améliorer les conditions de travail qui avaient fait l'objet de la loi du 27 décembre 1973.

Il faut citer encore :

— le protocole national sur la durée du travail et l'aménagement du temps de travail du 17 juillet 1981, qui a été repris largement par l'ordonnance du 16 janvier 1982 et suivi de négociations par branches ;

— l'accord du 26 octobre 1983 sur la formation alternée des jeunes de 26 ans et celui du 25 avril sur le personnel d'encadrement.

TABLE DES MATIÈRES

(Les numéros renvoient aux pages)

DEUXIÈME PARTIE

LA POLITIQUE SOCIALE D'ÉTAT

Composition et mise en page par
Laser Graphic

Impression et façonnage par
IMPRIMERIE
FRANCE QUERCY
CAHORS

N° d'impression : 50798 FF
Dépôt légal : juin 1995

L.G.D.J. - E.J.A.
N° éditeur : 2757